亚洲的崛起

北京大学经济学院教授文库

通过这些著述和文稿，我们不仅可以分享教授们的研究成果，领略他们的学术风格，而且可以把握不同历史时期我国经济学研究的思想脉络，反思特定历史阶段的特殊经济实践以及经济学理论发展和研究方法的进程。

傅骊元 著

傅骊元文集

北京大学出版社
PEKING UNIVERSITY PRESS

图书在版编目(CIP)数据

亚洲的崛起:傅骊元文集/傅骊元著.—北京:北京大学出版社,2005.9
(北京大学经济学院教授文库)
ISBN 7-301-08756-X

Ⅰ.亚… Ⅱ.傅… Ⅲ.经济发展-亚太地区-文集 Ⅳ.F114.46-53

中国版本图书馆 CIP 数据核字(2005)第 084016 号

书　　名:亚洲的崛起——傅骊元文集
著作责任者:傅骊元　著
责 任 编 辑:任旭华
标 准 书 号:ISBN 7-301-08756-X/F·1054
出 版 发 行:北京大学出版社
地　　址:北京市海淀区成府路 205 号　100871
网　　址:http://cbs.pku.edu.cn
电　　话:邮购部 62752015　发行部 62750672　编辑部 62752926
电 子 信 箱:em@pup.pku.edu.cn
排 版 者:北京高新特打字服务社　82350640
印 刷 者:三河新世纪印务有限公司
经 销 者:新华书店
650 毫米×980 毫米　16 开本　23.75 印张　401 千字
2005 年 9 月第 1 版　2005 年 9 月第 1 次印刷
定　　价:50.00 元

编 委 会

序　言

北京大学经济学院成立于1985年5月，其前身是北京大学经济学系。经济学系始建于1912年，是中国高等学校建立最早的经济系科，源于1898年戊戌维新运动中创办的京师大学堂商学科。

在近百年的北京大学经济学系、经济学院发展进程中，不同历史阶段的教授们以崇高的敬业精神和执著的经世济民的职业操守为北京大学经济学科的发展作出了自己的卓越贡献。这些教授不仅包括学术泰斗和学界先贤，而且包括活跃于经济学舞台的先贤传人和后起之秀。他们是北京大学经济学系及迄今为止有20年历史的经济学院发展中的开拓者、建设者。在北京大学经济学院成立20周年庆典之际，我们对历代北京大学经济学系、经济学院的教授们表达诚挚的敬意和衷心的感谢！

《北京大学经济学院教授文库》选录了经济学院部分教授公开发表的有代表性的著述。虽然这些著述由于文稿作者的年龄、阅历、所处时代背景不同，学术视野、价值取向各异，甚至文稿所反映的某些学术观点和理论判断值得进一步斟酌和商榷，但是通过这些著述和文稿，我们不仅可以分享教授们的研究成果，领略他们的学术风格，而且可以把握不同历史时期我国经济学研究的思想脉络，反思特定历史阶段的特殊经济实践以及经济学理论和研究方法的发展进程。有些论文的思想和方法按今天的某种“学术规范”或“学术前沿”衡量，可能显得“陈旧”和“过时”，但它们却是属于“当时”的学术前沿和符合“当时”的学术规范的。从动态的、历史的、发展的眼光审视经济类学科的发展，不仅是过去，而且在现在和将来，都不存在一成不变的“学术规范”和永恒性的“学术前沿”，因为经济活动现象和经济发展过程太具有嬗变性、多样性和生动性，以解释和解决现实经济问题为出发点的经济学成果怎么可能保持它的不变性？尊重历史、尊重反映各个阶段历史的学术成果，从历史史实和“历史性”成果中吸取养分，借以站在前人成果的肩膀上“创造”我们所处阶段的“学术前沿”，才是学术发展永恒的道理。可以说，这是我们出版《北京大学经济学院教授文库》的宗旨之一。

我们希望通过这套文集的出版，进一步推进经济学院未来学科的建设，吸引北京大学经济学院未来的教授们以更精彩的篇章进入《北京大学经济学院教授文库》。

真诚地感谢北京大学出版社的合作及相关工作人员的辛勤劳动！

《北京大学经济学院教授文库》编委会

2005 年 5 月

自　序

所谓序言，即写在正文前面的话。书的序言，有自己写的，有请别人写的。请人所写之序，多为溢美之词，名人美序，似乎可为该书增辉添色。其实，也不尽然。序归序，书归书，序虽写得天花乱坠，读者却未必认为是本好书。

我也为他人的书写过序。我既非名人，亦未说“过头话”，只是勉为其难，完成任务而已。

现在，我是给自己的书写序言。我要说的是，这是一本自选集，选编的原则是：

1．限于已公开发表的文章、演讲稿或完成科研项目的研究报告。

2．按写作、发表时的历史原貌选编，观点、提法、文字不作修改。

3．内容基本上限定在亚洲太平洋区域经济及其相关领域的范围内，其他类别文章未收入。

4．一律按时间先后顺序编排，始于20世纪80年代初，止于2003年。

收入此文集的共有27篇文稿，约40万余字。

文集是我近二十年来教学科研工作的历史记录和学术足迹。它再现了我和我的研究生们在承担APEC课题任务后，和国家人事部合作开展的《亚太地区基础产业人力资源开发能力建设》科研工作的日日夜夜；再现了我在香港中文大学访问期间，参与香港21世纪研究会的课题研究活动；再现了澳门回归前夕，我参加由北京大学和澳门大学联合组织的关于澳门经济社会发展战略的科学研究工作；再现了我赴台参加台湾淡江大学建校50周年暨学术讨论会的演讲；再现了进入21世纪后，我在北京召开的《经济全球化与海峡两岸暨香港、澳门特别行政区经济整合前景》、《新世纪的东亚：合作与发展》等学术讨论会上的发言。一篇篇文章、一幕幕场景，历历再现。

除了收入这本文集的几十篇文章外，近二十年来，我还出版了七八本书，与他人合写了几本教材，并合译了一本英文著作。

然而，回顾历史，给我留下的更多的还是遗憾。从研究成果上来讲，虽然数量和质量我都是不满意的，但毕竟是做了工作，至少没有虚度年华，可这都是在改革开放后的20年里完成的，那么在改革开放前的几十年里又留下了什么呢？那段时间更长，而且是人生中最宝贵的时间，然而留下的却是空白，无法弥补的空白，因为时光不能倒流，过去的永远不会再来。

抚今思昔，百感交集，半个多世纪来，我一直待在教书育人的学校，读书、写书、教书几乎成了我生活的全部，但我深感把一个人培养成才，铸成一个合格的知识分子，何其难也！

知识分子，顾名思义，要有知识，但仅有知识，不一定就是合格的知识分子。

知识分子，必须要有思想，必须是个思想分子。思想是人类社会发展进步的推动力。具有敏锐的、独立的、批判的、创新的思想，应该是知识分子的本质特性。一个有灵魂的知识分子，不可能不对现实生活中的种种问题有所思、有所想。有知识、无思想，不是合格的知识分子，只是死尸分子。

要有思想，就要有勇气，要敢于独立思考，破旧立新，要敢于坚持真理，挑战权威，简而言之，要敢讲真话，不讲假话。而唯唯诺诺、胆小怕事、事不关己、高高挂起者，知识再多，也算不上合格的知识分子。

合格的知识分子，必须要有自尊心和责任感，必须要有道德，宁可无知，不可缺德。支撑知识分子站立的不是才气或财气，而是骨气。

据此看来，惯于为位高权重者摇旗呐喊、树碑立传，玩弄数字、掺假，为长官炮制政绩，借助文字游戏为权势人物编织谎言者，就算不上合格的知识分子，因为他们的言论或行动，写作的心态或效应，仅仅是对权势的迎合或献媚，是政治上的投机或赌博。而将知识为既得利益集团服务，为他人或一己谋私利者，是经济上的贪得无厌和利欲熏心，他们已从“知识立场”转向“资本立场”了！至于凭着一副伶牙俐齿为黑社会头目和犯罪分子开脱罪责者，他们践踏了知识，玷污了知识分子的良心，已成了知识分子的败类。

只有与平民百姓同甘苦、共患难，同呼吸、共命运，视平民百姓的利益为最高利益的平民知识分子，才显示出知识分子应有的本色，才是我们今天应该大声呼唤和努力培养的。

人们常说，只有健康是属于自己的，其他一切皆属身外之物，要珍惜健康。这话不错。不过，我要补充，除了健康，还有灵魂也是属于自己的。那就是说，只有健康和灵魂是属于自己的，其他皆属身外之物。一个人失去了健康是痛苦的，若失去了灵魂则是耻辱的！但愿中国有知识、有灵魂、有胆识、有良心的知识分子能够多一些，再多一些，这就是我这个“过来人”的最大心愿!

跨进21世纪,我已经70岁了,岁月的消磨,人世的沧桑,是到了该走下讲坛、“告老还乡”的时候了!

在此,我要衷心感谢这一届经济学院的领导,他们作出的为离退休老教师出版文集的决议,是尊重历史、尊重知识、情深义厚的明智之举,是在北京大学经济学院的历史上做了一件大好事。

最后,我必须感谢我的妻子林绪伦,我这本文集从输入电脑、修改校对到最后打印交稿,没有她的大力帮助是不可能完成的。其实,不止是这本文集,就是过去我的每部著作、每篇文章,都凝结着她的辛勤劳动,她身体不好,体弱多病,又是个癌症患者,过去工作也很忙,但她对我的帮助——无论工作上或生活上,都是不遗余力的,这使我感激不尽,永远不会忘怀。

傅骊元

2004年2月于北大蓝旗营

目　录

“太平洋经济”的兴起

21世纪东亚经济新格局

美国和日本在亚太地区的争夺

经济全球化与海峡两岸暨香港、澳门特别行政区经济整合

“太平洋经济”的兴起

“太平洋经济中心”与多极世界*

这些年来,亚洲太平洋地区日益成为举世瞩目的地区,引起全世界的关注,诸如“世界新的经济中心”、“环太平洋合作设想”、“太平洋共同体”、“太平洋新时代”等,不仅成了国际上热烈讨论的话题,而且还成了某些国家开展外交活动的重要课题。本文拟从亚太地区的崛起和世界经济政治格局的变化出发,对上述问题作一初步探讨。

一、太平洋经济的兴起

几个世纪以来,世界的经济中心随着世界各地区经济政治形势的发展而在不断变化。兴盛一时的地中海时代,随着美洲的发现而宣告结束,世界的经济中心转向大西洋。近些年来,亚洲太平洋地区经济的迅速增长及其在世界上地位的日益重要,使得亚太地区成为举世瞩目的地区。

亚洲太平洋地区是当今世界上经济发展最生机勃勃的区域。亚洲太平洋地区经济正以惊人的速度持续增长,经济力量不断上升,在世界经济中占有越来越重要的地位。

20 年前,亚洲太平洋地区的生产总值只有美国的 1/3,现在已经超过美国生产总值的 2/3。1960—1980 年,亚太地区发展中国家的经济年平均增长率为 7.5%,而美国为 3.5%,西欧为 4.5%,拉美为 6%。

在过去 10 年,西方经济陷入滞胀和危机之中,而亚洲经济却保持着持续增长的势头。在 1973—1981 年期间,亚洲发展中国家和地区的经济年平均增长率达 6.5%,高于世界其他任何地区。在 1982 年和 1983 年,亚洲地区国家的经济增长率分别为 3.8%和 5.6%,而经济合作和发展组织国家的经济,1982 年为负增长,1983 年仅增长 1.6%。

据日本兴业银行推算,20 世纪 80 年代以来,包括美国在内的“太平洋

* 本文原载于《北京大学学报》,1985 年第 6 期。

国家”约占世界国民生产总值(不包括苏联和东欧国家)年增长额的一半。即使除去美国,“太平洋国家”也占 1/3 左右。兴业银行认为,亚太地区国家的经济今后将会取得更大的增长,“太平洋国家”占世界经济的比重将日益增大。

亚太地区各国的经济增长是世界上最高的。

二次大战后,日本经济经过短暂的恢复后又重新崛起,创造出了“日本的奇迹”,在不到 25 年的时间里,一跃而成为资本主义世界第二经济大国,引起了世界各国的极大注目。20 世纪 50 年代,日本国民生产总值年平均增长率为 9.1%,60 年代为 11.3%,60 年代最后三年为 13%,这一发展速度约等于美国的三倍,相当于英国的三到四倍,为意大利、法国、德国的两倍多,像日本这样的高速发展,前后持续 20 多年,而且 60 年代的年平均增长率还高于 50 年代。这在现代资本主义发展史上是罕见的。

除日本外,韩国、新加坡、中国台湾和香港等国家和地区也相继兴起,它们大约花了 10 到 15 年的时间,初步实现了资本主义工业化,被称为新兴工业国家和地区,经济增长率达到创记录的 10%左右。据统计,1960—1980 年,它们生产总值中工业生产部分的增长率分别是:韩国从 17%增加到 29%,中国台湾地区从 10%增加到 30%,中国香港地区从 15%增加到 27%,新加坡从 13%增加到 24%。

正像有人把新兴工业国家和地区称为“第二日本”一样,被称为“第三日本”的东盟国家也是一些发展迅速的国家。东南亚国家联盟(简称东盟)是 1967 年由东南亚的泰国、马来西亚、新加坡、菲律宾和印度尼西亚等五国组成的一个区域性合作组织。东盟五国在这个区域性合作组织成立后的最初 10 年,发展并不快。1960—1970 年,五国国内生产总值年平均增长率为 5.3%。20 世纪 70 年代后,经济开始迅速发展。1970—1980 年,五国国内生产总值年平均增长率达 7.4%。70 年代后期、80 年代初期,虽然受到世界性经济危机的冲击,东盟国家仍保持较高的经济增长。根据国际货币基金组织《国际金融统计月报》的材料,1976—1981 年,东盟的国内生产总值年平均增长率为 7.6%,五年的增长率分别为 7.7%、7.9%、7.7%、7.6%、6.8%。这个增长率不仅高于其他所有发展中国家,也高于其他发达国家。从国内生产总值的绝对值来看,1981 年,印度尼西亚最高,占东盟的 43%,但人均产值最低;新加坡的国内生产总值只占东盟的 6.8%,但人均产值最高,已跻身于“发达国家”之列。其余各国的人均产值约在 500—1 600 美元之间,按照世界银行的分类,已达到或超过“中等收入国家”的标准,被西方称为半工业化国家。

亚太地区的经济,由于中国经济的迅速发展而更加引人注目。中国是一个地大物博、人口众多,有巨大经济实力和发展潜力的大国。自1978年中国共产党第十一届三中全会决定实行对外开放、对内搞活经济的一整套方针政策以来,国内经济持续稳定增长。1979年开辟了4个经济特区,1984年又开放了14个沿海城市,对外经济联系大大加强。我国城乡的经济改革,极大地激发了广大群众的生产积极性。工农业总产值在1979—1983年期间,平均每年递增7.9%。1983年,工业总产值增长10.5%,农业总产值增长9.5%,职工家庭按人口平均收入增加6.4%,农业按人口平均的纯收入增加14.7%。1984年,工农业总产值突破1万亿元,工业总产值增长14%,农业总产值增长14.5%,职工家庭按人口平均的收入增加12.5%,农业按人口平均的纯收入增加14.7%。20世纪80年代以来,工农业总产值超过了到该世纪末工农业总产值平均每年要增长7.2%的战略目标。

60年代,日本经济飞跃发展,但亚洲太平洋地区并没有引起人们像今天这样大的兴趣,为什么最近几年人们越来越重视太平洋地区了呢?首先是因为那时日本试图参加欧美市场,而欧美市场已近饱和,竞争日趋激烈;其次,是因为他们看到了中国的改革开放使其经济恢复了活力,对巨大的中国市场的未来作了展望,认为中国是一个崭新的、最广阔的、20世纪末最有希望的市场。可以说,具有巨大经济实力和发展潜力的中国经济,是产生"太平洋合作"和"太平洋时代"魅力的重要因素之一,随着中国经济的蓬勃兴起,必将促进亚太地区的崛起,给亚洲太平洋地区经济以巨大的推动力,并给整个世界经济政治以决定性影响。

1985年7月,日本21世纪太平洋地区经济结构研究会公布了《太平洋时代的展望》研究报告,对2000年太平洋地区各国的经济作了长期展望。报告推测,到21世纪,太平洋地区将成为世界上经济发展最快的地区。报告认为,到21世纪,太平洋地区发展最快的是韩国、中国台湾地区、中国香港地区、新加坡、马来西亚、泰国、印度尼西亚以及中国,估计这些国家和地区的年平均实际增长率将达7%左右,日本约为4%,美国约为3%,而欧洲共同体只有2.5%,亚太地区将成为带动世界经济发展的最富有活力的地区。报告估算,到2000年,亚洲新兴工业国、东南亚国家联盟各国和中国的经济规模将达到日本的水平(现在只相当于日本的一半);从收入水平来看,20世纪末太平洋地区各国将接近发达国家水平。报告认为,中国年平均增长率将保持在7%,可以实现经济翻两番的既定目标,人均国民生产总值将由目前的400美元增加到950美元。

法国总统密特朗1982年在刚刚成立的法国太平洋研究所的一次会议上曾直言不讳地说:“我们必须重新深刻考虑我们的前景。世界的重心正在不可挽回地远离我们的海岸。太平洋将是21世纪的地中海。”他警告说:“我们必须立即认真地努力进入太平洋,否则在明天的世界上我们就没有立足之地。”突尼斯总理姆扎利1984年在突尼斯《对话》周刊11月号上发表的一篇文章中,对亚洲国家取得的经济“奇迹”深有感触地说:“我们地中海人一贯视野狭窄,因而一般都不愿去关注辽阔广大的亚洲。然而,事实使人们不能不承认,历史正在酝酿着一场人类生活中的巨变:21世纪的世界命运主要取决于太平洋国家。”

从美苏两个超级大国的军事战略来看,亚洲太平洋地区也是极其重要的地区。

二次大战后,美国在亚洲建立了一系列军事基地,并通过双边的和多边的条约如日美的安保条约、东南亚的马尼拉条约、大洋洲的澳新美安全条约等,基本上控制了亚太地区。但20世纪70年代后,情况发生了变化。一方面,侵越战争的失败,使得美国在亚洲地区的地位开始削弱,而与此同时,苏联却开始向亚洲和太平洋地区进行军事渗透。大约三分之一到二分之一的苏联地面部队——约五十二个师——部署在苏联的远东地区;总部设在海参崴的太平洋舰队,现在是苏联拥有的四个舰队中最大的一个,近五年来,苏联海军部署在里根称之为“21世纪大洋”的力量,在数量上和质量上都有了飞速和惊人的发展,太平洋舰队现拥有800艘左右舰只,其中有88艘主力战舰和135艘潜艇,约有一半潜艇是核动力潜艇;苏联的战术和战略空军力量也在不断增加,约有四分之一的飞机部署在远东地区;苏联三分之一的SS-20中程弹道导弹也部署在这一地区。苏联在太平洋战线加强军事力量,除了威胁中国外,就是要和美国相抗衡,争夺太平洋地区的影响。因此,美国总统里根上台后,明确表示了重新回到太平洋的决心,并付诸行动。而苏联则在阿富汗、越南、柬埔寨等地进一步扩张。显然,美苏在亚洲太平洋地区的争夺日趋激烈,亚太地区越来越成为人们关注的地区。

总之,无论从亚太地区的经济增长或是从两个超级大国在这个地区的争夺来看,亚洲太平洋地区正在逐渐成为新的世界中心之一。

二、日美的“设想”

“环太平洋合作设想”是以太平洋地区经济力量不断上升，在世界经济政治中占有越来越重要的地位为背景而提出的。

日本是“设想”的发起人和最积极的推动者。1965年，日本最早提出了太平洋地区经济合作的建议。当时，一桥大学的小岛教授和联合国亚洲和远东经济委员会的栗本教授提出了一篇题为《太平洋共同市场和东南亚》的报告，建议成立一个类似欧洲经济共同体那样的太平洋自由贸易区。日本政府对这一主张持积极态度。从三木首相以后的历任首相，都很重视太平洋地区合作问题，并召开了一系列以地区为基础的太平洋贸易和发展会议。但是，当时的美国政府对此不感兴趣；澳大利亚、新西兰等国态度谨慎；东亚各国反映冷淡，因而进展缓慢。

随着国际形势的发展，1979年3月，日本前首相大平正芳又提出了“环太平洋合作”设想。在大平首相主持下，建立了作为大平私人咨询机构的“环太平洋合作研究小组”，这个小组在当时任外相的大来佐武郎的领导下，于1980年5月提出了一个范围广泛而又具体的区域合作报告——《环太平洋合作构想最后报告》。报告拟定了合作构想三原则：(1) 面向世界的开放性的地区主义，绝不是排他性的关门主义；(2) 对内坚持以实现自由的开放性相互依赖关系为目标；(3) 环太平洋合作同这一地区已经存在的双边或多边合作关系并不矛盾，而是立足于这些成果的基础上，并同它们相互补充。《报告》提出的合作项目有“环太平洋博览会”、“环太平洋文化基金”、“关于贸易与国防投资的环太平洋宣言”等。

1980年1月，大平正芳在访问澳大利亚期间，与当时的澳大利亚总理马尔科姆·弗雷泽讨论了“环太平洋设想”问题，并取得了一致的意见。

1980年9月，在日本大平正芳和澳大利亚马尔科姆·弗雷泽的大力支持下，在澳大利亚的堪培拉举行了第一次太平洋合作问题研讨会，参加会议的有日本、美国、加拿大、澳大利亚、新西兰、东盟五国、韩国以及西南太平洋岛屿的共13个太平洋地区国家的企业家、学术界人士和非正式的政府代表团人员。与会者认为，由于本地区各国经济发展水平悬殊，工业结构差异很大，不可能成立一个类似欧洲经济共同体的组织；特别是东盟各成员国，由于考虑到既然是“共同体”，就会有一个组织机构问题，担心它将来可能成为一种新的超国家的太平洋地区组织，因而对它怀有戒心。会议建议成立一个非官方的“太平洋合作委员会”，研究有关发展地区经济合作的问题。

大平正芳之后的日本政府，仍然把“环太平洋合作构想”作为对外政策的重要组成部分。

铃木善信接任首相后，表示全力支持“环太平洋合作构想”。1981 年他在出访泰国时，针对亚洲国家、特别是东盟国家的疑心，提出了“铃木主义”三项原则，即不走军事大国道路；发挥与日本相称的政治作用；进一步加强与东盟的合作。1982 年 6 月，他在美国檀香山发表了题为《太平洋时代的来临》的演说，提出了推行太平洋合作的五项原则，即太平洋应该是(1)“和平的海”，需要相互合作，加强维护和平的努力；(2)“自由的海”，人员和物资只有自由交流，才能促进这一地区的发展；(3)“多样的海”，尊重并相互承认各国的独立性、自主性；(4)“互惠的海”，合作必须使各方都有所裨益；(5)“开放的海”，不搞闭关自守式的集团主义。铃木善信呼吁太平洋沿岸国家在和平、自由、多样、互惠、开放五项原则的基础上，推进“环太平洋合作构想”。

1982 年 6 月，在泰国曼谷召开了第二次太平洋地区经济合作会议，会议决定成立一个太平洋经济合作会议的国际常设委员会，并建立了四个特别工作小组，专门研究产品贸易、投资和技术转让、农业和再生资源、矿产品和能源等问题。

1983 年 11 月，在印度尼西亚巴厘举行了第三次会议，会上讨论了上述四个特别工作小组所作的研究报告，又建立了关于资本流通和金融的第五个特别工作小组，并决定 1985 年在汉城举行下一次“太平洋经济合作会议”。

1984 年 11 月，日本成立了“环太平洋合作联络调整委员会”，分析研究区域内各国提出的各种太平洋合作设想，以推动“环太平洋合作设想”。

日本首相中曾根 1985 年 1 月 14 日至 24 日，对大洋洲的斐济、巴布亚新几内亚、澳大利亚和新西兰进行了访问，这是自 1980 年已故大平首相访问澳大利亚、新西兰之后，日本在任首相第二次出访这一地区。中曾根和大洋洲四国首脑举行了会谈，表示希望通过访问能推进亚太地区合作，为实现“太平洋新时代”创造条件。中曾根首相在堪培拉发表了题为《太平洋时代正在到来》的演说，提出了推进太平洋合作的四项原则：(1) 尊重东盟等各国的主动精神，推进“环太平洋合作构想”以东盟为主导；(2) 促进有关民间机构的主动精神，以民间合作为主导；(3) 只搞经济、文化和技术领域的合作，否定太平洋合作的军事、政治性质；(4) 合作是开放性的，而不是排他性的，不奉行在亚洲太平洋和欧洲大西洋之间二者择一的集团主义。

现在日本加快了推进“环太平洋合作设想”的步伐，1985 年日本通产省太平洋设想研究委员会提出了一份报告，设想建立一个太平洋开放共同体，在经济文化领域建立一种开放性合作关系。外务省将建立“太平洋合作设想省内联络调整委员会”，邮政省将制定“环太平洋信息通信新领域计划”，经济企划厅亦将建立“21 世纪太平洋地区经济结构研究会”等机构。无论政府或民间，都就太平洋地区如何开展合作问题进行积极的探讨。

显而易见，日本的环太平洋合作设想首先是着眼于经济，但又不仅限于经济。

日本现在已是一个经济大国，国民生产总值约占世界国民生产总值的十分之一；但又是资源小国，日本本土狭窄，资源奇缺，历来所需原料的绝大部分均来自海外，而亚太地区则是主要来源地之一。例如，日本所需铁矿石的 90%，煤炭的 90%，镍矿石的 100%，天然橡胶、木材、铜矿石、铝矾土和锡的 100%等，均来自亚太地区。因此，日本认为“在进入资源有限时代的今天”，加强亚太地区国家的经济合作，确保对日本资源的稳定供应，对日本经济发展有着极为重要的意义。

由于日本缺少资源和粮食，所以经济越是发展，生活水平越是提高，对国外市场依赖程度也越高。早在 20 世纪 60 年代，日本与欧美为了市场问题，不断发生摩擦争吵。70 年代后，竞争更趋激烈。日本企图借助其经济和技术实力，在亚太地区寻求新的更广大的市场，以缓和与欧美各国的贸易摩擦。近些年来，美国正在将其战略重点逐步转向亚太地区，面临美国的竞争，日本势必会进一步扩大其在亚太地区的市场和增加对亚太地区的投资。

日本的对外投资向来是以能源资源开发为主。为了确保资源能源的稳定供应，日本大举向海外进行开发投资。日本石油需求的 99.9%依赖进口。过去日本主要从中东进口石油。直到目前，日本仍有 65%的石油来自中东。由于中东战火纷飞，局势动荡不稳，为了减少对中东石油的依赖，谋求从亚太地区取得更多的石油，近年来，日本增加了对亚洲产油国的投资。1978 年，日本对印度尼西亚和马来西亚两国的投资就占其在亚洲地区投资总额的 54%。日本对海外制造业的投资，也主要集中在亚洲，如新加坡的石油化学工业、菲律宾的炼钢业、印度尼西亚和马来西亚的木材加工业等。1980 年，在日本对海外制造业的投资总额中，亚洲占 53.4%。

为了适应科学技术的发展和国内外激烈竞争的需要，日本正在进行产业结构的调整。日本认为一些不适宜在本土发展的产业将迁往国外，而亚太地区的广大第三世界国家，则成了日本转移产业的理想之地。日本将集中发展技术密集型和知识密集型产业，而把那些耗费原材料多、消耗能源多、公害严重、产值低的劳动密集型产业，通过资本输出和技术输出转移到亚太地区的发展中国家去，以利用当地的廉价土地、丰富的原料资源和廉价劳动力。

总之，日本经济实力的增长，有赖于资源的稳定供应、商品的出口和资本的输出，这一切都促使日本谋求进一步发展和扩大与太平洋地区各国的关系，从而最终实现与美、欧鼎立的"政治大国"的目标。

日本提出"环太平洋合作构想"，也是为了遏制苏联向太平洋扩张，确保日本海上通道安全的需要。日本经太平洋的海上运输线共有三条：一是经西太平洋、印度洋赴中东和欧洲；二是经西太平洋和南太平洋赴东南亚和澳洲；三是经东太平洋赴南北美洲。日本要靠这几条海上运输线，将相当于国民生产总值15%的商品运出，销往世界各地，同时又要靠这几条海上运输线将日本所需的绝大部分原料、能源和粮食运回国内。如果海上通道一旦被切断，日本经济就会立即瘫痪。由于近些年来，苏联太平洋舰队迅速向外扩张，游弋于北太平洋、鄂霍茨克海、日本海，直到西太平洋、南中国海和马六甲海峡一带，为了确保日本的海上运输线，日本要求亚太地区的有关国家共同努力，加强合作，阻止苏联切断海上交通的任何企图，以确保日本的安全。"环太平洋合作构想"正是日本作为寻求其经济、政治、军事的"综合安全保障"的一种方式而提出并积极推广的。

对美国来说，亚洲太平洋地区也有着极为重要的意义。太平洋地区作为一个整体来说，它的经济产量现在相当于美国国民生产总值的2/3以上，而20年前只占1/3。亚太地区的广阔市场，对美国有极大的吸引力。20世纪80年代以来，美国同太平洋地区的贸易总额已超过美国同世界上任何一个地区、包括同西欧的贸易额。1982年，美国同这个地区的贸易额达1 265亿美元，为美国贸易总额的27.7%。1983年，美国同亚洲太平洋地区的贸易额已达1 360亿美元，比美国同欧洲的贸易额多260亿美元，占美国对外贸易总额的近30%。1983年，美国向亚太地区的出口占美国出口总额的42.5%，而向欧洲的出口，只占美国出口总额的27.6%。美国出口农产品的34%、机械设备的17%、化工产品的25%、民用飞机的28%、木材的62%都是销往亚洲太平洋地区。在最近几年的经济衰退期间，美国整个对外贸易总额下降了5%以上，而美国同亚洲太平洋地区国家的贸易下降不到1%。1983年，美国全球贸易额上升1.5%，而同亚太地区的贸易则增长了

8%。1984年,美国的贸易总额增长了19%,而对亚太地区的贸易额则增长了24%,达1690亿美元,占美国对外贸易总额的31%。事实表明,美国同亚洲太平洋地区的贸易在美国对外贸易总额中所占比重不断上升,增长速度显著加快。在美国最大的20个贸易伙伴中,现在有7个是在太平洋地区。日本占美国贸易总额的将近40%,仅次于美国最大的贸易伙伴加拿大,居第二位。东盟国家作为一个整体来说,在美国最大的贸易伙伴中居第五位,仅次于加拿大、日本、欧洲经济共同体和墨西哥。我国的台湾省居第六位,韩国为第七位。西方舆论认为,对美国经济来说,亚洲太平洋地区已成了“新的开拓地”,“对美国的未来是十分重要的”。

美国在亚洲太平洋地区的投资也日益增加。在过去五年里,美国在这个地区的投资增长了将近65%,对比之下,美国在全球投资的增长率为39%。到1984年初,美国在亚太地区国家的投资已超过300亿美元,增长速度之快,超过了其他任何地区。

太平洋地区的兴起,日益引起美国的关注,美国强调太平洋地区无论在经济上还是在政治和战略上,对其都是十分重要的。美国前总统福特说:“美国就业机会、外汇收入和原料来源全靠同太平洋地区的经济联系”。1980年1月,美国众议院外交委员会亚太小组委员会主席沃尔夫率国会代表团访问亚太地区前,提出建立“太平洋共同体”的主张。1980年4月,美国国务卿万斯也指出:“一种太平洋共同体的新意识正在形成”。1983年11月,太平洋经济合作会议在巴厘举行第三次国际会议,美国派出了一个规模很大的政府代表团,国务卿舒尔茨和负责东亚和太平洋事务的助理国务卿保罗·沃尔福威茨均发了贺信。1984年,美国负责政治事务的副国务卿劳伦斯·伊格尔伯格两次发表演说,强调太平洋地区合作对美国利益的重要性。美国政府主管东亚和太平洋事务的代理助理国务卿威廉·布朗1984年6月在美国——亚洲协会上说:“亚太地区经济的高速增长,也使它成为美国产品、劳务和资本输出的市场,美国的未来……与东亚紧密相连”。近年来,美国总统里根不断发表讲话,强调美国与太平洋地区“息息相关”。里根说,“太平洋盆地是发展最快的市场之一”,“太平洋国家成了美国产品越来越大的市场”,“美国未来的繁荣与太平洋地区息息相关”。

美国对太平洋的关注,同它的全球战略密切相关。面对苏联在亚太地区军事扩张的严重挑战,美国从其全球战略利益出发,认为有必要在东亚加强它的经济合作和贸易往来,加强其在亚太地区的存在。1985年2月21日,国务卿舒尔茨在美国太平洋经济合作全国委员会上发表讲话时说,太平洋地区是世界上武装最厉害的地区之一，美国以“极为关注的心情”注视着苏联在这个地区集结的军事力量。

美国和日本尽管在经济、外交和军事方面存在矛盾，因在战略上互有需要，因此在“环太平洋合作设想”上，两国仍能取得某些一致之处。但美国和日本有着明显不同的目标。“同床异梦”，日本报纸是这样形容美日关于“环太平洋合作设想”的。

环太平洋合作设想是大平首相在20世纪70年代末提出的，它反映着70年代以来的日美关系。就日美经济关系而言，70年代，日本变成了经济大国，实力日益增强，而美国却相反，实力明显下降。大平提出环太平洋设想，就是想把战后一直以日美关系为基轴的格局进一步扩大，在太平洋地区与美国争霸，争夺2000年世界强国地位。

从大平的“环太平洋合作设想”到中曾根的“太平洋新时代”，形势又不同了。中国已经崛起，中国已构成了一种“令人生畏的经济挑战”。“太平洋新时代”就是反映了这种以日美中三极为中心的80年代亚太地区的新格局。

美国的“太平洋共同体”虽然与“环太平洋合作设想”和“太平洋新时代”一样，都想建立一个包括某些亚太地区国家在内的地区合作体制，但内容有差异，出发点也不同。面对苏联在太平洋地区的争夺，为了恢复美国在亚太地区的存在，重建美国在亚太地区的霸权，建立一个在华盛顿庇护下的广阔的太平洋经济、政治和军事同盟，不仅能增加美国对外贸易，加强美国与亚太地区国家的经济往来，而且通过美国对这一地区施加压力，使其增加军事预算，扩充军备，能使美国减轻自己在这一地区的军事负担，使美国武器能更大量地涌入“太平洋共同体”成员国“一体化”了的军队，这就是美国的设想。

建立“太平洋共同体”谈何容易！太平洋地区幅员广大，有着不同的历史文化传统，政治结构和经济发展水平差异极大。一般来说，属于太平洋区域的有中国、日本、东亚、东南亚、南亚等亚洲国家和地区，以及苏联的亚洲部分；澳大利亚、新西兰的大洋洲部分；美国、加拿大的北美洲部分；墨西哥、巴西、智利、阿根廷等拉丁美洲国家等；共有三十二个独立国家和地区以及十多个属于美、英、法的殖民地，总人口二十多亿。在这里，既有世界上人口最少、位于南太平洋、面积只有八平方英里、人口只有八千人的独立国家瑙鲁，也有世界上人口最多、面积达九百六十万平方公里、人口达十多亿的中国。从政治上看，美国、加拿大、澳大利亚、日本、新西兰等是发达资本主义国家,菲律宾、泰国、马来西亚、新加坡、印度尼西亚等为发展中国家,还有像中国这样的社会主义国家;其中有结盟国家,也有一系列不结盟国家。从经济上看,有高度现代化的美国、日本,也有经济十分落后的巴布亚新几内亚;国民生产总值按人口平均计算,从日本的一万多美元到不足二百美元的一些岛国。从文化、宗教信仰和哲学传统方面看,这一地区的国家继承了世界上一系列遗产,从孔子学说、佛教到伊斯兰教和基督教,应有尽有。这样,要建立在经济利益和政治利益一致基础上的太平洋地区合作机构,显然是困难很多、阻力很大的。而欧洲经济共同体的成员国则都属于第二世界国家,差别虽有,但悬殊不大。

亚洲一些国家,特别是东盟国家,对于这种更广泛的区域性合作能否给自己的国家带来好处表示怀疑,不是没有道理的。首先,东盟国家由于对“共同体”的概念和目标不明确,害怕这一机构的建立不仅使自己得到的并不多,反而影响了自己那一刚刚建立不久、需要巩固和发展的组织;其次,担心“太平洋共同体”建立后,在军事上置于美国控制之下,致使他们的国家同苏联发生对抗;再次,担心“太平洋共同体”建立后,在经济上置于日本控制之下,致使日本在东南亚的影响进一步扩大。

1985年初,国际商业协会在汉城举行本年度的会议,讨论亚洲太平洋地区经济发展问题,大多数与会者都认为,应把美国排除在亚太地区之外,他们说,加利福尼亚无疑是面临太平洋的,但对于这个国家的其他绝大部分地区来说,从而也对华盛顿和纽约来说,丝毫谈不上同太平洋有任何联系。不仅如此,与会的许多人还把日本也排除在这个地区的合作之外,据解释,一是因为日本作为先进的工业国家有着不同的先决条件和问题,二是因为日本在历史上曾是在这一地区进行过扩张的霸权大国。这样一来,狭义的亚洲太平洋地区就只包括这样一些国家和地区,即像韩国、中国台湾、香港和新加坡等新兴的工业化国家和地区,像马来西亚、泰国、印度尼西亚、菲律宾和文莱等东南亚国家,再有就是中华人民共和国,此外还有像新几内亚和一些太平洋上的岛国等。这些国家和地区的差异也是很大的,但它们进行合作的可能性也很大,因为它们同属第三世界发展中国家。

三、多极化的世界

今日的世界是多中心的世界。

亚太地区的经济发展,“太平洋的兴起”,并不意味着欧洲已经衰落,大西洋的时代已经成为过去。亚洲太平洋地区在世界上的地位日益重要，但还不能说世界的经济、政治中心已经转移到了太平洋地区。

从经济上说，欧洲的经济实力仍相当雄厚。1980年，世界的总产值集中在四个地区：西欧占世界总产值的26%，北美占28%，苏联和东欧国家占17%，日本和东亚各国占17%。在1960—1980年期间，西欧和北美的总产值在世界总产值中所占比重虽下降了4%，但仍占半数以上，日本和东亚地区的总产值虽增长了7%，但在世界总产值中所占比重还不到20%。就世界贸易而言，东亚所占比重仍不大。在1982年，东亚和东南亚的出口额仅占世界贸易总额的15%（日本占8%），美国占11%，欧洲共同体占32%，大于美日两国的总和，雄踞世界第一。

诚然，亚太经济迅速发展，美国对亚太地区日益重视，但美国不会放弃欧洲，美欧关系仍然是重要的。这是因为，虽然美国同欧洲共同体的900亿美元的双边贸易额现在低于美国同亚洲的贸易额，但到1982年底，美国在欧洲的直接投资为1 000亿美元，即占美国在国外投资的将近一半；欧洲在美国的680亿美元的直接投资，占外国在美国投资总额的2/3；同上述数字相比，美国在太平洋地区国家的120亿美元的直接投资就相形见绌了。其次，美欧之间的贸易问题虽然矛盾重重，但贸易仍在矛盾中向前发展。西欧有3.5亿人，人口比美国多，更比日本多，它广阔的市场和在世界贸易中所占份额，对美国无疑仍是有巨大吸引力的。美国要在跨越大西洋同欧洲保持密切联系的同时，也要向西跨越太平洋，同亚洲太平洋地区国家建立同样密切的联系。

从科学技术上看，欧洲曾是世界两次产业革命的发源地，有悠久的科技发展史，有雄厚的工业基础和素质较好的科技人员队伍。二次大战后，在西方国家竞相发展新兴科学技术时，美国虽然领先，但是西欧的一些公司，如德国的西门子、德律风根，荷兰的飞利浦，法国的汤姆普逊等公司也都名噪一时，在科学技术上有不少突破和创新。就以电脑软件而言，英国认为这是英国电子技术的“宝石”。为了赶超美日，西欧各国用于开发研究技术的投资总额在1982年约达350亿美元，比日本多一倍，比美国多一半。1982年上半年，西欧12家最大的电子公司曾经联合提出建议，要求共同体和各成员国政府制定共同战略，协调各国的政策和计划，争取在微电脑、软件、人工智能系统、办公室自动化等方面赶上和超过美日。这个领域要求大量的智力资源，而共同体在这方面是有基础的，它所要求的能源或原料很少，而共同体在这方面是比较缺乏的。现在共同体已经决定加强合作，提出了一个五年内投资10亿美元的发展高级技术的战略研究计划。总之,欧洲正在奋起,力挽颓势,以迎接太平洋的挑战。

从经济技术实力和发展水平来看,亚太地区首先要算美国和日本。美国阳光地带的新兴科学技术虽然蓬勃发展,但是还不能说重心已转移到了西部;日本虽是一个经济大国,但资源奇缺,科学技术、特别是基础科学仍落后于美欧。其次是新兴工业国和地区,这些国家和地区虽然经济发展很快,但是从其产业结构和投资结构来看,仍没有摆脱过去那种单一经济和依靠原料和农矿产品出口的局面,这些国家和地区的经济在很大程度上要依赖国外市场,依赖国外资金和技术,还未形成独立的经济发展力量。再次是中国,我国经济技术仍很落后,经济正在起飞,只有中国经济发展起来了,亚太地区才有可能对整个世界经济政治发生决定性影响。可以说,中国经济振兴之日,即“太平洋中心”形成之时。至于亚太地区其他发展中国家,经济还很落后,发展很慢。所以,尽管太平洋正在兴起,但是还不能说世界经济政治中心已经转移到了亚太地区。

在二次大战后的很长一段时间内,世界趋向集团化、两极化,两个超级大国都想在世界上控制一部分国家和地区,建立自己的势力范围,迫使这些国家和地区为它们争夺世界霸权服务。世界经济、政治发展不平衡,使得一些国家和地区在经济、政治上的作用和地位日益提高,新的具有世界影响的国家和地区开始出现,这就使得世界从两极化逐渐走向多极化,形成多中心的世界。“停滞的欧洲”,仍保持着一定的经济实力,仍为东西方争夺的焦点之一,西欧在多极化的世界中将仍是重要的一极。太平洋正在兴起,虽然不能说世界经济政治中心已经转移到了亚太地区,但是亚太地区在多极化的世界中将成为重要的一极。

中国的四化建设与太平洋经济中心*

一、一个新的世界经济中心正在形成

亚洲太平洋地区是当今世界经济中最富有活力、成长最快的地区,1960—1980 年,亚太地区发展中国家的经济年平均增长率为 7.5%,而美国为 3.5%,西欧为 4.5%,拉丁美洲为 6%,亚太地区是发展最快的地区。20 世纪 70 年代以来,西方经济陷入滞胀和危机之中,而亚太地区国家依然取得较高的经济增长。

战后以来,日本经济增长速度居于各发达国家前列。从 1950 年至 1973 年,日本国民生产总值平均每年递增 10.5%,为世界平均经济增长率的两倍多。进入 70 年代后,虽然先后经历了两次石油大涨价的冲击,经济增长率大大放慢了,但仍居西方工业发达国家经济发展之首,使日本成为仅次于美国的资本主义世界第二经济大国。现在日本的人均收入已达 16 000 美元,美国是 17 000 美元;日本在海外的投资额已从 1975 年的 580 亿美元增加到 1985 年的 3 400 亿美元,对外纯资产已达 2 000 亿美元,成为世界头号债权国,而美国却成了债务国。日本提出的进一步发展计划是:到 20 世纪 90 年代末,它的国民生产总值要超过美国。最近,日本宣布建立东京离岸金融市场,并准备在 10 至 15 年内,使东京成为亚洲太平洋地区的金融中心。日本的兴起,是亚太地区发展中的一件大事。

除日本外,亚太地区被称为新兴工业化国家或地区的新加坡、韩国、中国香港和中国台湾,在 20 世纪 60 年代和 70 年代创造了世界上最高的经济增长率,几乎每 10 年就使经济翻一番。80 年代后,虽然受资本主义世界经济衰退的影响,经济增长率有所下降,但仍保持在 6% 以上,高于世界其他任何地区。由于经济的持续增长,这几个新兴工业化国家或地区现在处于发展中国家或地区的中上等收入水平,而新加坡和中国香港地区的人均收

---

* 本文原载于吴大琨主编:《论太平洋经济》论文集,中国对外经济贸易出版社 1988 年版。

入已达6 500美元，相当于意大利的水平，高于欧洲经济共同体中的西班牙或爱尔兰。

1967年由东南亚的泰国、马来西亚、新加坡、菲律宾和印度尼西亚等五国组成的东南亚国家联盟(简称东盟)，它的经济增长速度虽然没有新兴工业化国家或地区那样快，但也达到了年平均为6%—8%的增长率，这个增长率不仅高于其他发展中国家，也高于发达国家。由于20世纪70年代的高速增长，东盟国家已成为世界银行分类中的中等收入的发展中国家，其中像马来西亚这样一些国家，正在成为第二层次的新兴工业化国家。

根据国际经济预测机构的估计，亚洲太平洋地区的经济发展速度，今后仍将保持继续高于世界其他地区的迅速增长的势头，这不仅是由于这一地区有着丰富的能源和各种自然资源，还由于这一地区已经有了较好的工业基础，而且更重要的是由于这一地区中国的崛起，中国经济的非凡增长，给亚洲太平洋地区经济以巨大的推动力，并对整个世界经济、政治产生决定性的影响。

美国总统里根把21世纪称作太平洋世纪，里根本人把越来越多的注意力集中在太平洋地区，这不是偶然的。亚洲太平洋地区作为一个整体来说，它的经济产值现在相当于美国国民生产总值的2/3以上，而20年前只占1/3。亚太地区的广阔市场，对美国有极大的吸引力。20世纪80年代以来，美国的贸易格局发生了引人注目的变化，美国同太平洋地区的贸易总额第一次超过了美国同世界上任何一个地区、包括同西欧的贸易额。1960年，美国同亚太地区的贸易，只占它同欧洲贸易的48.1%，20年后，这一比率已上升为101%。1980年，美国与亚太地区的贸易额第一次超过了美国与西欧的贸易额，前者为1 176亿美元，后者为1 159亿美元。1985年，美国同亚洲太平洋地区的贸易额已达1 870亿美元，比美国同欧洲经济共同体的贸易额多25%，美国同亚洲太平洋地区的贸易在美国对外贸易总额中所占比重不断上升，增长速度显著加快。

美国在亚洲太平洋地区的投资也在迅速增长。1974年，美国在亚太地区的直接投资为143.58亿美元，1984年增加到342.46亿美元，10年中增加了1.39倍，年平均增长率为9.1%。而同期，美国对外直接投资总额年平均增长率为7%。由于美国对亚太地区的直接投资迅速增长，美国在该地区的直接投资占国外直接投资的比重大大提高，1974年占6.15%，1984年上升到14.67%。从1983年起，美国在亚太地区的直接投资开始超过在拉丁美洲的直接投资，仅次于西欧和加拿大，居美国国外直接投资的第三位。

亚洲太平洋地区已成为美国国外直接投资迅速增长的地区。

亚太地区的兴起，使得美国经济力量正从东海岸向西海岸转移，向着面临太平洋的俄勒冈州、加利福尼亚州、得克萨斯州等等转移。在加利福尼亚州，它的制造业、服务业和农业中有一百多万就业机会要靠与太平洋地区的贸易来维持，一百多亿美元以上的工资、四十多亿美元的税收和五十多亿美元的商业收入是依靠加利福尼亚州同太平洋地区国家的贸易收入。所以，近年来，美国总统里根不断发表讲话，强调“世界的未来在太平洋地区及其沿岸各国”，声称美国与太平洋地区“息息相关”，“美国的前途寄托于太平洋”。

美国之所以如此重视亚太地区，除了有维护和扩大它在亚太地区的经济利益的需要外，也同它的全球战略密切相关。面对苏联在亚太地区军事扩张的严重挑战，美国从其全球战略利益出发，认为有必要在东亚加强它的经济合作和贸易往来，加强其在亚太地区的存在，以扩大美国在这一地区的影响，用以对抗苏联的政治经济和军事扩张。近年来，面对亚太地区的崛起，苏联除了积极向亚太地区进行军事渗透，加强军事力量外，在这一地区的活动明显增加。1986 年 5 月，苏联与瓦努阿图建立了大使级外交关系，接着双方又进行了渔业谈判，即将达成的协定允许苏联渔船到瓦努阿图经济专属区捕鱼和驶入港口加油、维修，这将是苏联渔船首次获准驶入南太平洋岛国的港口。在此以前，苏联还于 1985 年 10 月取得了在基里巴斯周围海域的捕鱼权。苏联进一步准备同斐济、新西兰、巴布亚新几内亚、所罗门群岛等国签署渔业协定，并向有关国家试探建立或使用海岸设施权、民航飞机着陆权的可能性等问题。

在对待苏联对亚太地区扩张问题上，日本同美国的利益是一致的，但随着日本在亚太地区经济联系和影响的加强，同美国争夺亚太地区资金、技术和商品市场的矛盾也日益加剧。目前，日本是亚太地区经济实力最大，经济影响最广的国家，日本为确保其资源的稳定供应，进一步扩大它在亚太地区的市场和增加对亚太地区的投资，以谋求实现从“经济大国”变为“政治大国”的目标，从三木首相以后的历任首相，包括福田纠夫、大平正芳、铃木善幸，直至中曾根康弘，都极其关注亚洲太平洋地区问题。1979 年，取代福田的大平首相的“环太平洋合作构想”是作为政府的外交战略提出来的，并首次提出了合作构想三原则：(1) 面向世界的开放性的地区主义，绝不是排他性的关门主义；(2) 对内坚持以实现自由的开放性相互依赖关系为目标；(3) 环太平洋合作同这一地区已经存在的双边或多边合作关系并不矛盾，而是立足于这些成果的基础上并同它们相互补充。1982 年,日本铃木首相访美,特意在太平洋的中心地檀香山发表了题为《太平洋时代的来临》的演说,提出了推行太平洋合作的五项原则,即太平洋应该是:(1)“和平的海”,需要相互合作,加强维护和平的努力;(2)“自由的海”,人员和物资只有自由交流,才能促进这一地区的发展;(3)“多样的海”,尊重并相互承认各国的独立性、自主性;(4)“互惠的海”,合作必须使各方都有所裨益;(5)“开放的海”,不搞闭关自守式的集团主义。铃木呼吁太平洋沿岸国家在和平、自由、多样、互惠、开放五项原则的基础上,推进“环太平洋合作构想”。日本首相中曾根于 1985 年 1 月 14 日至 24 日,对大洋洲的斐济、巴布亚新几内亚、澳大利亚和新西兰进行了访问,这是自 1980 年已故大平首相访问澳大利亚、新西兰之后,日本在任首相第二次出访这一地区。中曾根和大洋洲四国首脑举行了会谈,表示希望通过访问能推进亚太地区合作,为实现“太平洋新时代”创造条件。中曾根首相在堪培拉发表了题为《太平洋时代正在到来》的演说,提出了推进太平洋合作的四项原则:(1) 尊重东盟等各国的主动精神,推进“环太平洋合作构想”以东盟为主导;(2) 促进有关民间机构的主动精神,推进合作构想以民间合作为主导;(3) 只搞经济、文化和技术领域的合作,否定太平洋合作的军事、政治性质;(4) 合作是开放性的,而不是排他性的。不奉行在亚洲太平洋和欧洲大西洋之间二者择一的集团主义。1987 年新年伊始,日本外相仓成又出访南太平洋诸国,并于 1 月 14 日在斐济首都苏瓦发表了题为《建设太平洋的未来社会》的演说,指出了旨在加强日本同太平洋诸国关系的新的太平洋政策五原则:(1) 尊重太平洋各岛国的独立性和自主性;(2) 支持该地区内的区域性合作;(3) 努力维护该地区内的政治安定;(4) 扩大同这一地区的经济合作;(5) 重视同这一地区国家的相互往来。可见,日本历届政府都十分重视亚太地区“合作”问题,“合作”内容不断充实,推行的策略不断调整,但“合作”的宗旨始终没变。

总之,无论从亚洲太平洋地区的经济发展及其在世界经济中的地位作用来看,或从大国在这个地区的争夺或扩张来看,亚洲太平洋地区正在成为世界经济中心。

二、中国四化建设实现之日,即太平洋经济中心形成之时

中国是亚洲太平洋地区的一个重要国家,地大物博,人口众多,有巨大的经济实力和发展潜力。亚太地区的经济,由于中国经济迅速发展而尤为

引人注目。随着中国的经济改革和对外开放,中国与亚太地区各国的交往愈来愈多,经济上的相互联系和相互依存程度将日益提高,中国在亚太地区经济发展中将会有越来越重要的作用。

中国已经确定在20世纪最后20年的经济发展总目标是:到2000年时,使工农业总产值翻两番,国民生产总值达到1万亿至1.2万亿美元,按人口平均的国民生产总值上升到800美元—1 000美元。这一目标既宏伟,又艰巨,几年来,中国经济改革和对外开放的实践证明,它是有可能实现的。

1978年至1984年,社会总产值年平均增长率达9.1%。其中工业总产值增长8.9%,农业总产值增长9.4%,国民收入增长8.3%;1985年,社会总产值比上一年更增长了16.2%,工农业总产值上升16.4%,国民收入上升12.3%;工农业总产值超过了到20世纪末平均每年要增长7.2%的战略目标。据世界银行《1985年发展报告》的资料,20世纪80年代以来,中国的国内生产总值和人均国民收入的年平均增长率在亚太地区国家中首屈一指,中国的经济发展"根本改变了中国与世界的关系","使世界的注意力东移了"。

近年来,中国的工业发展是引人注目的。1984年全国原煤产量为7.72亿吨,化肥产量为1 482万吨,水泥产量为12 108万吨,均占世界第三位;钢产量为4 337万吨,占世界第四位;原油产量为11 453万吨,占世界第七位。1984年,全国企业总数达43.72万个,固定资产投资总额为1 185.2亿元,劳动者人数为47 597万人。与美国、日本相比,工业生产指数增长情况如表2.1所示(以1980年为100做基数)。

表1 中美日等国工业生产指数增长情况

国　别	1979	1981	1982	1983	1984
世界统计	99.9	100.2	97.4	100.3	—
中　国	92.0	104.0	112.0	124.0	141.0
美　国	104.0	103.0	94.0	100.0	111.0
日　本	96.0	101.0	101.0	105.0	117.0

从表1可见,中国工业发展不仅速度高于美国、日本以及世界平均数(1979年除外),而且发展速度超过的比重也在逐年增长。

1984年全国工业总产值达7 565亿元,比上半年增长15.9%;轻重工业发展趋于协调,全国轻工业总产值达3 374亿元,重工业总产值达3 641亿元,比例大体为48.1:51.9,工业产品的结构也在进一步改善。

但是，也必须看到：

第一，在社会总产值的构成中，工业产值仅占 54.1%，工业所创造的国民收入仅占全部国民收入的 40.5%，低于农业所创造的 44.3%；工业劳动者的人数仅占全部工农业劳动者人数的 16.3%；特别是在工业产值中，所谓的“朝阳工业”产值比重较低，技术密集、资本密集与劳动密集产业的比重为 10:45:45。这些指标与亚太地区发达国家相比，都是偏低的。

第二，在出口构成中，1984 年初级产品比重高达 45.7%，工业制成品占 54.3%，而其中机械及运输设备出口仅占全部出口的 5.7%。进口的初级产品为 19%，工业制成品高达 81%。机械及运输设备的进口达 26.4%，是出口的四倍多；而且，工业制成品的出口主要是以发展中国家为对象，对发达国家的出口数量更少。

第三，工业发展速度快的重要原因之一，是与基数较小有关，从主要产品产量来看，仍是较低的，与美国、日本相比，差距仍很大。见表 2。

表 2　中美日主要工业产品的产量状况(1984 年度)

	钢(万吨)	电(亿度)	载重汽车(万辆)	硫酸(万吨)	化纤(万吨)	电视机(万台)
美　国	7 524	23 826	241	3 319	369	1 968
日　本	9 698	5 555	397	876	186	1 396
中　国	4 337	3 514	14	666	54	684

从表 2 可见，总产量不高，人均产量就更低了。所以，整个来说，中国的工业水平还是很落后的。

中国的农业生产进入了一个划时代的历史转折时期。农村的经济改革大大解放了社会生产力，农业生产出现了前所未有的好形势。“六五”期间，农业总产值年平均增长 8.1%，是建国以来农业发展最快的时期。1984 年，农业总产值达 3 062 亿元，比上一年增长 9.9%；粮、棉、油的总产量分别比上年增长 5.1%、21.1%和 12.3%；与亚太地区主要国家相比，中国主要农产品产量多居领先地位，只有个别产品例外。例如，1984 年全国粮食总产量为 40 712 万吨，棉花总产量为 607.7 万吨，桐油总产量为 7.5 万吨，均居世界第一位；中国的农业生产正在向专业化、商品化、现代化转变。1984 年粮食出口 319 万吨，1985 年达 500 万吨。据美国农业部估计，由于中国农业所出现的“非凡的增长”，到 1990 年中国可能成为主要粮食出口国。

中国历来以地大物博著称，矿产资源极其丰富。目前世界上已知的

140 多种有用矿产均已找到，其中 132 种皆已探明储量。中国的煤、铁、铜、铝、钨、锑、锡、锰、铅、锌等主要矿物储量均居世界前列；石油、油页岩、磷、硫、盐、石膏等矿物也很丰富。中国对亚太地区各国，特别是本地区的发达国家的出口多是初级产品，而其中矿产品约占 50％以上，是重要的矿产资源供应地。

中国作为一个巨大的商品销售市场和理想的投资场所，更使其增加了魅力。中国内地的对外贸易，1984 年进出口总额为 536.30 亿美元，比上一年增长 21.8％。其中出口 257.60 亿美元，增长 15.3％；进口 276.70 亿美元，增长 28.7％，出口额已达国民收入的 9.6％，超过了苏联。“六五”期间，进出口贸易总额合计达 2 300 亿美元，比“五五”期间翻了一番，在世界上所占位次有明显提高。

中国内地的对外贸易的绝大部分是在亚洲太平洋地区进行的。1984 年中国内地在亚太地区的进出口商品贸易总额，占全部进出口贸易总额的 63％。其中日本约占 23.1％，为第一大贸易伙伴，香港地区占 17.32％，美国占 10.3％；与东盟国家的贸易也发展很快，他们也是中国的重要贸易伙伴。中国的市场潜力是巨大的，随着经济改革和对外开放，中国将日益从“潜在的广阔市场”变为更加具有现实意义的市场，从而为本地区各国提供更多的出口机会。考虑到世界经济和世界贸易的不景气状态，日益扩大的中国市场无疑将给亚太地区经济和世界贸易的发展增添巨大的活力。

在中国利用的外资中，来自亚洲太平洋地区的资本占利用外资总额的 80％左右，其中以来自美国、香港地区的为最多。1980 年至 1984 年，中国使用外资达 145 亿美元。1983 年使用的外资为 19.6 亿美元，其中包括使用各种贷款约为 10.5 亿美元，吸收国外直接投资约为 2.1 亿美元，与许多国家相比，中国利用外资的外债清偿率是很低的，一般情况下，还本付息率不到出口收汇的 10％，远低于 25％的临界清偿率。所以，中国利用外资的可能性还很大。

继 20 世纪 80 年代初开放深圳、珠海、汕头、厦门四个特区后，1984 年又进一步开放了北起大连，南至北海的 14 个沿海城市与海南岛，开放了长江三角洲、珠江三角洲和闽南三角地带。这些面向太平洋的城市和地区的开放，无疑将进一步促进中国与亚太地区的经济联系，并以其优惠的条件吸引着外国的投资者。

此外，中国近年来在国外的直接投资也在增加。据统计，到 1986 年 6 月，中国在国外直接投资累计总额达 3.9 亿美元，其中仅 1986 年 1 月至 6

月就占了1.9亿美元。中国对外直接投资的绝大部分在亚洲太平洋地区。这些投资除了投向贸易、金融、航运、餐馆等服务业外,也对澳大利亚的炼铝业和菲律宾、新加坡等东盟国家的椰油厂、铜矿等进行直接投资。这些投资将促进中国同亚太地区各国经济关系的进一步发展。

亚洲太平洋地区国家,特别是亚太地区发展中国家,存在的一个严重问题是依赖性太大。日本的出口有1/3要依赖美欧市场,自身缺乏原料,对外贸和国外原料依赖很大。而新兴工业化国家和东盟国家则严重依赖日本、美国市场和外部资源。近年来,由于受世界经济不景气的影响,亚太地区经济的发展速度明显放慢了。当然,和整个世界经济缓慢的增长比起来,这个地区的增长速度还算是快的。随着中国改革的进一步深入和经济的持续增长,中国以其广阔的市场、丰富的自然资源和雄厚的人力资源,将使亚洲太平洋地区各国逐步由过去依靠向美欧出口变为和中国发展相互依赖关系来实现稳定增长,由过去同日本、美国的垂直分工关系,变为同中国建立横向分工的平等互利关系,这种关系将建立在合作和竞争并存的基础之上,在合作中竞争,在竞争中合作,促使各国改变其经济发展战略,使其由单一经济向多样化方向发展,进行产业结构的调整与升级,不断增强各国经济发展的活力,从而实现各国经济的稳定、持续增长。所以,中国的四化建设实现之日,就是太平洋经济中心形成之时。

因此,作为一个太平洋国家,中国要注视世界经济格局的变化,把本国的经济发展和太平洋地区的经济发展联系在一起。坚持改革和开放的政策,加速资金和技术的引进,实现社会主义四个现代化,推动太平洋经济中心的形成。同时,中国又要注意到世界经济是多中心的,应把重点开放和全方位开放结合起来,以免过分依赖某一国家或某一集团。

亚洲新纪元备受注目*

——日本“东亚经济圈”的如意算盘

在世界历史漫长的发展过程中，具有悠久文化历史传统的东方亚洲各国，也曾经历鼎盛时期，对世界文明的发展曾作过令人炫目的贡献。然而，近一个世纪来，在帝国主义、殖民主义的掠夺和奴役下，绝大部分国家和地区遭受残酷的蹂躏和践踏，致使生产落后，生活贫困。二次大战后，特别是近二三十年来，亚洲这条巨龙终于觉醒了，一些国家以惊人的增长速度赢得人们的敬重，使这个长期以来未受重视的地区，顿时成了世界各国关注的焦点。这是一个历史性的转变。一个新的世界经济增长中心正在形成中，21世纪将是“太平洋世纪”，确切些说，将是“亚洲纪元”。

亚洲太平洋地区是当今世界经济中最富活力、成长最快的地区，其经济持续高速增长，力量不断上升，在世界经济中占有越来越重要的地位。

战后，日本经济增长速度居于各发达国家前列。从1950年至1973年，日本的国民生产总值年平均增长10.5%，为世界平均经济增长率的两倍多。进入70年代后，虽然先后经历了两次石油急升的冲击，经济增长率大大放慢了，但仍居西方工业发达国家之首，使日本成为仅次于美国的资本主义世界第二经济大国。日本在海外的投资额从1975年的580亿美元，增加到1985年的3400亿美元，对外纯资产已超过2000亿美元，成为世界最大的海外投资国和世界最大的债权国；在世界10大银行中，日本占了8家，在世界500家最大的企业名单中，日本企业的数目及人均产值均超逾美国。日本的兴起，是亚太地区发展中的一件大事。

一、亚太地区高增长率备受瞩目

除日本外，亚太地区的新兴工业化国家和地区，在20世纪60年代和70

---

* 本文原载于香港《信报财经月刊》1989年3月总144期，并由菲律宾《商报》1989年3月7日—3月8日全文转载。

年代创下世界上最高的经济增长率,几乎每10年经济就翻一番。据统计,1960到1980年,亚太地区发展中国家的经济年平均增长率为7.5%,而美国为3.5%,西欧为4.5%,拉丁美洲为6%。80年代后,虽然受资本主义世界经济衰退的影响,经济增长率有所下降,但是仍高于世界其他地区。1982年和1983年,亚洲太平洋地区国家的经济增长率分别为3.8%和5.6%,而"经济合作和发展组织"国家的经济,1982年为负增长,1983年仅增长1.6%。

二、泰国经济展翅起飞

根据联合国亚太经社委员会的资料,亚洲太平洋地区发展中国家经济的增长率,1987年上升至6%;而全球的经济增长率约为2.8%,发达的市场经济国家的平均增长率只有2.4%。1987年韩国、中国台湾地区、中国香港地区的经济增长率都在12%左右,新加坡的增长率也达到8.7%,仍是世界经济增长最快的地区。随着经济高速持续增长,人均国民收入也明显提高。据统计,1986年中国香港地区和新加坡的人均收入分别为6 900美元和7 420美元,相当于意大利的水平,高于欧洲经济共同体成员国西班牙和爱尔兰,几近发达国家的边缘。

据预测,到90年代中期,新加坡和中国香港地区将达到日本1980年时的水平;韩国和中国台湾地区在2000年至2010年时将达到日本1980年时的水平。东盟各国可望在21世纪初达到"四小龙"目前的水平,在东盟各国中,令人刮目相看的是泰国,近几年来,泰国所取得的经济成就,大有成为亚洲第五条小龙的希望。

亚太地区的经济,由于中国经济的迅速发展,尤为引人注目。自1978年实施改革开放政策以来,大大解放了生产力、经济持续稳定增长、具有巨大经济实力和发展潜力的中国,是"太平洋兴起"和"亚洲新纪元"魅力的重要因素之一。中国已经确定在20世纪最后20年的经济发展总目标是——力争到2000年时,工农业总产值翻两番:国民生产总值达到1万亿至1.2万亿美元,比1980年翻两番;务求使按人口平均的国民生产总值达到800美元—1 000美元,进入小康水平。这一目标既宏伟,又艰巨,几年来,中国经济改革和对外开放的实践证明,它是有可能实现的。

三、中国经济实现五个翻一番

根据国家统计局的资料，改革和开放以来的 10 年，是新中国成立以来经济发展最好、人民受惠最多的时期。在这 10 年中，中国经济实现了 5 个翻一番，即：(1) 工农业总产值翻一番；(2) 国民生产总值翻一番；(3) 国民收入翻一番；(4) 国家财政收入翻一番；(5) 城乡居民收入翻一番。

随着中国的经济改革、对外开放和经济现代化，中国与亚太地区各国的交往愈来愈多，经济上的相互联系和相互依存程度将日益提高，中国在亚太地区经济发展中将会有越来越重要的作用，给亚洲太平洋地区经济以巨大的推动力，并对整个世界经济、政治产生影响。

四、美国积极介入亚太地区

美国前总统里根把 21 世纪称作"太平洋世纪"，把注意力越来越多地集中在太平洋地区，这不是偶然的。亚洲太平洋地区作为一个整体来说，它的经济产值现在相当于美国国民生产总值的三分之二以上，而 20 年前只占 1/3。亚太地区的广阔市场，对美国有极大的吸引力。20 世纪 80 年代以来，美国的贸易格局出现了引人注目的变化，美国同亚太地区的贸易，第一次超过了美国同世界任何一个地区，包括跟西欧的贸易额。1960 年，美国同亚太地区的贸易只占它跟欧洲贸易的 48.1%，20 年后，这一比率已上升为 101%。1980 年，美国同亚太地区国家的贸易额第一次超过了美国同西欧的贸易额，前者为 1 176 亿美元，后者为 1 159 亿美元。1985 年，美国跟亚太地区的贸易额已达 1 870 亿美元，比美国同欧洲经济共同体的贸易额多 25%。美国同亚太地区的贸易，在美国对外贸易总额中所占比重不断上升，增长速度显著加快。

美国在亚太地区的投资也在迅速增加。在 1974 年，美国在亚太地区的直接投资为 143.58 亿美元，1984 年增加到 342.46 亿美元，10 年中增加了 1.39 倍，年平均增长率为 9.1%；同期，美国对外直接投资总额年平均增长率仅为 7%。由于美国对亚太地区直接投资迅速增长，美国在该地区的直接投资占国外直接投资的比重大大提高，1974 年只占 6.15%，1984 年上升到 14.67%。从 1983 年起，美国在亚太地区的直接投资开始超过在拉丁美洲的直接投资，仅次于西欧和加拿大，居美国国外直接投资的第三位。

亚太地区的兴起，使得美国经济力量从东海岸向西海岸转移，向着面临太平洋的加利福尼亚、俄勒岗等转移。近年来，美国前总统里根不断发表讲话，强调"世界的未来在太平洋地区及其沿岸各国"，宣称美国与太平洋地区"息息相关"，"美国的前途寄托于太平洋"。

五、苏联不甘后人

近年来，面对亚太地区的崛起，苏联从1986年起，逐渐提高对亚洲太平洋地区的关注。苏联之所以对太平洋地区表现出极大兴趣，是由于这一地区蓓蕾初放的经济——不仅是由于日本和中国香港地区的经济，中国台湾地区和韩国经济的优异表现，还有中国内地进行的卓有成效的改革以及形式多样的合作形式。1986年7月，戈尔巴乔夫在符拉迪沃斯托克的讲话中明确指出："东方，亚洲和太平洋地区文明的发展，越来越充满活力，我国的经济也在转向西伯利亚和远东，因此，我们在客观上对加强亚洲太平洋合作表示关注"。正因为苏联西伯利亚和远东地区的开发建设，以及整个社会经济的发展前景，在很大程度上取决于它和亚太地区各国的关系，因此，戈尔巴乔夫1988年9月16日在克拉斯诺亚尔斯克，就亚太地区安全问题提出了一系列建议，强调苏联在亚太地区"不谋求某些特权和特殊利益"，一切建议和行动的目标，都在于"寻求亚太地区的和平、安全与合作"。

总之，无论从亚洲太平洋地区的经济发展及其在世界经济中的地位和作用，还是从大国在这个地区的介入或"关注"来看，亚洲太平洋地区正在成为新的世界经济中心。

当然，亚洲新纪元的到来，并不意味着欧洲将从此衰落下去。"太平洋经济中心"的含义，绝不是说21世纪太平洋将取代大西洋，成为世界惟一的经济政治中心。未来的世界格局和经济发展，将是多极化的和多中心的，各国、各地区以至整个世界经济，只有在相互联系和密切合作下，才能实现稳定增长。

六、发展经济实力，取代军事竞赛

战后以来，特别是近二十年来，发达资本主义国家的发展不平衡进一步加剧，美国、日本和西欧经济力量的对比发生了重大变化。

美国的"双赤字"使得美元地位大大削弱，从1985年起，美国已由债权国沦为债务国。由于劳动生产率的增长率低下,严重影响了美国产品在世界市场的竞争能力。虽然美国经济地位已削弱,但是实力仍然雄厚,科技依然居优势地位,从这个角度看,美国将保持西方和世界第一大国的地位。

与美国经济地位衰落形成鲜明对照的,是日本的崛起。日本的经济增长率比美国快得多,结果使日本经济实力和国际竞争力明显增强。日本在世界国民生产总值中的比重,1955年为2.2%,1980年上升为10%,而美国则由同年的36.3%下降为22%。日本的国民生产总值约为2.4万亿美元,约为美国4.49万亿美元的54%,而日本人均国民生产总值为19 600美元,已超过美国的18 400美元。虽然日本经济地位迅速上升,但是经济实力与美国相比,仍有相当差距。

战后,西欧国家在经济发展速度上低于日本,但略高于美国;然而,各国发展不平衡。德国经济实力迅速增长,近年来发展速度放慢;英国长期经济发展缓慢,近年来颇有起色。20世纪70年代后,西欧经济发展不仅慢于日本,也慢于美国,明显趋于停滞。"尤里卡"计划的实施和科技的发展,是西欧复兴的发动机。内部联合带来了新的活力。由于西欧的经济实力在世界上仍是数一数二的,西欧的科学技术力量有雄厚的基础,因此,联合起来的西欧,仍将是世界上一支重要的经济力量。

七、世界呈多极发展

总之,随着美国经济实力的削弱,日本的崛起和西欧的复兴,昔日美国"一统天下"的资本主义世界,已被三个力量中心所取代。

社会主义国家由于政策失误和制度不完善,致使经济发展缓慢或停滞,面临新的科技革命和世界经济发展的严峻挑战,正掀起改革的浪潮。

随着世界经济形势的变化,各国为未来自身利益,纷纷制定各自的战略。政治对抗、军事冒险正让位于经济务实。战争已不可能成为达到经济目的的手段。不是以军事实力来实现经济利益,而是以增强经济实力来达到其经济和军事的目的。因此,集中力量发展经济与科技,积极参与国际合作与竞争,致力于综合国力的提高,这已成为世界各国制定发展战略的主要目标。

当今世界经济正向地区化的经济集团方向发展。1985年6月提出的欧洲共同体白皮书,同年12月通过的欧洲一体化文件,决定于1992年12月31日前,建成一个"没有边界"的内部统一大市场,实现商品、劳务、人员和资金的自由流通,取消相互之间的关税壁垒,成立欧洲中央银行和欧洲货币联盟等。届时,欧洲共同市场将成为世界上最大的贸易集团,人口为3.23亿,对外贸易占世界贸易总额的40%还多。欧洲共同体的计划是要造就一个在规模和影响上可以和美国、日本相抗衡的有力经济实体。1992年欧共体统一大市场的实现,一方面将会促使各成员国经济和贸易有更快的发展,加强欧共体的经济实力,另一方面将会加强贸易保护主义,使美国、日本及其他国家的商品更难进入欧共体市场。

八、地区经济集团化趋势明显

欧洲大市场的计划在美国引起了强烈反响,普遍认为它对美国的影响是“凶多吉少”。西欧是美国最早的传统市场和最大的贸易伙伴。1987年美国对西欧的出口商品额约达700亿美元,超过对最大双边贸易国加拿大的出口量,比对日本的出口量多出一倍以上。西欧不仅是美国汽车、电器等工业品的主要市场,而且是美国农产品的最大主顾。因此,对这种将有可能拒美国商品于国门,危及美国海外最大市场的“欧洲堡垒”,美国政府决不会“等闲视之”。美加自由贸易协定,就是美国用以回击西欧大市场的武器之一。当然,美加协定不仅是为了对抗欧洲共同体市场,也是为了对抗亚洲国家,其中包括日本和“四小龙”。这个即将在1989年起生效的协定,规定在10年内,美国和加拿大之间将逐渐减免以至完全取消关税,形成美加自由贸易区,使两国以各自的比较优势部门,进行产业结构的改造,从而使两国的贸易进一步扩大,增强两国商品在世界上的竞争力。不仅如此,美国频与墨西哥接触,讨论建立类似美加自由贸易区的美墨自由贸易区的可能性。这样,在北美,进而在中、南美通过双边和多边关系,最后建立美洲自由贸易区是有可能的。

九、贸易保护主义阴影不散

伴随着经济集团化而来的,是必将加强带有区域性和保护主义的倾向。贸易保护主义一方面推动各国、各地区向自我保护的方向发展,另一方面势必加剧矛盾和竞争。欧共体之所以能发展而又发展得不快,与其通过各种关税壁垒来保护国内市场,使其免受外部竞争有关。迄今,欧共体各国总共对一千多种工业品和农业品规定了进口限额。近四年来,由于美国同日本以及亚洲“四小龙”之间的贸易逆差,提交美国国会的保护主义贸易法案多到数以百计。因此,世界各国普遍有“集团慌”之感,各有关国家纷纷考虑对策,积极制定相应措施,进行战略调整,以便趋利避害。

经济发展和繁荣进步仰赖于开放创新和交流合作。闭关自守和保护主义,不但保护了那些缺乏竞争力的过时企业,而且阻碍了调整改革,结果只能带来经济停滞和落后。为了本国或本地区的经济利益而建立排他的经济集团,最终对本国、本地区和世界经济有害。互相角逐的各个经济集团,为了争夺市场和原料供应,有可能重演世界不稳定和划分势力范围的悲剧。目前国际形势趋于缓和,以对话代替对抗,协商代替冷战,地区性战争或武装冲突正朝着政治解决的方向发展,大规模战争不致出现。在这情况下,经济竞争将越来越激烈,经济大战的可能性将日益增加,在这个各国、各地区间相互依存度越来越高的世界上,各国都要从大局出发,取长补短,互通有无,国际社会应平衡所有国家的利益,调整彼此之间的关系,共同为地区经济和世界经济的发展作出贡献。

十、亚太地区经济合作与东亚经济圈

面对欧洲和美洲的经济集团化趋势,亚洲太平洋地区的官员、专家和学者纷纷提出各自的构想,在这里最引人注目的是日本。

日本是国民生产总值大的国家,可是既有资源小国的弱点,又面临着市场饱和、竞争激烈、"堡垒"林立和保护主义日益加剧的严峻形势。日本经济的发展已到这个地步——如果不考虑对策,采取行动,日本经济将很难维持下去。因此,对建立亚太地区经济集团,推进亚太地区经济合作,日本是不遗余力的。

美国驻日本大使曼斯菲尔德,过去曾提出日美自由贸易区的设想,日本方面长期未曾考虑这一动议。但现在面对 1992 年欧洲大市场和美加自由贸易区的计划,日本开始接受这种设想,目前,日本多个机构对此作可行性研究,并分析机会与风险。但是日本内部对此的意见也有分歧,有人认为,不应该选择日美之间自由贸易协定这种双边合作模式,而应该优先建立亚洲太平洋地区广泛的经济合作关系,因为要想在未来的大国竞争中求得生存,日本赖以存在的长期基础是在亚太地区。因此,日本早在 20 世纪 70 年代就曾提出"环太平洋合作构想",以后历届日本政府都十分关注环太平洋合作,"构想"的内容不断充实,推行的策略不断调整,但"构想"的宗旨始终不变。然而,由于亚太地区各国经济体制和发展水平方面存在的差距,由于历史、文化、宗教信仰等方面的差异,以及战后所形成的亚太地区政治、军事形势与民族矛盾等因素,使这个"构想"难以很快实现。

十一、经济发展圈的如意算盘

在日本国家经济研究所一个名为“公元 2000 年的日本经济:大东亚经济集团可能性”的研究报告中,主张将亚太地区组织成为一个可与西欧、北美市场相竞争的经济集团。以日本国民经济研究协会会长竹中一雄为代表的一部分人提出把中国排除在外,组成以日本为首、包括亚洲“四小龙”和东盟三方的“东亚经济圈”的设想。在他们看来,未来 90 年代的世界经济中心,将由欧共体经济圈、美加经济圈和东亚经济圈构成。竹下首相上任后,特别优先考虑通过日本的贸易、投资和援助组织一个亚洲经济区,这个经济区将包括两个经济圈,第一个圈由经济发展水平同日本接近的亚洲“四小龙”组成;第二个则是一个较为松散的圈,由中国和东盟国家组成。

举世公认,亚洲太平洋地区是当今世界经济中最富有活力、成长最快的地区,亚太地区作为一个新的世界经济中心,这种乐观估计,不仅是由于这一地区有丰富的自然资源、人力资源及较好的工业基础,更重要的是,由于这一地区最大的发展中国家——中国的崛起,中国经济的非凡增长,给亚太经济以巨大推动力。

十二、中国经济增长有助亚太发展

当今世界是一个相互依存的世界。中国经济的发展,离不开亚太地区的经济合作;太平洋经济中心的最终形成,在很大程度上取决于该地区经济合作和中国经济的现代化。为了保持亚太地区经济持续、稳定、继续领先于世界其他地区的增长速度,加强亚太地区各国——包括中国在内的经济合作,是至关重要的。中国是亚太地区的一个大国,中国出口超过半数面向亚太地区,进口的半数也是来自这一地区。亚太地区的资本和贷款也正在流向中国。中国经济和亚太各国经济已经紧密地联系在一起。过去,促进这一地区发展的动力是日本和“四小龙”对世界其他地区的出口,今后,推动这一地区发展的动力,将是这一地区内部各个国家的贸易。因此,要想排除具有巨大经济实力和发展潜力的中国,而使这一地区的经济仍能保持稳定增长,恐怕是一种不切实际的空想。

在亚洲建立起一个类似欧共体的一体化组织,在短期内是困难的。因为由多种类型的国家和地区所组成的亚洲太平洋地区,无论从发展阶段看或从经济体制看，都存在着较大的差别，无论在经济方面或政治方面，还存在不少问题。但若等待一切差别及问题都解决了，再进行经济交流与合作，那又太遥远了。有必要先将活跃地区经济，通过经济交流与经济合作来促使整个地区经济的发展互利。平等互利的经济合作，健康稳定的经济发展，不但有助于地区内国家经济差距逐步缩小，而且也有助于消除地区内国家(地区)之间的疑心、隔阂、不信任和政治对立。目前建立“东亚经济圈”的条件尚不具备。

十三、军事与经济霸权观念过时

由于亚太地区集中了美国、日本、苏联和中国当今世界上四个大国的利益矛盾，相互之间的互动关系错综复杂，不论哪一个大国要想在这一地区搞以我为中心的经济集团，事实上是不可能的。为了维持亚太地区的政治稳定、经济持续增长和对世界作出贡献，经济合作以进行双边或多边合作为宜，而且是开放的、公开化的和非排他性的，大小国家一律平等，在国家关系中不应有领导国和被领导国之分，不许存在军事及经济霸权。

目前，亚太地区客观存在分属不同发展层次的国家和地区，经济发展水平确实有很大差距，亚太各国(地区)应探索一条适合本国国情的经济发展战略。这种发展战略的基本点，应是打破旧的不合理的国际分工体系，通过各国(地区)之间的水平分工，独立自主地发展本国经济；要充分利用新技术革命的成果，用适用的新技术装备本国工业，尽快实现工业升级，努力缩小以至最后消除和发达国家之间的差距，实现各国(地区)的比翼齐飞。认为保留差距，甚至扩大差距的合作模式是不可取的。

十四、日本应发挥经济盈余国的职能

日本是亚太地区的一个经济大国，在经济合作中理应作出更多贡献。事实上，日本今天的成就，与本地区各国作出的贡献和牺牲是分不开的。日本应在平等互利的基础上与亚太各国加强在贸易、技术、投资与金融等各个领域的合作。今天，贸易逆差、投资歧视、技术封锁是影响经济合作的主要障碍。日本是中国的重要贸易伙伴之一，在中国的进口额名次排列中，日本位居前列。中国市场使日本出口增长，从而成为影响整个经济增长的重要因素，但中方持续的贸易逆差绝对不能容忍。在中日技术贸易中，日方缺乏技术转让的诚意，日本往往以“适用性”为借口，不愿向中国(对其他发展中国家也一样)转让较为先进的技术，即使达成双边技术合作协议，通常也只是一些装配线的交易，很少有生产技术的转让，更谈不上高技术的转让了。日本在海外的投资迅速增加，但流向中国的却极少，据日本方面的统计，到1987年底，日本对华投资累计总额只有17亿美元，只占日本海外投资总额的1.2%；日本对中国的直接投资1985年为1亿美元，1986年为2.3亿美元，1987年为12.3亿美元，其中10亿美元是对海洋石油开发工程项目的贷款，这不仅比中国香港地区、中国澳门地区和美国对中国内地的直接投资少，即使新加坡在中国的投资都超过了日本。

十五、提高开发援助，携手共进

由于长期贸易顺差，日本积累了巨额的盈余，而发展中国家要求日本发挥盈余国作用的呼声也日益高涨；然而，日本政府的开发援助对国民生产总值的比率，1986年为0.29%，远远低于国际目标的0.7%，也低于“经济合作与发展组织”下属机构“开发援助委员会”18个成员国的平均水平0.35%。鉴于各方的压力，日本已决定到1992年把政府开发援助对国民生产总值的比率提高到0.4%。但是，日本的对外援助仍存在问题：(1)条件苛刻；(2)以外援带动出口的倾向很强烈；(3)外援款项的相当部分是贷款而非赠予。既然开发援助是以促进受援国的发展为宗旨，日本就应设法解决上述问题。只要日本不把“援助”作为推行对外经济扩张和实行“日本化”的筹码，而是诚心诚意地与包括“四小龙”、东盟及中国在内的东亚各国进行合作，在资金、技术、市场等方面，大力支援，将东亚变成面向全世界的经济增长中心，这样做，对亚太各国有利，对日本也有利。

太平洋经济增长中心与中国沿海经济发展战略*

亚洲太平洋地区是当今世界经济中最富有活力、成长最快的地区，亚太地区经济的持续高速增长，使其经济力量不断上升，在世界经济中占有越来越重要的地位。不仅以日本为首，新加坡、韩国、中国香港地区、中国台湾地区其次，东盟诸国随后的高速经济发展举世瞩目，而且美国等大国都越来越重视亚太地区的发展。这种严峻的国际经济环境，对于身处亚洲太平洋地区的中国来说，不仅提供了某些有益的机遇和值得借鉴的经验，同时也提出了挑战。

一、中国经济现代化与沿海地区经济发展战略

中国是亚洲太平洋地区的一个重要国家，有巨大经济实力和发展潜力。亚太地区的经济，由于中国经济迅速发展而尤为引人注目。随着中国的经济改革、对外开放和现代化，中国与亚太地区各国的交往愈来愈多，经济上的相互联系和相互依存程度将日益提高，中国在亚太地区经济发展中将会有越来越重要的作用。

中国已经确定的经济发展总目标是：力争到 2000 年时，使工农业总产值翻两番；国民生产总值将达到 1 万亿至 1.2 万亿美元，比 1980 年翻两番；努力使按人口平均的国民生产总值达到 800 美元—1 000 美元，进入小康水平。这一目标既宏伟，又艰巨，几年来，中国经济改革和对外开放的实践证明，它是有可能实现的。

对外开放，作为实现中国经济现代化的基本前提之一，已经成为今后中国经济发展的大趋势，不可逆转。中国几千年的经济史揭示出这样一个真理：对外开放，积极交流，则兴盛发达，如唐宋；闭关锁国，妄自尊大，则贫穷

---

* 本文原载于《亚太经济增长与中国沿海发展战略》论文集，上海社会科学院出版社 1990 年版。

衰落,如明清。近四十年中国经济发展的曲折历程,更充分地证明了这一点。

当今世界是一个开放性的世界,积极参与国际分工与合作,在对外交流中,取人之长,补己之短,寻捷径发展,这才是一个有着灿烂文化传统的民族的明智选择。实际上,在开放中求发展,在开放中求繁荣,已成为各国迅速发展本国经济、迅速改善人民生活的行之有效的基本原则。因此,对外开放,是中国经济发展机制的内在要求,也是与世界经济发展的总方向相一致的。

总结国内外的经验,经过艰苦的探索,中国具有时代特点的对外开放战略的基本框架已大体形成,并正在逐步完善。

首先,在20世纪80年代初,在广东、福建两省开发建成深圳、珠海、汕头和厦门四个经济特区。特区从各自的实际情况出发,实行特殊政策,诸如外资可以在土地使用费、所得税减免以及外汇平衡等方面享受在中国其他地区所享受不到的特殊优惠待遇。

其次,1984年又进一步开放了北起大连,南至北海的14个沿海城市,开放了长江三角洲、珠江三角洲和闽南三角地带,给前来投资和提供先进技术的外商以优惠待遇,让出一些内销市场,使其有利可图;同时,扩大沿海港口城市的自主权,让它们有充分的活力去开展对外经济活动。

从开发经济特区到开放沿海城市,可以说这是中国对外开放的幅度又大大提高了一步,而海南省的建立又把这一国策推进到更高的境地。海南省是中国到目前为止最大的经济特区,中央赋予它以优于所有现存特区的政策,以引进外资。开放特区由"区"、"市"发展到"省"的规模,这标志着中国对外开放又出现了新的良好势头,也是深化改革的重要步骤。

为了加速中国经济的发展,加快中国经济改革的步伐,中央提出了沿海地区经济发展新战略,即沿海地区搞"两头(原料,市场)在外","大进大出"(指原料市场和销售市场均在国外,进口外国原料加工成品后全部出口),把沿海地区经济转移到外向型轨道上,参与国际市场交换与竞争。这样,不仅能够加快沿海地区经济的发展,而且也能带动中西部地区经济的发展。

提出并实施沿海地区经济发展战略,是基于国内外经济政治形势所作出的一种选择。从中国的国情来看:(1)中国有11亿人口,地虽大,但人均的可耕地并不多,物虽博,但人均的资源并不丰富;(2)经济、技术仍落后,生产力总的特点是水平低、多层次、不平衡;轻工业不发达,重工业虽有一定的基础,但设备、技术、产品都已落后,急需现代化;(3)近些年来,在经济改革和发展过程中,农村劳动力大量过剩,急需向非农业部门转移;(4) 乡镇企业的发展,虽然缓解了部分农村剩余劳动力,但却使沿海地区与中西部地区争原料、争市场的矛盾尖锐起来,这不仅使中西部地区的经济发展受到压抑,也影响了沿海地区的技术进步和产品更新。所以,客观实际情况使中国沿海地区两头在外,即利用国外原材料,组织农村低价劳动力从事劳动密集产品生产,加工出口,投入国际市场;这既可解决农村劳动力大量过剩,又可增加收入,赚取外汇;然后利用所赚外汇改造重工业,使其现代化;再用发展重工业积累的资金支援农业,为包产到户后的农村经济打开新局面。所以,沿海地区经济发展战略,不仅仅是沿海地区的发展战略,也是全国经济的发展战略,沿海地区在开发和发展过程中的产业调整和产业转移,必将给中西部地区带来新的发展机会,并且带动全国的经济发展。

实施这一新的发展战略,也正是时机。一方面是经过了10年的改革、开放和发展,中国沿海地区已具备了一定条件,珠江三角洲地区已经迈出了可喜的一步;另一方面是国际上正处于产业结构大调整、大转移时期,日本及亚洲"四小龙"经济高速发展为我们提供了可资借鉴的经验。因此,中国领导人认为,这是关系中国经济现代化全局的大事,不可贻误时机。

1990年4月18日党中央、国务院又向国内外宣布了开发浦东、开放浦东的决定。这是我国坚持进一步改革、开放的重大战略决策。20世纪80年代,开发、开放深圳、珠海等5个经济特区和14个经济技术开发区已取得了显著成就,并在基础设施建设、引进外资、完善法规、体制改革等方面积累了经验。中央决定在90年代的10年中,将集中力量搞好上海浦东新开发区的建设,使上海这座原来的国际金融、商业、工业城市更好地在中国经济中发挥窗口和基地的作用,通过浦东的开发、开放,可充分发挥长江三角洲、长江流域腹地广阔、资源丰富的优势,有力地促进这一地区外向型经济的发展,进而使中国的改革开放出现新的突破。

浦东新区控制的范围是指黄浦江以东,长江口西南,川扬河以北面积约为350平方公里的一块三角地区,是紧靠上海市中心的黄金宝地。这里经济地理位置优越、交通运输已有一定能力,规划开发的浦东新区内,工农业已有一定基础,现有工业企业2 500家,年产值超百亿,约占全上海市工业总产值的1/10;农业年产值约占全市农业总产值的1/10。

现在浦东开发区已具体划分为外高桥、金桥和陆家嘴三个各有特点的分区,金桥工业区和陆家嘴金融贸易区都实施我国经济技术开发区的政策和规定,而外高桥保税区(国际上通称为自由贸易区,是指国家圈划在国家海关管辖区以外,准许外国客商及货物自由进出的地区),则除了实施现有的经济特区的某些政策规定外,还要根据保税区的特点,采取相应的实施办法和启动措施,这在我国尚属首举。

原上海市市长朱镕基曾说:与中国其他"经济特区"比较,上海浦东开发计划是"不特而特,特中有特"。意即尽管浦东不是"经济特区",但有特区的特点,而有些政策和措施要比"经济特区"还要有特殊性。如建立自由贸易工业区,引进外资银行,开放证券交易所,采取更加积极的政策,吸引外国直接投资,在土地有偿转让和开放房地产市场方面也将采取灵活政策等。

浦东开发建设是一项宏大的跨世纪工程,"八五"期间为开发起步阶段,"九五"期间为重点开发阶段,2000 年后的二三十年为全面建设阶段。届时通过浦东的建设和浦西城区的改造,上海将成为设施配套齐全,以外向型为主的现代化工业基地和金融、贸易、科技、文化、信息中心,充分发挥上海城市的综合功能,并为长江流域、沿海地区、全国经济发展,乃至亚太地区经济增长作出贡献。

二、西太平洋"黄金海岸"与中国沿海地区经济圈

当今的世界是一个相互依存的世界,中国经济的发展离不开亚太地区经济合作的进程,太平洋经济中心的最终形成,在很大程度上取决于中国经济的现代化。中国作为亚太地区一个发展中的大国,无论在贸易和技术,或投资与金融方面,同世界各国、特别是西太平洋地区开展和加强合作,这既有助于中国经济的进一步振兴,同时,对太平洋地区的经济繁荣也将作出不可限量的贡献。

从世界经济地理的角度看,中国的 4 个经济特区、14 个沿海开放城市和海南省,全部位于西太平洋沿岸,这种地理布局十分有利于加强中国与西太平洋地区各国的交往。随着新的世界经济中心的逐步形成,及西太平洋地区经济活力的进一步迸发,北自朝鲜半岛、南至马来半岛,将会形成举世瞩目的"黄金海岸",而由 14 个港口开放城市、4 个经济特区和 1 个特区省从北到南联结成的中国沿海开发地带,正处在这一漫长的亚太"黄金海岸"的中心区,这无疑对中国经济现代化、对亚太地区的经济合作以致对世界经济的发展都具有深远的意义。

今天,中国沿海开发地带已包括约有 2 亿人口、面积 30 多万平方公里和 288 个市县的广阔范围。各地的地理环境、自然条件、原有的经济技术基

础和产业结构都不尽相同。例如,粤、闽、琼地区原来的经济基础就不如华东地区,但它有靠近港、澳、台的有利环境;渤海地区接近日本、韩国、朝鲜和俄罗斯,它本身不仅有丰富的石油资源,而且有较好的工业基础。因此,沿海各地区应从实际出发,因地制宜,发挥各自的优势,自然形成若干具有内聚力和外辐射功能的各具特色的经济圈,发展国际(地区际)经济合作,以利于沿海经济发展战略的实施。

(一) 南海经济圈

以广东为中心,内聚粤、闽、琼,外辐射港、澳、台和东南亚一带。

实施沿海经济发展战略,香港处于一个特殊而重要的地位。

香港地处亚洲、太平洋地区的中心,是联结东西半球的重要枢纽,是国际性的金融、贸易、航运中心,也是信息、旅游和轻纺产品制造中心。香港经济的发展,促进了中国内地的四化建设和沿海地区经济的开发,而中国内地开放、改革的深入,又促进了香港地区经济的繁荣与稳定。可以说,内地和香港经济,无论过去、现在和将来,均为唇齿相依、休戚与共、相互依赖、相互作用。

内地与香港的贸易发展很快,近九年来,平均每年递增 39.8%。1979 年香港同内地的贸易额仅为 170 亿港元,而 1987 年已增加到 2 054 亿港元(合 263 亿美元)。1985 年以来,中国内地已取代美国成为香港地区的最大贸易伙伴,为香港产品提供了广阔的市场。

自中国实行改革、开放政策以来,吸引了越来越多的港商前来内地投资设厂,这既解决了香港劳动力短缺,工资和厂房租金上涨的困难,使产品成本降低,从而增强了国际市场上的竞争力;同时,也促进了内地的经济发展,解决了大量劳动力就业问题。据深圳市的材料,自 1980 年特区成立至 1987 年底,外商在深圳总投资额为 20 亿美元,其中 80%来自香港;在来料加工方面,港商订单的比例更超过 95%,其中包括纺织、电子、皮革业等等。仅 1987 年,港商将产品运往深圳加工所节省的工资成本达 3 亿港元;目前深圳市约有 20 万工人在香港的来料加工工厂工作;若以珠江三角洲范围计算,直接、间接为香港产品加工生产服务的员工已超过 200 万人,工厂超过 8 000 家。

目前香港是对内地提供外资的主要地区。据香港当局统计,仅 1986 年,香港金融界对中国内地提供的资金就达 115.2 亿港元,其中 100 亿以上是外汇贷款。中国内地在香港的金融机构筹集的资金也很多,从 1985 年 7 月到 1986 年 9 月,以华资为主的银行通过发行债券和发行存单的方式就集中了25亿港元。

香港与澳门企业在中国内地投资的项目和投资额都占在中国内地的境外投资的六成。其中尤以广东(含深圳)为最多,据统计,投资于广东的海外投资中,有九成是来自香港。香港在内地投资,不仅提供现金、机器设备,而且提供中国现代化所不可缺少的现代企业管理技术和知识。香港企业熟悉国际市场情况,能够帮助中国内地把商品推销到世界各地去,能帮助内地企业生产出适合国际市场需要的产品。此外,香港还可以为内地培训管理人才和各种专业人才。

在转口中国内地产品,帮助内地赚取硬通货方面,香港地区一直起着重要作用。内地利用香港作为转口站,将货物输往其他国家的金额,1987年大幅上升,达326亿美元,增幅为63%;同时,通过香港输入的货物金额亦大幅增长,达192亿美元,增幅为47%。

由于香港所处的地理位置和特殊地位,使其成为中国内地与世界各地沟通的重要桥梁。中国内地通过香港来了解外部世界,而外部世界的经济和金融机构亦可通过香港更加了解中国内地在发展经济中的需求。香港在促进海峡两岸逐渐实现"三通"方面也起着重要作用。

自1978年海峡两岸建立了以转口贸易为特征的经济贸易关系以来,两岸经济关系发展很快。1978年,双方的转口贸易额仅为4 673万美元,1987年已超过40亿美元,12年中增长了100倍,年平均增长率46.7%。见表1。

表1 1978—1990年海峡两岸的转口贸易额及增长率

	台湾货品输往大陆		大陆货品输往台湾	
	金额(万美元)	增长率(%)	金额(万美元)	增长率(%)
1978年	5		4 668	
1979年	2 130		5 583	20
1980年	24 205		7 842	41
1981年	39 040	61	7 631	-3
1982年	20 823	-47	8 996	18
1983年	16 871	-19	9 606	7
1984年	42 660	153	12 803	33
1985年	98 684	131	11 590	-9
1986年	81 340	-18	14 422	24
1987年	121 725	50	30 090	109
1988年	224 222	82	49 869	66
1989年	289 649	29	58 690	23
1990年	327 000	64	76 000	90

在发展转口贸易的同时，台湾对祖国大陆的投资也在增加。

1987年以前，台资在大陆仅1亿多美元，而到1988年底，大陆已批准台湾厂商在26个省市的435个投资项目，资金总额为5.2亿美元。随着大陆经济持续好转，台商投资急剧增加。据台湾经济研究院最近公布的统计资料显示，在大陆投资的台商近3 000家，协议投资金额达40亿美元，实际投资金额约20亿美元。

海峡两岸经济关系的发展，除了近年来两岸政治关系逐渐解冻外，重要的是双方经济发展的内在原因所致。

大陆采取的对外开放政策，建立深圳、厦门、汕头和珠海经济特区，以及正在实施的沿海经济发展战略，都促进了与大陆邻近的港、台经济关系，加强了经济往来。

从台湾方面看，对外贸易是台湾地区经济发展的动力，近二三十年来，台湾出口逐年增加。台湾目前的对外贸易，无论出口或进口都过分集中，尤其是出口市场，主要集中于美国，在1987年，对美出口所占比重高达44%；进口则集中于日本，1987年高达27.8%；结果，对美顺差不断扩大，对日逆差有增无减。1987年，台湾地区对美贸易盈余多达160亿美元。由于贸易盈余增大，因而美国的压力增强，台币同美元的汇率在过去的两年中上升了40%。日元升值后，日本企业为消除对美贸易摩擦，纷纷在台投资设厂、再将产品输往美国。这样即使台湾对日逆差扩大，又使台湾对美顺差难以平衡。美国已从1989年1月2日起，取消了对中国台湾地区、中国香港地区、韩国、新加坡“四小龙”享受普遍优惠关税的待遇，这对台湾地区经济的发展不能不产生一定的影响。台湾必须改变对美、日的依赖，另辟市场，以寻求出路。

同时，在台湾外销产品中，以劳动密集产品为主。近年来，由于工资大幅度上升，因而台湾产品的国际竞争力迅速下降。据统计，1970—1980年，台湾工资成本平均每年上升13.5%，高于日本的9.2%、韩国的5.5%和新加坡的9.3%；而同期，台湾的劳动生产率平均每年提高5.4%，低于日本的7.3%和韩国的10.6%。所以，为了与邻近国家或地区低工资工业的竞争，台湾必须进行工业升级，即由劳动密集型工业转向技术密集型工业。否则，在世界经济不景气、贸易保护主义日趋严重、国际竞争激烈的今天，台湾经济很难进一步发展。

11亿人口的大陆市场，正好与台湾“互补”。目前，台湾对大陆的出口，仅占整个出口2.3%。随着大陆经济的发展和购买力的提高，大陆市场将会吸纳更多的台湾产品，广阔的大陆市场正是台湾理想的出口对象。而大陆实施沿海地区经济发展战略，生产劳动密集产品，对面临着转型的台湾经济，也正是一个机会。

此外，台湾自身缺乏原料资源。目前，台湾所需的煤、石油、矿产资源等，多从美国、南非、中东等地进口，价格昂贵。例如，台湾现在从美国、澳洲进口的煤，大约为 42 美元—46 美元每吨，而大陆煤仅为 34 美元—36 美元每吨。1987 年，台湾进口了 1 400 万吨煤，其中包括国营台湾电力公司进口的 800 万吨。大陆拥有丰富的自然资源和矿产资源，台湾若能改变那种舍近求远、舍廉求贵的做法，从大陆进口煤、石油、矿产品，以及棉花、粮食等，对降低台湾产品的生产成本，提高出口竞争力是十分有利的。

在投资方面，由于台湾地区外汇储备过量，现已拥有 700 多亿美元，台湾当局和商界急欲向海外寻求投资市场。而大陆沿海地区和广大内地，为了实现四化，发展经济，却急需资金。大陆劳动力资源丰富，工资低廉，是投资的有利场所。以制鞋业为例，台湾工人 1 小时的工资是 1.55 美元，而大陆工人 1 天的工资才只有 1.75 美元。

可见，海峡两岸的这种“互补互利”的经济关系的发展，是双方经济发展的内在需要，尤其是与台湾一水之隔的闽南经济三角区的共同开发，既为解决台湾的资金出路和劳动力不足提供了可能，又有助于大陆沿海地区发展劳动密集产业的出口加工工业。据不完全统计，仅在福建一省，现已有台资企业 60 余家；目前，台湾地区资金移往大陆的数额，每月已超过 1 亿美元。数百万台湾人的祖居地在福建省，台湾同胞对于在福建投资有一种特殊的亲切感。许多台湾企业界老前辈有“落叶归根”的愿望及“乡土亲情”之悠悠思绪，急欲回大陆投资。

正如同深圳和被称为广东四小龙的南海、顺德、中山、东莞的经济发展主要是依靠来自香港的资金和技术一样，福建的厦门和福州的经济开发则主要是同台湾地区进行贸易和经济往来，现在台湾有越来越多的企业家来这里投资做生意。

两岸贸易投资关系的迅速发展，不但对大陆和台湾双方的经济发展皆有利，而且使两岸人民之间的关系日益密切。

澳门地区在发展中国沿海经济和实现四化建设中，亦能作出积极的贡献。

澳门在过去很长一段时期，经济发展缓慢。进入 20 世纪 70 年代后，在西方经济和周边地区经济发展带动下，工业开始有了较大发展。随着中葡关于澳门问题联合声明的生效，澳门回归祖国的时间已日益临近，如何发展澳门自身经济和充分发挥澳门的作用等问题已经提到日程上来了。

内地丰富的原料资源，廉价劳动力，广阔的市场和多层次的科学技术，对发展澳门经济无疑是有重要意义的。而澳门对帮助内地发展沿海经济亦可起特殊的作用。

首先，澳门作为自由港，对外门户开放，与世界各国市场有直接联系，直接间接加入二十多个国际性与地区性经济组织；同时，在澳门，近年来，外资银行不断增加，大量游资可以利用，是个筹集资金和融通资金的好地方。

其次，澳门通用的葡萄牙语，属拉丁语系，世界上以拉丁语为第一语言的国家，分布于西欧及拉丁美洲的三十多个国家，澳门是联结横跨欧洲和拉丁美洲国家的桥梁。历史的联系、相同的语言、经济的往来，澳门地区可凭借这些有利条件，和中国内地加强合作，以促进两地的经济发展。

此外，为了发展同中国及远东其他国家和地区的经济联系，葡萄牙政府在澳门设立了一个负责大型建设的机构，筹建国际机场、深水港工程、第二条跨海大桥、新港码头工程、东望洋山隧道工程等等，总投资额约为 43.7 亿澳门元。这些工程的建成，将使澳门和香港一样，成为通往世界各地的重要港口，和香港一起带动沿海和内地经济的发展。

随着海南建省，把海南办成中国最大、最特的特区的序幕已拉开了。海南岛自然资源丰富，劳动力充裕，工资低廉，土地租金便宜，税收优惠，成了一个新的投资热点。

海南利用外资，兴办外商投资企业，早从 1980 年就已开始。8 年来，已批准“三资”企业和补偿贸易合同 274 个，其中香港 244 家，占总数的 89%，其他为美国、日本、澳大利亚、新西兰、意大利、新加坡、泰国和中国台湾地区等国家和地区的厂家。虽然海南原有的工业基础薄弱，投资环境较落后，但对外开放以来，情况已有了较大变化。特别是由于海南地处亚热带，气候宜人，风光秀丽，旅游资源十分丰富。根据日本旅游专家对海南资源的全面考察，认为海南具有国际魅力的 A 级旅游点有 5 处，如“不是夏威夷，胜似夏威夷”的牙龙湾海滩、五指山和尖峰岭原始森林保护区等；另外，可供外国游客游览的 B 级旅游点有 37 处。中国政府已将海南岛作为全国七大旅游重点区之一，海南岛也把旅游业作为三大支柱产业之一来建设和开发。

中国至今还没有任何自由港。中国政府已决定把海南岛南部的洋浦开发区开辟为中国的第一个自由港，确保贸易开放，资金、商品和人员自由出入。洋浦开发区最大的特点就是自由竞争，洋浦经济秩序的核心是竞争秩序,而且是靠经济立法建立这种秩序,而不是靠行政手段。

通过给海南以更特殊、更优惠的政策,凭借其有利的地理位置和资源条件,海南经济将很快振兴,将很快赶上和超过内地发达地区水平,将很快成为另一个与粤、闽并列的、与港、澳、台经济合作、促进内地经济发展的中心。

(二) 长江三角洲经济圈

以上海为中心,内聚江苏省 4 个市,浙江省 5 个市,外辐射中国香港地区、中国台湾地区和日本等。

长江三角洲具有优越的自然条件和雄厚的经济基础。三角洲素有“鱼米之乡”、“丝绸之府”、“旅游胜地”和“工业加工区”之称,经济、技术、文化、教育比较发达,这里集中了全国冶金工业的 20%,化学工业的 27%,机械工业的 30%,纺织工业的 38%,造船工业的 50%以上,在全国具有举足轻重的地位。

上海是中国最大的工业基地之一,具有工业中心、商业中心、外贸中心、金融中心、信息中心、科技中心、文化中心、旅游中心和交通枢纽等多种功能。上海的工业产值约占全国的 1/8,外贸约占全国的 1/5,财政收入约占全国的 1/6。宝钢建成后,加上现有的钢铁企业,将形成一个年产上千万吨规模的钢铁基地。其他如机电工业、电子工业等都有相当水平。此外,上海拥有一支强大的科技队伍,约有 400 万科技人员和 1 000 余个科研单位,具有较大的科技优势。闵行工业区和虹桥涉外区的建成,将大大加强上海的对外经济联系和交流。上海港是中国最大的海港,位于中国海岸线的中部,太平洋西海岸的中心,是世界上十几个著名的国际贸易大港之一,目前港口年吞吐量占全国的 2/5,承担着全国 1/4 左右的外贸转运任务,现已与世界上 160 多个国家和地区建立了贸易往来,并有 20 多条国际航线,每年到港外轮已达 2 500 艘次左右。

长江三角洲经济圈除上海外,宁波、南通、张家港都是对外开放的港口城市。

经济圈的 10 个城市,大小不同,但各具特色。

苏州是历史悠久的文化名城,也是一个经济比较发达的城市,苏州丝绸名闻中外。

杭州不仅是重点风景旅游城市,机械工业也有一定的基础。

南通地区产棉,既是一个纺织工业基地,也是综合性出口生产基地。

宁波工业有一定基础,距东海石油开发基地较近,有发展石油中转、炼油和石油化工的优越条件。

常州的纺织、机械、电子等基础较好，有一批具有一定优势的骨干产品和重点行业。

嘉兴、湖州的纺织、造纸、皮革、建材都有很好的基础。

绍兴是历史文化名城，酿酒、化纤、陶瓷工业及传统工艺品很有特点。

无锡的工业基础较好，特别是电子工业发展很快。

经济圈内交通发达，江河湖海，纵横交错，有14条内河与10个市相连，铁路公路，四通八达。长江口、黄浦江、太湖流域开发治理后，对上海经济圈的工农业生产、交通运输、对外贸易和经济交流，将产生重要影响。

充分发挥上海国际城市的作用，利用上海的有利条件，发展外向型经济，开展国际经济合作与交流，不仅可为经济圈的繁荣作贡献，为全国其他地区的经济发展尽责任，而且亦能对促进太平洋经济中心的形成和亚太地区经济合作发挥重要作用。长期以来，在上海的对外联系中，无论在吸收投资或出口贸易方面，香港都占据上海的首位，成了上海对外经济合作的主方位。在上海和长江三角洲的外商投资中，港台客商独占鳌头，据统计，到1987年底，上海的合作、合资企业中，有一半以上有香港资本，香港投资于上海的合资企业的数目占第一位，投资额仅次于美国居第二位。

上海应充分利用香港的特殊地位和特殊作用，把香港作为拓展对外经济关系、发展外向型经济的桥梁和重要通道。进一步加强上海和香港的经济合作，对双方都是有利的，前景也是十分广阔的。

在贸易方面，香港不仅是一个重要的转口港，而且香港本身也是一个相当可观的销售市场，拥有较高的消费水平。进一步发展沪港关系，可以扩大上海的外贸出口，并通过香港市场，进而打入其他国际市场；同时，由于上海工业基础雄厚，产品质量较高，通过发展沪港合作，亦可为香港的繁荣发展服务。

在投资方面，上海及周边地区具有良好的投资环境，除了扩大港资、并通过香港的筹资媒介扩大外资在上海的投入外，上海也有条件向香港投资，这样，既可为上海打入国际市场开辟道路，又可以稳定香港经济。

在科技合作方面，香港可以帮助上海及经济圈内各地区发展各种应用技术，而上海则可以为香港向高技术工业发展出一臂之力。香港经济的主要支柱仍是工业，香港工业若进一步提高竞争力，必须发展高技术，用新技术、新工艺装备香港工业，而具有雄厚科技实力的上海在这方面是可以有所作为的。

沪港合作通过贸易、金融、工业、科技合作，进一步带动信息、旅游、人才培训、经营管理合作的全面展开。

上海及长江三角洲经济圈对日本资本是有巨大吸引力的。日本在上海开办的投资企业共有30多家，投资总额2亿多美元，投资项目绝大部分是宾旅馆或劳动密集型企业，其中宾旅馆的投资占日本在上海总投资的95%。日本是一个工业发达国家，拥有许多尖端科学技术，因此，这种投资结构是不理想的，也与中国利用外资引进先进技术的目的不一致。

（三）渤海经济圈

以山东为中心，内聚山东、河北、天津、东北三省，外辐射韩国、朝鲜、日本和苏联。

胶东半岛（包括青岛、烟台、威海和潍坊等）与日本隔海相望，离韩国沿岸只有二三百海里，海岸线长达2 200余公里，有各类港口20余个，其中对外港口4个。青岛港吞吐能力居全国第四位，是中国北方第二大港。半岛内交通便利，航空、铁路、海运和公路四通八达。胶东半岛，资源丰富，经济基础雄厚，工业门类齐全，名优产品较多。例如，最明显的出口商品之一是煤，胶东是重要的产煤区，煤田拥有较好的铁路系统，直通沿海港口石臼所；山东还计划发展大型石油化工业和轻工业。由于半岛的地理、历史优势和经济优势，使得该地区已同一百余个国家和地区建立了经济贸易关系。1979年以来，该地区建立外商投资企业数百家。

青岛是中国最早开展对外贸易的口岸之一，烟台、青岛在国际上早已享有盛名。青岛市的黄岛经济技术开发区和烟台市的蓬莱山经济技术开发区，经过近几年的大力开发，无论是硬环境还是软环境，都已适应外商投资设厂的需要。

胶东半岛有广阔腹地作依据，回旋余地大，即使世界市场发生波动，也有退路可走，不致使经济遭受大的损失。

胶东半岛和韩国只是一海相隔，距韩国的西海岸只有300海里，正如同珠江三角洲和香港、澳门一样，具有天然的优势。发展和韩国的经济贸易往来，通过韩国市场，打入世界市场，胶东半岛具有天时、地利等因素。

近年来，韩国经济取得了令人瞩目的成就，而与此同时，欧美要求韩国调整货币汇率和开放市场的压力也越来越大。1986年韩国依赖出口的比率（即出口占国民生产总值的比率）为36%，是日本的三倍多，占出口的四成左右的商品是面向美国的。因此，为了开拓新市场，韩国正在进行产业结构的调整,把劳动密集企业转移到国外去,而胶东半岛是其理想场所之一。韩国可以通过以青岛为中心的胶东半岛得到广大的市场和廉价劳动力,山东省则可以从韩国得到适用的技术和所需的资金。

韩国有大批华侨,据记载,韩国华侨的先辈90%以上是从山东移居去的,因此,他们会愿意为祖籍经济的振兴贡献自己的一份力量。

当然,韩国与中国现在还没有建立外交关系,但双方都鼓励间接贸易。中国已不断将煤、原棉和原丝等转口卖给韩国,而韩国则将电子消费品、钢铁等转口输往中国。双方的贸易额1987年已近三十亿美元。韩国总统卢泰愚于1988年2月25日就职时曾表示,“韩国和思想与社会制度不同的国家改善关系有助于促进东亚的安定、和平与共同繁荣”。这与卢泰愚在竞选活动时公开表明要致力于改善和中国的关系是一致的。据报道,韩国经济企划厅正在准备一项宏伟的西海岸开发计划,其中包括扩建港口和兴建工业设施等,以专供对中国贸易使用。

前日本外相宇野1988年访华时,在参观了深圳经济特区、广州市和大连市,考察了中国经济建设的进展情况后,认为作为具体的经济合作对象而扩大对大连的投资是有益的。日本认为,在深圳和广州等地区,香港已进行了大规模投资,而大连市却“存在着日方投资的极大可能性”,其原因是:第一,大连的公路网等设施,战前日本的公共投资仍然可以发挥效益;第二,除日本外,其他国家还没有在大连大规模投资;第三,从地理位置来说,大连距离日本最近。

大连设有经济技术开发区,目前引进外资的企业只有二三十家,投资总额约二亿多美元,潜力很大。以大连为中心,辐射中国富饶的东北三省,大连显然是一个具有极大经济效益的对外合作窗口。

苏联的戈尔巴乔夫上任伊始,就把西伯利亚和远东地区的加速开发提上了议事日程。他说苏联的近期和远景规划,在很大程度上是与西伯利亚和远东的自然资源开发相联系的。

西伯利亚和远东地区,地域辽阔,有丰富的能源资源和森林资源,其中石油储量占全俄的50%,天然气储量占全俄的80%,煤炭储量占全俄的80%;作为全俄能源基地,目前西伯利亚和远东生产着俄罗斯所需的50%以上的煤炭、石油和天然气;同时,西伯利亚集中了全俄74%的森林蓄积量。此外,西伯利亚和远东地区其他矿产资源也很丰富。为此,俄罗斯制定了规模庞大的西伯利亚和远东地区的开发规划。

但是,在西伯利亚和远东地区的开发和建设中,面临着劳动力不足、消费品短缺和缺乏资金、技术的严重困难。发展中俄经济合作具有很大的经济互补性。西伯利亚和远东地区同中国经满洲里、绥芬河和二连浩特有三条铁路相通,优越的地理条件给中俄经济合作提供了巨大的可能性。中俄经济合作的领域是宽广的。

首先,劳务合作,西伯利亚和远东地区占全俄面积的57%,但人口只有2 900万人,不到全俄人口的1/8,地广人稀,不具备大规模开发的人力条件。俄罗斯已把引进国外劳务提到了对外开放的日程上。在劳动力资源方面,中国潜力很大,可与俄罗斯发展多种形式的劳务合作,这既解决了沉重的就业压力,又增加了外汇收入。劳务输出形式如建筑、森林采伐、石油钻探、煤炭开采、农场经营等。1988年初,俄罗斯把在中国绥芬河对岸的海参崴以北的1 071英亩(433公顷)的土地,交给中国农民去种植黄瓜和西瓜。目前,俄罗斯正准备在同中国东北接壤的阿穆尔州、赤塔州和滨海边疆区同中方联合生产农产品。

其次,贸易往来,1983年中苏恢复了中断二十多年的两国贸易,1985年贸易额达16亿卢布,比1983年增长2.3倍。1985年7月,中苏签订了一个长期贸易协定,规定到1990年将增加到120亿卢布,比1985年增长6.5倍。中俄贸易中,边境贸易相当活跃,历史悠久,目前中国与西伯利亚远东地区进行边贸的有东北三省、内蒙和新疆。中国出口产品大部分是消费品。发展边贸是中国开拓西伯利亚和远东地区消费品市场的重要渠道。鉴于日本和俄罗斯、韩国及朝鲜与俄罗斯贸易的迅速发展,中国应实行国贸、省贸和边贸相结合的多层次的对俄贸易体制,充分发挥省贸和边贸的作用,搞活地方经济;进一步下放外贸经营权和审批权,进一步放宽外贸政策。

再次,建立合资企业。近年来,俄罗斯颁布了一系列吸引外资的法规,逐步完善国外投资的法律、信息和金融环境。据报道,西伯利亚和远东地区准备成立两个经济特区,一个是"农业经济特区",一个是"工业经济特区",利用外资振兴工农业。目前,东部地区合资企业还很少,潜力极大。日本已捷足先登,1987年签订了合资开办木材加工厂的合同,总投资额为200万卢布;日本对东部地区在2000年前的大型新建、扩建和改建项目极感兴趣,显示日俄合作将有大发展。中国在致力于引进外资的同时,也应推行对外直接投资,这有利于实现对内对外双向良性循环,完善对外经济开放。目前中国对外投资大多集中在一些发展中国家,数额还不大。随着俄罗斯东部地区的开放,中国应积极与俄罗斯磋商建立合资企业,这有以下一些好处,第一,学习先进的技术和科学管理经验,以便改造20世纪50年代由苏联援建的项目;第二,带动专利和设备出口;第三,直接收集当地市场、经济和技术情报,作为出口商品和引进设备的窗口。

最后,补偿贸易,西伯利亚和远东的经济优势和劣势,决定了它在补偿贸易上存在着大规模经济合作的可能性。例如,由中国和俄罗斯联合开采远东森林资源和矿产资源,由中国提供劳务和消费品,俄罗斯以木材或矿产品补偿,这既缓解了俄罗斯的劳动力和消费品的短缺,又满足了中国对木材和其他原料资源的需求。

三、中国沿海经济圈合作关系的特点与逐步完善经济圈的重要意义

(一) 中国沿海经济圈合作关系的特点

1. 合作是互补性合作

互补是合作双方经济发展的要求和条件,经由互补达到的互利是双方经济合作的基础和目的。香港地区和台湾地区、日本和韩国,拥有中国沿海发展外向型经济和中国大陆经济实现四化所需要的资金和设备、市场信息和销售渠道,而中国大陆拥有它们所需要的劳动力、原料资源和广阔市场。因此,经济上的互补是相得益彰的,这本身就是互利。

2. 合作是结构性合作

香港和台湾的资金、设备、市场信息和销售渠道与大陆的劳动力、土地相结合,即使可以增强竞争优势,但这也是一种低层次的合作。没有高科技产业,没有新技术产品,在群雄四起的国际市场上是没有立足之地的。香港、台湾地区应在高科技研制开发和人才交流方面与大陆合作,共同发展高科技产业,开发新技术产品。中国沿海地区应在发展劳动密集型工业的同时,充分利用港台的资金、市场信息和自己的技术力量、轻重工业基础,发展技术密集型、资本密集型工业。各方面都应把建立多元的产业结构作为发展与合作的目标,在合作中共同形成新的产业结构和生产体系。高科技的日本,低科技的中国的经济合作模式是不可取的,也是行不通的。谁能由低层次合作进入高层次的结构性合作,谁就能在亚太地区的竞争中,赢得市场,获得发展。

3. 合作是多领域的合作

合作将不是单一产品的,也不是单一领域的。经济将从单纯的贸易关

系发展为资金、技术、人才、信息、管理、销售等各个方面,合作的领域遍及工、农、商、金融、科技、旅游、服务业等各部门或第一、二、三产业。

4. 合作是多种形式的合作

三来一补是形式之一,但不是惟一形式,更不是合作发展的主要方向。合作形式将从三来一补向举办"三资"企业形式发展。合作可有中小资本,亦可有大财团,有国营企业,亦可有集体经济,以致个体经济。

5. 港、澳、台与大陆的合作是分阶段性的合作

鉴于香港和澳门在1997年和1999年后政治地位将先后发生变化,因此,以1997年和1999年为分界线,把港、澳与大陆的经济合作分为两个阶段,在1997年或1999年以前,合作以商品和生产要素的流动以及产业结构的调整为主要特征,在此期间,以双方民间合作、企业间合作为主,政府间合作很少。1997年和1999年以后,香港和澳门先后回归祖国,这时香港、澳门和大陆的合作关系将变为中国内部两个地区之间的关系,在"一国两制"政策指导下,在中央政府领导下,协调政策,统一规划,全面调整,分工合作,将成为这一阶段的主要特征,这是更高层次的合作关系,它必将有力地推动我国的四化建设。

台湾和大陆的经济合作在步骤上也是逐步展开。首先要增进相互了解,相互了解是相互合作的先导,各阶层人士和机构要加强对话,并开展相互考察和交流等活动;其次,开展行业对口合作,逐步把间接贸易提高到直接贸易,把分散的、自发的民间合作提高到一个新的层次;再次,以贸易、金融合作为突破口,进而带动工业、科技、人才等合作的全面展开;最后,大陆和台湾经济关系的深入发展,既有利于台湾和大陆经济的增长,也会对中国逐步走向统一产生积极影响。

(二) 完善中国沿海地区经济圈有重要意义

1. 沿海地区经济圈集中了各种不同类型的政治、经济体制,集中了南北和东西矛盾,经济圈内各方的合作与交流,将为在局部和低层次的范围内正确处理这两类矛盾创立一个范例,并为在太平洋地区的大范围和高层次合作开辟一条道路。

2. 沿海地区经济圈涉及棘手的朝鲜半岛问题和敏感的台湾海峡两岸关系问题,经济合作的顺利开展将为妥善解决这类问题树立一个典范,它将大大有助于东亚的和平与稳定。

3. 经济圈的建立和发展,将使中国沿海地区对外经济关系多元化。理

顺与中国沿海毗邻国家和地区的经济政治关系，将有利于中国沿海地区、边境地区和广阔内地经济的发展。由于经济发展的不平衡，无论沿海地区或内地，在技术水平和工业生产上都存在一定差距，因此，在发展对外经济合作时，需要实行横向联合，如广东提出的“外引内联”和黑龙江提出的“南联北开”的方针，从而达到沿海带动内地，内地支援沿海，通过地方经济的振兴，达到促进全国经济发展的目的。

4．广东、上海是联结港、澳、台和广阔内地的桥梁，而港、澳、台则是沿海地区外向发展及整个中国大陆扩大同东南亚交往和走向世界的跳板，其中香港地区起着特殊重要的作用。港、澳、台和大陆经济优势的结合，必将使港、澳、台经济持续增长，使沿海地区和广阔内地经济迅速发展，使未来的统一的大中国成为世界上一大强国，使太平洋经济中心这个未来的世界新的经济增长中心早日形成。

四、沿海地区经济发展与产业政策

经济的增长离不开产业结构的发展。作为中国的沿海地区经济增长同样离不开该地区的产业结构和产业政策。对外开放政策实施以来，沿海地区实行发展外向型经济的经济发展战略。但是，从亚洲和太平洋沿岸各个国家和地区发展外向型经济的成功经验来看，仅仅改革对外贸易体制和管理办法，以求得国内市场或地区市场同国际市场相协调是不够的，还必须建立科学的、健全的产业结构，有一个正确合理的产业政策。没有一个与国际市场需求结构相适应的产业结构，即便存在充足的国际市场需求，即便不存在进入国际市场的障碍，不健全的产业结构体系也是无法为国际市场提供量足、质优、价廉的产品的，从而也是达不到发展外向型经济的初衷的。

沿海地区产业结构的特点之一，是三项产业间的比例关系不协调。第三产业严重滞后于第一、第二产业的发展，而第一产业的落后又成为第二产业发展的沉重负担。应该说，改革开放以来，沿海地区产业结构已有了明显的变化。1980—1988 年，沿海地区第一、第二、第三产业在该地区国民生产总值中的比重由 24.65∶54.75∶20.6 改变为 23.8∶50∶26.2，8 年间，沿海地区国民经济三项产业增长 2.3 倍，年平均增长 16.1%，其中第一产业 15.8%，第二产业 14.8%，第三产业 19.6%，虽然第三产业发展最快，但如果同发展外向型经济的需求来看，第三产业仍然落后。

以交通运输为例，我国沿海地区集中了全国工业的一半以上，铁路运输量占全国80%以上，但建国后新建铁路却主要分布于京广线以西，这些新建铁路按里程计占75.4%，按投资计占80%多，对沿海地区铁路建设投资明显不足；港口建设亦然，我国沿海地区一大自然优势就在于海岸线绵长且多为良港，但港口数量少、码头泊位低，吞吐能力差，港口设备如仓库、堆场以及装卸设备也不齐全，铁路、公路、内河、航空等运输方式的集散疏运能力也不配套。

再从邮电通信事业来看，沿海地区的邮电通信事业也很落后，百万美元GNP的电话机数，我国沿海地区为21部，我国台湾地区为93部，韩国85部；百万美元GNP的国际电话业务量，沿海地区为78.8次，新加坡为447.6次，韩国为181.5次。

显然，沿海地区的第三产业与第一、第二产业的发展很不协调，严重制约着经济发展和社会进步。

世界工业化的进程虽然给人以"无工不富"的启迪，但实践也证明，没有一个相对发达的农业为基础，工业化的实现也是不可能的。我国农业的发展水平一直十分低下，自改革开放以来，沿海地区农业生产虽有较大的发展，但与工业生产的发展相比较，则是明显落后的。1987年比1978年，工业生产增长1.47倍，年平均增长速度为10.6%，而农业生产增长只有60.8%，年平均增长速度为5.4%，由于对农业的投入逐年减少，耕地在逐年减少，农业发展缺乏后劲，使农业的发展受阻，从而又制约了工业的发展。从国家的投资来说，从1979年的57.9亿元降为1986年的38.4亿元；就是农民对农业的投入也远远落后于对非农业的投入，这不能不影响工业生产和经济的发展。见表2。

表2 沿海各省市工农业的比重变化和增长速度

	在工农业总产值中所占的比重%				1979—1987年年平均增长%	
	1978年		1987年			
	农业	工业	农业	工业	农业	工业
北京	7.23	92.77	5.69	94.31	3.4	6.8
天津	7.15	92.85	5.09	94.91	3.3	8.0
河北	31.36	68.64	27.35	72.65	6.5	9.1
辽宁	11.61	88.39	11.17	88.83	7.4	8.0
上海	3.89	96.01	2.62	97.38	0.7	6.3
江苏	26.59	73.41	17.62	82.38	7.8	15.2
浙江	35.42	64.58	18.81	81.19	7.1	17.0

（续表）

	在工农业总产值中所占的比重%				1979—1987年年平均增长%	
	1978年		1987年			
	农业	工业	农业	工业	农业	工业
福　建	36.96	60.04	29.46	70.54	8.1	13.7
山　东	29.34	70.66	29.99	70.01	11.7	11.3
广　东	27.83	72.19	23.01	76.99	12.2	14.0
广　西	39.66	60.34	35.99	64.01	8.2	10.5
沿海地区	20.62	79.38	17.96	82.04	8.6	11.0

说明：本表增长速度按可比价格计算。

资料来源：《中国统计年鉴》(1988年)，《中国农业统计年鉴》(1983年)，《中国经济年鉴》(1982年)。

沿海地区基础产业和加工产业发展不协调，基础工业发展严重滞后，已经成为影响工业发展的严重制约因素。沿海地区1980—1985年的6年中，加工产业部门的平均增长速度要比基础产业部门高3倍，基础产业严重滞后，电力紧张、能源紧张、交通运输紧张等基础工业薄弱的情况，制约着加工工业的发展，在基础产业滞后、技术进步效益差的情况下去提高加工工业的比重，结果必然导致产业结构的"虚高度化"。

沿海地区在工业布局上的问题，就是产业成长的同构化，即沿海各地区之间产业雷同、结构重复、规模相似、大同小异。在过去很长一段时间里，发展中国经济的指导思想是发展各地区自给自足的经济体系，而不是按经济规律使其形成专业化协作，这就使中国的产业结构出现了地区性封闭的工业布局，沿海地区亦如此。1978年改革开放以后，各地方政府权力扩大，于是各地竞相发展投资见效快、利润大的新兴消费品工业，结果使产业结构同构化布局严重。在《中国统计年鉴》中所列举的煤炭、水泥、生铁、化肥、发电设备、机床、汽车、自行车、收音机、手表、照相机、平板玻璃、烧碱、硫酸、化纤等主要工业品，沿海地区的10个省市(不包括海南)都有生产；1979年后开始的洗衣机、电视机、电冰箱等生产也是如此；矿山设备除河北、辽宁外，其他8省市均有生产；大中型拖拉机，除广东、广西外，也均有生产。见表3。

表 3 沿海各省市轻、重工业的比重

省市	占全部工业总产值的比重%			
	轻工业		重工业	
	1979年	1987年	1979年	1987年
北京	36.3	42.6	63.7	57.4
天津	49.4	51.6	50.6	48.4
河北	41.1	47.09	58.9	52.91
辽宁	27.7	32.38	72.3	67.62
上海	49.9	52.29	50.1	47.71
江苏	50.9	54.02	49.1	45.93
浙江	59.1	63.14	40.9	36.86
福建	59.6	59.37	40.4	40.63
山东	46.69	48.8	53.31	51.20
广东	58.57	65.38	41.43	34.62
广西	54.7	53.97	45.3	46.03
沿海地区合计	45.94	51.54	54.05	48.46

资料来源:《中国统计年鉴》(1988年),《中国经济年鉴》(1981年),《中国经济年鉴》(1986年)。

根据国务院农业研究中心以1984年全国工业净产值部门结构为标准结构,同各省市的结构加以比较计算出来的相似系数,表明全国三大区域全部门结构相似系数在0.9以上的省份共有17个,占省份总数的60.7%;相似系数在0.8—0.9的省份有8个,占省份总数的28.5%;相似系数不足0.8的只有3个省,即黑龙江、山西和云南。东部沿海地区平均相似系数是0.923,沿海地区内部各省市相似系数在0.9以上的有9个省,占省市总数的82%,这表明趋同化已达到相当严重的程度,产业趋同的发展使各地都无法形成或突出自己具有地区优势特色的主导产业,限制了各地资源的有效利用,造成宏观结构效率下降。虽然,沿海地区比内地在工业基础、技术水平和经济效益上领先,但沿海地区各省市并不平衡,辽宁、上海、江苏的工业基础雄厚,技术力量较强,而河北、福建则相对薄弱。从1988年每百元固定资产实现的产值来看,江苏为232.25元,河北仅为120.75元,相差近一倍;从每百元资金实现的利税来看,上海为32.16元,而河北仅为18.64元。见表4。

表 4 各地区 1984 年工业净产值部门结构的相似系数

东部地区		中部地区		西部地区	
省、市、区	相似系数	省、市、区	相似系数	省、市、区	相似系数
北 京	0.903	黑龙江	0.638	四 川	0.980
天 津	0.965	吉 林	0.940	云 南	0.712
河 北	0.957	山 西	0.651	贵 州	0.894
辽 宁	0.931	内蒙古	0.824	陕 西	0.928
上 海	0.934	安 徽	0.878	甘 肃	0.867
江 苏	0.949	江 西	0.951	青 海	0.979
浙 江	0.950	河 南	0.937	宁 夏	0.824
福 建	0.877	湖 北	0.970	新 疆	0.815
山 东	0.803	湖 南	0.971		
广 东	0.970				
广 西	0.914				

资料来源：国务院农业研究中心发展研究所，《走向现代化的抉择》，经济科学出版社 1987 年版。

在沿海地区产业组织结构中最突出的问题就是设备陈旧落后，技术水平老化。沿海地区的纺织工业不仅是本地区的主要工业之一，在全国也有举足轻重的地位，但技术工艺落后问题十分突出。天津市纺织行业有 60% 是解放前的老设备。上海市的“老企业、老厂房、老设备”高达 90%，辽宁重工业的高产值基本上是靠拼消耗、高投入，靠规模外延来维持，而经济效益十分低下。并不是沿海地区科技基础不行，科技力量不够，恰恰相反，沿海地区的科技力量和技术基础都是较好的，问题在于技术进步缓慢。

因此，可以说沿海地区现有的产业结构是不利于发展外向型经济的。当然，这并不是说沿海地区应该关起门来调整产业结构，然后再发展外向型经济。实际上，充分利用世界发达国家产业结构调整转换的时机，发展外向型经济，正是调整和促进沿海地区产业结构高级化的手段和方法，闭关锁国只能使产业结构停滞不前和走向落后。

从沿海地区和我国目前的实际情况出发，选择沿海地区的主导产业，应首推机械—电子工业。这是因为，从沿海地区目前的产业结构水平来看，其机电工业在全国来看是最发达的，沿海地区机电工业总产值占全国机电工业总产值的比重 1985 年为 56.1%，1987 年和 1988 年又分别上升为 61.4% 和 60.3%。从技术水平和经济效益来看，沿海地区同样高于内地。从产业结构高级化的发展规律来看，机械电子工业是最新技术的载体，机械工业深加工的水平，电子技术的应用及其普及程度，都是一国或一个地区工业化进程的重要标志，也是促进经济增长的主要动力。当然，带动庞大的产业体系向结构高级化演进，不可能光靠一个单独的主导产业，因此，轻纺工业、创汇农业、新兴的高科技产业以及基础工业，也应属于主导产业，从而形成一个主导产业群。

必须指出，上述主导产业部门的选择，是对整个沿海地区而言的，并不意味着所有沿海地区都公式化、机械化地实行上述选择。恰恰相反，各地区应根据本地区产业结构的现状以及本地区的优势和外向型经济要求，来选择本地区的主导产业。只有这样，才能使各地区相互配合，互为补充，从而推动整个沿海地区产业结构的成长。

沿海地区产业结构的调整、成长，离不开中央优惠政策的支持，在沿海地区实行开放的初期，中央对经济特区、技术开发区等开放区采取了许多地区优惠政策，以便更好地吸引外资和技术。但在开放和特区建设中，也出现了一些问题，其中之一就是外商热衷于投资少、见效快、收益大或风险小的项目，使投资结构极不合理，据1979—1988年的统计，外商投入宾馆、餐馆、娱乐设施等旅游服务项目的约占40%，个别年份高达65%，投入工业生产性项目的还不及30%，且投向分散，产品结构属于低层次的多，许多生产性项目达不到规模经济的要求。

为了进一步吸收外资和使其投向沿海地区发展所需的电力、运输、通讯、基础工业及高层次的机械电子工业，除了沿海地区各地方改善投资环境外，中央要有明确的产业政策，要逐步改变以地区差别优惠为产业差别优惠和技术差别优惠为主的优惠政策。对于国家急需的“瓶颈”行业、主导行业，应在税收、贷款、物资供应和外汇调剂等方面给予优惠。这就要求首先确定沿海各开放城市和相应地区的产业技术水平和重点发展产业，由国家进行统一的产业规划，避免产业趋同，同时照顾产业间的系统性。沿海各开放城市根据各自的重点产业规划和产业技术水平，确定对不同产业和不同水平技术的优惠标准，对同一产业，上海和青岛的优惠标准就应不同；对同一水平的技术，由于上海和青岛的既有技术水平不同，优惠标准也应不同，把产业优惠与技术优惠区别开来，以产业优惠为基础，技术优惠作为加权。

总之，沿海地区经济发展战略，并不仅仅是为了发展沿海地区的经济，其根本目的是为了带动内地经济增长，推动全国经济发展，迅速增强国力，不仅使中国在复杂的国际经济环境中立于不败之地，而且力争实现屹立于世界之林的夙愿。

世界私有化浪潮的意义和影响*

世界私有化浪潮的意义和影响对于不同的国家产生不同的效果，对于一个国家有积极意义和影响，对另一个国家就可能是消极意义和影响。下述私有化的意义和影响是在一般意义上来讲的。

一、私有化是发达资本主义国家调整发展战略的一种选择

（一）私有化是完善国有制，优化所有制形式的一种手段

一切事物的发展，都是其内在矛盾运动的结果。资本主义的发展过程，同样是其内在矛盾运动的结果。生产力和生产关系的矛盾，即生产社会化和资本主义私人占有制之间的矛盾，是资本主义的基本矛盾。随着生产力的发展、科学技术的进步和资本主义向广度和深度的发展，资本的占有形式和控制形式也不断趋于社会化和多样化，资本主义发展的全过程，就是资本关系不断变革、调整的过程。不断抛弃过时的不适应生产力发展的形式，从而适应于资本的真正的社会性质，以促进生产力的发展。资本主义生产方式就是这样不断向前发展的。

在自由资本主义初期，资本主义占有形式主要是单个资本家私人占有。从私人资本、私人占有走向信用制度、股份公司是资本占有关系和生产组织形式社会化的第一次尝试，即从私人资本转化为社会资本，私人企业转化为社会企业，旧的财产占有形式转化为新的社会资本占有形式，信用制度和股份公司的发展，使资本所有和现实职能完全分离了。

随着生产力的发展，股份公司这种形式也不能充分满足要求了。生产的社会化要求资本占有关系进一步社会化。因此，在19世纪末20世纪初，

---

* 本文系国务院发展研究中心国际技术经济研究所组织专家、学者申请的1988年国家社会科学基金研究课题成果报告由傅骊元执笔的第3部分。该报告经专家评审通过。

自由资本主义被垄断资本主义代替，出现了许多资本家联合起来的垄断组织，使非垄断的社会资本转化为垄断的社会资本。垄断使生产接近最全面的社会化，使生产管理日益社会化，造成了资本的社会化。

在现代社会生产力和现代科学技术迅猛发展的条件下，这种资本社会化的形式也显得不够了。于是，"资本主义社会的正式代表——国家终究不得不承担起对生产的领导"①，私人垄断资本向国家垄断资本发展，从所有制形式看，由结合起来的垄断资本家所有进到由整个资产阶级所有，亦即由作为"总资本家"的国家所有或者由国家和私人共同所有；从经营方式看，由完全的私人经营变成了完全由国家经营或国家与私人共同经营。从私人垄断走向国家垄断，以及国家垄断本身的日益发展，意味着生产社会化程度的不断提高和社会管理机构的日益完善。它是更加社会化的资本主义所有制形式和代表着比以往任何阶段都更高的资本关系社会化水平。国家垄断资本主义可以在一定时期内缓和资本主义基本矛盾，促进生产力有一个新的发展，但不能从根本上解决这一矛盾。"私有化"发展了资本社会化，是完善国有制，优化所有制形式和调整产业结构的一种手段。

私有化就是将一部分国有企业以及公共基础设施等有形的国有资产，有偿转让给私人或折股出售给私人，实行国有资产私有化，国家完全从企业的直接经营中退出来，国有资产也相应地由原来的实物形式转化为价值形式。这样的私有化，实际上是国家调整国有资产存量的一种方式，它一方面可以给国家减少一部分因企业亏损而加重的财政负担，另一方面又可以将已经转化为价值形式的国有资产用于开发和资助急需发展的关键性产业和新技术产业。通过实行私有化，不仅可以克服国有资产存量刚性给调整和优化产业结构带来的困难，从而能够根据经济发展的要求，较快地调整资产存量的结构和布局，改变其活动领域和重点，而且可以使国家卖掉无关大局的国有企业，及时地获得为发展新技术产业进行新投资所需的大量资金，从而推动新技术产业的发展和整个经济的发展。

现代经济的发展，客观上要求加快产业结构的变动速度，扩大产业结构调整的规模，以适应市场的变化、竞争加剧和科学技术发展的需要。对于国有化程度较高的国家，产业结构变动的速度和规模，主要取决于国有资产存量调整的速度和规模，而私有化可以在短期内使原来存量转换弹性较小的国有资产得到较大规模的调整，从而起到优化产业结构的作用。因此，西方

---

① 《马克思恩格斯选集》第3卷，人民出版社1972年版，第435页。

资本主义国家对部分国有企业实行私有化，是适应社会经济和科学技术发展的客观要求而调整发展战略的一种途径。私有化浪潮的出现，没有、也不可能从根本上否定国有制，相反，由于私有化的推行有利于优化产业结构，因此，它在一定意义上也是完善国有制，优化所有制形式的一种手段。

历史和现实大量的资料表明，发达资本主义国家的“私有化”，并不是简单地把所有国有企业都化为私有，而是根据经济发展的客观需要，能够和需要私有的就转为私有，不能和无需私有的仍保持国有；而且一部分国有资产转为私有后，国家所获得的大量资金又重新投资于国家所掌握的那些经济部门，大大提高了国有企业的素质和技术装备水平，同时通过投资开发新技术和新产品，发展新兴产业，又有利于国有资产在所有制形式和产业结构调整、优化和向高层次化发展过程中发挥主导作用。因此，每一次大规模的私有化，往往可能都是新一轮国家投资的开始。

从宏观的角度看，发达资本主义国家的经济运动，既存在着私有化的趋势，也存在着国有化的趋势，这两种趋势几乎是并行的，相互交织在一起，有时是这种趋势占优势，有时又是另一种趋势占优势，但是，任何时候都不是只有一种趋势存在，从西方资本主义国家经济发展的历史线索中我们可以清楚地看到这一点。第二次世界大战结束以后，为了迅速恢复和发展经济，适时调整产业结构，西方各资本主义国家几乎都对战时兴建的军事工业企业实行了私有化。例如，美国政府将投资总额超过100亿美元的绝大部分军火工业拍卖给予私人经营；而与此同时，政府却将集中起来的巨额资金，转而投入当时直接制约经济发展的能源工业、化学工业和其他基础工业。20世纪50年代，英国政府将国有的钢铁企业和部分长途汽车运输业出售给私人经营，并将私有化后集中起来的国有资产，转而投向当时经济发展的重点产业如电力、煤气、飞机制造业等。所以，国有化与国有企业的私有化，是并行不悖的两种趋势。而且，无论是20世纪50—60年代发生的私有化，还是80年代出现的私有化，又都与国家的产业结构调整同步而行。50年代以来，各国政府投资和国有资产分布的领域主要是基础产业和支柱产业，对于那些在国民经济发展中有至关重要意义的产业和行业，如钢铁、造船、邮电、通讯等大多都是由国家直接经营的。70年代后，随着科学技术革命的深入发展，西方资本主义国家国有资产活动领域开始大规模地转向新兴产业，如电子产业、宇航工业等，加强了对尖端技术的研究和开发，而这时期，各国政府拍卖转让的大多是一些传统产业的企业，其中以各种加工工业的企业居多。进入80年代以来，西方各资本主义国家对尖端技术开发的资助越来越重视，而私有化的范围也相应地比70年代有所扩大，在一些金融机构和银行，以及许多公共服务行业和公用事业部门也实行了私有化。

可以看出，尽管西方资本主义国家大规模推行私有化，但它们始终没有放弃国有经济在各国国民经济中的重要地位。国有资产的存在方式不是固定的，而是可调整的。私有化正是国有资产调整自身活动领域和范围的有效途径。根据不同时期社会经济发展的不同特点，及时处理掉无关大局的某些国有企业，收回巨额价值形态的国有资产，用以发展国民经济新兴产业和急需部门，这是西方资本主义国家管理使用国有资产的一种基本战略。可能在不同时期、不同国家，实施私有化的直接原因略有差异，但通过私有化进行国有资产存量调整，以便更灵活有效地使用国有资产，使国有资产始终成为国民经济发展的带头产业，提高国有企业的素质和技术装备水平，使国有企业成为技术发达、设备现代化、竞争力强的骨干企业，充分发挥国有企业在整个国民经济中的重要作用，则是各个国家的共同目的。

私有化是资本占有社会化程度日益提高的表现。认为私有化是社会化和国家垄断资本主义发展进程的倒退是没有根据的。因为适应生产力发展要求而产生的资本社会化形式是多种多样的，既表现为打破原股份公司的框框，把集体资本主义所有制提高到新水平的新组织形式，也表现为国家通过实施经济政策和间接调节方法领导社会生产的各种形式。今天，发达资本主义国家的经济现实表明，资本主义占有形式日趋社会化和多样化，存在着这些所有制形式的各种结合，彼此间的融合，以及所占比重的不断变化。

马克思、恩格斯早就指出，“资产阶级除非使生产工具，从而使生产关系，从而使全部社会关系不断地革命化，否则就不能生存下去”，“生产的不断变革，一切社会关系不停的动荡，永远的不安定和变动，这就是资产阶级时代不同于过去一切时代的地方”。[①]

资本主义是一个发展过程，在变革中发展，在发展中变革。资本主义的发展，不仅为更高的社会形态创造了物质技术基础和高度文明的条件，而且随着生产力的高度社会化而不断变革、调整生产关系和所有制形式。

“一种历史生产形式的矛盾的发展，是这种形式瓦解和改造的惟一的历史道路”。[②] 在世界范围内用社会主义公有制代替资本主义私有制是一个漫长、曲折的历史过程。资本一定会在这条历史道路上走到它的生命的尽头，

---

① 《马克思恩格斯选集》第1卷，人民出版社1972年版，第254页。
② 马克思：《资本论》第1卷，人民出版社1975年版，第535页。

这就是历史的辩证法。

(二) 私有化为资本主义经济的新发展和新高涨提供了可能

以英国为先导的、遍及世界的私有化浪潮,主要是为了适应经济和政治发展的需要,改善两方面的关系,即改善政府与企业和企业与职工以及民众的关系。

战后资本主义世界的经济形势和社会发展,要求国家对经济生活进行广泛和深入的干预调节,以维持社会资本再生产的正常进行。发达资本主义国家国有制企业正是作为国家对社会经济生活进行干预调节活动的一个重要组成部分而发展起来的,它对战后的经济恢复和50—60年代的经济高速增长起了重要的作用。

20世纪70年代后,各发达资本主义国家普遍陷入“滞胀”困境,市场日趋饱和,竞争日趋激烈。国际竞争对社会经济生活产生了深刻影响。国际竞争能力成为调节国际经济关系的主要手段。为了迅速摆脱困境,使经济结构适应国际竞争的需要,必须改革大规模的单一生产体系,实行小批量、多品种的“柔性”生产体系,精简管理层,分散经营权,应变灵活,讲求效率,增强经济活力,提高竞争能力,而国有企业恰恰在这些方面存在着欠缺。私有化作为对资本主义生产关系的一种变革和调节形式,就是为了改善政府和企业的关系,改善企业和职工与民众的关系,调整人和财产的结合形式以及生产组织形式;就是为了保证企业有效率,人员有动力,达到增强经济活力,提高竞争能力的目的。

实行私有化,节省国家开支,减少国家干预,给企业以自由,充分发挥市场机制灵敏自动的调节作用,广泛开展自由竞争,提高企业的劳动生产率,使企业保持强有力的国际竞争地位。实行私有化,增强企业职工的主人翁意识、生产积极性和资产责任感,刺激投资,促进生产,提高经济效益。必须指出,私有化有可能使企业通过降低生产成本而提高效率,但是,如果不能在无论是已实行私有化的经济部门,还是依然属国家所有、国家经营的国有制企业中,有效地引入竞争机制,彻底取消其原有的垄断性和对政府的依赖性,那么这种经济效率的提高还是有限的。保持企业的竞争力和高效率的惟一途径,就是将企业置于一种竞争的环境中,参与竞争。娇生惯养的宠儿是不会有竞争力和效率的。

一般来说,私有化后,企业经济效率的提高,主要来自以下几个方面:

1. 私有化后,减少了政府行政干预,企业有了自主权,这有助于建立和改进企业经营管理决策机制。即使政府仍然保持对企业的影响,行政干预的范围也将受到制约。

2. 所有权和产权结构的变化,有可能克服现存体制所带来的某些弊端,如行政干预和任人唯亲,损公肥私和严重亏损等,并建立起一种迫使企业提高经济效益的激励机制。

3. 来自广大股票持有者。私有化后,企业与职工利害攸关。股份制为提高生产率产生了强大的激励。职工参与管理为职工发挥才干提供了广阔的途径。股份制与参与制相结合,将产生出强大的动力,能够监督企业经营行为,改善企业管理和效益。

4. 资本市场及其他金融方面的制约。私有化后,企业失去了对政府财政补贴的依赖,这样,资本市场必然会对企业造成某种压力,促使其提高效率。

20 世纪 70 年代末以来,发达资本主义国家的私有化政策及国有企业经营方针的转变,对西方国家走出"滞胀",推动经济复苏和发展起到了一定的促进作用。例如,英国无线电公司自 1981 年私有化以来,其营业额增加了 3 倍,利润增加了近 4 倍。意大利的伊里公司(雇员 50 万人)平均每人的销售额,从私有化前 1983 年的 8.5 亿里拉,增加到 1984 年的 9.89 亿里拉。① 国有企业私有化,使政府减少了财政补贴,增加了财政收入。例如,英国政府出售了英国煤气公司,可在 3 年内获得 80 亿英镑的收入;出售供水系统,又可获得 50 亿英镑的收入。② 政府对这些企业不仅不用再进行亏损补贴,而且还能增加税金收入。据统计,截至 1986 年,英国政府已从变卖国有企业中取得了至少 200 亿英镑的收入,这就为实现良好的财政状况作出了贡献。英国政府还计划从 1987 年起的 3 个财政年度内,每年出售价值 75 亿英镑的国有资产给私人,以增加政府的财政收入。截至 1987 年 7 月,法国政府已出售了 11 家国有企业,其中包括圣哥巴公司、巴黎荷兰金融公司、法国电话设备总公司等,获得了一批巨额收入。法国政府准备到 1991 年年底前,把 65 家国有企业逐步转为私营企业,届时可实现总价值 500 亿美元的财政收入。③

传统基础工业企业的私有化,有利于国家干预的重点转向新兴产业,促

① 英国《欧洲货币》,1985 年 6 月增刊,第 56 页。
② 英国《经济学家》,1986 年 4 月 5 日,第 62 页。
③ 法国《费加罗报》,1986 年 11 月 26 日。

进新兴产业的发展和传统产业的技术改造,有利于增强企业的竞争能力,促进企业新陈代谢,改善经营管理,提高经济效益。英国官方的统计数字表明,自20世纪80年代初以来,英国每年的经济增长幅度保持在3%左右,高于法国、联邦德国和意大利等欧共体主要伙伴。英国劳动生产率从1980—1985年提高了14%。

生产力的不断发展,决定了生产关系的相对性和历史性,从而形成了生产关系自身发展过程中的辨证否定形式。资本主义国营企业和民营企业都是资本主义生产关系的表现形式,不论是实行国有化还是实行私有化,都是资本主义生产关系的形式转换,没有本质的差别。在资本主义国家,国家干预机制与市场机制并存,但市场机制是资本主义经济的主要调节者,国家干预是为市场机制的正常发挥作用提供保证和补充。由国有化到私有化的转变,并不意味着国家干预已经过时,而是资本主义调节模式的转换,是所有制结构的调整与优化。生产社会化和经济国际化的发展,已使国家垄断资本主义具有了不可逆转性。垄断资本主义为了维护其自身利益,必须与国家相结合。凯恩斯理论失去了原有的某些效力,只是说明垄断调节的某一种形式的失灵,它需要采用一种新的国家调节形式取而代之。由国有化到私有化的转换,正好反映了国家调节的这种演变进程,这是国家干预调节的改革与深化。资本主义生产关系所进行的这种变革与调节,无疑会使矛盾得到缓解,为资本主义经济的稳定、继续发展和出现新的高涨提供新的机会。

必须指出,西方资本主义国家国有企业的私有化,并不是包医百病的灵丹妙药,它的作用是二重的。它对生产力的发展虽有一定的促进作用,但与此同时,也会带来某些消极的因素。例如,私有化后的企业是受利润原则支配的,大利大干,小利小干,无利不干,难以保证其社会效益的提高;为了克服原有国有企业机构庞大、人浮于事的现象,私有化后将进行人员裁减,这将使社会失业人口进一步增加;此外,私有化后,社会生产无政府状态将会更趋严重,从而加速经济危机的爆发。

特别应该看到的是,私有化并未消除垄断,在一些情况下,私有化过程变成了由国家垄断向私人垄断转换的过程。私有化,使国有企业力量削弱,私营企业势力日益扩大,私营大工业集团横向扩张,对金融系统和传播媒介的控制加强。例如,在意大利,工业复兴公司是拥有近1 000家子公司、实力大于私营企业、规模庞大的一家国营控股公司,近年来,由于工业复兴公司开始出售其部分资产,一度势力鼎盛的意大利工会也大大失去了它的影响,而私营企业的势力却日益扩大。菲亚特公司是一个由意大利四大权力中心之一的阿涅利家族控制的股份公司,在意大利是一支占支配地位的经济力量,1987年的营业额超过了36万亿里拉(约合290多亿美元),它在1987年先后购买了国营的费拉里公司、兰恰公司、比安基汽车公司和阿尔法·罗密欧汽车公司后,控制了意大利60%以上的小汽车市场。菲亚特公司除了生产汽车外,还生产飞机、拖拉机零部件、生产机器人、数字无线电控制火车和铁路系统设备;不仅如此,菲亚特公司还向金融、出版等行业扩张,除了在保险业、广告业、金融业、银行业有投资外,还直接、间接控制着意大利两家大报,即都灵的《新闻报》和米兰的《晚邮报》,以及另一家体育大报《体育邮报》,这3家报纸占意大利报纸发行量的24%。可见,私有化使资本集中和垄断统治有加强的趋势。

总之,推行私有化措施,并没有、也不能解决资本主义经济发展过程中所出现的一切问题,当然,更不能解决资本主义固有的基本矛盾了。

二、私有化是发展中国家适应经济发展要求的一项政策调整

(一)私有化对发展中国家克服困难发展经济有一定的积极影响

发达资本主义国家的私有化不能不对属于资本主义经济体系的发展中国家和地区产生影响。同时,国际经济环境的变化和市场竞争的压力,发展中国家和地区也不能不对此作出反应,并按经济发展的要求来调整本国(地区)的经济政策和发展战略。

发展中国家在发展经济的过程中,也曾出现过国有化和建立国有经济的浪潮。发展中国家国有经济的产生不外乎以下两条途径:一是二次大战后取得民族独立,没收和接管的外国资本;二是随着经济建设的发展,由国家陆续投资兴建的。战后,发展中国家经济国有化为巩固民族独立、发展民族经济、促进经济增长起了积极作用。但当时这种由国家直接控制的经济运行模式的产生,有其特定的历史条件。随着生产力和科学技术革命的迅速发展,随着世界经济国际化的日益加强,一场经济调整和改革的浪潮席卷全球。发展中国家为适应世界经济形势的变化和摆脱目前经济增长缓慢、债务负担沉重的困难,适时调整发展战略和经济运行模式,对经济结构和管理体制进行调整和改革是完全必要的。

所有制结构是经济结构的主要内容,所有制结构的调整,自然是经济结构调整的重要方面。由国有化到私有化的转变,虽不是资本主义私有制的实质改变,但它是所有权的转移,在一定程度上使资本主义所有制结构发生了变化。私有化既是所有制结构的调整,也有利于产业结构的调整。因为随着私营企业经营范围的扩大,自然引起产品结构的改变;某些长期以来由政府垄断的行业,在私人企业参与竞争后,会相应引起资本与劳动力的流动,也会改变产业之间的比例关系,使经济结构趋向多元化和合理化,更好地发挥市场机制的作用和促进经济增长。

从一些发展中国家已进行的私有化的实际情况来看,尽管改革的范围和调整的措施不尽相同,但基本上有以下几种形式:

(1) 清理资产,永远关闭。

(2) 国有企业的全部资产出售给本国或外国私人投资者。

(3) 把企业大部分股权转卖给国内外私人投资者,改国营为合营或合资企业,即部分私有化。

(4) 所有权不变,把国有企业出租给本国或外国私人经营和管理。

(5) 鼓励国内外私人投资,兴建新企业。

(6) 对国有企业进行整顿,继续由国家经营。

例如,在新加坡,私有化被作为"第二次工业革命"的一项重要战略决策,原来由政府控制的一部分企业正在转变为证券交易所登记的企业,通过股票市场出售股票来实现私有化。新加坡航空公司就在市场上出售了大量该公司财产的股票。

马来西亚也是用出卖股票的方法,对一个主要港口设施进行了私有化。

在过去10年中,泰国在将四十余家国有企业转让给私人经营后,又宣布将出售和转让一部分企业的股票给私人。如大型的鹰记航空公司,近年来每年亏损一千余万美元,现已决定出售。泰国名列第三的大商业银行——泰国国家商业银行以及大型企业曼谷石油公司和巴当工业公司也都列入出售名单。

东南亚国家的好几个电讯系统,都是通过向公众出售股票来进行私有化的。

有的国家是对政府的国有企业实行重新私有化,这就是指那些最初是私人企业,后来由政府接管,现在又把它变成私人的。如在孟加拉和智利,它们的私有企业,曾经或者是被取缔,或者是在激烈的政治动乱之后被接管;在孟加拉,企业所有者由于战争而逃亡国外;智利在20世纪70年代初,大约有500家企业被政府以这种或那种形式接管;现在,智利和孟加拉都在进行重新私有化。

早在70年代末80年代初,拉丁美洲一些发展中国家就已开始实施私有化计划。例如,阿根廷在1980年1月,已将260家企业私有化。现在正在着手实施把全部或部分属于国家所有的其余700余家国有企业转让给私人经营的计划。

私有化浪潮也冲击到了国有企业占较大比重的非洲国家。非洲是国有化程度较高的大陆。在发展中国家,国有企业一般提供的产值,约占国民生产总值的10%,但在非洲的埃塞俄比亚却占90%,索马里占80%,喀麦隆占40%。由于经济体制上的不适应和经济管理上的官僚主义,致使不少非洲国家的经济发展遇到了严重困难。根据世界银行提供的材料,在非洲的52个国家中,有28个国家1986年变得比1960年更加贫穷了。为了摆脱困境,非洲国家正在重新制定经济发展的新战略。1987年7月31日,塞内加尔政府公布法令,宣布将26个公司(占国家控制的公司数量的21.9%)转让给私人投资者,其中13个公司完全私有化。1987年8月3日,突尼斯政府也宣布将400家国营企业私营化,列入私营化的企业的产值占全部国民生产总值的20%,占出口额的60%。坦桑尼亚曾是非洲社会主义的样板之一,现在坦桑尼亚政府也决定取消对460家国营企业的补贴,并将旅店、宾馆转让给外国人经营。几内亚已陆续把110家国营企业中的50家转让为私营或公私合营企业,政府还准备关闭除中央银行以外的所有国营银行,并同国内外私人投资者建立了3家合资银行。扎伊尔政府已宣布将40家国营企业私有化。多哥政府从1986—1988年已把21家国营企业陆续拍卖给私人。贝宁政府从1982年起已开始实行整顿国营企业的政策,使国营企业和公私合营企业由126家减少到62家。马里政府已将马里纺织发展公司、人民药店、烟草火柴公司、农业设备公司和住宅建筑公司等11家国营企业部分或全部转让给私人经营。

在发展中国家,实行私有化也不是完全取消国营经济,而只是将一些长期亏损、管理不善、经营效益差、又与国计民生不是密切相关的国营企业出售转让,一些对本国政治、经济、安全具有战略意义的企业,仍由国家经营和控制。例如,多哥是非洲实行私有化较早的国家之一,但政府决定对约50家国营企业不私有化,这些企业约占全国国营企业的70%,其中有磷酸盐公司、农产品局、自来水公司、电力公司等,政府对这些企业进行改革,逐步实行生产经营责任制和独立经济核算制。[①] 科特迪瓦政府通过发行股票已出售 30 家国营企业，但是那些被认为是战略性的企业，如阿比让运输公司、国家石油公司、国家矿业公司等继续属国家所有，由政府经营。[②] 尼日利亚政府 1988 年 1 月宣布将 96 家企业实行私有化，但尼日利亚石油公司、国家保险公司、国家铁路公司、国家广播公司等仍为国营企业，不过公司业务须进行整顿，减少政府直接干预。

发展中国家的私有化是一次经济政策调整，具有所有制结构改革和经济体制改革的性质，因此，对发展中国家克服困难、发展经济有一定的成效，产生了积极的影响。

首先，由于国营企业的垄断性地位，外部缺乏竞争力的刺激和破产的威胁，内部缺乏核算和奖惩，因而普遍生产效率低下，经济效益不高，长期亏损，成了国家沉重的财政负担。例如，埃及的财政赤字中，有 1/3 是由国营企业造成的。据拉丁美洲和非洲 8 个国家的调查，1982 年国营企业的净亏损额约占国内生产总值的 4%。亏损的企业私有化后，经营改善，效益提高，国家不仅可以免除长期以来对这些企业的大量财政补贴，而且可以立即获得一笔企业资产的转让费和租金，还可以通过这些企业纳税的形式，增加国家的一部分财政收入，这对发展中国家改善财政状况、缓解面临的困难是不无作用的。例如，多哥已有 5 家国营企业全部私有化，2 家部分私有化，4 家租赁。政府对这些企业不但不必再给予财政补贴，而且还从 7 家企业中获得 50 亿非洲法郎(约合 1 768 万美元)的固定资产转让费，从 4 家出租的企业中每年获取租金 11 亿非洲法郎(约合 389 万美元)，税收还不包括在内。[③] 在墨西哥，由于实行了国有企业私有化，卸掉了亏损的包袱，取消了巨额补贴或对补贴实行了严格控制，结果使通货膨胀由 1987 年的 160% 下降到 1990 年的 25%；据估计，1990 年的财政赤字会降到墨西哥历史上的最低点。墨西哥经济逐渐走上健康的轨道，还表现在 1989 年 7 月至 1900 年，证券交易增加了一倍；与此同时，在 1990 年第一季度，约有 50 亿美元的外流资金返回了国内，据估计，外流资金总额约在 400 亿至 800 亿美元之间。阿根廷总统梅内姆说，国有企业私有化是“改变历史的一个步骤，因为国家不再会像 1989 年那样出现 40 亿美元的亏损”。全部或部分出售电话、航空、

① 英国《非洲商业》月刊，1988 年 2 月。
② 同上。
③ 同上。

铁路、天然气供应和石油开采公司，将可使阿根廷赎回总共大约 90 亿美元的债券。1990 年 11 月 7 日阿根廷政府宣布，将国营电话公司转让给由西班牙、法国、意大利和阿根廷的公司所组成的财团，这样一来，将可使国家每年少发放 3.5 万名工作人员的工资，他们的工资将由私营企业去发给。

发展中国家普遍存在着资金短缺，国家财力有限，而外援条件又苛刻，因此必须广泛利用私人的经济力量。1985 年 3 月，印度政府批准将巴特重型电气公司的 1.08 亿美元的股票、印度斯坦机器设备公司的 1.25 亿美元的股票、马鲁蒂汽车有限公司的 1 亿美元的股票，分别出售给本企业的职工，所得款项用以弥补扩大再生产所需资金的不足。墨西哥政府已经出售、合并、关闭或计划出售全部 1 100 家企业中的 800 家企业。目前已拍卖了 213 家。在这方面最新的行动是宣布把 1982 年由洛佩斯·波蒂略总统国有化了的银行实行私有化，私人资本可以掌握 34% 以下的企业股份；而且，根据将来的一项安排，墨西哥人也好，外国人也好，所有私人投资者都可以得到更大比例的股份；1990 年 7 月，已宣布出售墨西哥电话公司 20% 的股份，政府可以从中获得 2.5 亿美元的资金。巴西计划通过国营企业私有化的拍卖活动，每年至少获得 75 亿美元的巨额收入。

其次，私有化之所以能风靡全球，其主要原因是因为它能充分发挥市场的竞争机制，增强企业活力，促进企业新陈代谢。长期以来，许多发展中国家，基本上是采取中央集权下的指令性计划经济，其特点是政企不分，国家统筹安排，在就业、投资、利润等方面卡得过死，经营管理上官僚主义严重，生产效率不高，致使企业缺乏竞争力。私有化后，把企业置于市场竞争之中，使企业受商品市场和资本市场的牵制，通过商品和资本的竞争，优胜劣汰。市场竞争的压力，将迫使企业经营者克服官僚主义，改善经营管理，不断进行技术改造，加速产品更新换代，提高企业经营效益，增强企业竞争能力。例如，在多哥 4 家租赁的企业中，国家钢铁厂于 1979 年建成投产，投资 4 200 万美元，设计能力年产钢铁 4.4 万吨，职工 380 人，但开工率从未到过 20%，年产钢铁仅 4 000 吨，年年亏损，于 1984 年关闭。该厂于 1984 年 11 月租赁给美国企业家穆尔经营，经济效益显著。租赁期为 10 年，租赁后改善了经营管理，人员精简到 150 人，工厂改造为年产 2 万吨钢筋的轧钢厂，产品不仅满足多哥国内市场需要，而且向邻国出口，租赁仅 1 年，产量已达 9 000 吨，比租赁前的产量翻了一番多，转亏为盈，1985 年销售额达 620 万美元，向政府交了租金和税款；1987 年政府就获得 1.12 亿西非法郎的租赁费和税金。

1986年2月，科·阿基诺上台前，菲律宾经济连续6年衰退，处于严重危机之中。科·阿基诺上台后，调整工业化政策，以促进私有化为核心，对工业体制进行了较大改革。阿基诺政府的私有化政策包括两部分内容，一是将前总统马科斯及其亲朋密友非法占有的企业没收后，将其转卖给私人；二是将经营不利、负债过多和效益太差的国营企业出售给私人投资者。1987—1989年，菲律宾政府转卖的企业为395家，标价金额为1 245.25亿比索，其中包括国家钢铁公司、国家磷肥公司、国家棉花公司、国家航空公司及马尼拉商业银行等。这一时期，菲律宾政府共卖出国营企业176家，占计划卖出企业总数的46%，卖出金额为610亿比索，在计划卖出企业总标价金额中所占比重为48%。此外，政府还对那些虽负债较多、经营效益差、但又不宜出卖的企业进行了整顿。由于采取了改革整顿措施，菲律宾经济得以恢复和发展。1987年，菲律宾国内生产总值增长率从1986年阿基诺上台时的1.4%一跃而达到4.7%，1988年进一步提高到6.2%，创80年代最高水平。1989年虽略有下降，但仍保持在6%的水平。这一时期，同农业相比，菲律宾工业和服务业产值增长最为显著，1986—1989年，菲律宾工业产值年平均增长率，从80年代前半期的-2.6%提高到5.3%，服务业产值年平均增长率，从80年代前半期的-0.38%提高到5.7%。①

再次，鼓励发展私营企业，调动私人经济的积极性，这有利于生产力发展和经济增长。在许多发展中国家和地区，大部分生产部门以及交通运输、餐旅服务、商品供应等部门，都处于国营企业垄断之下，一般不允许私人资本涉足。私有化后，允许私人资本进入上述领域从事生产和经营活动，这有助于打破国营企业的行业垄断，发展和充分利用多种经济形式的潜力，对于发展中国家的经济发展是有重要意义的。据新加坡政府报告的材料，它计划除涉及国防及其他有关国家保密事业范围的企业外，将其他各部门的国营企业，甚至历来由政府补贴的福利事业如住房、医疗卫生机构等，都逐步转交给私人去经营。新加坡财政部长胡赐道公开宣布，“政府对经济领导正在逐渐退回到给私营企业以更大的余地”。在台湾，“经济部”已正式同意台湾私人“十大财团”的第一财团“台湾塑胶集团企业”兴建第六轻油裂解厂，与官营的垄断企业“中国石油公司”展开竞争；并决定1987年以出售资产的方式，将官办的垄断企业台金、台铝转为民营，以发挥私人经济的积极作用。

最后，私有化有利于发展中国家的企业改革和国家机构改革。一些发

① 菲律宾国家经济发展局：《统计年报》有关各期。

展中国家的国营企业,既是官僚特权阶层肆意侵吞国家资财、中饱私囊的对象,又是经济管理人员利用手中权力牟取私利的工具;而国营企业在国家经济生活中的垄断地位和市场上商品的匮乏短缺,则成了贪污贿赂腐败现象滋生的催化剂。例如,菲律宾前总统马科斯在其执政期间,任人唯亲,培植个人势力,为了统治集团的私利,马科斯往往在国有化的名义下,把垄断特权、优惠贷款、盈利合同等恩赐给自己的亲朋好友,使一大批新贵通过设立国营公司而窃据要职,这导致菲律宾官僚资本迅速发展。20 世纪 70 年代初,菲律宾的官僚资本企业仅为 65 家,80 年代中期马科斯下台前,已发展到 803 家,资产总额已达 813.6 亿比索。1984—1985 年,菲律宾固定资本总额中,官僚资本企业所占比重高达 34.1%,这些官僚资本企业绝大部分为马科斯及其亲朋密友贝奈哥多、哥法恩科、普罗依莱多、罗姆阿鲁迪斯等 5 个家族所有。这些人贪污受贿、巧取豪夺,大量侵吞国家资财,仅马科斯夫妇就为自己积累了上百亿美元的资产,据报道,其数目相当于菲律宾政府 1985 年政府财政预算的三倍多,致使菲律宾经济状况日趋恶化。科·阿基诺上台后,立即采取果断措施,没收马科斯等人的非法资产,并将其转卖给私人,这样就打破了官僚资本对菲律宾各经济部门的垄断,使菲律宾经济出现了多年未有的活跃局面。私有化,由于消除了垄断,进行了企业改革,这不仅有利于改善经营管理,促进了竞争,劳动生产率有了显著提高,而且有利于国家廉政建设,杜绝政府官员腐败现象,促进国家政治体制改革。

(二) 影响发展中国家私有化进程的障碍

当然,在发展中国家国营企业私有化过程中,也遇到了一些问题和困难,从目前情况来看,以下几个问题已引起了各国的普遍关注。

首先,国营企业私有化应有计划、有步骤、慎重地进行,不能操之过急。各国应根据国营企业在国民经济中的地位和作用的不同,来决定是否对其实行私有化,而不能仅仅以亏损或补贴作为私有化的依据。若把在国民经济中起关键作用的企业私有化,不利于维护民族独立、发展民族经济,也不利于保障人民生活水平的提高。

实行私有化的一些措施,涉及国内社会各阶层的利益,必然会引起他们在经济、政治、心理上的种种反应。例如,在原有的国营企业管理体制下,已形成了一个行政和技术管理阶层,他们是旧经营管理体制的既得利益者,习惯于在国家安排的温室条件下经营,对国营企业私有化后出现的激烈竞争环境往往难以适应,因而遭到抵制。国营企业私有化后,将使一些腐败官员丧失利用手中权力中饱私囊的机会,因而遭到他们的阻挠和破坏,原有国营企业的职工,在旧的管理体制下不易被解雇,福利也较好,对私有化也可能感到不适应而产生种种不满。对各阶层的不同反应,应采取不同的对策,以免导致社会矛盾激化。

其次,凡本国私人资本有能力经营的企业,应首先出售给本国私人资本;若本国私人资本无力经营的企业,则应尽可能以采取外国资本与本国私人资本合资经营的形式为宜,应竭力避免在国营企业私人化过程中的非民族化倾向。

私有化不是没有风险的。因为削弱或放弃对国内经济活动的干预,削弱或放弃对外资的控制和管理,这些可能成为促进经济增长的因素。然而,取消一切保护主义屏障,给外资和进口以过分的优惠,将会使外国资本和外国产品充斥国内市场,而这对民族经济的发展不是没有影响的。在私有化过程中,由于资本集中而出现一些拥有外国资本的大工业集团式外国资本势力,对某些企业和部门的"经济占领"的风险是存在的。

对任何国家来说,维护民族经济利益都是义不容辞的,就是像英国、法国这样的经济大国,在私有化的问题上都进行过、并仍在进行着激烈的争论。法国总统密特朗 1987 年 7 月 14 日就是以"维护民族独立"为理由,而拒绝签署一项由希拉克总理提出的关于私有化的政府法令。而对于广大的第三世界发展中国家来说,如何防止本国企业或部门落入某一财团,特别是外国财团之手,这是私有化过程中不能不慎重考虑的问题。

例如,在西班牙,由于考虑到 1992 年以后面对欧共体更强大的对手的竞争,有可能使它们失去国内市场,一些公司企业想借助西班牙同拉丁美洲的文化纽带关系,介入现在正遍及拉美大陆的国营企业私有化浪潮。尽管西班牙同拉丁美洲曾是宗主国和殖民地的关系,但它同拉美的贸易额仅占其对外贸总额的 5%弱。西班牙负责欧共体事务的国务秘书索尔韦斯说:"当保护国内市场的壁垒被取消之后,西班牙的工业和服务行业将必须按照进一步国际化的设想开展工作。"走在这场寻找新市场运动前列的是西班牙国家电话公司和西班牙伊比利亚航空公司。西班牙国家电话公司董事长贝拉斯克斯说:"各大公司发现,由于欧洲共同体实行自由化政策,它们将丢失一部分市场,因此,它们要找到新的市场。"1990 年 6 月,阿根廷国家电信公司已部分并入西班牙国家电话公司。在 1990 年 7 月举行的阿根廷国家航空公司私有化的大拍卖中,西班牙伊比利亚航空公司争先开价。西班牙国家电话公司在一次拍卖中,以 20 亿美元买下了阿根廷国家电信公司在阿根廷南部地区 60%的股份。1990 年 3 月,西班牙国家电话公司还以 3.9 亿美元买下了掌握在智利铜矿工人联合会手中的 45%的股份。西班牙银行界在意识到 1993 年欧洲统一大市场成为现实后,欧洲其他更大的银行有可能控制西班牙部分国内市场,因此,它们也行动起来,为在拉丁美洲已经占据的十分牢固的市场进一步投资。西班牙政府已经制定了一项总额为 120 亿美元的促进贸易以及在阿根廷、智利、墨西哥和委内瑞拉进行投资的计划。西班牙国家电话公司已经表示,它将参加墨西哥一家国营企业国家电信公司私有化的拍卖,这家墨西哥公司因技术陈旧过时,价格无竞争力,债务负担沉重,无法进行必要的投资。西班牙国家电话公司还准备参加委内瑞拉全国电话公司股份的拍卖。西班牙伊比利亚航空公司将在包括南极地区航空公司在内的阿根廷航空公司的拍卖中开价。西班牙国家铁路公司正在考虑参加阿根廷部分铁路私有化的拍卖。在阿根廷和智利积极活动的西班牙几家主要银行,如桑坦德银行等正注视着墨西哥等国国家银行再次私有化的拍卖,在 1990 年中,纷纷派出大员前往拉美各国去探讨这一可能性。

诚然,把某些国营企业或银行租赁或出售给外国私人资本,可以暂时解决资金不足问题,外国企业家可以引进先进的技术设备,带来现代的管理经验,加速企业的改革和现代化进程。但如果外国资本流入过多,特别是控制了某些关键性企业或某些基础设施,它将使发展中国家依附性增强,外国资本可能利用资本的扩大或收缩来影响发展中国家政府的政策或整个政局的稳定,造成对国家主权的威胁。因此,为了维护民族独立,发展民族经济,在许多发展中国家,对外国资本购买企业或股票,都作出严格的规定和限制。墨西哥政府只允许外国资本购买的股票最多不得超过 30%就是一例。

实行债务资本化,是第三世界发展中国家国有企业私有化的途径之一。巴西在债务资本化的道路上进行了探索和尝试,取得了一定的成就。所谓债务资本化,就是通过转换机制将部分外债变为对企业的风险投资。通过债务拍卖,直接转换或采取官方协调之外的其他转换形式,巴西在 1988 年已获得外国风险资本近 30 亿美元,共注销外债 61.3 亿美元。据估计,到 1993 年,巴西将有 230 亿美元的债务通过转换机制变为风险投资。在今后 5 年中,巴西政府将可减少近 50 亿美元的利息支出。外国资本的流入,虽在一定程度上缓解了巴西生产投资严重不足的矛盾,促进了企业的设备更新和现代化,使企业的活力得以发挥,经济效益得以提高,促进了经济发展并扩大了就业,但外国资本的迅速增加,有可能使一些企业和部门的控制权重新落入外国跨国公司之手,出现经济的非民族化的危机。

最后，在国有企业私有化过程中，股份制是被广泛采用的一种形式。但在许多发展中国家，缺乏资金，具有一定规模的成熟的金融市场尚未形成，很多国家难以利用发行股票的办法，将国营企业的资产转让给国内或国外的私人投资者。除非私人手里有足够的资金，或从金融市场上能筹措到足够的资本，以成为国有资产的买主，否则民营化就无法进行。东南亚在发展完善的金融市场方面取得了一定的进展，从而东南亚一些国家在私有化方面相应地也比其他发展中国家取得更大的成功。非洲多数国家虽已独立20多年，但民族私人经济仍不发达，若要他们接管国营企业，难以筹集大量资金。

匈牙利是东欧国家在私有化进程中走在最前面的国家。1990年，安托尔政府一上台就确定了继续走私有化的道路。国会现已通过了关于零售商业、饮食行业和服务性行业的私有化法案。这方面的私有化正在大力进行。匈牙利自1968年实行改革以来，个体经济有一定的发展，主要是小手工业、小商贩和饮食行业的小业主，私有成分只占总资产的10%左右。现在安托尔政府的私有化计划，是使私有成分达到总资产的31%—35%。这里首先遇到的问题，就是资金不足。据估计，匈牙利国营企业资产总额约为25 000—30 000亿福林，若以31%—35%计算，则约为10 000亿福林。要把如此巨额的资产拍卖给匈牙利本国公民或外国投资者，可行性如何？据匈牙利报刊统计，匈牙利公民现在手中约有1 500亿福林，即使全部拿出来用于购买企业，也只能占到15%。何况人们不一定都将其储蓄取出作此用途。政局动荡不定，使本国和外国投资者愈来愈小心谨慎。外国投资额已从1989年的3亿美元减少到1990年上半年的1.2亿美元。显然，资本和资本市场已成为私有化的一大障碍。

必须指出，私有化也不是解决发展中国家一切经济问题的灵丹妙药。正如菲律宾大学的莱挪教授所指出的那样，“私有化并非治疗政局无能和经济失控的万应灵药，它的作用是有限的”。用印度学者旁遮博士的话来说，“私有化不是一个国家最重要或最基本的经济改革政策，发展中国家为了消灭贫困，提供就业机会，得到更充分的消费品供应，可能遇到许多困难，可能引起一些病症，而私有化只是治疗某些病症的一种药”。

三、私有化为中国社会主义的改革提供了借鉴

社会主义不是离开人类发展的文明大道而孤高褊狭的理论境界，它是

建立在现实基础上的人间社会，文明的发展既有纵向的历史连续性，又有同时代不同社会制度的横向互补性，研究资本主义不仅要看到它和社会主义的本质区别，同时也要学习现代资本主义一切有利于生产力发展和社会进步的好东西。列宁说过："要向资产阶级学习，他们善于保持自己的阶级统治，他们有我们非有不可的经验；拒绝吸取这种经验，就是妄自尊大，就会对革命有极大的危害。"① "必须取得资本主义遗留下来的全部文化，用它来建设社会主义，必须取得全部科学、技术、知识和艺术。没有这些，我们就不能建设共产主义社会的生活。"② 列宁的这些话，对我们有极大的现实意义，好像就是针对我们的历史教训说的。

列宁曾经提出过这样一个公式：苏维埃政权 + 普鲁士的铁路秩序 + 美国的技术和托拉斯组织 + 美国的国民教育等等 + …… + …… = 总和 = 社会主义。这个公式告诉我们：社会主义不是封闭的而是开放的，不是僵化的而是不断革新和发展的进程。资本主义国家中那些反映现代化建设中客观规律的事物，例如经营管理、科学技术等，是人类智慧的结晶和共同的精神财富，应该努力吸取过来，并通过自己的消化和再创造，产生出比它们更高级的产品来，为我所用，这是我们实现四化，建设有中国特色的社会主义时不可逾越的历史任务。

我国是以公有制为主体的社会主义国家，我国的经济体制改革绝不是要取消或否定公有制经济，而是要改革和调整国有资产占有、管理和使用方式，使其充分发挥在国民经济中的主导作用。借鉴作为调整国有资产管理、使用和支配方式，优化所有制结构和产业结构的一种有效途径的西方工业化国家私有化的经验，对于我们深化改革，进一步完善社会主义公有制无疑是具有重要启发意义的。

众所周知，在我国的社会主义公有制企业中，绝大部分是国有企业，如何增强国有企业的活力，最大限度发挥国有资产的效益，提高国有企业的经济效益，这是当前我国经济体制改革中最迫切需要解决的问题。在传统的国家所有制体制下，由于部门封锁和条块分割等原因，国有企业资产存量无法调整，产业结构日益陈旧和老化，巨额的分布极广的国有资产很难真正发挥其在国民经济中的基础作用和主导作用。不仅如此，国有资产存量的不流动，在很大程度上也影响和制约国有企业自身的发展。因此，变国有资产

① 《列宁全集》第 30 卷，人民出版社 1957 年版，第 395 页。
② 《列宁全集》第 29 卷，人民出版社 1956 年版，第 50 页。

的不流动为流动，变国有资产的实物形式为价值形式，对部分国有企业实行私有化，这应该是我们改革和完善社会主义公有制过程中的一项重要任务。显然，国有企业活力的大小，并不取决于国有资产数量的多少，公有制经济能否在整个国民经济中发挥基础作用和主导作用，也不完全取决于公有制企业覆盖面的大小，而是主要取决于这些国有资产是否分配在关键领域或产业，取决于这些企业是否掌握最先进的技术、具有不断开拓新技术的能力以及是否实行科学经营管理，而这些正是目前我国国营企业的问题所在。因此，在我国经济的深化改革中，不必片面追求国有企业的数量，而是要充分重视对国有资产活动领域和活动范围的选择。

必须指出，我们提出对部分国有企业实行私有化，并不是要否定国有制经济存在的历史合理性。建国初期以及建国后相当长一段时期内，为了奠定国有经济发展的基础，由国家投资在全国范围内有计划地创建一大批国营新企业，这是完全必要的，它对我国经济的恢复和发展，巩固新生政权，起了决定性作用。但是，几十年来，我们对于国有企业产业结构的合理性和先进性问题重视不够，而习惯于按照一种固定不变的模式来重复塑造大批同一类型的企业，一味地追求“越大越公越好”，结果，把许多不适宜于国家经营的产业、行业、部门，都由国家统一经营，既牵制了国家越来越大的一部分财力和物力，也扼制了其他经济形式的发展。在国有资产管理上，只注重实物管理，而忽视价格管理；只追求国有资产量的扩大，而忽略国有资产价值的增值。这样，就造成了我国目前大批国有企业设备老化、技术落后、活力弱小、效率低下的局面。由于国有资产存量不能及时调整，一方面，大量闲置设备得不到有效利用，另一方面，国民经济急需发展的薄弱环节和一些短线产品却又得不到加强和改善，新兴产业不能及时得到开发，这都严重影响了我国社会主义制度优越性的发挥。

目前，我国国有资产的状况是，一方面国家用于扩大再生产的追加投资数量，即投资增量极其有限，另一方面在企业内部贮存着 6 000 亿元的固定资产以及数千亿元的流动资金，其中固定资产的闲置率竟占总量的 33%左右。这种情况导致的恶果是：一是由于投资方向不是用于鼓励经营效果好的企业更快地发展，而是不分效益高低，共同盲目扶持，因此投资效益差；二是国家每年用于追加投资的数量分散于各家国有企业，严重阻碍了生产力的发展和产业结构的调整；三是经营好的企业不能从国家那里取得更多的营运资金，其发展势头受到了遏制。

企业、特别是大中型企业的活力，是国民经济正常运转的生命源泉。保持国民经济的正常运转在于搞活企业。而搞活企业的出路何在？有效的办法就是把集中于国有企业中的巨额固定资产和流动资金，运用企业发展的微观机制——企业产权转让制度，形成资产存量的合理流动，使企业陷于呆滞的资产存量流动起来，实现资本的重组，以利于一般传统产业行业向新兴产业行业靠拢，或发展新技术，使企业结构和产业结构得到改善，从而提高劳动生产率和国际竞争力。

因此，如果说西方资本主义国家的私有化浪潮对于我国深化改革和完善社会主义公有制有什么借鉴意义的话，那就是社会主义国家在经济建设和深化改革中，不必片面追求国有企业的数量和国有经济的覆盖面，而是要充分重视对国有资产活动领域和活动范围的选择，重视国有资产存量的调整，注意产业结构的优化与升级，把一些适宜由集体或个人经营的领域让出来，集中力量开发那些对整个国计民生具有战略意义的支柱产业和行业，逐步发展新兴产业，以确实保证公有制经济的主导地位，充分发挥公有制企业的主导作用，使国有企业的技术力量和装备水平得以在国内、乃至国际上始终保持先进水平。

至于出让部分企业，主要是中小企业，这绝不意味着国有资产的流失，而是国有资产存在方式的转换。因为国有资产存量的调整，往往随之而来的是新一轮的投资。尽管在经济发展的不同时期，国有资产在社会总资产中的比重会相对下降，但国有资产总量并不会大幅度减少。相反，价值形态的国有资产总是以新的形式出现在新兴产业和经济发展更重要的领域，使国有资产更好地发挥其在国民经济中的基础作用和主导作用。显然，这与鼓吹“全盘私有化”是根本不同的。

其次，坚持公有制，并不意味着坚持公有制的某种实现形式。不同国家公有制的实现形式是会有不同的，就是同一个国家在它的不同发展阶段，公有制的实现形式也会有所不同。一种所有制可以采用多种形式。随着经济的发展，所有制形式也要随之发展。在保持所有制性质不变的情况下，选择所有制的实现形式是所有制改革的关键所在。

我国全民所有制传统的实现形式，即国家所有，国家经营，这虽然在建国初期对于建立国民经济体系，恢复和发展经济具有特殊的意义，但随着生产力的发展，社会化程度的提高，国有资产的增多，以及直接管理相对不足的状况，承认企业的经营自主权是必然的选择。因此，改革公有制的实现形式，是公有制经济巩固、发展的内在要求。

当然，改革公有制的实现形式，需要有统一、规范的准则，否则，将会导致所有制性质的变异。所有制的实现形式的选择,应遵循以下原则:一要有利于公有制自身的完善与巩固;二要有利于适应生产社会化程度;三要有利于适应商品经济的发展,有利于企业自主经营、自负盈亏,建立自我约束机制;四要有利于实现经济效率的提高。根据上述四个原则所选择的公有制实现形式,必然会出现以下三个多元化:一是生产资料归属的多元化,即国家所有、集体所有、混合所有等同时并存;二是公有制企业组织形式多元化,即租赁制、承包制、股份制等同时并存;三是公有制企业内部经营形式多元化。所以,公有制形式不是单一的,而应是多样化的;不是凝固不变的,而应是随着经济发展需要而不断得到创新。

租赁制、承包制、股份制等形式,尽管在私有制下早已出现,而且在当今西方各工业化国家的私有化浪潮中是被普遍采用的形式之一,但它们绝不专属于资本主义,在公有制的基础上仍然可以利用它们为社会主义服务,因为它们符合有计划的商品经济和社会化大生产的某些客观要求,有利于生产力的发展。

在我国经济体制改革过程中出现的承包制形式,是把某些国有小型企业包给集体或职工个人经营,采取吸收承包者前来投标、承包、签订合同的方式,出让企业在一定时期内的经营权。企业的所有权仍属国家所有。实行承包制,有利于引进竞争机制,优化劳动组合,提高管理水平,促进生产发展。但是,承包制的核心是所有权与经营权的分离。由于现行的承包制所采用的承包机制摆脱不了传统经济运行机制的影响和产权关系不明确,因而现行承包制有其局限性,即它日益明显地暴露出了企业行为的短期化倾向。企业短期行为导致资产存量的呆滞,并带来资源配置的凝滞。承包者只追求近期利益,而不愿投入长期收益的投资;承包者对现有的固定资产寿命漠不关心,重使用、轻保养,力求在承包期内竭力使用,耗尽老底;承包者在收入分配上,忽视再投资,而只管满足职工眼前利益,吃净分光。显然,这对经济的发展是十分不利的,更谈不上产业结构的调整和新兴产业部门的发展了。因为很难设想一个只顾自身和近期利益的承包制企业,会投入或有能力投入巨额资金,去兴建有长期效益的重大投资项目、发展高新技术和培养技术力量。

和承包制不同,股份制自身的性质决定了它不能不既要考虑近期利益,又要考虑长远利益。因为股份制企业的决策者深知,资金积累和利润再投资对于企业生存具有重要意义。如果没有企业规模的不断扩大和技术的不断创新,如果没有新产品的开发和新市场的开拓,股份制企业就难以在激烈的竞争中存在下去。即使眼前还暂时能按较高的股息和红利支付给股票持有者,但由于企业没有发展后劲,因此,对投资者缺乏吸引力。承包制企业最缺少的就是这种对企业行为投资者的利益约束。把承包制企业进一步推向股份制企业,将有可能消除企业的短期化行为。

实行股份制,绝不是要变公有制为私有制,而是改变传统的公有制的产品经济模式,建立既符合生产力水平、公有制要求,又能很好发挥市场作用,适应商品经济和社会化大生产发展的企业制度。股份制有利于政府按经济规律实现对国民经济的宏观调控和计划管理,国家由完全用行政手段来管理经济,转到用税收、价格、信贷、利息等经济手段,通过市场机制,实现对国民经济宏观上的计划管理。在股份制企业内,可实行国家股、企业股和职工股三者结合,在股份分配比例上,国家股和企业股之和可大于职工股,使公股占优势,这既可保持公有制性质,又便于进行宏观控制;对于职工股,以本企业职工为主,可采取发达资本主义国家私有化中的某些做法,如实行免税股或折价股优惠办法,以利于更多职工前来认购。实行股份制的好处,就是它能促进企业机制和企业行为的合理化,调动企业和职工的积极性,有利于职工直接参与企业管理,能吸收一定数量的社会游资和消费基金,使其转化为生产基金,以促进生产的发展,这将能较好地解决国家与企业的关系,较好地解决企业与职工、国家与职工的关系。

股份制与纯粹的私有制是根本不同的,恰恰相反,它是对私有制本身的一种扬弃,这是马克思早就指出了的。在资本主义条件下的股份制的性质尚且如此,以社会主义公有制为基础建立起来的股份制就更是不言而喻了。

当然,也不能把所有的国有企业都股份化,一些关系国计民生和国家安全的大企业,和一些风险大、盈利小的公用事业企业,仍应实行国家所有、国家经营的形式。但在这种形式的企业内部,也要进行改革,实行各种形式的生产责任制,以增强其活力,促进其发展。

向社会主义发展是历史的必然,但在现阶段,社会主义与资本主义将会长期并存。社会主义与资本主义和平共处、经济竞赛是一个漫长的历史过程,认为社会主义和资本主义可以彼此孤立的、互不往来的发展是不正确的,因为两种体系在同一个人类文明的范围内不可避免地相互影响,两种制度虽对立却统一在一个相互联系的世界之中。当然,这绝不是指两个体系的趋同或融合,因为它们都是按照各自的规律发展,但却是在合作、互补与竞争的条件下进行。

港澳与海峡两岸*

——论中国经济圈

一、形势与潮流

莎士比亚曾写道："人类生活中有股潮流，赶上这股潮流就会发财致富，而如果错过了潮流，他们人生的航船就会陷于浅滩和苦难。"

当今的世界潮流是：

1．政治缓和

从对立走向对话，由紧张转为缓和，已成为世界潮流。既争夺又敌对的双方越来越愿意相互接近和相互联系，不同理想或有利益冲突的国家，越来越愿意通过协商谈判，达成合作协议。建立通过谈判解决问题(哪怕是最尖锐的问题)的政治机制，是在存在分歧和出现危机的情况下，能够和平发展的重要原因。

在缓和的潮流下，世界各地的"热点"普遍降温，朝着政治解决的方向发展。亚洲缓和的潮流，将有助于南北朝鲜问题和海峡两岸关系问题的顺利解决。南北朝鲜之间正在探索实现和平统一的途径。海峡两岸的政策都较以前更加开放。

2．经济优先

凭借政治霸权和军事优势把自己的意志强加于人的做法已过时了，依靠武力解决争端已越来越行不通了。战争已不可能成为达到政治、经济目的的手段。不是以军事实力来实现其经济利益，而是以增强经济实力来达到其经济目的。集中力量发展经济与科技，积极参与国际合作与竞争，致力于综合国力的提高，关注人民生活的改善，这是当前世界各国制定发展战略的主要目标。和平与发展已成为时代的主流。

中国大陆、香港、澳门和台湾自古以来本同属华夏之邦，同为中华民族，有着相同的文化背景和习俗。然而，一百多年来，由于帝国主义的侵略与掠

---

* 本文原载于《北京大学学报》，1992年第5期。

夺，神州大地历经沧桑，分合离散。如今，根据中英联合声明和中葡联合声明，香港和澳门将分别于1997年和1999年按“一国两制”回归祖国，而海峡两岸随着中国政府和平统一方针的贯彻执行和台湾省有识之士的大力推动，通过经济和文化的交流与合作，有朝一日终将实现和平统一。

近年来，关于华夏四方的经济合作与一体化的构想，日益成为海内外各界人士的热门话题。尽管大陆、香港、澳门和台湾近期内要形成某种有形的经济圈或共同体之类的经济实体，还存在着不少经济和政治方面的障碍，但是促进彼此之间的合作与交流，乃至最终融为一体，实属历史的必然。

二、挑战与出路

当今世界经济正向着地区化的经济集团方向发展。西欧12个共同体国家已决定于1992年建立内部统一大市场，实现经贸“一体化”。这样一来，一方面将会促使各成员国的生产有更快的发展，加强欧共体的经济实力，另一方面使美国、日本及其他国家的商品更难进入欧共体市场。贸易保护主义将会进一步加强。为了回击“欧洲堡垒”，美国和加拿大签订了自由贸易协议，并已于1989年起生效，预计10年内，美加经济圈将成为世界最大的自由贸易区之一。当然，美加自由贸易区协定不仅是为了对抗欧洲共同体市场，也是为了对抗包括日本和亚洲“四小龙”在内的亚洲国家。与此同时，美国亦已与墨西哥签订了贸易大纲。这样，在北美，进而在中、南美通过双边和多边关系，最后建立美洲贸易区的前景不是不可能出现的。在亚洲，日本一直有意建立亚太地区经济集团，推进亚太地区经济合作。从20世纪70年代的“环太平洋合作构想”到80年代的“东亚经济圈”，20年来，“构想”内容不断充实，推行的策略不断调整，但宗旨始终不变。即第一，确保日本经济的稳定增长，第二，主导太平洋未来的舞台。

亚太地区在世界上占有重要地位，亚太经济在世界经济中所占比重日益增大。亚洲主要国家和地区1991年的经济增长率仍大大高于发达国家的平均经济增长率，被称为带动世界经济发展的“火车头”。

中国地处亚太，亚太地区的和平与发展同中国息息相关。中国经济的发展，离不开亚太地区经济合作的进程，亚太地区的经济繁荣与持续增长，在很大程度上取决于该地区的经济合作、科技交流和中国经济的现代化。基于历史的原因，亚太各国和地区情况各异，关系复杂，这应该成为发展互补合作的源泉，而不应该成为产生麻烦的理由。平等互利的经济合作，健康稳定的经济发展,不但有助于地区内国家经济差距逐步缩小,而且也有助于地区内国家(地区)之间的疑心、隔阂、不信任和政治对立的逐步消除。

在世界经济形势迅速变化和国际经济实力进行调整之际,亚洲各国和地区面临着严峻挑战,须从速抉择。在当今集团林立的世界上,中国人的出路何在?如何为中国人争得他应有的一席之地?对由于地区经济集团化所带来的保护主义造成的困境出路何在?以大陆、香港、台湾和澳门各自的经济实力而言,是无法和其他任何一个经济集团相抗衡的,也不足以和亚洲的经济大国日本相抗衡。但大陆、香港、澳门和台湾联合起来,形成合力,则潜力惊人,前景喜人。

香港、台湾和澳门地区虽然发展速度很快,人均收入较高,但是由于地域小,人口少,总体经济实力在国际上并不引人注目。1990 年,三地区的国民生产总值之和仅为 2 500 亿美元。大陆国民生产总值虽然有 3 700 亿美元,但是由于人口多,人均国民生产总值仅为 300 多美元。1990 年大陆、香港、澳门和台湾四方人口总数相当于欧洲共同体的 3.3 倍,相当于美加自由贸易区的 4 倍,但是国民生产总值只分别相当于这两个集团的 10%和 8%,出口也只相当于它们的 16.3%和 39.9%。如果大陆、香港、澳门和台湾四方继续保持分离状态,其经济效益充其量只是一种叠加关系,即 $G = G_1 + G_2 + G_3 + G_4$,如果大陆、香港、澳门和台湾四方建立“经济圈”,实行经济和科技的全面合作,其经济效益则将是倍数求和复合关系,即 $G = K_1G_1 + K_2G_2 + K_3G_3 + K_4G_4$。正是这种关系说明,建立“中国经济圈”是有效益潜力和互利基础的。

在世界经济集团化和贸易保护主义盛行的今天,日本从自身的综合安全保障和亚太地区的战略需要出发,积极筹组以日本为核心的“东亚经济圈”,如果香港、澳门、台湾和大陆不能以一个整体加入“东亚经济圈”,而是各自分别加入,则将来很难不被拴在日本经济的车轮上,失去自身的经济主动权和抗衡力。如果建立“中国经济圈”,大陆和香港、台湾、澳门先行某种程度的联合,再以一个整体加入“东亚经济圈”,在参与亚太地区和世界范围的经济循环时,既可独立自主地进行与其他国家或经济联合体的经济交往,也可以“中国经济圈”的名义充分发挥四方所长及合作优势。

看来,在急剧变化的世界经济格局中,大陆、香港、澳门和台湾欲使自己的经济稳定增长,顺利发展,不受制于他人,建立“中国经济圈”是十分必要的,对各方都是有利的。

“中国经济圈”是实行“一国两制”的四方所建立的一种纯经济的，松散的、特殊的合作体系，各方同时参与本地区、经济圈内和经济圈外三种经济循环，经济圈内的合作与交流实行某些互惠政策，如关税互减或互免，投资互惠，放宽人员流动限制，鼓励文化交流与科研合作等，以达到互补互利、共同繁荣的目的。

近些年来，一些海外华人学者曾先后提出，由大陆、香港、台湾和澳门联合组成“中国经济圈”或“大中国经济圈”；甚至有人主张把包括新加坡等国民在内的、分布在亚洲的10亿华人联合建成“大中华共同市场”、“亚洲华人共同市场”或“东亚华人经济圈”，等等。笔者认为，经济集团或经济圈，是指经济发展所自然形成的重要地区，有其自身的规律，不宜按血统、种族来人为地划分。“亚洲华人共同市场”、“东亚华人经济圈”等提法并不现实，对中国与周边国家和华裔所在国的和平共处与友好往来恐有不利影响，很有可能“未蒙其利先受其害”。原因在于，这一方面会招致一些国家的贸易制裁，不利于华人自身的经济利益；另一方面会引起华人所在国其他人对华人、乃至对中国产生不应有的戒心和排斥心理，甚至引起政治上的摩擦。遍布亚太地区与世界其他各地的华人，与中国有着传统的感情联系，他们都有着强烈的民族责任感，他们的心同中国息息相通。中国要设法发挥华人经济的积极作用，特别是华人在发展中国与亚太地区经济合作中的桥梁作用，帮助引进技术，增加建设投资，积极开展贸易，这对华人、华人所在国和中国都是有益的，但是不宜倡导种族色彩浓厚的华人经济圈。

大陆、香港和台湾各有所长，目前共同面临着严峻的国际经济环境以及各自经济发展的内在要求，加强各方的经济联系和经济合作，建立一个能充分发挥联合优势的经济圈，势在必行。“中国经济圈”的建立，不但对大陆、香港、澳门和台湾的经济发展皆有利，而且它使两岸人民之间的关系日益密切，对中国逐步走向统一将产生积极影响。不仅如此，中国经济圈的成立亦将成为制衡日本经济霸权的一支重要力量。

建立“中国经济圈”也是可行的。

大陆经过10年改革开放，在政策、体制与经济实力等方面都有了很大变化，实行“有计划的商品经济”，打破了“纯计划经济”僵硬机制，建立了以公有制为主体，多种所有制并存的经济形式，这从机制和体制上为港、澳、台厂商扩大投资创造了条件。近年来，大陆政局稳定，综合国力不断提高，工农业生产稳步回升，这就提高了四方合作的政策基础和“风险”保证。此外，随着大陆改革开放的深入和经济持续发展，一方面将不断扩大对外资的需求，另一方面也将为其提供越来越多的广泛合作领域，扩大与港、澳、台在资金、资源市场、劳动力、科学技术等方面的互补空间。

海峡两岸经过近40年的隔阂后，在两岸民众的共同努力下，台湾当局不得不调整对大陆的政策，开启大门，允许转口贸易，开放探亲访友，这是大势所趋，民心所向。现在，海峡两岸关系出现进一步缓和和改善的势头，这都将有助于两岸贸易合作的发展。

在加强海峡两岸的经济合作与文化交流中，香港处于一个特殊而重要的地位。

香港特殊的地理位置与自然环境，使其成为亚太地区重要的金融中心和贸易转口港。香港优良而完善的信息网络、销售渠道、金融机构及港口设施，成为发展和加强国际经贸关系不可或缺的条件。同时，这里特殊的社会政治背景，也为两岸民间的经济、文化、政治交流提供着自由、宽松的社会环境。随着两岸合作与交流的发展，特别是当前未能实现直接"三通"的情况下，香港所提供的中间服务，如过境签证，过往中转与通讯联络等，使其不失为一个理想的两岸政治、经济、文化交流的"中转站"。目前两岸经济运行机制存在着较大的差异，实行着不同的法律与规章，又缺乏合适的仲裁途径。近年来在内地和香港的经济往来中，双方获得许多共识，这种共识延伸到司法领域，将有助于缓解中国内地、香港及海峡两岸经贸交往中出现的某些争议与纠葛。总之，在实现大陆与台湾之间的经济联系和人员往来中，香港所起的桥梁和媒介作用是其他任何国家和地区都难以替代的。在为两岸广泛进行对话，增进了解，沟通情感，促进统一方面，香港充分发挥了自身的特殊功能。

三、合作与发展

"中国经济圈"是在特殊的历史条件下出现的，它是由于分裂，正在进行统一而尚未统一的同一国家、同一民族内部实行经济合作的组织，它虽然与国和国之间的国际经济合作组织不同，但是在实行两种不同社会制度的地区之间建立的合作组织，所以又和一般的国内地区经济圈不同。

"中国经济圈"的参与主体是中国大陆和香港、澳门、台湾地区。中国内地和香港、澳门地区的关系已通过"一国两制"原则得到圆满解决，在20世纪末将分别成为中华人民共和国的一个特别行政区。大陆和台湾之间尚未就统一问题取得共识，台湾回归与祖国统一是历史的必然，但是需要耐心和时间。目前，香港和内地的经济合作关系已非常密切，香港与台湾的经济联系也迅速发展，由于台湾当局坚持“三不”政策，致使大陆与台湾之间的经济合作还要经由香港的间接形式进行。如果大陆与台湾不能直接交流，就很难形成一个“圈”，就不可能出现真正合作的局面。

加强两岸之间的经济合作和直接交流，对双方都是有利的。

就中国大陆而言，改革开放是中国政府的基本国策，不可逆转；发展经济，加快经济建设步伐，是中国政府和中国人民压倒一切的中心任务。建国四十多年来，特别是改革开放十多年来，工农业生产高速增长，但目前大陆经济发展仍有许多制约因素，如人口多，底子薄，机器设备陈旧，经营管理落后，资金外汇不足。而台湾经过近几十年的发展，已成为新兴工业化地区，对外贸易已进入世界前 15 位，外贸顺差增加，外汇储备高达 750 亿美元，台湾的这些相对优势正是中国大陆经济发展所必需的。

从台湾地区来看，要继续保持经济较快增长也面临不少问题，如资源短缺，绝大部分能源依赖进口；工资上涨，劳动力不足；土地价格昂贵，低成本的优势正在消逝；加之，国际上贸易保护主义盛行，这都使台湾孤岛型的外向型经济面临着严峻的挑战；台湾经济正进入升级换代的转型期。应该说，大陆是使台湾改变劣势、形成新的发展优势的比较理想的贸易伙伴和投资场所。大陆丰富的原料能源，有利于台湾厂商确保原料来源和降低生产成本；大陆 11 亿人口不断提高的购买力，为台湾地区产品提供了庞大的新市场，有利于台湾市场的多元化；大陆的扩大开放和投资环境的不断改善，更为台湾多余资金和失去比较利益的劳动密集型产业提供了广阔出路和生存空间。

过去有一种较流行的说法，即大陆是廉价劳动力和原材料的供应地，两岸合作的方式是以台湾的资金、技术与设备来运用大陆的人力与资源，简单地把大陆看成是劳动密集加工业的转移地区。这是低层次的互补合作。随着海峡两岸交流的扩大，促进了双方的了解，台湾工商界和学术界日益发现大陆在科学应用与技术工艺上的优势，而陆续向大陆引进有关技术、机器、设备和科研成果。台湾《中国时报》1991 年 4 月 22 日报道说，“两岸经贸交流正由过去单方面地自台湾输出资金、技术与设备发展成为双方的技术交流关系”。现在台湾地区工商业者打破了台湾技术、机器输往大陆的单向格局，从大陆引进了氧化钛电镀技术、声学技术、医疗、制药器材和技术以及一些专利技术。台湾地区还对与大陆共同开发国际航天市场感兴趣，台湾方面已向中国长城工业公司表示拟租用大陆通讯卫星的转发器。

现在台湾地区企业界和科学界越来越认识到,两岸双向的经济技术交流与合作,远比仅仅赴大陆搞加工贸易优越,其前景要广阔得多。

因此,两岸若能进一步从生产型互补升级为科技型互补,把大陆的科技基础、大型企业的实力和台湾地区的资金、生产管理经验以及开发市场的能力结合起来,共同开发出一些能打入国际市场的高科技产品,这种合作才是经济互补的最佳形式,于两岸皆有利。

当然,台湾方面可能有人认为,过去没有和大陆开展经济技术合作,台湾经济依然获得了迅速发展。需知,台湾在60、70年代经济发展的内部、外部环境,今天已发生了变化。例如,台湾最大的贸易伙伴美国,因不满与台湾长期而且巨额的贸易顺差,而一再迫使台币升值,其升幅之大远超过同样对美国有巨额贸易顺差的日本和韩国,大大削弱了台湾产品的竞争力;美国还取消了台湾(以及其他"三条小龙")的普惠关税(GSP)待遇,一再迫使台湾取消关税和非关税壁垒,开放内部市场。这样一来,台湾产品要继续维持在美国市场上的份额将日益困难,特别是美加自由贸易区建立后,美国总统布什又提出了"美洲倡议",美洲市场一旦形成,台湾产品的出路恐将更难了。虽然,近些年来,台湾竭力分散外销市场,努力开拓欧洲市场,但是收效甚微。随着1992年欧洲统一大市场的出现和"欧洲堡垒"的形成,台湾产品在欧洲市场的前景也不是令人乐观的。

世界经济发展的趋势,已使亚洲许多国家和地区看到,他们的出路和立足点应该在亚洲,而不是其他地区。中国是亚洲的一个大国,中国巨大的经济实力和发展潜力是举世公认的。中国丰富的资源和广阔的市场吸引着越来越多的国家和地区前来投资,开展贸易和交流。例如,韩国经济发展很快,对外贸易在经济发展中有着重要作用,在经济发展条件已发生变化,国际竞争日趋激烈的情况下,韩国迅速发展与中国内地的经济合作,贸易额不断扩大,失去比较利益的产业向中国内地转移,并就近从中国内地获得原料和燃料。近年来,韩国经济仍能维持较高的增长率,应该说,这与中国内地发展经济合作有重要关系。香港与内地的经贸关系更加密切,香港产品对内地出口迅速增加,减轻了香港对美国市场的过分依赖;当世界经济不景气时,而香港经济仍能维持繁荣与稳定,可以说,全靠中国内地这个安全可靠的大后方。

中国香港地区、韩国加强与中国内地发展经贸关系所取得的实惠应给中国台湾地区以启示,与近在咫尺的大陆加强经济合作,迅速发展直接的、全面的经济技术合作,是保证台湾经济发展的根本出路所在。

台湾自恃是个外汇储备泱泱大户，故不愿与贫穷的大陆合作。须知，目前台湾的外汇存底虽有700多亿美元，但在估计一个地区的经济实力时，其外汇存底只占极少的考虑因素，何况导致台湾外汇增加的有利因素正在一个个消失。台湾地区应该承认，就综合实力而言，台湾与大陆相差悬殊，这是一个在发展经济和寻求经济合作时应"知己"的先决条件，如果台湾不了解在先天条件中的这个不足，而又拒绝和大陆合作，不开展直接的经济往来，那么台湾地区经济要想继续维持增长，可能困难重重。

两岸经济关系迅速发展的事实显示，两岸的合作关系存在着巨大潜力。两岸之间现存的低级的、零星的、片断的合作，固然对两岸有一定的好处，但其互惠利益总是有限的。21世纪将是一个全面较量科技与经济实力的时代，加强两岸经济科技领域的全面合作不仅是两岸应对20世纪90年代国际经济变局的有效措施，也是两岸经济关系发展的必然趋势。

四、竞争与协调

中国经济圈内的大陆、香港、澳门和台湾经济，虽然是互补互利的，但是也存在着竞争，一些产品的市场相同，竞争将会更加激烈。竞争，不仅影响到大陆和香港、澳门、台湾之间的合作关系的发展，同时也关系到中国经济圈的形成和未来。

众所周知，竞争乃是商品经济的一般规律，只要存在着商品生产和商品交换，为各自经济利益而展开的竞争就是不可避免的。但是四方应该也完全可以避免对自身不利的竞争，加强互补性，减缓竞争性。

大陆、香港、澳门和台湾之间的经济关系是错综复杂的，其中既有商品经济所引致的竞争关系，也存在着利益一致、相互依存的合作互补。

内地和香港的相互依存关系日益加深。1989年内地和香港的贸易总额已达到223.33亿美元，约占进出口贸易总额的27%，和1979年相比，10年中增长了5倍多，其中内地对香港出口额占内地全部出口额的1/3，内地与香港已互为最大的贸易伙伴。内地与香港经济关系的迅速发展不仅表现在贸易方面，更表现在两地相互经济活动的直接参与，从1979年以来，内地实际利用外商直接投资的60%来自香港，在内地的"三资"企业中，无论是投资金额还是投资项目，港资均居首位，投资地点遍布大江南北，长城内外，投资领域包括轻纺、机械、电子、交通、饮食服务、商业、房地产等各个行业。实力雄厚的香港私人资本已成为推动内地经济发展的一支重要力量。

内地对香港经济活动的直接参与也日益加强。到1984年,中资在香港的贸易和投资机构登记注册的已达50家,投资项目在300项以上,投资金额已达40亿美元,超过了香港在内地的投资。1984年以后,内地在香港的投资更加迅速,投资范围进一步扩大,在香港外来资本中,仅次于美国和日本而居第三位。

香港和台湾的经济关系也发展很快。1987年台湾输港货物已达333.37亿港元,和1978年相比,10年中增长了约7.8倍;同期,香港对台湾的转口货物也达96.85亿港元,增长近8倍。1988年,港台贸易额已达75亿美元。由于香港在两岸经贸活动中一直扮演着中介地的角色,香港成为台湾对外贸易增长最快的地区。香港的自由港地位和良好的港口设施,是台湾经济发展和出口贸易的一个有利条件。在对外贸易中,台湾对香港的依赖日益加深。

大陆与台湾地区经济关系的发展更是引人注目。自1979年以来,随着海峡两岸关系的逐步缓和,经济交流日趋活跃,据统计,1979年两岸间接贸易额只有7 000万美元,1988年激增至26亿美元,1989年更增至37亿美元,1990年达到40.43亿美元,11年间两岸间接贸易额增长几十倍。尽管贸易现在仍是间接进行,它所以能有如此发展,可说是人心所向,大势所趋。

随着两岸贸易额的激增,两岸进出口商品结构也进一步得到改善,体现出两岸经济较强的互补性。大陆自台湾地区进口的商品,主要是合成纤维纱、塑料原料、机械设备、电子电器、化工原料等;大陆对台湾地区出口的商品,主要是中草药、冷冻食品、煤炭、非金属矿产品、鳗鱼苗等。目前,大陆已成为台湾的第五大贸易伙伴,台湾则是大陆第六大贸易伙伴。

近年来,台湾厂商赴大陆投资势头迅猛,仅就1990年一年,台商在大陆投资项目就达1 103项,协议金额8.9亿美元,分别比1989年增长104.3%和61.8%,据台湾当局统计,目前登记赴大陆投资的厂商已超过2 500家,投资总额达6.6亿美元。投资领域也逐步从轻工、纺织、机械、电子等劳动密集型加工工业,转向原材料工业、能源、交通等基础设施项目和科技、农业等方面。投资地区也从福建、广东、海南等地向长江流域、中南地区和东北三省等地发展,逐渐从沿海走向内地。

在这里,虽然经济利益格局以及国际经济格局的变化影响着“中国经济圈”的建立,但是,华夏四方的血缘、地缘关系,同为炎黄子孙的民族意识却起着重要的推动作用。血浓于水的民族情结和振兴中华民族的强烈愿望,是促进大陆、香港、澳门、台湾各方加强经济合作和建立“中国经济圈”的重要内在动力。

总之，大陆、香港、澳门和台湾之间的经济联系正在循着从贸易到投资的轨道迅速发展，相互渗透、相互依赖日益加深。香港的繁荣依存于香港自身的发展和与内地的紧密联系，台湾地区的出路在于和大陆的广泛合作，大陆与台湾的经贸合作依赖于香港的中介，大陆的经济增长与社会稳定是香港、澳门、台湾地区经济发展与繁荣的重要保证。四方经济互为利益格局的建立，推动了各方的经济合作与发展，促进了“中国经济圈”的形成。互补互利程度日益增强，为实现各方的进一步密切、广泛合作和“中国经济圈”的形成展现了美好的前景。

但是，大陆、香港、澳门和台湾地区之间的竞争也是客观存在的，这是商品经济发展的必然结果。

随着大陆、香港、澳门和台湾地区出口的增长，争夺出口市场的竞争无疑会进一步加剧。在出口商品结构中，虽有较大的差别，但在各大类具体商品类别上，却存在着产品的同构性，而这些同构性产品，如果销往同一市场，必然引起竞争。在大陆、香港、澳门和台湾的出口市场中，的确也有很多共同之处。大陆、香港、澳门、台湾彼此之间还互为主要出口市场，香港在内地的出口市场中名列榜首，内地是香港仅次于美国的第二大市场，香港又是台湾的第三大出口市场，内地和台湾互为第五、第六位出口市场。这种出口市场的同一性再加上产品的同构性，必然引起竞争。

然而，内地与香港、澳门、台湾地区之间的竞争，在性质上不能不是有限的竞争，而且由于民族、血缘、历史渊源、经济结构以及政治等方面的因素，使这种竞争的“有限性”更为明显。

内地具有比较完备的工农业生产体系，产业结构和外贸结构具有总水平低、多层次的特点。在相当长的时间内，它既有相当先进的技术(如航天技术和核能技术)，也有中等甚至落后的技术；既有资源型、劳动密集型产品，也有比较先进的资本密集型、技术密集型产品，这就使大陆经济具有多层次的吞吐能力和极强的伸缩功能，从而可以形成与包括香港、澳门、台湾在内的各种发展水平的国家和地区进行横向合作、水平分工、互补互利的经济关系，并为避免过分竞争提供了相当大的回旋余地。

在资源密集型产品国际市场上，大陆与香港、澳门、台湾地区面临的主要不是竞争，而是互通有无，携手合作，共同发展。

在劳动密集型产品方面，大陆与香港、澳门、台湾地区确实面对着共同市场。在共同市场条件下的竞争，既可能导致它们之间国际分工的发展和贸易的增长,也可能对其中的某一方带来不利影响。因此,需要加强合作与协调。特别是在当今世界劳动密集型产品贸易中,面对日益增强的发达国家的贸易保护主义,主要矛盾将不是卖方国家之间的竞争,而是卖方与买方的矛盾,供求双方的矛盾将取代卖方之间的矛盾上升为主要矛盾。这就为大陆与香港、澳门、台湾地区协调出口,加强水平分工,携手努力共同开拓国际市场提供了广阔的活动余地。

此外,大陆与香港、澳门、台湾地区在某些领域存在的或潜在的竞争,不仅不是无限的,也不是不可减缓的。而减缓各方之间的竞争的根本出路,就是加强合作与协调,通过协调行动,打破发达国家的进口限制,扩大市场容量,划分市场范围,最大限度地使各方贸易额同步上升,互利互惠,共同繁荣。

加快产业结构调整步伐,尽快实现工业升级也是避免或减缓竞争的途径之一。而产业结构调整和工业升级的关键在于科学技术的进步。香港、澳门和台湾地区的产业升级步伐缓慢,发展科学技术,促进产业升级已成为香港、澳门、台湾地区提高产品竞争力的当务之急。大陆经济虽落后,但在科学技术方面有一定的基础,也培养了一大批科技人才,若各方能开展包括科技开发在内的多方面合作,将有助于对各方产业层次的提升,从而达到减缓竞争,共同发展的目的。

但是欲加强合作与协调,避免或减缓竞争,最终仍有赖于"中国经济圈"的建立。

综上所述,在大陆、香港、澳门、台湾地区之间的经济关系中,存在着竞争与合作两种趋势,而合作的前景无论就其深度或广度而言都要大于竞争。大陆与香港、澳门、台湾地区之间的经济合作,不仅植根于血浓于水、同为炎黄子孙的民族意识,亦是基于各方经济发展、共同繁荣的内在需要。因此,在 20 世纪 90 年代,初步形成"中国经济圈"构想,存在着极大的可能性和必要性。但也不能不看到,在合作关系中,仍存在着某些隐忧,特别是海峡两岸势头喜人的合作关系还受到双方政治关系对立的干扰。因此,台湾当局应该顺应形势的发展,迅速实行与大陆的直接经济往来,在两岸经济关系的互动中求取走向统一之共识。中国的历史证明,中国是不可分割的整体。不管历代的割据局面如何复杂,分裂势力如何猖狂,最后还是归于统一。政治上的分裂、割据只能是一时的现象,统一是根本的趋势、历史的必然。两岸当局当顺应形势之发展,在两岸经济关系的互动中求取走向统一之共识,迅速实行大陆与台湾的直接经济往来,加强大陆、台湾、香港、澳门的经济合作，发挥各方在资源、资金、技术和管理等方面的优势，促使“中国经济圈”的构想早日变为现实。

40年来，紧张动荡的台湾海峡，如今通过经济交流而渐趋平静。然而，经济要想摧毁坚固的政治壁垒，还有许多障碍有待进一步克服。在过去的40年里，两岸由于政治对立已经付出了巨大的经济代价，如果继续对峙下去，将付出更大的代价，这于双方都不利。当今的世界正处于政治缓和、经济转型的大好时期，海峡两岸切莫错过这前所未有的历史良机，抛弃歧见，化沟为桥，为两岸人民的福祉，为中华民族的振兴，携手合作。这是一个有着辉煌历史的民族的希望所在。

南太平洋岛国风云*

南太平洋这个最后沦为殖民地和最后被承认独立的地区，也是最后受到世人瞩目的地区。随着新的世界经济中心的出现，太平洋日益受到全球的重视，由于新旧问题的交织，南太平洋愈加引起世人的关注。

一、走上民族独立道路的南太平洋发展中国家

在拥有千万个岛屿与 2 600 万平方公里水域的南太平洋地区，有 20 来个形形色色的独立国家和自治领地。它们的人口和国土面积相差悬殊，最大的澳大利亚是一个拥有 1 500 万人口和 768 万平方公里的大陆，最小的瑙鲁是一个只有 22 平方公里、人口不到 8 000 的珊瑚岛。在这个地区居住的有欧洲人（多数居住在澳大利亚、新西兰）；有美拉尼西亚人（巴布亚新几内亚、所罗门群岛、瓦努阿图、新喀里多尼亚和斐济等）；密克罗尼西亚人（基里巴斯等）和波利尼西亚人（汤加、库克群岛、图瓦卢和萨摩亚）。这些国家的政治体制各不相同，有的是共和国，有的是君主国。各自的外交立场不同，有的属结盟国家，有的主张不结盟。各国的经济发展水平也不同，有的已是经济发达国家，有的则是发展中国家；各国之间收入水平相差悬殊，20 世纪 80 年代中期，人均国民生产总值最高的是瑙鲁，约为 15 000 美元，居中的有斐济，为 1 700 美元，而图瓦卢、基里巴斯、西萨摩亚等多数发展中岛屿国家只有 400 美元—500 美元。

16 世纪以来，太平洋上的大小岛屿一直是殖民主义、帝国主义者竞相争夺的海外领土，资本原始积累的冲动，促使一些葡萄牙、西班牙的航海家远渡重洋，去探索一条通往东方的寻求黄金和香料的海上通道。还在 15 世纪末，葡萄牙人经西非海岸绕道好望角进入印度洋，到达印度和东印度群岛，接触到南太平洋的边缘。16 世纪初，麦哲伦从西班牙出发，经南美洲南

---

* 本文系 1988 年 6 月在香港亚太 21 学会举办的学术讨论会上的演讲，修改后载于《亚太 2000 合作与发展》，北京大学出版社 1992 年版。

端，横越太平洋，到达菲律宾，打通了进入南太平洋的通道，从16世纪初到18世纪中期，200多年的时间里，太平洋上主要是葡萄牙、西班牙和荷兰人的活动场所。16世纪初，葡萄牙人曾到达新几内亚岛（即现在的伊里安岛，巴布亚新几内亚在该岛的东半部），16世纪中期，西班牙人到达所罗门群岛，17世纪初到达新赫布里底群岛（现改名瓦努阿图），17世纪中期和18世纪上半叶先后侵占了汤加、斐济和萨摩亚。

从18世纪下半叶起，英、法等国海上势力逐渐增强，开始取代葡萄牙和西班牙，侵占了南太平洋上的一个个岛屿。1768年法国人来到新赫布里底群岛和新喀里多尼亚。1770年英国人宣布澳大利亚为其殖民地。此后，英、法殖民主义者纷纷占领他们的所到之处，建立了一个又一个海上殖民地。1840年，英国占领新西兰；1842年，法国占领新喀里多尼亚；1874年，英国占领斐济。随着资本主义从自由竞争向垄断阶段过渡，争夺殖民地的斗争愈加激烈，德国、美国也来到南太平洋，参加了争夺瓜分殖民地的行列。1884年，英、德瓜分新几内亚岛的东半部，1888年，德国占领瑙鲁，英国占领库克群岛，法国占领富图纳岛和瓦利斯岛。1899年，英国将西萨摩亚让给德国，美国则占有东萨摩亚。1900年，英国宣布澳大利亚为自治领，汤加为保护国。1898年，美西战争后，美国夺取了西班牙在太平洋上的一些岛屿。到20世纪初，南太平洋上许多岛屿已被英、法、德、美几个帝国主义列强所瓜分。

第一次世界大战，开始了帝国主义对殖民地的重新瓜分。英国及其属地澳大利亚、新西兰分别占领了德国在南太平洋的殖民地瑙鲁、西萨摩亚，把德国的殖民势力驱逐出南太平洋。

第二次世界大战中，日本称霸太平洋，一度占领了巴布亚新几内亚、瑙鲁、所罗门群岛等英国殖民地和美国的一些岛屿。战后，日本失去了在太平洋上的霸权，所占岛屿又重归英、美统治。纵观南太平洋近数百年的历史，就是一部殖民主义、帝国主义瓜分和重新瓜分海上殖民地的争夺史。

第二次世界大战后，民族解放运动席卷全球，被压迫民族、被压迫人民的斗争浪潮也不断拍打着南太平洋岛国的海岸。从20世纪60年代起，南太平洋岛国纷纷挣脱殖民主义、帝国主义的统治取得独立。从1962年西萨摩亚宣布独立起，30年来，南太平洋岛国已有十多个国家先后宣布独立。

由于殖民主义、帝国主义长达几个世纪的统治、剥削和掠夺，形成了南太平洋岛国的殖民地型经济，经济畸形发展，产品种类单一，多数国家经济以农业为主（包括渔业、林业），农业人口一般占本国人口的70%以上，有的甚至高达90%以上。工业不发达,制造业产值占国内生产总值的比重,除工业最发达的斐济在1984年占12.3%外,其他国家都在10%以下。出口产品中初级产品占80%,如巴布亚新几内亚,铜占50%以上,加上椰子制品、咖啡、可可等共占80%以上;所罗门群岛椰子、棕榈油、木材和鱼类共占80%以上;进口产品中工业制成品占一半以上,主要是机器设备、交通工具、粮食、燃料等;大部分国家进出口不平衡,国际贸易收支长期存在逆差;进出口贸易的主要对象国是西方发达资本主义国家。见表1—表11。

表1　巴布亚新几内亚主要农产品出口额

单位:千基那

农产品 年份	椰　子	咖　啡	可　可	棕榈油
1979	43 649	125 275	58 444	14 441
1980	24 737	118 681	46 424	13 835
1981	20 144	73 609	34 051	11 455
1984	49 100	110 700	67 000	75 700

资料来源:巴布亚新几内亚银行,《经济报道季刊》。

表2　巴布亚新几内亚主要矿产品出口额

单位:千基那

农产品 年份	铜	金	银
1979	138 983	163 041	12 042
1980	139 290	172 862	10 289
1981	134 592	158 946	7 053
1982	119 498	171 895	7 216
1984	134 200	185 200	7 412

资料来源:巴布亚新几内亚银行,《经济报道季刊》。

表3　巴布亚新几内亚林业产品出口额

单位:千基那

林业产品 年份	原　木	加工木材	胶合板	木　屑
1980	31 192	6 182	2 938	7 092
1981	31 517	3 897	3 000	5 459
1982	49 576	3 514	2 888	5 675
1984	51 147	3 637	3 154	5 794

资料来源:巴布亚新几内亚银行,《经济报道季刊》。

表 4 巴布亚新几内亚重要产品进口额

单位:千基那

年份 \ 产品	机器设备	矿物燃料	粮食牲畜	工业品	化工产品
1980	206 300	117 900	133 200	91 600	36 600
1984	243 500	156 300	154 800	140 100	68 200

资料来源:巴布亚新几内亚银行,《经济报道季刊》。

表 5 巴布亚新几内亚贸易收支情况

单位:千基那

年份 \ 项目	出口	进口	收支
1979	720	558	163
1980	642	684	-42
1981	546	738	-192
1982	532	751	-219

资料来源:巴布亚新几内亚银行,《经济报道季刊》。

表 6 斐济农产品产量

单位:万吨

农产品 \ 年份	1980	1982	1984
甘蔗	336.0	407.5	415.9
食糖	39.6	43.6	48.3
椰干	2.3	2.2	2.5
稻谷	1.8	2.0	2.2
椰子油	1.5	1.5	1.6
姜	0.23	0.45	0.33

资料来源:〔苏联〕《外国商情公报》,第 136 期,1986 年 11 月。

表 7 所罗门群岛椰子产量

单位:千吨

年份	小规模生产		种植园生产		合计
	产量	市场占有率	产量	市场占有率	
1960	9.9	45.9	11.7	54.1	21.6
1970	13.7	55.7	10.9	44.3	24.6
1980	20.4	70.1	8.7	29.9	29.9

资料来源:《所罗门群岛统计年鉴》(1981 年)。

表 8 所罗门群岛渔业生产量

单位:吨

1978 年	1979 年	1980 年	1981 年
17 453	23 804	22 755	25 319

资料来源:所罗门群岛统计局资料。

表 9 汤加对外贸易

单位:万汤元

项目 \ 年代	1979—1980 年度	1982—1983 年度
出口额和转口额(离岸价格)	720	650
进口额(到岸价格)	3 010	4 170
逆差	2 290	3 520

说明:1985 年 5 月,1.38 汤元 = 1.00 美元。
资料来源:〔苏联〕《外国商情公报》,第 145 期,1986 年 12 月。

表 10 斐济对外贸易

单位:万斐元

项目 \ 年代	1980	1982	1984	1985
出口额(包括转口额离岸价格)	30 560	26 760	28 010	27 290
进口额(到岸价格)	45 880	47 560	48 700	50 820
逆差	15 320	20 800	20 690	23 530

说明:1986 年 8 月 27 日,1.173 斐元 = 1.00 美元。
资料来源:〔苏联〕《外国商情公报》,第 136 期,1986 年 11 月。

表 11 西萨摩亚对外贸易

单位:万扎拉

项目 \ 年代	1980	1984	1985
出口额(离岸价格)	1 580	3 680	3 780
椰干	840	—	—
椰子油	—	2 080	1 770
可可豆	300	240	230
进口额(离岸价格)	5 220	8 480	10 460
逆差	3 640	4 800	6 680

资料来源:〔苏联〕《外国商情公报》,第 145 期,1986 年 12 月。

这些国家的原料资源对国家的社会经济发展有着重要的意义。这些岛国具有丰富的渔业资源，其年捕鱼量约达30万吨，占世界产量的0.4%左右，其中90%是在国际市场上销路极好的金枪鱼。这些岛国具有发展热带农业的得天独厚的自然条件，椰子树、棕榈油、甘蔗、咖啡、可可等是主要的经济作物，农产品出口在对外贸易中占有极重要的地位。此外，矿物资源也很丰富，据认为美拉尼西亚可能拥有大量的金矿，据太平洋岛国开发基金会1990年4月14日宣布，巴布亚新几内亚、所罗门群岛和斐济到1995年将年产黄金100吨以上，三国总产量将居世界第六位；斐济已加入在日内瓦成立的黄金生产者协会；在巴布亚新几内亚的高原地带还发现了石油；巴布亚新几内亚拥有大量铜矿，铜矿开采是巴布亚新几内亚经济的一大支柱；斐济还开采白银，并正在施工扩大铜矿石的开采；瑙鲁有丰富的磷酸盐矿，瑙鲁的磷酸盐矿被认为是世界上最好的，年开采量为250万吨，产量占世界第五位，每年从出口磷酸盐可获得一笔可观的收入，就人均收入来说，瑙鲁是世界上居于前列的国家之一。新喀里多尼亚镍矿储量丰富，高居世界第一，产量占世界第三，仅次于苏联和加拿大；新喀里多尼亚还有钴和铬；镍、钴、铬皆为战略性原料，法国对其实行严格控制。其他如所罗门群岛的铝土矿、瓦努阿图的金、银矿等都有少许的储量。此外，林业资源也很丰富。因此，根据各国具体情况，制定符合本国实际的发展战略，发展民族经济，改变落后面貌是完全可能的。

二、走向国际化的南太平洋地区

从第二次世界大战结束后，直到数年前，南太平洋地区一直风平浪静，国际舆论普遍公认它是世界上一个少有的稳定地区。然而，近年来，南太平洋地区风云变幻，开始了一个有意义的变化过程，并卷入了国际舞台的尖锐矛盾之中。尽管该地区各国情况复杂，差异甚大，但面临的共同问题正在将他们团结起来，开始形成一个有界限的政治和经济地区。由15个独立国家和自治领地组成的"南太平洋论坛"，就是为维护本地区经济和政治利益而成立的一个区域性组织。见表12。

表 12 南太平洋论坛成员国

国 名	首 都	面积 (平方公里)	人口 (人)	人均国民生产 总值(美元)	备 注
澳大利亚	堪培拉	7 682 300	15 578 600 (1985 年)	11 080	独立
斐济	苏瓦	18 333	714 112 (1986 年)	1 850	1970 年 10 月 10 日独立
基里巴斯	塔拉瓦	719	64 302 (1985 年)	770	1979 年 7 月 12 日独立
瑙鲁	雅连	22	8 000 (1982 年)	21 400	
新西兰	惠灵顿	268 680	3 295 500 (1985 年)	7 858	独立
巴布亚 新几内亚	莫尔兹比港	461 690	3 239 000 (1985 年)	840	1975 年 9 月 16 日独立
所罗门群岛	荷尼阿拉	28 530	244 000 (1982 年)	640	1978 年 7 月 7 日独立
汤加王国	努库阿洛法	699	100 230 (1984 年)	530	
图瓦卢	富那富提	26	8 500 (1984 年)	680	1978 年 10 月 1 日独立
瓦努阿图	维拉港	11 880	135 600 (1985 年)	350	1980 年 7 月 30 日独立
西萨摩亚	阿皮亚	2 946	159 349 (1985 年)	350	1962 年 1 月 1 日独立
库克群岛	阿瓦鲁阿	234	17 227 (1981 年)		1965 年 8 月 4 日 自治国
纽埃	阿洛菲	259	3 298 (1981 年)		自治国
密克罗尼 西亚联邦	帕利基尔	722	101 000 (1985 年)		1979 年 5 月
马绍尔群岛	马朱罗	181	43 000 (1985 年)		1979 年 5 月

“南太平洋论坛”和“南太平洋委员会”不同，“南太平洋委员会”成立较早，其成员除了南太平洋一些独立国家和自治领地外，还包括法国、英国、美国以及他们在这个地区的属地和托管地。“南太平洋论坛”是由以前一个类

似组织逐渐发展而来的。1965 年，斐济、汤加、西萨摩亚三国政府首脑开会，决定成立“太平洋岛屿生产者秘书处”，以促进其产品的出口。后来，库克群岛、纽埃、吉尔伯特和埃利斯群岛等相继加入，秘书处改名为“太平洋岛屿生产者协会”。1971 年 4 月，该组织举行第六次年会时决定进一步扩大并建立一个“政治论坛”。同年 8 月 5 日，斐济、汤加、西萨摩亚、库克群岛、瑙鲁、澳大利亚和新西兰等 7 国，在新西兰首都惠灵顿举行会议，正式成立“南太平洋论坛”，成员国从原来的 7 国逐步增加到现在的 15 国，即除了上述的 7 国外，先后增加了所罗门群岛、图瓦卢、瓦努阿图、基里巴斯、纽埃、巴布亚新几内亚、密克罗尼西亚联邦以及马绍尔群岛。“南太平洋论坛”的常设机构为南太平洋经济合作局，其目标是为会员国之间在地区贸易、经济发展以及能源、通讯、运输、旅游等方面提供合作与咨询。

导致南太平洋地区开始有意义的变化进程的，是近年来该地区出现的一些新的因素：

首先，许多太平洋岛国都是在最近一二十年内走上独立道路的，独立后，一些国家实行了土地改革和国有化政策，传统的社会经济结构在发生变化，商品经济在迅速发展，商品化程度在提高。农业仍是国民经济的支柱，但农村生产力水平的低下，已严重制约着国民经济的发展。工业有了较为迅速的发展，加工企业如食品工业、建材工业、金属加工工业、化工工业等相继建立，从事加工工业的人数迅速增加，例如，巴布亚新几内亚从事加工工业的人数已从 1974 年的 17 000 人增加到 1982 年的 29 000 人，占全国人口的比例从 1965 年的 5% 增加到 1981 年的 8%。为了振兴经济，发展生产，一些国家一方面采取积极措施，引进外国资本，例如在瓦努阿图，1985 年外国公司有 1 107 家，在该国登记的银行有 93 家，其中外资银行有 75 家；另一方面鼓励私人经营，本国人开办的中小企业有如雨后春笋，迅速发展。政府在外国公司中拥有的股份也在增加，如巴布亚新几内亚政府在澳大利亚大公司的一些地方分支机构中已拥有 20%—49% 的资本；所罗门群岛政府自独立后在日本资本控制的渔业公司中的股份已由原来的 26% 提高到了 49%。

随着这些岛国发展民族经济的迫切要求和在政治上的日趋成熟，他们开始制定不同于前殖民统治者的独立的对外政策。这些岛国老的殖民体制是建立在宗主国与附属国之间的关系的排他性基础上的，现在这些已经独立了的岛国日益希望同周边国家或外部世界建立双边或多边关系。要求独立自主与开展国际合作已成为这些岛国外交政策的基本目标，而这些岛国独立后建立的政治和经济发展模式已开始发生变化。

其次，一些本地区以外的国家，对这一地区愈来愈表现出浓厚的兴趣。有的国家虽然也属太平洋国家，在广义的太平洋地区享有合法利益，但在南太平洋地区的合法利益却不是那么多。至于有的国家则根本与太平洋地区沾不上边。1988年，以色列在斐济建立了第一个大使馆，在以后的一年多的时间里，它已同十多个太平洋岛国建立了外交关系。外部势力的介入，使得南太平洋地区的不稳定因素和复杂化程度在增长。1989年，南太平洋十国会议的代表对该地区正在变成大国角逐的场所深表忧虑。

再次，在限制武器和尊重该地区权益方面，最突出的是1985年南太平洋论坛会议签署的拉罗通加条约，由于该条约是限制核大国在该地区使用核手段的一个重要因素，因此它必然同西方国家的战略立场发生冲突，在美、法、英等国和南太平洋国家之间形成一种对立关系。例如，美国始终拒绝在南太平洋无核区条约上签字；虽然美国已于1986年签署了南太平洋区域环境计划公约，但至今仍未获国会的批准；而法国至今仍在该地区进行核试验。

还有，由于建立了200海里专属经济区，分散在南太平洋地区各地的岛国，已成了大量海上资源和尚未开发的大量海底资源的公认拥有者，日本、美国、苏联等主要捕鱼国，为了进入这些岛国的专属区捕鱼，纷纷与岛国发展关系，建立联系。

最后，随着内外形势的变化和经济的发展，当地土著的少数民族，愈来愈要求享有更高的政治地位，新喀里多尼亚、斐济的动乱表明，如果他们的合理要求不能得到妥善解决，那么这一地区的稳定与发展将会受到影响。

南太平洋正在走向国际化。南太平洋论坛1989年年会结束后几天的事态发展，再次证实了这一趋势。南太平洋地区以外的国家第一次被邀请参加论坛会议后的对话会，来自美国、日本、法国、加拿大和英国等国的政府代表云集这一地区，讨论援助、经贸和地区问题。这些国家和其他一些国家正在加强他们与这个地区的外交联系，并通过大大增加援助来支持这种联系。

三、大国在南太平洋的战略

（一）苏联南下的新战略

20世纪70年代以来，太平洋地区已成为美、苏两个超级大国激烈争夺的地区。戈尔巴乔夫在符拉迪沃斯托克的讲话,不仅表明了苏联是在亚洲太平洋的一个地理实体以及苏联对太平洋的经济愿望,而且强调在外交、经济、贸易和渔业方面的利益。戈尔巴乔夫的讲话加快了苏联向南太平洋地区介入的步伐。

苏联先于美国于1986年6月与瓦努阿图建立了外交关系,1986年12月,双方立即签署了渔业协定,根据这一协定,苏联每年向瓦努阿图提交150万美元的捕鱼费,苏联捕捞金枪鱼的渔船则可在瓦努阿图的200海里经济区内作业,并可到港内停泊,进行加油和维修,这使苏联第一次在南太平洋有了可以停靠渔船的港口。

在此以前,苏联已于1985年10月取得了在基里巴斯周围海域的捕鱼权。

1986年12月15日,苏联明确表示赞同关于拉罗通加条约的议定书。该条约刚刚于同月8日生效。与此同时,苏联强调有意同南太平洋论坛各成员国建立外交关系。1989年,苏联同巴布亚新几内亚建立了正式外交关系。

90年代伊始,仅次于戈尔巴乔夫的第二号人物雷日科夫率领庞大的代表团访问了澳大利亚,这是有史以来访问第五大洲的最高苏联政治家。乘3架专机抵达堪培拉的苏联代表团,包括一些政府部长和高级官员。苏澳之间签署了涉及贸易和领事问题、环境保护和和平利用核能等方面的协定。协定的核心部分是一个捕鱼协定,它将为苏联的拖网船提供在澳大利亚进入港口的有限权利,并允许苏联接送轮换的船员。

苏联进入南太平洋的总的战略目标是实践戈尔巴乔夫1986年的符拉迪沃斯托克讲话,即更多地卷入亚洲太平洋地区。

首先,开创一个有利于苏联远东地区经济合作的局面,使这个人口稀少、经济上没有怎么开发的地区,将来在地区范围内可使自己同太平洋沿岸的其他国家保持经济联系。

其次,有利于苏联提出进行开采这一海域的海底资源、深海矿藏。

最后,苏联进入这一地区的根本战略目标,是为了同美国争夺太平洋海上和整个地区的霸权。苏联进入太平洋,靠近美国领土,对美国构成威胁。基里巴斯与美国虽为大洋所隔,但是美国一批岛屿却近在咫尺,基里巴斯与美国的夏威夷岛毗邻。马绍尔群岛的夸贾林环礁,是美国的导弹试验场和战略防御计划研究中心所在地,苏联进入南太平洋地区,将可更有效地监视该岛活动。

(二) 美国对南太平洋地区的"关注"

戈尔巴乔夫的南下新战略,意味着苏联向美国和南太平洋地区作为西方势力范围的传统地位提出了挑战。为了反击苏联对南太平洋地区的渗入,美国加强了与南太平洋地区各国的经济政治关系。美国一改过去与南太平洋国家进行渔业谈判的消极态度,于1986年底与南太平洋论坛渔业管理处签署了一项渔业协定,根据协定,美国每年要支付捕鱼费900万美元,还要为这些国家提供相当于120万美元的渔业设施,以获准35艘美国渔船在其经济区捕捞金枪鱼。这是美国与南太平洋地区关系中向前迈出的最重要的一步。1986年底,美国与瓦努阿图建立了外交关系,1987年1月任命了首任瓦努阿图大使。

1987年11月,里根政府宣布第二次世界大战后作为美国托管地的北马里亚纳群岛成为美国的"联合邦",当地人民具有美国公民身份。与此同时,美国正式同意已是自治国家的密克罗尼西亚联邦和马绍尔群岛共和国的地位为美国"自由联系州",并继续给予支持。

对一些岛国,如斐济、巴布亚新几内亚、汤加、所罗门群岛等,美国除增加军援贷款、提供军事装备外,还计划今后把每年向这个地区提供的发展援助金额从400万美元增加到800万美元。美国国际开发署在巴布亚新几内亚设立了常驻办事处,对南太平洋地区的各项援助计划是在斐济进行协调的。

表明美国"关注"这一地区的,是最近几年美国高级官员对南太平洋地区的访问日益频繁,包括国会代表团的访问。同时,美国派往南太平洋地区的和平队成员也迅速增加,在15个岛国中,大约有400名和平队志愿人员。

虽然大多数太平洋岛国国土面积很小,但这个地区战略地位重要。美国东亚和太平洋事务助理国务卿帮办玛里琳·迈耶斯说,美国在这个地区追求的战略目标是:保持自由通行权、进港和飞越权;保障与澳大利亚和印度洋的通讯线路;维护美国利用这个地区的渔业资源和其他自然资源的渠道;防止南太平洋成为大国角逐的地区。

(三) 法国竭力维护在太平洋的"战略存在"

法国的核试验政策和对新喀里多尼亚政策,使法国和南太平洋诸国关系日趋紧张。

新喀里多尼亚位于南太平洋,由新喀里多尼亚岛、乌韦阿岛、派恩岛、利富岛和马雷岛组成,面积 19 103 平方公里,人口 15 万。1853 年划为法国占有,1946 年正式成为法国海外领地。当地卡纳克人反抗法国统治、争取民族独立和自决的斗争一直连绵不断,特别是进 20 本世纪 50 年代后愈演愈烈。

新喀里多尼亚是法国在南太平洋领地中最大的一个(其他两个为法属波里尼西亚、瓦利斯和富图纳群岛),法国在新喀里多尼亚设有海、陆、空军事基地,它既可保护新喀里多尼亚,又能支援法国其他领地,因而是法国在南太平洋的重要基地。法国政府力主公民投票来确保这块领地,以保护它在南太平洋的利益。法国总统密特朗一再重申,法国将保持它在太平洋的"战略存在",并要求加强法国在新喀里多尼亚的军事基地。

1986 年 6 月召开的第十七届南太平洋论坛年会上,与会代表建议把新喀里多尼亚独立问题提交联合国非殖民化委员会。1986 年底,新喀里多尼亚问题列入该委员会议程。除澳大利亚、新西兰等南太平洋国家积极支持外,日本是西方七大工业国中赞成把新喀里多尼亚问题列入非殖民化议程的惟一国家。

1987 年 5 月召开的第十八届南太平洋论坛年会上,所有与会国又都表示反对法国举行公民投票,要求给新喀里多尼亚人"自由、公正和名副其实的选举"。会上,新西兰总理朗伊强调指出,公民投票违反联合国关于自由选择的原则。澳大利亚总理霍克说,如果举行公民投票,可以肯定该岛的形势将导致恐怖和暴力。

自从新喀里多尼亚问题列入联大非殖民化委员会议程后,澳法关系日趋紧张。澳驻新喀里多尼亚总领事约翰·道恩被法国宣布为不受欢迎的人而被赶走。1987 年 7 月,新上任的澳大利亚总领事戴维·奥利里说,澳对新喀里多尼亚的立场不变,认为"新喀里多尼亚的独立是不可避免的"。

1988 年,由要求独立的卡纳克人、反对独立的法国定居者和法国政府,签署了马提翁协议,根据这项协议,新喀里多尼亚将于 1998 年就独立问题举行公民投票。

在 1990 年"南太平洋论坛"会议的第一天,就新喀里多尼亚非殖民化问题通过了一项决议,促使法国当局为促进新喀里多尼亚的政治、经济与社会发展,并使之朝着自决方向发展采取"积极措施"。"论坛"成立了一个由斐济、瑙鲁和所罗门群岛组成的委员会,负责监视新喀里多尼亚的事态发展。

除新喀里多尼亚独立问题外,法国在穆鲁罗瓦的核试验地也是一个长期争论的问题。法国自 1975 年起就在法属波利尼西亚的穆鲁罗瓦岛进行大气层核试验,迄今法国已在该岛进行了一百多次核试验。南太平洋国家屡次提出抗议,南太平洋论坛每届年会都谴责法国在南太平洋进行核试验,而法国却置之不理。1984 年经过讨论,达成协议,决定将南太平洋划为非核区。1985 年通过了"南太平洋非核区条约",法国同样置之不理,致使南太平洋国家与法国的敌对情绪日益加深。当法国特工人员炸毁停泊在新西兰奥克兰港的反核抗议船"彩虹战士"号后,引起了该地区领导人的极大愤怒。所罗门群岛副总理伊齐基尔·阿莱布亚说:"对一个主权国家缺乏尊重,使我们大家感到愤怒",他称法国的行为是"野蛮行为"。新法关系也随之紧张起来。

为了改善法国在南太平洋地区的形象,缓和法国与南太平洋国家之间的紧张关系,法国负责南太平洋事务的国务秘书加斯东·弗洛斯 1988 年在访问库克群岛时,曾提出建立"波利尼西亚国家共同体"的主张,因为这些国家不像该地区美拉尼西亚群岛中巴布亚新几内亚、瓦努阿图等这类积极支持新喀里多尼亚独立的国家那样敌视法国,瓦努阿图和法国之间的关系在 1987 年法国大使被驱逐时坏到了顶点。法国大使被指控干涉瓦努阿图内政。瓦努阿图独立后的第一任法国大使在 1981 年就曾被驱逐。法瓦两国之间的争论主要是因为新喀里多尼亚的独立问题。瓦努阿图是新喀里多尼亚独立的最坚决支持者之一,要求让卡纳克社会主义解放阵线以观察员身份参加南太平洋论坛。加斯东·弗洛斯把精力集中在波利尼西亚国家,频繁走访各国,法国的经济援助加强了弗洛斯这位区域巡回大使的作用。

(四) 日本对南太平洋的强烈兴趣

日本过去在外交上对南太平洋国家并不关心。面对美苏在太平洋的争夺以及这种争夺向南太平洋的扩展,作为环太平洋合作构想的重要一环,日本开始大力加强与南太平洋地区的外交联系,并通过增加援助来支持这种联系。

日本前首相中曾根于 1985 年 1 月对南太平洋的斐济、巴布亚新几内亚、澳大利亚、新西兰四国进行了访问,这是自 1980 年已故大平首相——环太平洋合作的倡议人访问澳、新后,日本在任首相第二次出访这一地区。

1987 年新年伊始,日本外相仓成又出访南太平洋诸国,并于 1 月 14 日在斐济首都苏瓦发表了题为《建设太平洋的未来社会》的演说,提出了旨在加强日本同太平洋诸国关系的新的太平洋政策五原则:(1) 尊重太平洋各岛国的独立性和自主性;(2) 支持该地区内的区域性合作;(3) 努力维护该地区内的政治安定;(4) 扩大同这一地区的经济合作;(5) 重视同这一地区国家的相互往来。仓成五原则是企图通过经济技术援助,对南太平洋岛国的发展给予合作,使这些国家加强与日本的友好关系。日本对这个地区的发展援助项目在 1987 年猛增到 6 800 万美元,是前 5 年的 4 倍,而日本 1987 年对全世界的海外援助只是前 5 年的 1.5 倍。外相仓成在南太平洋访问了 11 天,在他发表的诸多讲话中,他提醒人们要警惕苏联的渗入,竭力表明日本作为西方国家的一员,要努力实现南太平洋的和平与稳定。

1989 年 8 月,在笹川和平基金会主持下,在日本召开了为期两天的、以前外相仓成为主席的、旨在加强日本私营部门和太平洋岛国开发援助合作的南太平洋 10 国会议,出席会议的有 10 个岛国(斐济、基里巴斯、巴布亚新几内亚、库克群岛、密克罗尼西亚联邦、所罗门群岛、汤加、图瓦卢、瓦努阿图、西萨摩亚)的首脑及澳大利亚、新西兰的驻日大使。会议宣布成立一个促进经济发展的共同机构。

使日本对南太平洋产生强烈兴趣的原因是多方面的。建立经济大国的地位对日本来说,必然伴随着地区欲望的扩大。日本的环太平洋合作概念,不仅包括西太平洋,而且包括南太平洋,不仅支配太平洋的今天,而且主导太平洋的未来。南太平洋丰富的渔业资源和矿产资源具有极大的诱惑力,是促进日本发展与南太平洋合作的原动力。

(五) 地区大国澳、新的南太平洋政策

澳大利亚和新西兰是本地区两个最大的国家。长期以来,南太平洋实际上处于澳、新的影响之下。1944 年在堪培拉签署的澳新军团条约,规定两国在共同关心的地区问题上采取共同行动,它是两国之间进行广泛合作的基础,也是保持地区稳定的重要因素。1951 年签署的澳、新、美防御条约,其保护范围扩大到整个地区,而其重要战略性则表现在全球范围。鉴于澳、新在决定地区安全方面的中心作用以及美国利益能够得到保障,所以,长期以来,大国在这个地区的争夺并不激烈,大国并未把南太平洋地区视为首先要争夺的地区。

大国的核政策和外部势力的介入,引起了澳、新的忧虑和立场的变化。1983 年和 1984 年,工党分别在澳大利亚和新西兰掌权,标志着这两个国家开始朝着采取一种更加以自己的民族利益和区域利益为基础的,有别于西方盟国的外交政策的方向发展。这同时也促进了南太平洋地区业已开始的变化过程。

由于法国不断在穆鲁罗瓦岛进行核试验,影响了法国和澳大利亚、新西兰关系的正常发展。法国对新喀里多尼亚的政策,也使得法国与澳、新的关系日趋紧张。

南太平洋的非核化条约与美国的战略利益发生了冲突,使澳大利亚、新西兰和美国的关系变得复杂化。在新西兰禁止美国核动力或载有核武器的舰只停靠后,澳新美条约已名存实亡。

苏联在南太平洋地区的出现和苏联的新政策,进一步改变了使该地区稳定的区内外因素。苏联的进入,不仅在澳大利亚和新西兰这两个主要国家,而且在这个地区的其余国家,都引起了矛盾的形势和相对立的态度。

在国际和地区形势迅速变化的情况下,地区内各岛国的经济发展和政治稳定,具有特殊的重要意义。澳大利亚和新西兰对地区内邻国采取了更加积极的政策,通过经济援助、安全合作和文化交流支持这些国家。澳大利亚是向这个地区捐款最多的国家,在1990—1991年度内,对南太平洋地区的援助为1.09亿澳元(约折8 500万美元),占该年度对外双边和地区项目援助总预算的8.65%。尽管澳大利亚外债增加,赤字加大,但出于优先地区政策的考虑,对南太平洋地区的援助仍保持了上一年的水平。

从南太平洋岛国接受的援助金额来看,比上年度增加6.9%。受援最多的是斐济,为1 360万澳元,依次是所罗门群岛和瓦努阿图,各为1 020万澳元,西萨摩亚为870万澳元,汤加为800万澳元,基里巴斯为350万澳元,图瓦卢为160万澳元,密克罗尼西亚和库克群岛各为110万澳元。

除向南太平洋岛国提供双边援助外,澳大利亚继续向南太平洋大学、南太平洋委员会、南太平洋论坛秘书处、南太平洋论坛渔业代理处、南太平洋应用地球科学委员会、太平洋发展和培训中心提供了1 370万澳元的援助,为南太平洋地区的多国合作项目提供了16 000万澳元的援助。澳大利亚与上述这些组织的主要合作领域是通讯、贸易、交通、卫生、能源、教育和培训等。

新西兰于1976年制定了一个"太平洋岛国工业发展计划",采取援助与互利相结合的方式,帮助新西兰企业家在岛国开办制造业,以扩大生产和农产品加工,已给岛国带来一定的社会和经济效益。

计划实施10年来,获得援助资金最多的是斐济,占33.1%,依次为西萨摩亚、汤加、库克群岛、所罗门群岛、瓦努阿图、纽埃、巴布亚新几内亚,总共援助了117个项目,支付赠款3 300新元(1新元约合0.62美元),占这些项目所需资金的19.6%,主要用于食品生产、木材生产、服装和鞋类制造,已安置1 095人就业。新西兰在1988年向这个地区提供了3 300万美元的援助。新西兰外交部南太平洋司司长彼得·贝内特说,南太平洋地区是新西兰外交政策的重点所在,他说,新西兰曾自认为是太平洋上的欧洲国家,是大英帝国的延伸,而近些年来,新西兰人逐渐意识到他们的归宿并不在欧洲,而在太平洋,新西兰乃是太平洋的一部分。

四、南太平洋岛国人民的呼声与心愿

在当今的世界上,国家不论大小、贫富,应一律平等,相互尊重独立与主权,和平共处,共同发展,这应是当今新型国际关系的基础,它既不同于二次大战前的少数列强瓜分世界,大国欺凌小国,并相互争夺的弱肉强食的国际关系,也不同于二次大战后的大国霸权主义、进行全球争夺的集团政治和强权政治的国际关系。亚洲太平洋地区无论战前或战后都曾是遭受过列强分割与主宰过的地方,因此,这里的人民对任何大国以任何形式的分割与主宰都是抱有戒心的。亚洲太平洋地区的人民要求独立、自主、和平与发展的呼声与心愿,符合当今的时代潮流,应该受到重视与尊重。

南太平洋地区国家,以及对这个地区感兴趣、进入这个地区的地区外国家,应顺应时代潮流,不仅不能允许像迄今为止仍存在的那种殖民主义或新殖民主义的关系,相反,应进一步加速非殖民化进程,彻底结束殖民压迫和种族歧视。外部势力在南太平洋的介入,必须是富有建设性的,必须是尊重当地各国人民的意志,体察各国人民的愿望和需求,有助于该地区的和平、稳定和发展,而不能是对当地内部事务指手画脚、发号施令、为所欲为,不能根据本国的利益来左右岛国的发展方向和进程。正像巴布亚新几内亚外交部长阿鲁鲁·西蒂亚恩所说:“我只想大声说清楚这一点,我们希望独立自主。”

当各大国在政治上和经济上对南太平洋表现出越来越大的主动性时,对本地区争取独立国家的利益却不予以重视。例如,有的国家至今拒不承认它们的200海里专属经济区,并否定它们对专属经济区内金枪鱼资源所拥有的权利。最近,各国领导人对美国擅自打算在该地区销毁化学武器可能给太平洋地区的环境和各国人民带来的巨大损害表示了严重的不安。在1990年召开的南太平洋论坛年会上,世界最小的独立国家瑙鲁,率先就美国打算在夏威夷和密克罗尼西亚之间一个名叫约翰斯顿岛的偏僻环状珊瑚岛销毁在冷战时期贮存在德国的美国武器一事指责了美国,与会各国领导人一致认为,太平洋绝不能成为“堆积化学武器或任何有毒物质的地方”,论坛发言人、巴布亚新几内亚总理比拉·纳马柳说,反对核试验和反对核废料堆积的太平洋地区,“从道义上坚定不移地反对”在该地区存放化学武器。

合作与发展已成为南太平洋各岛国面临的迫切任务。人类社会越来越走向各国之间的广泛合作,不仅在经济上,而且国与国之间的全面合作——经济、社会、特别是文化与科学技术方面——已成为共同发展和各国自身发展日益紧迫的需要。发展是每个民族、每个国家的目标。

为了改变长期殖民统治遗留下来的落后状态,促进经济和社会的迅速发展,尽快提高和改善人民的生活,南太平洋一些岛国在独立后制定了经济发展计划。例如,巴布亚新几内亚 1980 年开始制定国家投资计划,对投资规模、资金来源和资金使用等方面都进行了规划。所罗门群岛制定的 1975—1979 年的国家发展计划,采取多项措施,发展民族经济,力争尽快摆脱经济落后和对外依赖的状况。瓦努阿图从 1982 年开始实行为期 15 年的发展国民经济计划,其中第一个 5 年计划为过渡时期,已经达到预期的目标;此后,瓦努阿图又颁布了保护民族经济的 10 项措施。南太平洋地区一些国家,人口稀少,缺少资金技术,开发不足,经济十分落后,因此,都把合作当作主要目标。例如,西萨摩亚是 1962 年南太平洋岛屿领土中第一个独立的国家,1984 年农业、林业、渔业占国内生产总值的 47%,工业只占国内生产总值的 5%,工业基本上从事农产品加工,没有采掘工业,西萨摩亚经济实际上完全取决于农业、林业和渔业的状况。汤加,1983 年农业、林业和渔业占国内生产总值的 41%,加工工业占 5%,采掘工业占 0.5%,全部土地的 57%是椰子种植园,椰子树是向国内外市场提供商品的主要来源。基里巴斯,自然经济占统治地位,国内生产总值的 45%和出口总额的 85%来自开采磷酸盐,20 世纪 70 年代末磷酸盐资源枯竭,使该国经济受到沉重打击,没有加工工业,基里巴斯巨大的经济潜力在于开发 200 海里专属经济区内的海产资源,发放在基里巴斯水域捕鱼的许可证已成为获取外汇的主要手段。瑙鲁的整个经济以开采磷酸盐为基础,磷酸盐是瑙鲁惟一的出口商品,在瑙鲁,农业、渔业、加工工业和旅游业都不发达。图瓦卢的经济基础是生产椰干,椰干是惟一的出口产品,贫瘠的土地阻碍了农业的发展,椰子树是主要的食物来源。

瓦努阿图有 80%的人口从事农业,主要农作物是椰子、可可和咖啡,加工工业产值占国内生产总值的 5%,其产值的 52%是食品、饮料和烟草制品,出口额的 80%是农产品(60%是椰干),进口额的 20%是机器设备,15%

是工业品，17%是粮食和牲畜。见表13。

表13 瓦努阿图农产品产量

单位：吨

农产品＼年份	1981	1984	1985
椰干(供出口用)	46 500	47 800	38 300
可可	868	782	967
咖啡	61	55	65
牛肉(屠宰重)	2 000	2 200	2 300
猪肉(屠宰重)	40	49	50
兔类(不包括自己消费部分)	4 800	3 900	4 000

资料来源：〔苏联〕《外国商情公报》，第145期，1986年12月。

南太平洋地区渔业资源丰富，但各岛国的渔业不发达，从事捕鱼和鱼类加工多掌握在日本、韩国等国手中。

因此，发展地区性经济合作，加强南南合作，对南太平洋各岛国的经济发展有十分重要的意义。现在，在南太平洋委员会和南太平洋论坛各成员国之间开展的地区贸易和渔业、交通运输、能源、通讯等方面的合作都有很大进展。南太平洋国家还积极参加非洲、加勒比和太平洋地区国家集团这个拥有四十多个国家的最大的发展中国家跨地区经济合作组织，彼此协调政策，互通有无，相互支援，在发展热带经济作物、海洋资源开发等方面都取得了一定的成就。

南太平洋岛国中新独立的最大的国家是巴布亚新几内亚，土地肥沃，资源丰富，已探明金矿和铜矿储量很大，正在进行石油勘探，国内生产总值的1/3来自农业，15%为采矿业创造，奥克特迪金矿是世界最大的金矿之一，参加金矿开采的除本国公司外，还有澳大利亚、德国、加拿大等国的公司；在布干维尔岛上有一座资本主义世界最大的用露天方法开采铜矿石的联合企业，布干维尔铜矿公司，其股份属于澳大利亚、英国、日本，有20%的股份属于巴布亚新几内亚，开采的铜矿石运到日本、德国和中国等地精炼；加工工业不发达。在巴布亚新几内亚外资中，澳大利亚投资占90%以上，澳资在巴布亚新几内亚的工、农、矿、林、渔业各部门中都占有明显优势。斐济的国内商业网也多为澳资控制，西萨摩亚的银行工商企业中，新西兰资本占有不少股份，近年来，澳大利亚资本逐年增多。汤加的外资大多来自英国。日本、美国在南太平洋的私人投资和各种援助近些年来也迅速增加。毋庸置疑,国际合作与援助对这些岛国的经济发展有着十分重要的意义。据统计,自1979—1983年,西方国家以政治援助的形式,向诸岛国提供的援助金额约为28亿美元,若按人均计算,高于世界其他地区。西方国家的私人资本投资在七八十年代也大幅增加。西方国家对这些岛国援助和投资,主要是由于它们所处的战略地位的重要性,获取高额利润也是目的之一。1979—1983年,西方国家从这些岛国所获取的利润和利息就高达33亿美元,大大超过了援助的数额。正像斐济总理马拉所说,20年来,外国对该地区援助所存在的问题是,这些援助“不是根据我们的要求提供的”。西萨摩亚财政部长萨伊说,到目前为止,外国援助的项目都是“缺乏远见的,没有连贯性的,并且有碍于这些岛国实现经济独立”。

为了保障南太平洋地区的和平与稳定,促进南太平洋的经济和社会发展,各大国应本着尊重主权与独立,加强合作与交流,平等互利,共同发展的精神,充分运用其经济力量,在基础设施建设,技术开发和转让,企业管理和人才培养等方面,进行先行投资和援助,积极协助各岛国的民族经济迅速发展。更重要的是,应将南太平洋地区的经济社会发展纳入整个太平洋地区的经济合作计划之中,借助太平洋地区的经济和技术、贸易和金融、科学和教育优势,来开发南太平洋各岛国经济,加速南太平洋地区的社会发展。当然,南太平洋地区的各个岛国,也应根据各自的特点,自力更生,加强地区内合作,依靠地区自身的力量,共同把本地区经济发展起来。

中国与南太平洋众多岛国的政府和人民之间有着亲密的友好关系。中国政府一贯支持南太平洋岛国人民争取民族独立的斗争和民族自决的原则,尊重托管地人民的政治选择。1990年12月22日联合国安理会通过了由中国等国提出的一项决议草案,部分解除太平洋岛屿托管地的托管协议。因为自1979年5月密克罗尼西亚联邦成立,同年5月马绍尔群岛宣布成立立宪政府,而北马里亚纳决定托管结束后将成为美国的“自由联系邦”,因此,托管协议的目标已经实现,托管协议已不再适用。随着中国与南太平洋各国合作关系的加强,人员互访不断增多。中国领导人曾对澳大利亚、新西兰、西萨摩亚、斐济、巴布亚新几内亚等国进行了友好访问。其他各类代表团也不断进行友好往来。近些年来,中国与南太平洋各国双边贸易持续增长,经济、技术和文化合作不断发展。

“太平洋经济”的兴起和前景*

一、一个新的世界经济中心正在形成

世界经济是一个不断发展的动态过程。由世界经济发展的不平衡性和不稳定性所决定,世界经济中心不是亘古不变的,而是经历了旧的经济中心的衰落和新的经济中心的兴起的不断发展变换的过程。

纵观整个历史画面,世界经济中心运行的轨迹是从亚洲古老的中国依次转移到近代欧洲的意大利、伊比利亚半岛的西班牙和葡萄牙、“海上王国”荷兰、“世界工厂”英国和新兴国家美国。

20 世纪 80 年代以来,“太平洋经济中心”,“世界的未来在东方”等成了热门话题。但是,太平洋的兴起,并不意味着“大西洋”的衰落,世界经济正进入一个新的转折点——多中心的并存。

作为世界经济中心,应具有较强的凝聚力、对外辐射力和相互交流的功能。作为世界经济中心,应该具有开放型经济和增长型经济的特点,应该成为“世界工厂”、世界贸易中心、世界金融中心和世界科学中心。世界经济中心由于其生产设备先进,科学技术发达,具有较强的经济活力和较高的、持续的经济增长率,在世界生产总额和世界贸易总额中占有一定的比重,具有较发达的金融机构网络,通过贸易、投资和技术转让,向外围地区传播先进技术和管理经验,以推动外围地区的社会经济发展。

当然,世界经济的发展及中心的形成是逐步完善的,不可能用当今的世界经济中心的标准去衡量古代世界经济中心。

远在过去的农业社会,那时的经济中心不可能算是真正意义上的世界经济中心,因为它的向外辐射及对流功能都很弱,那时的经济中心只是农业中心。世界上 6 个主要的谷类作物种植区域和肥沃的大河冲积地带哺育了人类的最初文明,形成了 6 个区域性的经济中心,这就是:尼罗河流域,低格

---

* 本文原载于《山西经济管理学院学报》,1995 年第 1 期。

里斯河和幼发拉底河流域,黄河流域,印度河流域,爱琴海地区,中美地区,形成了多中心的世界。

1995年经济合作和发展组织的研究报告指出,亚洲在200年前,即1820年以前,以其占世界69%的人口和58%的产值曾经是世界经济中的一个重要因素。1820年时的中国是最大的经济强国,排在印度、法国和英国前面,美国居第九位,普鲁士排第十位。古老的中国在人类历史上创造了农业社会的最高文明,在许多方面都居世界领先地位,对世界文明的进程作出了重大贡献。唐宋时期的中国之所以能盛极一时,就是因为奉行对内养民和对外开放政策,经济获得了迅速发展。当时的丝织业和陶器业代表了世界最高水平。手工业的发展为对外贸易奠定了基础,与朝鲜、日本、印度、阿拉伯的贸易日益频繁。唐宋的经济、文化辐射由近及远,周边国家的经济政治制度以及文学、哲学、医学、艺术等文化意识形态,都深深地打上了唐宋的烙印。东方各国当时都曾派留学生来中国留学取经。唐宋地域辽阔,与周边国家交流频繁、联系密切,当时,世界大部分地区还被中世纪教会统治,处于愚昧落后的黑暗时代之际,中国经济则空前繁荣,这说明中国作为东方的经济中心已经形成。

但是,中国封建社会的经济政治结构,窒息了内部活力,加之后来受外国的侵略和掠夺,使中国这个经济中心逐渐衰落下去。亚洲逐渐落后了。

经济的发展把地处地中海的意大利推到了世界经济中心的地位,优越的地理位置使意大利垄断了东西方贸易,当时的东西方贸易代表了世界贸易,意大利成了世界贸易中心,当时的世界经济中心就是以贸易中心的形式出现的。

新航路的开辟和新大陆的发现,使意大利日趋衰落,世界经济中心先是转移到了葡萄牙、西班牙,后又转移到荷兰。经济史上的"地中海时代"成为过去,"大西洋时代"宣告到来。

大西洋沿岸的先(葡萄牙、西班牙)后(荷兰)两个经济中心,具有两个明显的特点:

第一,它不是建立在经济发展、经济力量壮大的基础上,而是以侵略、掠夺为基础;第二,不是依靠大力发展生产为基础,而是依靠奢侈性消费刺激起来的虚假的商业繁荣为支柱。这就决定了这两个经济中心是短命的。对外侵略扩张政策耗费了巨额财富,削弱了自身力量,致使葡萄牙、西班牙、荷兰很快丧失了作为世界经济中心的资格。

工业革命使人类社会步入了工业社会。英国最先完成工业革命,成为

"世界工厂",世界经济中心转移到了英国。工业革命使经济中心从贸易中心转变为工业中心。

大英帝国也曾盛极一时,经济迅速发展,既是世界工厂,又是世界贸易中心和国际金融中心。正当英国充满活力活跃在历史舞台上的时候,"英国病"开始暴露:传统精神的枷锁,墨守成规的技术,畸形的经济结构,资本与人才的外流,使这个因殖民扩张而成为"世界工厂"的大英帝国逐步走向衰落。

在英国工业革命之后,美国、德国也先后开始了工业革命,并很快完成了向大机器工业的过渡,在工业生产上超过了英国。世界经济格局又变成了多中心,即在20世纪初至二次世界大战前,形成了西大西洋经济中心和东大西洋经济中心并存。

经历了两次世界大战,特别是第二次世界大战,欧洲经济遭到严重破坏,而美国却在战争中发了财,战后新的科技革命又使美国在高科技和一系列新兴产业部门居于领先地位,并带动了整个国民经济的发展。欧洲和美国在经济实力上相差悬殊,美国成了资本主义世界第一经济大国。

世界经济中心的含义在不断演变,不断完善。现在的经济中心,既是工业中心,又是贸易中心、金融中心、科技中心、信息中心、服务中心,而且经济中心与政治、文化、军事中心紧密联系在一起。当今的世界已不是某个国家充当中心,而是一个地区充当世界经济中心。

科学技术的进步,经济国际化的发展,使经济发展不平衡性更进一步加剧了,结果出现了一些灿若明星的国家和地区。美国的经济实力相对下降了,这与其说是美国发展得慢了,不如说是其他国家和地区发展得快了。

日本以其经济的高速发展创造了"日本的奇迹",使日本成为世界第二经济大国。日本的崛起本身是重要的,对于它预示的未来也是重要的。中国香港地区、新加坡、中国台湾地区、韩国经济的持续增长,使其迅速升格为新兴工业化国家和地区。东盟诸国经济的崛起成了东亚又一个经济增长的热点地区。中国经济以其惊人的增长速度令全世界瞩目,中国经济的成长对于世界经济的影响是,它将引发各国和各地区实力对比的新变化。亚洲太平洋地区成了当今世界经济发展最显生机勃勃的地区。一个新的世界经济中心——太平洋经济中心正在形成。

这是历史性的大转移:世界经济中心从太平洋沿岸转移到地中海,从地中海转移到大西洋,现在又来到了太平洋。这是历史性的大转移。世界历史正在进入一个新的转折时期。

二、"太平洋经济"的兴起和前景

蓬勃发展、充满活力的"太平洋经济",主要是指包括日本、四小龙、东盟国家和中国在内的西太平洋地区,也就是指亚洲太平洋地区,简称亚太地区。

自20世纪60年代以来,亚太地区的经济增长率一直在世界上处于领先地位,即使是在两次石油危机、80年代前半期资本主义世界性经济危机和80年代末、90年代初的资本主义世界性经济危机期间也是如此。经济增长波一浪高过一浪。由于经济的迅速发展,亚太地区在全球经济中的比重显著上升,1960年时,整个亚太地区的经济力量仅占全球的4%,到1990年时已增至25%。预计到21世纪初将占到1/3,亚洲、美国、欧洲在经济上将构成鼎足之势。亚洲地区的制造业实力明显增强。1950年,世界最大50家工矿企业中,东亚地区榜上无名。而到1993年,东亚却有14家企业进入世界最大公司行列。按销售额计算,世界10大电器公司中,东亚地区有7家,世界10大汽车公司中,东亚地区有4家,世界6大计算机公司中,东亚地区有3家。亚洲以拥有世界上最大的造船厂、最大的钢铁厂为荣。

近二三十年来,东亚地区外贸发展迅猛,外贸规模迅速扩大。1960年,日本、"四小龙"、东盟4国和中国等10个国家和地区的贸易出口额为117亿美元,贸易进口额为128亿美元,分别相当于美国的56.9%和78.1%,而到1992年,上述10个国家和地区的出口和进口贸易额分别上升为8 030亿美元和7 823亿美元,分别比美国的出口和进口贸易额多90.8%和41.85%。到20世纪90年代初,日本、中国香港地区、中国大陆、新加坡、韩国、中国台湾地区均已进入世界15大贸易国家或地区的行列。

东亚地区金融实力迅速增强。1969年,世界100家大银行中,东亚地区占20家,资产额为1 020亿美元,占100家大银行资产总额的17.2%;而到1992年,世界100家大银行中,东亚地区增加到31家,资产总额为66 390亿美元,占100家大银行资产总额的43.8%。现在世界前10大银行中,8个在亚洲。中国工商银行位居第十八位。东京、中国香港地区和新加坡已形成三角形金融网络,它们以其优越的地理位置和雄厚的金融实力,成为世界上仅次于纽约、伦敦和法兰克福的举足轻重的金融中心。

据亚洲开发银行统计,在过去20年里,东亚整体经济平均每年增长8%,远远高出世界发展中国家年平均4.3%和工业化国家3%的增长水平。

一个拥有约18亿人口的地区,能在这么长的时期内,保持这么高的增长速度,这在世界经济史上是绝无仅有的。尤其是自1990年起世界经济陷入停滞以来,东亚经济仍然蓬勃发展,保持6%—8%的增长速度,更是令人赞叹不已。

世界银行和世界银行亚洲开发银行等权威经济机构认为,东亚经济增长在今后数年内将继续处于世界领先地位。世界银行1994年4月公布的《全球经济前景》报告预测,1994—2003年,东亚经济增长率将达年平均7.6%,最低也将超过7%,继续发挥世界经济增长中心的作用。而南亚等国也日趋汇入东亚高速发展的潮流,这必将使整个亚洲在世界经济中发挥更重要的作用。

日本以其经济的高速发展创造了"日本的奇迹"。日本作为世界经济大国的崛起,是战后亚洲太平洋地区和整个世界经济中的一件大事。在20世纪60年代,日本的经济增长率遥遥领先于其他发达国家,1973年以后虽由10%以上降到5%以下,但仍超过其他发达国家。1950年日本的国民生产总值只有美国的1/20,到1990年已上升为相当于美国的60%,而人均国民生产总值已比美国多出20%。1993年日本人均国民生产总值为33 764美元,首次超过瑞士,位居世界第一。从1986年起,日本成为最大的债权国,而美国从1986年起成为最大的债务国。日本的国际金融实力也明显超过美国。在科技领域,虽然美国仍居领先地位,但日本在某些领域已超过美国,如机器人生产、半导体芯片、微电子、生物工程等,是当今世界上科学技术最先进的国家之一。

到2000年,若日本仍会保持继续快于美国的经济增长率,两国的经济实力的差距会进一步缩小。在2000年前后,日本的经济增长率年平均为3.5%—4.0%,而美国只能是2.5%—3.0%。日本的国民生产总值占世界的比重将达到12%,而1960年时为3%,1955年为2%,美国则从33%降至20%。

中国香港地区、中国台湾地区、新加坡、韩国的经济以惊人的速度持续增长而成为举世瞩目的"四小龙"。"四小龙"大约用了10—15年的时间,初步实现了资本主义工业现代化,成了新兴工业国家或地区。在20世纪60年代和70年代,它们的国内生产总值年平均增长8%—10%,国民收入不到10年就翻了一番。进入80年代后,由于受发达国家经济衰退的影响,增长速度一度放慢。从1986年起,增长势头迅速回升,80年代末又达到年平均9%—10%。

根据港英当局统计，从 1950 年到 1991 年，香港地区本地生产总额由 31.5 亿港元增加到 6 330.2 亿港元，增长了 200 倍；对外贸易由 75 亿港元增加到 15 448.7 亿港元，增长了 205 倍。

新加坡在 1965 年独立时，经济落后，生活贫困，但到 1990 年时，人均国民生产总值已达 1.2 万美元，1995 年人均国民生产总值更达 2.23 万美元，超过英国、新西兰，在亚洲仅次于日本，成为世界第九大富国。经济合作与发展组织(OECD)宣布，自 1996 年 1 月 1 日起新加坡将成为东南亚第一个较发达的发展中国家。

在 1952 年到 1991 年的 40 年中，中国台湾地区国民生产总值从 6.9 亿美元增加到 1 920 亿美元，增加了 278 倍，人均国民生产总值从 167 美元增加到 8 813 美元，增加了 52 倍。1992 年，人均国民生产总值突破 10 000 美元。

韩国在 1961 年到 1991 年的 30 年中，国民生产总值从 21 亿美元增加到 2 808 亿美元，人均国民生产总值从 82 美元增加到 5 220 美元。1995 年人均国民生产总值达到 10 076 美元，进入人均国民生产总值超过 10 000 美元国家的行列。这样，韩国的经济规模从 1994 年的世界排名第十二位升至第十一位，人均国民生产总值的排名也上升到世界第三十二位。现在韩国已成为世界第二大造船国、第六大钢铁生产国和第九大汽车生产国。

现在，“四小龙”都已制定了雄心勃勃的经济和科技发展计划，以迎接 21 世纪的到来。

例如，新加坡的目标是要成为“亚洲的瑞士”。新加坡是一个面积只有 600 多平方公里、人口 300 多万的岛国。30 年来，新加坡发生了奇迹般变化，现在已经成为一个举世闻名的现代化都市和世界的金融、航运中心。新加坡、鹿特丹和中国香港地区并称世界三大港口，以经营转口贸易为主。同时，作为东南亚的商业中心，新加坡控制着这一地区的金融市场。30 年来，由于政策的连续性，大量的税收优惠，政局的稳定，使得新加坡把 3 000 多家跨国公司吸引到这个小岛上来开办企业，进行投资。在新加坡，外国人的投资占总投资额的 85%，这为新加坡经济高速、持续增长作出了贡献。1965—1995 年，新加坡国内生产总值约增长了 10 倍。由于新加坡是个自然资源、人力资源和发展空间都十分有限的岛国，因此新加坡确定的新的发展战略是，在国内经济强大的基础上“走向地区，走向世界”，2000 年实现“亚洲瑞士”的目标。为了消除本国经济增长所受到的资源不足的限制，新加坡鼓励本国企业充分利用各种优势，借用世界各地的资源，使其成为“资源无限”的国家,合理布局各产业,在国内进行高附加值产业开发,同时积极拓展本国企业在海外的发展。1995年,新加坡政府决定在10年内协助100家营业额达7000万美元的新加坡企业发展成为亚洲的跨国企业。作为第一步,在未来的5年中,先扶植50—70家具有发展潜力的新加坡企业成为亚洲的跨国公司。苏州工业园区就是其发展战略的一部分。苏州工业园区是新加坡在海外投资的重要项目之一,有“新加坡第二”之称。新加坡政府打算花10年时间,投资200亿美元,建立一个面积达70平方公里,可以容纳60万人口的工业城。90年代以来,新加坡的对外直接投资每年约为25亿新元,在国外的直接投资已经相当于新加坡国民收入的16%。为了实现2000年目标,保证每年7%的经济增长率,新加坡重视高科技的发展和人力资源的培训。

又如,韩国的新5年经济计划,20世纪末的目标是进入发达国家行列,实现人均收入1万美元以上。为了实现新5年计划,韩国现已将“全球化”确定为20世纪末发展的主题。它已在韩国的经济、政治和社会发展的各方面引起了强烈反响。

到2000年,新加坡、中国香港地区的人均国民生产总值将达到发达国家水平,韩国、中国台湾地区将达到目前新加坡、中国香港地区的水平。

东盟诸国经济的崛起使东亚成为又一个经济增长的热点地区。东盟国家纷纷制定迎接21世纪的计划。

马来西亚的“2020年宏愿”是进入发达国家行列。马来西亚原是一个经济落后的农业和初级产品出口国,为了发展经济,马来西亚制定了长期、中期、短期计划。1970—1990年称为新经济政策时期,制定了“第一远景规划”,此规划业已完成,经济年平均增长6.7%,“规划”末期的1987—1990年经济增长更快。1991—2000年称为国家发展时期,制定了“第二远景规划”,预计目标经济年平均增长7%。1991—1995年为“第六个5年计划时期”,目标经济年平均增长7.5%,1996—2000年为“第七个5年计划时期”,目标经济年平均增长8%。

“2020年宏愿”立足于“第一远景规划”,“第二远景规划”和“第六个5年计划”、“第七个5年计划”分别是为实现“宏愿”而制定的阶段性计划。“2020年宏愿”规定从1991年起,在30年内建成发达国家,在此期间,经济年平均增长7%,人均收入翻两番,2020年时达到10000美元以上。从20世纪70年代起,马来西亚经济有了较为迅速的发展;80年代,发展速度明显加快,年平均增长率约为8%左右,工业产值已占国民生产总值的近

50%。进入90年代后,马来西亚经济迅速发展,1991—1995年国内生产总值实际年平均增长8.7%,1995年国内生产总值增长率为9.6%。马来西亚重视对高技术的电子工业的发展,电子工业已成为马来西亚制造业中最重要的产业,其出口占制成品出口的60%。马来西亚半导体生产仅次于美国和日本,位居世界第三位。现在马来西亚不仅出口传统的橡胶、胡椒、初级矿产品,而且也出口各种工业制成品,如录像机、彩电等技术含量较高的产品。

马来西亚总理马哈蒂尔在一次讲话中说:“今天就经济发展而言,我们在135个发展中国家名列前5名。”

马来西亚是目前东盟国家中经济发展最快的国家之一。为了尽快跨入亚洲小龙的行列,登上“亚洲第五条小龙”的宝座,马来西亚现在正在开足马力,加快经济发展。为了保证经济迅速发展,马来西亚注意改善投资环境,增加基础设施投资,大力吸引外资,注意发展自身资源优势。

在第七个5年计划的序言中,马来西亚总理马哈蒂尔说,第七个5年计划的重点是提高生产力及效率,将过去那种投资带动成长的经济转型为生产力带动成长的经济。前六个5年计划已经使马来西亚成为世界第十九大出口国和第十八大进口国。第七个5年计划继续保持高成长,以实现2020年把马来西亚建成工业化先进国的宏愿。

自20世纪60年代以来,泰国便致力于经济的发展。近些年来泰国经济有了迅速的发展。1988—1991年,泰国经济增长率达到了两位数。1994年经济增长率为8.5%。由于经济的迅速增长,泰国经济实力大大增强,人民生活水平有了明显提高。

为了迅速进入“亚洲小龙”的行列,争登“亚洲第五条小龙”的宝座,泰国正在加快经济调整与改革的步伐。

过去泰国是个农业国,农业产值在国民经济中占很大比重。近些年来,泰国大力调整产业结构,增加对工业的投入,推动工业生产快速发展,不断提高工业化水平。现在泰国的工业产值在国民生产总值中已超过50%,工业产品出口已超过出口总额的70%,农产品出口在出口总额中已降至20%。现在泰国正在全国各地兴建众多的工业城、工业区,以进一步提高工业化水平。

泰国把出口和正在兴起的国内个人消费及海外的“第三次投资浪潮”看作是带动泰国经济进一步发展的三套马车。为了推动出口的发展,泰国加强了与周边国家的经济合作。在积极支持东盟自由贸易区建立的同时,与马来西亚、印度尼西亚合组"经济增长三角",与中国、缅甸、老挝合组"黄金四角地带",与中国、缅甸、老挝、柬埔寨和越南合组"湄公河流域经济合作圈"等。近年来,泰国出口迅速增长,已成为全球第二十二位出口国。

在过去二十多年中,泰国经济发展主要集中于大城市,广大农村及边远地区经济仍很落后。为了缩小城乡差别,加速经济发展,迅速提高工业化水平,泰国采取措施积极推动地方经济的发展,如开发以芭堤雅为中心的东部滨海发展区、以堪农—普吉为中心的南部滨海发展区等,扭转经济发展不平衡。

印度尼西亚在第二次世界大战结束之前是荷兰的殖民地,今天这个岛国正在成为一个经济强国。印度尼西亚的自然资源、人力资源都很丰富,60年代以来,印度尼西亚的经济增长率一直保持在6%—7%之间。1994年经济增长率创历史最高记录,国内生产总值增长7.3%。

印度尼西亚拥有丰富的石油资源,是石油输出国组织中惟一的亚洲成员国。石油和天然气在印度尼西亚出口中曾占80%,在政府财政收入中也曾占80%。

近10年来,印度尼西亚的经济结构发生了巨大变化,重点已从农业转至工业领域。农业在国内生产总值中所占比重已从1983年的22.9%降至1993年的17.9%。工业在国内生产总值中所占比重已从1983年的12.7%增加到1994年的22.3%。1994年,银行和金融机构在国内生产总值中所占比重已从1983年的3.0%增至4.3%。

印度尼西亚是仅次于巴西和中国的世界第三大锡生产国,还拥有金矿、铜矿和镍矿。印度尼西亚还是世界上第二大棕榈油和橡胶生产国,世界第四大可可生产国和世界第三大咖啡生产国。

印度尼西亚1994年开始的第二个25年长期发展计划,目标是脱离发展中国家,朝着工业化国家发展,人均年收入翻两番,实现经济腾飞。

菲律宾2000年计划建成新兴工业国家,人均国民生产总值由当时的700美元增加到1 200美元,贫困率从目前的50%下降到30%以下,失业率从目前的10%降到6%,经济增长率达到6%—8%。

进入20世纪90年代后,东盟加快了经济合作的步伐,不仅提出了15年内(现已提前到10年)建立自由贸易区的主张,而且积极扩大东盟组织,吸收越南、柬埔寨、老挝和缅甸参加,进一步加强东盟力量。

亚太地区的经济,由于中国经济的迅速发展而尤为引人注目。中国地处西太平洋地区的核心地带,土地面积占亚太地区近半,人口占亚太地区的一半多，虽然现在经济实力还不很强大，但潜力惊人，前景乐观。

实行改革开放的十多年来，中国经济取得了巨大成就：1980—1990 年期间，国民生产总值按可比价格计算增长了 1.36 倍，年平均增长率为 9%；国民收入增长了 1.31 倍，年平均增长率为 8.7%，这大大超过了最初的设想。工业生产增长了 2.3 倍，年平均增长率为 12.6%，是世界上工业发展最快的国家，工业制造业增加值已跃居世界第八位。农业总产值增长了 84.6%，年平均增长率为 6.3%，农业增长速度是世界上最快的几个国家之一，农业增加值居世界第一位，据世界银行估算，中国农业增加值比居世界第二位的美国多 34%，是印度的 1.6 倍。

改革开放和工农业增长促进了对外贸易的极大发展。1994 年，中国进出口贸易总额达到 2367 亿美元，比 1980 年增长两倍，年平均增长率为 11.5%。在中国实行改革开放之前，对外贸易总额仅占国民生产总值的 5%，通过十多年的改革，这个数字已上升到近 30%。目前，中国在国际贸易中已跃居第十一位。对外经贸关系的发展，说明中国与外部世界的联系越来越密切了。预计到 2000 年，中国的对外贸易将比 1980 年增长 5 倍，进出口贸易总额可能达到 5 400 亿美元，中国将以更多的商品投入国际交换和竞争，也将为世界提供超过 12 亿人口的广阔市场，从而为外国企业提供巨大的机会。当然，中国人民的生活今天还不算富裕，但城乡储蓄却大幅度增加，1995 年末居民储蓄存款余额已近 3 万亿元人民币，再加上手中的现款和各种债券，这是一笔具有极大诱惑力的购买力。

20 世纪 60 年代，日本经济高速发展，70 年代，“四小龙”相继崛起，但亚太地区并没有引起人们像今天这样大的兴趣，为什么进入 80 年代后，人们越来越重视亚太地区了呢？首先，是因为那时日本、“四小龙”都注视着欧美市场，而欧美市场日趋饱和，竞争日趋激烈；其次，是人们看到了中国的改革开放使中国经济恢复了活力，对巨大的中国市场的未来作了展望，认为中国是一个崭新的、最广阔的、最有希望的市场。可以说，具有巨大经济实力和发展潜力的中国经济，是产生“太平洋时代”魅力的重要因素之一。随着中国经济的蓬勃兴起，必将为亚太地区的其他国家创造新的市场和机会，给亚洲太平洋地区以巨大的推动力，并对整个世界经济、政治产生决定性影响。

现在，中国大陆、香港、澳门和台湾地区，正在为奔向 21 世纪实施和规划大批大型建设项目。被认为是世界上仅存的“最后的未开发的巨型油田”的塔里木油田，预定 21 世纪初完工，年产油 500 万吨。与此同时，一条横贯中国大陆、由苏联中亚经塔里木油田直通渤海湾的石油和天然气输送管道，全长 6 700 公里,全部工程预计 21 世纪初竣工。在长江兴建的、发电能力为 1 768 万千瓦、耗资 100 亿美元的三峡大坝,预计 2010 年完工。上海浦东地区综合开发计划正在加紧实施。连接北京至上海间的高速铁路计划正在落实,预计 20 世纪末、21 世纪初完工。一条由香港九龙至北京的铁路已经完成。香港的新机场建设也在加紧进行。预计,在 1997 年香港回归之前,京九铁路和香港新机场均可启用。台湾地区的"建设 6 年计划"已进行到后期,总投资额 3 000 多亿美元,大小项目共 700 多项。

为了保持经济持续增长,东亚各国都制定了投入巨资兴建基础设施和开发能源的庞大计划。目前这些工程建设计划正在逐步进入实施阶段。大型建设项目是经济的火车头。随着工程的完工和投入使用,对各地投资环境将有进一步的改善,从而对亚洲地区的经济发展将产生巨大的推动作用。

东亚各国经济的快速、持续增长,使亚洲地区的经济实力日益增强。亚洲在全球经济政治格局中的地位和角色,决定了它将成为新的世界经济增长中心。

美国第二十六届总统(1901—1909 年)西奥多·罗斯福在 1903 年曾说过:"地中海时代随着美洲的出现而结束了。大西洋时代正处于开发的顶峰,势必很快就要耗尽它所控制的资源。惟有太平洋时代,这个注定成为三者之中最伟大的时代,仅仅初露曙光。"历史证实了罗斯福的预言。

美国东西方中心出版的《亚太 1986 年报告》中明确指出:"一个新的世界贸易、工业和财富的中心正在太平洋西端出现,与原先以北大西洋为基地的工业革命的中心相匹敌。"

三、亚洲太平洋地区是否将取代欧洲大西洋地区成为世界经济发展的中心

亚洲的崛起,太平洋经济中心的形成,那么,亚洲太平洋地区是否将取代欧洲大西洋地区而成为世界经济发展的惟一中心?

1. 当今的世界体制是多极化的。苏联解体后,美苏争霸的两极体制的格局已不复存在。美国虽想独霸全球,建立一手控制世界的单极体制,但已是心有余而力不足了。战后冷战了四十多年,美苏任何一方都没有成为真正的胜利者,苏联解体了,美国也削弱了,难以重振昔日的辉煌。今天大国的关系结构是 1-3-5 结构,就综合国力而言,美国是惟一的超级大国;就经济

而言,是美国、欧洲经济共同体、日本三极;就政治而言,是美国、欧洲经济共同体、日本、中国和俄罗斯五极。

俄罗斯从地图上看是一个大国,从经济指标看还不能成其为一极。但它有工业基础,有丰富的资源,有高水平的科学技术,再加上拥有1.5亿人口的广阔市场,因而是潜在的一极。但从其政治混乱、内部纷争不已来看,它又是不确定的一极。

美国背负着高额的双赤字,并面临着一系列严重的社会问题,已是大大削弱了的超级大国。美元贬值就是一个明显的标志。当投资者、投机者抛售美元和美国债券时,美国显得无能为力。美元下跌反映了美国越来越依赖于别国了。

日本已是一个经济大国,并正在为争取成为一个政治大国而积极活动。日本会不会成为一个军事大国?如果日本有朝一日成为军事大国,那么日本在军事大国的道路上会走多远?这还是个未知数。

统一后的德国经济实力大增。德国早已不满于经济上的巨人、政治上的侏儒的处境。日趋强大的德国是否会在欧洲和世界扮演一个领导者的角色?如何去实现它的领导作用?历史是否会重演?这也是令世人广泛关注的问题。

总之,当今的大国关系结构还是一个不稳定的结构或不确定的结构。但有一点是确定无疑的,即当今世界的多极化结构是确定无疑的。

2. 由东大西洋和西大西洋合成的大西洋地区是传统的世界经济中心,经济基础依然雄厚,经济规模也很庞大,虽然美国经济大大削弱,欧洲经济持续停滞,据日本经济企划厅的预测,到2000年,美国和西欧国家的国民生产总值占世界总额的比重将会从1980年的51%降至46%,但仍比日本和东亚地区所占的30%要大得多。从科学技术方面看,欧洲是两次产业革命的发源地,有悠久的科技发展史,有一支素质良好的科技人员队伍,美国在科技领域处于领先地位,欧洲在科学技术上也有不少突破和创新。所以,由美国和欧洲合成的大西洋地区在经济和科学技术方面仍有相当的实力。如果再考虑到俄罗斯和东欧国家的存在和发展,肯定将加强欧洲及大西洋地区的影响,作为世界经济中心的地位不会动摇,仍会是一个重要的中心。

在世界政治多极化的今天,世界经济多极化的趋势在明显增加。今后世界经济的格局将是多中心的。

3. 尽管亚洲太平洋地区的经济实力会进一步上升,在全球经济事务中会扮演更重要的角色,但不可能取代欧洲大西洋中心而成为世界上独一无二的经济中心。这里有两个因素必须考虑。

首先,日本是亚洲太平洋地区的大国,日本经济增长在西方经济大国中仍处于领先地位,但日本不可能取代美国而成为带动世界经济增长的火车头,更不可能在经济上超过美国而成为世界第一超级大国。

在21世纪,如果日本的经济增长率始终能保持对美国的优势,比美国高出一个百分点(若美国年增长率为2.5%,日本为3.5%,或美国年增长率为3%,日本为4%),那么到2050年时,日本的国民生产总值也只是美国的90%,只是接近美国的经济实力(1950年时,日本的国民生产总值只有美国的1/20,1990年时达到美国的60%)。

若考虑到日本国土面积狭小、自然资源短缺等因素,日本和美国有着明显的差距。日本和美国的综合经济实力差距将大于国民生产总值的差距。

当然,日本在技术竞争上有一定的优势,在人才培养方面也有一定的成就。日本若能在科技上超过美国,那么在经济实力上超过美国也就很有可能,日本也就有可能成为经济、金融、科技的超级大国,但那恐怕是2050年以后的事。这里要有一个重要的前提,即政局稳定。若像在1993年7月至1994年6月,一年中更换四届政府(宫泽、细川、羽田、村山),政局动荡不安,一切都将成为空话。

其次,中国也是亚洲太平洋地区的一个大国,这是就人口、政治而言,但中国不是经济大国,实际上经济不发达,人均收入很低,人均资源很少。到2000年,中国在总的经济实力方面将居世界第六或第五位,有较强的科技和制造能力,可以说是世界强国之一,但也只是人均收入800—1 000美元,收入水平属于中等偏下,在世界排行榜上虽进入了前100名,但可能还在80名以后。即使到2050年,人均收入达到4 000美元,也只是中等发达国家水平,与发达国家仍有很大差距。这里也要有个前提,就是人口不能突破指标。世界银行在考察了中国经济后发表了一个主报告《中国:长期发展的问题和方案》,指出中国如能合理地提高能源和材料的利用率,而且人口到2000年时能保证计划指标的12亿左右,就可以实现工农业总产值翻两番,人均收入800美元的目标也可以实现。

日本和中国是亚洲太平洋地区的两个支柱大国,是带动东亚经济增长的火车头,但种种因素决定了日本和中国经济的发展,不可能使亚洲太平洋取代欧洲大西洋成为独一无二的世界经济中心。在21世纪,亚洲太平洋地区和欧洲大西洋地区将同时成为世界经济发展中心,形成一个多中心的世界经济。

21 世纪东亚经济新格局

21世纪东亚经济格局*

一、21世纪是亚洲世纪

如果说，亚洲的经济发展举世瞩目，成为世界经济最具活力的地区，那么，东亚地区就是亚洲经济繁荣的核心和动力源。日本的崛起，四小龙的腾飞，东盟国家的快速发展，以及中国经济的恢复活力，无不发生在东亚地区。据世界银行的最新统计，过去10年内，全球人均国民生产总值增长最快的前4名均为东亚国家，即泰国、韩国、中国和新加坡。由于经济的迅速发展，亚洲在全球经济中的比重显著上升，1960年整个亚洲经济力量仅占全球的4%，到1990年时已增至25%，预计到21世纪初将占到1/3，亚洲、美国、欧洲在经济上将构成鼎足之势。亚洲地区的制造业实力明显增强。1950年世界最大的50家工矿企业中，东亚地区榜上无名。而到1993年，东亚却有14家企业进入世界最大公司行列。按销售额计算，世界10大电器公司中，东亚地区有7家，世界10大汽车公司中，东亚地区有4家，世界6大计算机公司中，东亚地区有3家。亚洲以拥有世界上最大的造船厂、最大的钢铁厂为荣。

近二三十年来，东亚地区外贸发展迅猛，外贸规模迅速扩大。1960年，日本、"四小龙"、东盟4国和中国等10个国家和地区的贸易出口额为117亿美元，贸易进口额为128亿美元，分别相当于美国的56.9%和78.1%，而到1992年，上述10个国家和地区的出口和进口贸易额分别上升为8 030亿美元和7 823亿美元，分别比美国的出口和进口贸易额多90.8%和41.85%。到90年代初，日本、中国内地、中国香港地区、中国台湾地区、韩国、新加坡均已进入世界15大贸易区的行列。

东亚地区金融实力迅速增强。1969年，世界100家大银行中，东亚地区占20家，资产额为1 020亿美元，占100家大银行资产总额的17.2%；而

---

* 本文系1996年3月在北京召开的"21世纪中国与日本"国际学术讨论会上的演讲，原载于《21世纪中国与日本》论文集，北京大学出版社1996年版。

到1992年，世界100家大银行中，东亚地区增加到31家，资产总额为66 390亿美元，占100家大银行资产总额的43.8%。现在世界前10大银行中，9个在亚洲。东京、中国香港地区和新加坡已形成三角形金融网络，它们以其优越的地理位置和雄厚的金融实力，成为世界上仅次于纽约、伦敦和法兰克福的举足轻重的金融中心。

据亚洲开发银行统计，在过去20年里，东亚整体经济平均每年增长8%，远远高出世界发展中国家年平均4.3%和工业化国家3%的增长水平。一个拥有约18亿人口的地区，能在这么长的时期里，保持这么高的增长速度，这在世界经济史上是绝无仅有的。尤其是自1990年起世界经济陷入停滞以来，东亚经济仍然蓬勃发展，保持6%—8%的增长速度，更是令人赞叹不已。

世界银行和亚洲开发银行等权威经济机构认为，东亚经济增长在今后数年内将继续处于世界领先地位。世界银行1994年4月公布的《全球经济前景》报告预测，1994—2003年，东亚经济增长率将达年平均7.6%，最低也将超过7%，将继续发挥世界经济增长中心的作用。而南亚等国也日趋汇入东亚高速发展的潮流，这必将使整个亚洲在世界经济中发挥更重要的作用。

在世界历史漫长的发展过程中，具有悠久文化历史传统的东方亚洲各国，也曾经历过它的鼎盛时期，对世界文明的发展曾经作出过令人炫目的贡献。然而，近百年来，在帝国主义、殖民主义的掠夺和奴役下，绝大部分国家和地区遭受残酷的蹂躏和践踏，致使生产落后，生活贫困。第二次世界大战后，特别是近二三十年来，亚洲这条巨龙终于觉醒了，一些国家以其惊人的增长速度赢得了人们的尊敬，使这个长期以来不被人们重视的地区顿时成了世界各国关注的焦点。人们惊呼：一个新的世界经济增长中心正在形成，21世纪将是亚洲世纪。

世界经济是一个不断发展的动态过程。纵观整个历史画卷，世界经济中心不是亘古不变的，它的运行轨迹是从东方古老的中国依次转移到近代欧洲的意大利、伊比利亚半岛的西班牙和葡萄牙、“海上王国”荷兰、“世界工厂”英国，以及新兴国家美国，现在又来到了觉醒的亚洲。这是历史性的大转移。

蓬勃发展、充满活力的亚洲地区，经济增长波一浪高过一浪。

日本以其经济的高速发展创造了“日本的奇迹”。日本作为世界经济大国的崛起，是战后亚洲地区和整个世界经济中的一件大事。1990年日本的国民生产总值已增长到相当于美国的60%，而人均国民生产总值比美国多出20%。日本的国际金融实力已超过美国。虽然在科学技术上，美国仍居世界领先地位，但日本在某些领域已超过美国，成为当今世界上科学技术最先进的国家之一。到2000年，如果日本仍能保持快于美国的经济增长率，两国经济实力的差距将会进一步缩小，日本的国民生产总值占世界的比重将达到12%，而1960年时为3%，1955年为2%，美国则从33%降至20%。

中国香港地区、新加坡、中国台湾地区以及韩国的经济以其惊人的速度持续增长，从而成为举世闻名的“四小龙”。“四小龙”大约用了10—15年的时间，初步实现了资本主义工业现代化，成了新兴工业国家或地区。根据港英当局统计，从1950年到1991年，香港地区本地生产总额由31.5亿港元增加到6 330.2亿港元，增长了200倍；对外贸易由75亿港元增加到15 448.7亿港元，增长了205倍。

新加坡在1965年独立时，经济落后，生活贫困，但到1990年时，人均国民生产总值已达1.2万美元，1995年人均国民生产总值更达2.23万美元，超过英国、新西兰，在亚洲仅次于日本，成为世界第九大富国。经济合作与发展组织(OECD)宣布，自1996年1月1日起新加坡将成为东南亚第一个较发达的发展中国家。进出口总额1 350亿美元，在世界进出口总额中居第十五位，出口额中居第十八位。

在1952年到1991年的40年中，中国台湾地区国民生产总值从6.9亿美元增加到1 920亿美元，增加了278倍，人均国民生产总值从167美元增加到8 813美元，增加了52倍。

韩国在1961年到1991年的30年中，国民生产总值从21亿美元增加到2 808亿美元，人均国民生产总值从82美元增加到5 220美元。现在成为世界第二大造船国、第六大钢铁生产国和第九大汽车生产国。

现在，“四小龙”都已制定了雄心勃勃的经济和科技发展计划，迎接21世纪的到来。例如，新加坡的目标是要成为“亚洲的瑞士”，韩国20世纪末的目标是进入发达国家行列。

东盟各国经济的崛起成了东亚又一个经济增长的热点地区。东盟经济的持续增长使东盟组织成为亚洲地区一支重要的经济政治力量。现在东盟国家亦纷纷制定迎接21世纪的计划。例如，马来西亚的“2020年宏愿”，是从1991年起，在30年内建成发达国家，经济年平均增长7%，人均收入翻两番，达到1万美元以上；印度尼西亚的第二个25年长期发展计划，目标是脱离发展中国家，朝着工业化国家发展，实现经济腾飞；“菲律宾的2000年”是计划建成新兴工业国家；为了尽快登上“亚洲第五条小龙”的宝座，泰国正在加快经济调整与改革的步伐，现在泰国在全国各地兴建众多的工业城、工业区，以进一步提高其工业化水平。

东亚地区的经济，由于中国经济的迅速发展而尤为引人注目。16年的改革开放，极大地解放和发展了生产力。1978—1993年国内生产总值平均增长9%，进入90年代后，增长更快。1992年国内生产总值比1991年增长12.8%，1993年又比1992年增长13.4%。一些主要的工农业产品产量在世界上的位次明显提高，综合国力上升到第十位。预计到2000年，中国的国民生产总值将增加到1980年的3倍，达到1.1万亿美元以上，居世界第五位。

改革开放和工农业增长促进了对外贸易的极大发展。1978年，中国的对外贸易额仅为206亿美元，1994年达到2 367亿美元，在国际贸易中，中国已排名世界贸易第十一位。中国已不再是一个所谓的潜在市场，而成为一个现实的市场了。预计到20世纪末，中国将从国际市场进口超过10 000亿美元的商品。这说明。随着中国经济的迅速发展，其市场容量将显著增大。当然，中国人民的生活今天还不算富裕，但城乡储蓄却大幅度增加，1994年末居民储蓄存款余额达21 519亿元人民币，再加上手中的现款和各种债券，共约有3万亿人民币，这是一笔具有极大诱惑力的购买力。

60年代，日本经济高速发展，70年代，“四小龙”相继崛起，亚洲地区还没有引起人们像今天这样大的兴趣，为什么进入80年代、90年代后人们越来越重视亚洲地区了呢？首先是因为那时日本、“四小龙”都注视着欧美市场，而欧美市场日趋饱和，竞争日趋激烈；其次，是人们看到了中国的改革开放使中国经济恢复了活力，对巨大的中国市场的未来作了展望，认为中国是一个崭新的、最广阔的、最有希望的市场。可以说，具有巨大经济实力和发展潜力的中国经济，是产生“亚洲世纪”魅力的重要因素之一。

据权威机构经济学人情报单位(EIU)1995年公布的、由统计数据计算出的世界各大市场规模(Market Size)排名榜显示，中国属世界第三大市场，仅次于美国、日本。EIU的市场规模指数是指某国市场或某地区市场在全球市场中所占的百分比。纳入分析的数据包括总人口、城市人口、个人消费开支、钢铁消耗、电力生产及电话、电视机、车辆等项目的拥有量。根据1992年的数据，在市场规模排行榜上，美国第一(20.27%)，其次是日本(10.04%)，第三是中国(9.98%)。按区域排列，前三位依次是亚洲、欧洲和北美。

亚洲居住着世界上60%的人口,在世界贸易中占25%,在世界总产值中占27%,而不是30年前的4%,在世界外汇储备中占1/3。在这些数字背后,有着什么样的市场以及什么样的结构投资需要是很显然的。亚洲市场极具诱惑,亚洲经济举世瞩目。

二次大战后的相当一段时期内,只要发达国家打个喷嚏,亚洲新兴的国家就要感冒。西方工业化国家,特别是美国强劲的进口需求,是促进该地区经济持续增长的重要因素。然而,20世纪80年代以来,特别是进入90年代后,这一格局开始发生变化。亚洲经济增长势头强劲,促进该地区经济增长的主要因素发生了变化。现在已经不是依赖美国的市场来促进其出口,而是越来越依靠本地区内部的需求来促进其经济增长。据统计,从1956年到1992年,亚洲区域内贸易增加了2.1倍,其中区域内部出口占其出口总额的比重从41.1%提高到49.9%,区域内部进口占其进口总额的比重从49.7%提高到56%。亚洲内部贸易的增长速度要比亚洲与外部贸易的增长速度快3倍。从东亚来看,1990年东亚各国之间的贸易规模仅为1 427亿美元,1994年已增为2 898亿美元,使东亚在全球贸易中所占的比重从1990年的4.2%上升到1994年的6.7%。东亚各国相互投资的规模也大幅度增长。在东亚接受的直接投资总额中,美国、欧洲、日本所占的比重由1990年的49.4%下降到1993年的30.6%。在东亚内部各国直接投资中,日本占18.4%,中国香港地区、中国台湾地区、韩国的投资占亚洲国外直接投资总额的一半。香港在中国内地的投资,中国台湾地区在马来西亚的投资分别占第一位。这样东亚地区经济自主性进一步增强,保持了经济的持续稳定发展。

为了迎接21世纪,亚洲各国正在对基础设施进行大规模改进,投资和贸易流量比以往更大,也更加区域化。亚洲地区已是美国最大的出口市场这一事实向人们提出一个问题:会不会有朝一日,亚洲打个喷嚏,美国就要感冒呢?

近年来,外国资本纷纷转向亚洲。在80年代以前,对外投资大部分集中在工业化地区。80年代后、90年代以来,发展中国家,特别是亚洲地区吸引了越来越多的资本。在1993年,亚洲吸引的资本占全部外资的40%,是1991年的两倍。南亚和东亚是最受投资者青睐的地区。1993年,它所获得的投资占对发展中国家全部投资的57%。亚洲地区是当今世界最有利可图的投资场所之一。

蓬勃发展的亚洲经济,使世界各国领导人从来没有像今天这样感到与东亚加强联系的紧迫性,从来没有像今天这样对亚洲趋之若鹜。北美、西欧、拉丁美洲等国的领导人,先后发表讲话,强调亚洲对本国的重要性,纷纷将本国经济发展战略与亚洲紧密结合起来。

自克林顿入主白宫以来,总统和政府高官发表了一系列讲话,反复强调"世界上没有哪个地区比亚太地区对美国更重要"。国际舆论普遍认为,现在处于美国外交和经济政策中心的是亚洲,而不是欧洲。促使美国从传统的重视欧洲变为重视亚洲的,不仅仅是因为随着冷战结束,美欧关系比重下降,更重要的还是因为亚洲国家近年来政治稳定、经济发展,亚洲在世界经济和世界政治中的比重增大了。200 年来,美国一直注视着欧洲,现在美国把目光掉转 180 度,转向亚洲,这是一场革命性的转变。

1993 年 2 月,德国总理科尔访问了新加坡、印度尼西亚、日本、韩国和南亚大国印度,每到一处都强调亚洲对德国的巨大意义。回国后,科尔形成了他的"亚洲观念",认为亚洲将成为 21 世纪最重要的大陆,呼吁企业界开展"亚洲攻势",促进德国经济向亚洲发展,故而被称之为科尔的"新战略"。1993 年 9 月,德国内阁通过了《亚洲纲领》。1993 年 12 月,德国内阁又通过了"新亚洲政策",把对亚洲的政策确定为保障德国未来的优先任务。

亚洲市场目前是世界上最有活力的市场,而法国人在这个市场上只有 2%的市场占有率,只占外国投资的 1%。法国现在大大落后于它的竞争对手,尤其是落在德国人后面。1993 年,法国总统密特朗以带病之躯三次访问亚洲,这种异乎寻常的访问频率表明,法国要扭转在亚洲市场上的劣势,扩大与亚洲国家的经济关系。1994 年 1 月,法国制定了一个与亚洲发展经济关系的计划,为扭转法国在亚洲市场上的劣势作了统筹安排。

英国也把目光投向亚洲。梅杰频繁出访亚洲国家,其目的就是要加强与被访国的关系。随着香港 1997 年即将回归中国,英国正在寻求在经济方面进入亚洲的途径。

澳大利亚的基廷政府明确提出"澳大利亚必须面向亚洲"。1993 年 6 月,基廷出访韩国和中国之前曾说:"双脚站在亚洲,头却伸向欧美,这种情况,澳大利亚绝不能再继续下去了。"现在,基廷政府推出"澳大利亚在亚洲:经济共同增长"计划,以进一步推进澳大利亚与亚洲经济一体化。

由于历史和地理的原因,拉丁美洲对外经济一向依赖于美欧,但这一传统格局近年来也开始发生变化。1993 年 10 月,在第十九届拉美经济体系部长理事会上,27 个拉美成员国政府代表达成共识:拉美对外经济战略将从 21 世纪起转向亚洲。

东亚各国经济的快速、持续增长,使亚洲地区经济实力日益增强。亚洲在全球经济政治格局中的地位和角色,决定了进入 21 世纪的一二十年后,亚洲世纪的曙光将出现在东方的地平线上,亚洲将成为新的世界经济增长中心,在世界经济中的比重将从目前的 25%提高到 30%以上,三分天下之势大局已定。亚洲对世界经济发展的影响将越来越大,世界各国对亚洲地区也将更加关注。一个以亚洲为焦点的全球争夺将日趋激化。

二、21 世纪东亚经济格局

东亚经济的兴起将使日本作为亚洲惟一的工业化国家的时代成为过去,21 世纪将是亚洲的工业化现代化时代,是亚洲化的时代,它必将在东亚逐步形成新的经济格局。

(一) 东亚经济力量对比将发生重大变化

一些发达国家地位将下降,一些发展中国家和地区将变成发达国家和地区。

日本工业化现代化在亚洲"一枝独秀"的时代已经而且必将过去,21 世纪将是亚洲现代化的时代,日本应为适应这一时代的到来作好精神准备,准备与亚洲各国共同走向发达与富强。

四小龙中的新加坡、中国香港地区、中国台湾地区人均收入已达到发达国家水平,韩国将在 20 世纪末、21 世纪初达到发达国家水平。

经济合作与发展组织(OECD)1995 年 5 月宣布,从 1996 年 1 月 1 日起,新加坡将成为一个发达国家。新加坡官方不赞成这个界定,认为新加坡要在"总体结构"上成为一个发达国家还需要 5—10 年的时间。认为新加坡不仅缺乏自然资源,而且工人的教育水平也有差距。新加坡的进出口额虽然很大,但是很大一部分属于跨国公司。新加坡内阁资政李光耀 1995 年 12 月 8 日说,新加坡的人均收入是在外国人注入新加坡的财富推动下才达到 2.4 万美元的水平,如果没有外国人的财富这个因素,新加坡的人均国民收入达不到这个水平。因此,新加坡要成为发达国家还需要 5—10 年,即 20 世纪末或 21 世纪初。

泰国、马来西亚、印度尼西亚等国将成为新一代的新兴工业化国家。

中国的发展战略目标是在 20 世纪末要使中国达到小康水平,到 2010 年使人民的小康生活更加富裕,在 21 世纪中叶达到中等发达国家水平。目前中国经济的发展表明,这一目标有可能大大提前,1995 年已提前 5 年实现了原定 2000 年国民生产总值比 1980 年翻两番的目标。

中国科学院国情分析研究小组在最近完成的国情研究报告《机遇与挑战——中国走向 21 世纪的经济发展目标和基本发展战略研究》中指出,中国有可能在 21 世纪末在经济和社会发展水平上达到发达国家水平。根据经济模型计算,《研究报告》认为,中国在 21 世纪实现社会主义现代化将经历三个发展阶段:第一步,约在 2020—2030 年,在经济总量上达到世界第一;第二步,约在 2040—2050 年,在人均国民生产总值等重要经济指标上达到 20 世纪末发达国家的水平;第三步,21 世纪末在人均经济指标和人均社会发展水平等方面达到当时世界上发达国家水平。

在大批发展中国家进入发达国家行列的同时,将会出现更多的经济强国。当然,成为经济强国也是指总的经济实力,若就人均国民生产总值及其他经济指标等综合国力而言,仍有一定的差距。

(二) 东亚各国和地区的相互依赖关系将逐渐发生位移

在相当时期内,东亚地区发展中国家对发达国家的依赖仍将存在,但发展趋势将逐渐减弱,而发达国家对发展中国家的依赖将逐步加深。发展中国家将成为东亚地区经济中一个独立的增长源、动力源,而不受发达国家经济的影响。东亚地区经济的自主性将增强。90 年代以来,日本经济的衰退未影响东亚地区经济的持续增长就是证明。

曾经是战后世界奇迹的日本经济,自 1991 年以来一直步履蹒跚,1992—1995 年的经济增长率不到 1%,工业剩余生产能力仍在 30%以上,对外直接投资减少,从 1991 年的 307 亿美元减少到 1994 年的 179 亿美元。日本经济的这种停滞对东亚经济并没有产生什么影响,东亚经济依然持续增长。

这首先是由于发展中国家日益扩大的内部市场保持着旺盛的需求。以目前的汇率计算,日本经济几乎相当于美国经济的 80%,但它的进口额只相当于美国的 40%,日本的制成品进口额还不到其总进口额的一半,而且只相当于美国进口额的四分之一。1990—1993 年,亚太地区的进口额为 2 278 亿美元,其中"四小龙"占 30%,中国占 25.2%,东盟占 13.6%,日本的进口额仅为 6.1%,还不到东盟国家的一半。东亚发展中国家的贸易不只是规模大,而且增长快。根据世界贸易组织的统计,1990—1995 年之间,整个东亚地区的进口以每年 10%的速度增长,仅 5 年就增加了超过 60%。显然,东亚发展中国家对区域内需求的迅速增加是东亚地区经济持续增长的重要因素。

其次就是发展中国家内部相互投资急剧增加,除日本外的亚洲内部相互投资,1993年已达190亿美元,超过了日本对亚洲的投资。自1990年以来,对东盟国家最大的投资者不再是日本和美国,而是“四小龙”。自1990—1994年上半年为止的投资总额,“四小龙”为230亿美元,日本为191亿美元,美国为71亿美元。对中国内地的最大投资者无疑是香港,在1993年中国内地引进的278亿美元的海外直接投资额(实际利用额)中,香港(包括澳门在内)的直接投资占64.7%,仅次于香港的是台湾地区,占11.2%。日、美两国总计才只占12.6%。在对华投资中占压倒多数的是分布于东亚地区的华侨、华人资本。

第三就是发展中国家相互之间的经济合作发展很快,多形式、多层次的经济合作组织如雨后春笋。东南亚地区最早建立的合作组织——东南亚国家联盟,在原来合作的基础上,宣布了进一步扩大组织和建立东盟自由贸易区的计划,这将使东南亚出现一个具有活力和潜力的大市场;在东北亚地区,正在进行的环日本海合作和环渤黄海合作,有可能形成东亚新的经济增长点;包括香港、澳门和海峡两岸的中华经济圈,规模巨大,实力雄厚,已经并将继续成为带动东亚经济增长的一个新的动力源;至于其他的经济合作圈和经济成长三角,则更是方兴未艾,卓有成效。

过去形成的美欧日三足鼎立之势,随着亚洲经济的崛起和经济力量对比的变化,将被美欧亚所取代,亚洲作为一极代替了日本,日本经济对亚洲的影响力下降了。

日本作为东亚的一员,与东亚邻国有着长期相互依存的关系,但是作为发达国家,日本更重视与欧美的关系。早在100年前,日本曾以“脱亚入欧”的理想实现了现代化。战后,日本经济依赖美国,进入了美国经济圈。如今,日本又以“脱美返亚”的姿态,迎接亚洲新纪元。亚洲开发银行的报告指出,日本在欧美的投资持续下降,而在东亚的投资却连年上升。1991年,日本在欧美的公司亏损15亿美元,而在亚洲的公司却盈利40亿美元。在贸易领域,进入90年代后,日本对亚洲的出口占其出口总额的比例已经比1985年时增加了3倍。亚洲开发银行认为,日本对亚洲发展中国家的依赖越来越深。随着区域经济集团化趋势的加强和贸易保护主义的加剧,日本应该认识到,他们要继续繁荣经济,近在咫尺、具有巨大潜力的亚洲市场是惟一的选择。

东亚各国地区内贸易和投资的逐年扩大与合作的加强也改变了对美国依赖的局面。二次大战后相当一段时期,美国的进口需求是促进东亚地区经济持续增长的重要因素,然而这一格局现在开始发生变化。东亚各国对美出口的比重已由1986年的30.2%下降到1993年的22.3%。10年前,中国台湾地区的出口中几乎有一半是销往美国,韩国、日本、中国香港地区、菲律宾和新加坡对美国的出口也分别占各自出口总额的40%、39%、31.3%、35.6%和23.4%。但是,现在美国和亚洲的贸易关系颠倒过来了。1986年,美国从亚洲的进口创造了最高记录,达到亚洲进口总额的34.1%,但是以后逐步下降,1990年降到26.3%,1993年降到24.8%,1995年又降到22.7%。亚洲在贸易上对美国的依赖逐渐减小,相反,美国对亚洲的依赖却逐渐增大。1986年,美国对亚洲的出口占其出口总额的24.5%,1995年上升到30%。在这种情况下,美国以往那种声称东亚各国如果不开放市场,美国也将封锁市场的威胁已不会产生任何作用了。以美国为首的发达国家现在已经意识到,其自身经济增长不仅不能脱离东亚发展中国家的经济增长,而且还要依靠东亚发展中国家。

(三) 东亚"四板块"的新格局

随着经济力量对比的变化和次区域集团化发展的趋势,21世纪东亚将形成日本、朝鲜半岛经济圈、中国经济区和东盟自由贸易区4个板块的新格局。

二次大战后,日本确立了"经济立国"的国策,在美国的大力扶持下,优先发展经济,使经济持续高速增长,大约用了20年的时间(至1968年),使国民生产总值跃居到仅次于美国的资本主义世界第二经济大国;之后,又用了大约20年的时间(至1987年),使人均国民生产总值超过了美国,成为世界公认的具有雄厚的资金和技术实力的经济大国。1993年,日本国民生产总值为42 548亿美元,占世界国民生产总值的16.3%,同年它的人均国民生产总值31 450美元,超过美国的24 750美元,居世界第三位。今天日本拥有2万亿美元的海外资产,每天有近4亿美元的对外贸易盈余,1995年的政府开发援助预算为1.16万亿美元。日本具有3个世界之最,即最高的国民收入国、最大的贸易盈余国和最大的援助国。这使日本无论在东亚,乃至世界多极化格局中,都是重要的一极。

中国改革开放十几年来,经济以年平均9%的速度增长,预计到20世纪末,中国经济仍可望保持8%—9%的速度增长,比世界经济发展速度高2—3倍。根据世界银行《1993年世界发展报告》的材料,1992年中国的国内生产总值为4 253.15亿美元，预计到2000年，按每年递增9%计算，国内生产总值可达8 475亿美元，比1992年翻一番。

世界银行1993年4月发表的世界经济报告中第一次使用"中华经济区(CEA)"这个范畴，把中国大陆、香港、澳门和台湾地区作为一个整体来考察。1992年该经济区的进口额达1 886.44亿美元，仅次于美国、德国、法国、日本、英国和意大利，居世界第七位，占世界出口总额的5.3%。1994年中华经济区的进出口贸易总额达到7 260亿美元，超过日本的6 700亿美元，在世界贸易中占有举足轻重的地位。

香港和澳门将分别于1997、1999年回归祖国，台湾与祖国大陆的统一也只是时间问题，届时充满活力的中国经济将释放更大的潜能。世界银行1993年的报告预测，到2002年，以市场价格计算，中华经济区总产值将达到2.5万亿美元，仅次于美国、日本、德国，成为世界经济增长的"第四支柱"，构成东亚经济的重要一极。

东盟成立于1967年，截至1995年7月，东盟成员国一直为6国，共有人口3.3亿，面积300万平方公里，国民生产总值3 200亿美元。

1995年7月28日，越南正式加盟东盟，成为其第七个成员国。到20世纪末之前，东盟还将吸收缅甸、老挝和柬埔寨，届时东盟将拥有10个成员国，人口4.5亿，面积452万平方公里，国民生产总值4 500亿美元，东盟也将成为东亚经济中重要的一极。

东盟各国现正全力为在2003年建成"东盟自由贸易区"而积极努力。随着"大东盟"和"东盟自由贸易区"的逐步形成，东南亚地区将成为一个具有活力和潜力的内部市场，对各国发挥各自优势，加强交流与合作，推动区域合作和东亚经济的发展将产生重大的推动作用。

朝鲜半岛的局势日趋缓和，朝鲜南北方的统一势在必然。

金日成生前曾指出："基于一个民族，一个国家，两种制度，两个政府，以联邦制方式实现统一，是符合我国现状的祖国统一方法的大原则。"

1995年7月23日，朝鲜劳动党中央机关报《劳动新闻》刊登署名文章，呼吁北方和南方保留现有制度和政府，超越思想和制度的分歧，以联邦制方式实现祖国统一。

在韩国，"全球化"已被确定为直至20世纪末发展的主题。在金泳三提出的为推行"全球化"政策而进行的六个领域(即教育、法律和经济制度、政治和新闻媒体、国家和地方政府、环境保护、文化)的改革措施中，实现与朝鲜的和解与合作是其目标之一。"全球化"已在韩国的经济、政治和社会发展的方方面面引起了强烈的反响。

就在不久前，韩国还是一个贫穷的发展中国家，然而今天，它的人均国民生产总值已超过1万美元。从1980年至1993年韩国国民生产总值年平均增长9%，外贸总额已近2000亿美元，出口年平均增长11.9%，在世界出口国家中排名第十二位。今天，韩国已不只是一个新兴工业国家，而且还将一只脚伸进了工业国家俱乐部(OECD)。虽然美国仍旧是韩国最大的贸易伙伴(1994年韩美双方贸易额达422亿美元)，但韩国正在把投资和出口转向亚洲新兴的市场。

为了适应朝鲜半岛周边形势的变化和"谋求全民族的均衡发展"，进入90年代后，韩国掀起了对朝经济合作热潮，政府积极鼓励和支持企业同朝鲜开展经济合作。据韩国方面统计，1990年双方贸易额为1300万美元，1991年为1.1亿美元，1992年为1.9亿美元，1995年为3.1亿美元。1995年韩国已成为继中国、日本之后朝鲜的第三大贸易伙伴。1995年韩国已有6家大企业在朝鲜投资。这种由官方带头发起，政府积极推进，以经济合作为中心，构筑南北信任，最终组成"一个经济共同体"，并完成祖国统一的目标，在为期不远的将来就会达到，届时韩国将成为东亚的一支重要经济力量。

(四) "东亚经济核心论坛"的成立

21世纪，作为东亚地区的经济合作组织"东亚经济核心论坛"(EAEC)将成立，其目的在于讨论和协调本地区各国感兴趣和利益相关的问题，以集体的力量去与欧洲或美洲贸易集团进行谈判，保护本地区的利益免受西方贸易歧视和保护主义的损害。其成员自然仅限东亚国家和地区。

1995年7月30日东盟第二十八次年会发表的联合公报中，关于"东亚经济核心论坛"，各国重申他们"将致力于早日实现建立东亚经济核心论坛"，他们认识到"更为集中地讨论具体的经济和发展问题，尤其是集中讨论一些有助于促进东亚地区发展的问题将是有益的。"

随着印度等国经济的迅速发展，"东亚经济核心论坛"演变为"亚洲经济核心论坛"不是不可能。

东亚经济新格局的形成，有其深刻的时代背景：

1. 自20世纪60年代以来，东亚地区经济增长率一直在世界上处于领先地位，即便是在世界经济持续萧条的情况下，东亚经济仍保持一枝独秀，经济增长率一浪高过一浪。由于经济的迅速发展，东亚地区经济在全球经济中的比重迅速上升。

2. 冷战结束后,意识形态因素下降,经济优先原则在东亚地区得到了充分体现,各国都能摈弃前嫌,迅速改善关系,出于经济的互补互需,大力发展友好合作关系。

3. 冷战后的国际格局迅速向多极化发展,各种力量都谋求在“极”中定位,东亚地区亦然。日本、朝鲜半岛、中华经济区和东盟自由贸易区四方的互动关系,对东亚经济的发展与合作及地区的和平与稳定起着举足轻重的作用。

东亚能否保持地区稳定、经济繁荣和发展成为一个富有凝聚力的地区,取决于日本、朝鲜半岛、中华经济区和东盟自由贸易区四方各自的政策及相互尊重与平等合作。如果四方中的任何一方,都不以领导者自居,不谋求建立经济的、政治的或军事的霸权,一致反对地区外势力的介入,那么,东亚就能在政治上和谐共处,经济上合作发展,亚洲各国就能共同走向繁荣富强。

三、世界经济的前途在亚洲

在当今的世界上,停滞老化的欧洲和缺乏活力的美洲使得欣欣向荣的亚洲充满了希望。亚洲、特别是东亚地区是当今世界经济最有活力的地区。亚洲经济迅速增长,实力迅速增强。亚洲市场像一块“磁铁”,对世界具有巨大的吸引力。东亚经济的持续增长已使东亚和北美、欧洲成为当今世界经济的三大中心。

从国民生产总值的规模来看,现在东亚地区、北美自由贸易区和欧洲联盟成员国分别在6万亿美元左右。根据世界银行和欧洲联盟执行委员会对今后10年上述地区经济增长率进行分析预测的结果,东亚地区经济增长率为5.4%,北美自由贸易区为2.5%,欧洲联盟为2.25%。以此为依据,10年后,东亚地区的国民生产总值规模将达到9万亿美元,北美自由贸易区将达到7—8万亿美元,欧洲联盟约为8万亿美元。

根据经济合作和发展组织的预测,到2040年,全球产品将有一半是“亚洲制造”。经济合作和发展组织认为,世界经济的前途在亚洲。

在过去,亚洲经济的奇迹主要是建立在它能自由地进入发达国家,特别是美国、欧洲市场上。但是现在,事过境迁,情况发生了根本变化。现在美国和欧洲的发展越来越多地依靠和亚洲的贸易,以缓解衰退所带来的冲击和增加就业机会。特别值得注意的是,今天的亚洲已不再像以前那样依赖欧美市场,而是随着自身经济增长,内需市场日新月异,亚洲内部的消费水平和购买力迅速增长，结果是美国和欧洲对亚洲的依赖将日益增强。

(一) 东亚的崛起使得美国政府重新强调美国同亚洲国家扩大经贸关系的重要性，并相应地调整了美国对外政策和战略

1975年12月，美国总统福特在访华后的归国途中发表了关于“新太平洋主义”的演说，重申美国是太平洋国家，明确提出在亚洲建立经济合作组织的必要性。

里根上台后不断发表讲话，强调“世界的未来在太平洋地区及其沿岸国家”，声称美国与太平洋地区“息息相关”，“美国的前途寄托于太平洋”。

冷战结束后登台的克林顿政府，在对外政策上明确宣布要向亚洲转移，声称亚洲地区能够并且必将成为美国就业、收入和经济增长的巨大来源地；认为没有哪个地区比亚洲地区对美国经济的繁荣和稳定更重要。美国贸易代表坎特说：“只有亚洲地区才是发展美国经贸的理想场所。”

这些讲话都表明了，美国认识到亚洲经济的发展对美国经济至关重要，为了确保美国经济增长的动力，美国要向亚洲市场进军。

美国在1994年提出了新兴大市场(BEM)的概念。新兴大市场在亚洲有中华经济区，韩国，东盟国家，印度；非洲有南非；欧洲有波兰和土耳其；拉丁美洲有墨西哥、巴西和阿根廷。美国将其战略目标定位在以东亚为主的地区。1994年，美国对新兴大市场的商品出口总额为1 590亿美元，约占美国全部商品出口的30%。美国商务部预计，新兴大市场在世界进口总额中所占比重将从1994年的19%，增加到2010年的38%，亚洲的进口规模到2010年将大大超过10 000亿美元。

美国认识到新兴大市场不仅为美国的出口、就业和经济增长创造了重大的机会，而且直接影响到地区和世界的稳定与和平。可以说，没有新兴大市场的参与合作，一些具有重要意义的措施很难实施。正因为如此，美国力图借助亚太经济合作组织巩固其在迅速发展的亚洲的地位和利益。美国经济对东亚的依赖程度越来越大，东亚对美国的影响也越来越广，美国经济开始逐渐亚洲化。

(二) 亚洲与欧洲加强经济合作是历史的必然

亚欧两大洲皆属人类文明的发源地，悠久灿烂的亚欧文化推动了人类历史的发展。诚然，帝国主义殖民主义者的侵略和掠夺曾践踏了亚洲的家园和尊严，给两大洲的人民带来了巨大的灾难。历史在发展，时代在前进。

今天,和平与发展已成为我们时代的主旋律。发展经济、提高人民生活已成为各国的首要目标。

表 1　亚欧基本情况

	人口(亿人)	面积(万平方公里)	1995 年经济增长率(%)
中国	12	960	10.2
日本	1.25	37.78	0.3
韩国	0.44	9.90	9
东盟 7 国	3.46	305.35	7.5
欧盟 15 国	3.67	329.20	2.5

欧盟国家尽管工业化程度较高,但是 80 年代以来经济普遍面临困难,内需欠旺,失业率居高不下。亚洲经济的迅速发展,使得欧洲与亚洲国家,尤其是东亚国家的经贸关系发展很快。1985—1992 年期间,欧盟与东亚的贸易增长了 3 倍。欧盟同东亚的贸易额大体与它同北美的贸易额相同。1992 年,欧盟与东亚的贸易额为 2 380 亿美元,占欧盟外贸总额的 19.8%,而与北美的贸易额为 2 400 亿美元,占欧盟外贸总额的 20%。但是到 1994 年,欧盟同东亚的贸易额为 3 125 亿美元,已经超过欧盟同美国的 2 350 亿美元贸易额。1994 年,东亚已取代美国,成为欧盟最大的域外出口市场。但是在迅速发展的东亚投资市场上,欧盟却明显落后于美国和日本。欧盟对东亚的投资只占欧盟对外投资总额的 1%。亚欧之间的经贸关系的现状远远落后于形势的发展。

表 2　亚欧贸易关系

国名	向欧盟出口(千埃居)	占出口总额(%)	自欧盟进口(千埃居)	占进口总额(%)
文莱	313.914	20.09	785.838	30.80
印度尼西亚	5 890.018	16.35	4 311.424	18.39
马来西亚	7 493.298	13.92	5 765.607	13.53
菲律宾	2 131.491	17.11	1 957.588	10.29
新加坡	7 801.206	12.96	8 842.594	12.07
泰国	6 334.858	15.00	6 100.968	13.73
越南	876.394	20.56	616.522	9.53
东盟国家	30 841.179	14.44	28 380.541	13.38
中国	23 012.385	12.09	12 508.908	14.65
日本	48 821.167	14.53	26 582.891	12.94
韩国	8 688.412	10.01	10 024.841	12.68

资料来源:欧洲联盟统计局、国际货币基金组织。

表 3 欧盟在亚洲直接投资

单位:亿美元

	1990 年	1991 年	1992 年	1993 年	1994 年
金额	13.6	22.4	16.7	8.1	36.8

资料来源:欧洲联盟统计局。

欧美之间贸易摩擦的不断加剧,也促使欧盟加强与东亚国家的经济关系。欧美在航空航天领域正展开激烈竞争;围绕着石油资源,欧美正在中东、中亚进行角逐。欧盟还拒绝追随美国制裁伊朗。1995 年 6 月 2 日,美国国务卿克里斯托弗在马德里发表重要政策讲话,提出要建立包括北美和欧盟在内的大西洋自由贸易区。这反映了美国一方面看好亚太地区,积极筹划泛太平洋共同体;而另一方面,美国也要巩固和发展它在欧洲的利益和地位。

亚欧间进一步发展经贸关系,既是双方的共同愿望,也有巨大的潜力。亚洲和欧洲社会状况不同,经济发展水平不等,历史和文化传统各异,这反映了当今世界多样性的特点。正是这种多样性带来了双方合作的互补性。

欧盟 1994 年通过了《走向亚洲新战略》,表示要更有效地与亚洲国家进行合作,建立起一种建设性的稳定和平等的伙伴关系。事实上,在此之前,欧盟成员国就已经纷纷调整各自的亚洲政策。例如,1993 年 2 月,德国总理科尔提出了他的"亚洲概念",推出了《联邦政府亚洲政策》,要加强与世界上经济增长率最高的地区的经济关系;1994 年 2 月法国工贸部推出"法国的亚洲新政策",制定了加强向亚洲出口和投资的 10 项措施;英国、意大利、丹麦等国也相继推出新的亚洲策略。欧盟制定的亚洲新战略显然是想把各成员国的努力协调为一种合力。1995 年 7 月,欧盟又提出了对华关系的新政策,希望扩大与深化和中国的合作关系。一些欧洲国家也先后调整了对亚洲,尤其是对中国的政策。这都表明欧洲对亚洲,特别是东亚地区给予了更大的关注。

近年来,欧盟与中国的经贸关系有了较大发展。1995 年,欧中贸易额将超过 400 亿美元,比 1980 年中国与欧洲经济共同体之间约 51.8 亿美元的贸易额增长了约 7 倍。应该特别指出的是,在转让技术方面,欧洲位居第一,超过了美国和日本。

首届亚欧会议于 1996 年 3 月在曼谷举行,这是历史上亚欧一些国家和组织领导人共谋开创两大洲联系渠道、促进发展建立亚欧新型伙伴关系的首次会议。从构筑21世纪新格局来看,这是一件具有深远意义的大事,它不仅使欧、美、亚三角关系更趋向于均衡,而且进一步推进了世界的多极化发展。

(三) 处于大洋洲的澳大利亚早已把注意力从欧洲转向了亚洲

1980年9月,在日本首相大平正芳和澳大利亚总理马尔科姆·弗雷泽的倡议和支持下,在堪培拉召开了有13个国家和地区参加的第一次太平洋经济合作会议(PECC)。1989年11月,又是在澳大利亚的积极推动下,在堪培拉举行了亚太经济合作第一届部长级会议(APEC)。1992年4月,澳大利亚总理基廷正式提出了"澳大利亚的未来在亚洲",把澳大利亚从"融入亚洲"推进到成为"东亚半球"国家。澳大利亚为什么如此"偏爱"亚洲、重视亚太经济合作,究其原因,主要是经济因素。

亚洲的经济发展,使澳大利亚同亚洲国家、特别是东亚国家的经济联系日益加强。澳大利亚向亚洲的出口已占其出口总额的60%,预计到20世纪末,这个比率可能达到75%。传统的欧美市场,特别是西欧市场已日趋削弱。作为英联邦成员国的澳大利亚,对英国的出口占其出口总额的比重已从1950年的32%降至3%。澳大利亚希望能搭上经济持续快速增长的亚洲快车,成为亚洲的一员。

澳大利亚同亚洲经贸关系的重点在东亚。澳大利亚的10个主要出口市场中有7个在东亚,日本、中国、韩国等国都已成为澳大利亚的主要贸易伙伴。东南亚已取代欧盟,成为澳大利亚的第二大区域出口市场(仅次于东北亚)。澳大利亚的10个主要进口来源地中的一半和进口的40%皆来自东亚。

此外,世界经济区域集团化趋势明显加强,世界经济三分天下的局面——欧洲统一大市场、北美自由贸易区和东亚地区经济,使得与任何一个集团都不沾边的澳大利亚有一种危机感与孤独感。澳大利亚前外长伍尔科特曾指出,如果澳大利亚不调整战略,将重心由传统的欧洲转向亚洲,"我们就会衰落下去,就会成为一个无足轻重的国家。"

现在,澳大利亚"面向亚洲"的战略已见成效。亚洲不仅已成为澳大利亚最大的贸易伙伴和最大的投资场所,促进了澳大利亚经济的回升;而且借助亚太经合组织(APEC)以及太平洋经济合作会议(PECC),也为澳大利亚跻身国际舞台、参与国际事务、提高在地区和国际上的声望创造了条件。

四、中国在东亚地区经济中的地位和作用

(一) 中国是东亚地区的发展中大国

中国作为东亚地区的发展中大国,与周边国家有着悠久的经济交往与密切的经济联系。如何对中国所处的地位进行定位,以及如何对中国所起的作用进行评价,这不仅对中国经济的发展,而且对东亚地区经济合作的前景都有十分重要的意义。

亚洲地区是当今世界经济中最富有活力、成长最快的地区,亚洲地区作为一个新的世界经济增长中心的前景,是举世公认的。但是,人们对东亚地区经济前景的乐观估计,不仅是由于这一地区有着丰富的自然资源和人力资源,也不仅是由于这一地区已经具有较好的工业基础,而更重要的是由于这一地区中国经济的蓬勃发展。20 世纪 60 年代日本经济的崛起,70 年代亚洲四小龙的腾飞,东亚地区并没有引起人们像今天这样浓厚的兴趣,为什么近些年来人们越来越重视东亚地区了呢? 首先是因为那时人们放眼西方,眼睛盯着欧美市场,而当今欧美经济不景气,市场已近饱和,竞争激烈,保护主义和集团化趋势日益加剧;其次是人们看到中国经济恢复了活力,对巨大的中国市场的未来作了展望,认为中国是一个崭新的、最广阔的、未来最有希望的市场。可以说,具有巨大经济实力和经济潜力的中国经济是产生"太平洋时代"、"亚洲新纪元"的魅力的重要因素之一。

经过十多年的改革开放,中国经济不仅在总量上,而且在结构上都已达到了一个新的水平。尽管现在中国的人均收入还不高,在世界上还属于低收入国家,但总体实力已大大增强,1993 年中国的国内生产总值为 5 811 亿美元,经济总量在世界排名第七。不少产品的产量已居世界前列,有些产品的总量已居世界第一。虽然中国总的科学水平和工业技术水平还比较落后,但在某些高新技术领域已经达到或接近国际先进水平。所以,和东亚地区其他发展中国家相比,中国经济具有总体经济实力强、发展快、潜力大、产业结构和生产力水平多层次的明显特征,这是对中国所处的地位进行定位以及对中国所起的作用进行评价的基本依据。

当人们谈到东亚经济发展时,经常提到所谓的"雁行模式",即认为东亚各国按要素禀赋和工业技术水平可分为三个层次,日本属第一层次,它技术先进、工业发达、资金雄厚,居东亚经济发展与合作的头雁地位;东亚四小龙属第

二层次,它拥有比较先进的技术,重点发展资金密集型企业,是东亚经济发展与合作的雁身;东盟国家和中国拥有丰富的自然资源和劳动力资源,重点发展劳动密集型工业,属第三层次,在东亚经济发展与合作中充当雁尾的角色。

东亚地区国家确实存在不同的经济发展阶段。过去,按照静态比较优势理论制定的发展模式对东亚各类国家的经济发展曾经起过一定的促进作用。但问题在于,经济是一个动态发展过程,技术、结构、资金、劳力的比较优势是会不断变化的。这种变化不仅改变了东亚地区的产业结构,而且改变了东亚地区的经济格局。自然在这个过程中,中国的地位和作用也就发生了变化。

中国总体经济实力的增强和经济发展水平的多层次性,使得中国在东亚经济发展与合作中日益处于核心的重要地位,这为东亚经济发展与合作提供了广阔的空间和强大的推动力。

"雁行模式"的致命缺陷,在于它因袭了"垂直分工"的不合理性,并使之固定化、永久化。从地区国家不同的发展阶段以及这一地区的地理、历史特点、资源分布状况出发,设计出的这种既带有旧垂直分工的痕迹(即工业与原料的分工),又有新垂直分工色彩(即新兴工业与传统工业的分工)的经济发展模式,不利于东亚经济的持续、快速、稳定的增长。

在东亚地区,目前日本是惟一的经济发达国家,在垂直型国际分工体系中,其他发展中国家只能从事资源开发和劳动密集型产业,不利于各发展中国家的产业结构升级和高新技术发展,而日本由于缺乏高层次的合作伙伴,也限制了自身的发展。中国经过多年的发展,在某些领域已经达到或接近世界先进水平,在某些领域也具备了技术输出的能力,今天中国不但可以和日本开展高新技术领域合作,而且也可以向发展中国家输出技术,和四小龙开展资金密集型合作,和东盟国家开展劳动密集型合作,为改变东亚地区技术构成提供有利条件;同时,由于中国经济水平的多层次性,使得中国具有强大的技术吸收能力,为东亚地区其他国家输出技术提供了有利场所。这都为包括日本在内的整个东亚地区产业结构的升级换代、高新技术的发展、与发达国家的技术差距的缩小以及经济的持续稳定增长,提供了强有力的支持。

(二) 中国是一个市场庞大的发展中国家

中国是一个拥有 12 亿人口、市场庞大的发展中大国,改革开放以来,中国经济的持续、快速发展,对外经贸往来的不断扩大,为东亚地区的经济注入了新的、强大的活力,为东亚地区各国提供了一个潜力巨大而且日益开放的市场。

1979—1990 年，中国贸易进口额累计为 4 219.4 亿美元，是改革开放前 30 年总和的 4 倍，年递增率达 17.5%。进入 90 年代后，中国经济驶入快车道，在旺盛的内需拉动下，进口出现了更为迅猛的增长势头，1992 年中国进口增长率为 26.4%，1993 年更高达 29%。正是中国市场的迅速扩大，对世界，尤其是对东亚地区而言，成为带动许多国家经济增长或复苏的新的动力源。1993 年，日本对中国的出口比上年增长 69.9%，中日双边贸易额已达 390 亿美元，日本超过中国香港地区成为中国内地第一大贸易伙伴，而中国已取代法国成为日本的第二大贸易伙伴。1994 年双边贸易额为 462 亿美元，1995 年双边贸易额为 579 亿美元，日本对中国的出口已超过 200 亿美元，比 1990 年时仅 61 亿美元的出口额增长了 2 倍多。1993 年，韩国对中国的出口比上年增长 104.3%，中国在韩国出口中所占比重，短短 4 年中翻了一番多。1993 年两国双边贸易额已达 90 亿美元，1995 年将达 150 亿美元，中国已成为韩国的第三大贸易伙伴。1979—1993 年期间，中国内地和香港双边贸易额年递增率在 30% 以上，1993 年中国内地和香港的贸易额达 325.4 亿美元，中国内地成为香港最大的转口市场与进口来源地。1993 年，台湾地区对大陆的出口比上年增长 120.4%，两岸的贸易额已由 1979 年的不足 1 亿美元跃升到 144 亿美元。大陆在台湾地区出口中所占比重由 1987 年前的几乎为零，增加到 1992 年的 8% 以上。1993 年，东盟六国对中国的出口比上年增长 42.5%，双边贸易总额近 110 亿美元，比 1980 年增长 4 倍多。其中新加坡对中国的出口增长达 114%，双边贸易额达 40 多亿美元，占第一位。据估算，近年来，中国每年吸纳了亚洲国家出口商品的 10%，中国已成为规模仅次于日本(吸纳 15%)的亚洲第二大市场。

中国与东亚地区相互之间已成为最重要的贸易伙伴，1993 年，中国对东亚国家和地区的进出口额达 1 087 亿美元，占中国对外贸易总额的 56%；同年，中国前 10 位的贸易伙伴依次为：日本、中国香港地区、美国、中国台湾地区、德国、韩国、俄罗斯、新加坡、意大利、英国，其中东亚国家和地区就占了 5 个。东亚经济的蓬勃生机以及区内贸易的不断扩大，促进了中国外向型经济的发展。1993 年，中国出口商品总值达 917.6 亿美元，跻身世界商品出口国的第十一位。东亚地区已成为中国参与国际分工和对外贸易的主要舞台，它既是中国出口商品的最大市场，也是中国进口资本货物和消费品的主要来源地。

东亚地区是中国引进外来直接投资的主要地区。1984—1989 年对中国大陆直接投资(实际使用金额)累计总额为 145 亿美元，其中来自中国香港地区、中国澳门地区、日本、美国、中国台湾地区、韩国的投资,合计所占比重高达95%,来自其他地区、主要是欧洲等国的投资仅占5%左右。可见,中国所吸收的外资除美国外基本来自东亚地区。80年代,中国内地的外来投资主要集中于中国香港地区、日本和美国。进入90年代后,台湾地区对大陆投资激增,台湾在1992年对大陆直接投资超过了日本和美国,跃居第二位;协议投资额近200亿美元。到1994年底,香港对内地直接投资累计已达1 800亿美元,占整个外来投资的60%以上,居于首位。尽管如此,1994年中国还是日本在国外最大的投资国,据日本大藏省公布的资料,1994年,日本在中国的投资猛增52%,达创记录的25.7亿美元,占日本在全世界投资的6.2%,中国已取代英国、荷兰和澳大利亚成为日本最大的直接投资国。日本分析家认为,日本在中国投资额增加,反映了中国是一个巨大的成品市场,而不只是低成本的生产基地。中日两国政府间资金合作进展顺利,中国得到的外国政府援助的一半以上来自日本,三批日元贷款共达16 800亿日元。新加坡和韩国的投资也大幅增长,分别位居第五和第六。"四小龙"在对中国投资的协议金额中所占比重1991年为74%,1992年上升为79%;东盟国家1991年对中国投资的协议金额达3.32亿美元,比上年增长108.2%。对中国来说,外来直接投资弥补了中国国内资金的不足,带来了先进的技术和管理知识,优化了国内的资源配置,推动了产业结构的高度化,促进了对外贸易的发展;同时,对投资国来讲,不仅获得了丰厚的投资收益,还把国内腾出的产业空间用于发展更高层次的产业,而且在中国这个世界潜力最大、最有希望的市场中占据了一席之地。

表4 1979—1994年中国批准外资企业情况

年度	项目数(个)	协议外资金额(亿美元)	实际使用外资金额(亿美元)
1979—1986	7819	191.8	65.9
1987	2233	37.1	23.2
1988	5945	53.0	31.9
1989	5779	56.0	33.9
1990	7273	65.7	34.1
1991	12987	119.8	43.7
1992	48764	581.2	110.1
1993	83473	1 114.4	275.2
1994	47490	841.1	337.9
累计	221718	3033.1	955.9

资料来源:《中国统计年鉴》。

公正地说，中国的经济发展既受益于地区经济，又对地区经济的持续繁荣作出了贡献。80年代末、90年代初，西方经济持续衰退，惟有东亚经济一枝独秀，蓬勃发展。根据国际货币基金组织(IMF)发表的《全球经济发展报告》，在20世纪末的最后几年里，东亚地区的增长速度仍将领先世界，而增长率最高的仍为中国，中国成为亚洲经济发展的又一火车头。

1994年世界银行发表的《东亚贸易与投资》报告指出，中国内地和香港地区、台湾地区的经济合作，使该地区的经济增长在世界上处于领先地位，其增长速度为全球之冠，若以国际标准价格计算三地的总产值，在全球名列前茅。当然，这只是世界银行的一种看法，但这一地区的经济增长不仅带动了邻近东亚各国的经济增长，而且推动了整个亚太地区的经济合作则是无可争辩的事实。

预计在90年代的最后几年，中国将仍保持年平均9%左右的增长速度。如果对外贸易增长保持略快于经济增长的发展势头，到2000年，中国进出口贸易总额将达到4 000亿美元的规模(1994年为2 367亿美元)。这样，在从1995—2000年的6年里，中国累计进口将达到10 000亿美元。美国《外交》季刊援引专家的预测，到2002年，中国大陆、台湾和香港的进口总额将达到6 390亿美元，成为亚洲最大的市场。这无疑会为中国与亚太地区，特别是东亚地区的经济合作、贸易往来的进一步发展提供更大的机遇。

一个世纪以前，一个英国商人曾说过，“如果每一个中国人的衬衫放长一寸，就会使大英帝国的纺织中心兰开夏忙上一个世纪。”现在，一个美国商人说：“如果中国人购买美国商品的数量达到澳大利亚人的水平，美国的全球销售量就要增加一倍。”

中国将是全球最后一个最大的单一市场，它所能吸纳的各种商品的容量，可以说是无穷无尽的。

(三) 中国是一个经济潜力巨大的发展中国家

中国经济潜力巨大，前景喜人。中国经济的迅速发展，引起国际上的广泛关注。绝大多数的人是抱着友好、公正的态度在探讨中国经济发展对周边国家、东亚地区乃至世界经济的积极影响，并加强与中国的关系。但是，也有极少数的人或是由于无知，或是出于某种政治需要，散布诸如中国经济发展会对世界经济形成“冲击”，会对周边邻国构成“威胁”等等言论，广为散布“中国威胁论”，并在主权(台湾问题、西藏问题)、人权、产权(如加入世界贸易组织问题)三个方面制造麻烦。其目的是挑拨中国同邻国的关系，妄图阻挠中国的发展。

1. 驳“中国经济威胁”论

世界银行和国际货币基金组织前不久修改了对各国经济相对规模的估计数字。它采用的不再是按传统的办法把各国的国内生产总值折算成美元,而是按购买力平价理论进行计算。

传统的计算方法是按市场汇率把各国的国内生产总值折算成美元,这种计算方法的缺点之一,就是当该国货币对美元升值时,折算后的国内生产总值就会上升;反之,贬值时,折算后的国内生产总值就会下降。例如,日本 1986 年日元对美元大幅升值,使得日本国内生产总值急剧增加。传统的计算方法的另一个缺点,就是没有把各国的货币和本国的购买力考虑在内。例如,有的国家房租很高,有的国家则房租很低。一些发展中国家有许多商品和劳务都有国家补贴,其价格不能反映真正的价值。

为了克服这些缺点,世界银行和国际货币基金组织近年来采用了以所谓“购买力平价”的方法来重新计算一国的国内生产总值,即按照同样数量的货币在不同国家所能购买的商品和服务来计算各国的产值在世界总产值中所占的比重,按照这种新的计算方法,其结果是:

(1) 中国的总产值已占世界总产值的 6%,不再是世界排名第十,而变成了世界第三经济大国。美国的产值占世界总产值的 22.5%,仍居世界首位。居第二位的是日本,占 7.6%。德国排到了第四位,只占 4.3%。印度占第五位。英国占 3.5%,同法国一样,但高于意大利,意大利占 3.4%。巴西、墨西哥都超过了大国俱乐部的第七个成员国加拿大。

(2) 中国的国内生产总值由用传统方法计算的 0.42 万亿美元,上升为用新方法计算出的 1.7—2.4 万亿美元,增加了将近 5 倍。人均国内生产总值不再是 370 美元,而上升为 1 450—2 040 美元。

(3) 世界银行以“中华经济圈”来综合中国大陆、香港、台湾的经济实力,称它为美、欧、日以外的“第四极”;用新方法计算的国内生产总值,其总额已超过日本和德国,到 2002 年将超过美国,届时“中华经济圈”的国内生产总值为 9.8 万亿美元,美国为 9.7 万亿美元。当然,人均国内生产总值仍落后于美国,前者为 7 300 美元,后者为 36 000 美元。

这种计算结果表明,富裕的工业化国家的产值在世界总产值中所占比重从按传统方法计算的 73% 下降到 54%,发展中国家的产值占世界总产值的 34%,苏联和东欧国家的产值占 11.2%。

国民生产总值是全世界普遍用来衡量各国总体经济实力和经济活动的

具体指标,人均国民生产总值则可以比较不同国家、不同时期人民的生活水平。

中国自实行改革开放政策以来,经济确实有了很大发展。然而,把中国列为世界第三经济大国,则是过高估计了中国的经济水平。“购买力平价”的计算方法本身在国际上就是有争议的。因为,每一个国家都与它的邻国有不同的地方,不存在一种可以拿来准确地衡量一切的标准。所以,各国经济的相对分量是很难估量的。何况,中国是一个幅员辽阔、人口众多的发展中国家,其经济发展水平在各地区间也是不平衡的,人均国民生产总值还很低,要赶上中等发达国家的水平还需要经过几十年的时间。1994 年 6 月 1 日,联合国《1994 人类发展报告》肯定中国仍是发展中国家,而且是排行稍后的发展中国家,这一估计大体是公正的。

中国经济发展虽然取得很大成就,但要实现其战略目标,首先是使全体人民生活达到小康水平,还要经过巨大努力。目前中国经济发展较快、生活水平提高较显著的主要是沿海地区和内陆一些大城市,边远地区和少数民族地区还很落后,全国仍有 6 000 万人尚未解决温饱问题,生活在贫困之中。此外,中国人口出生率近年来虽有所下降,但每年的绝对增长数额仍很大,到 20 世纪末,中国人口将从目前的 12 亿增加到 13 亿。解决这一庞大人口的生活需要和就业需求,并不断满足他们的物质和文化生活水平的提高,是中国政府面临的一项艰巨的任务。如果中国经济不发展,中国人的吃饭和就业问题解决不了,这对世界将是一大灾难。因此,应该说,中国经济的发展对世界和平与稳定是有利的。

中国经济的蓬勃发展,不会对周边国家造成威胁,恰恰相反,中国实行工业化会给东亚地区国家带来大量贸易、投资和承建基本设施的机会。随着中国经济的迅速发展,中国市场容量已显著增大。1993 年,中国进出口贸易总额为 1 957 亿美元,由 15 年前占世界第三十二位上升到现在的第十一位。中国已不再是一个所谓的潜在市场,而是一个现实的市场,年进口额已达 1 000 亿美元,年平均增长率在 16%以上,按照这个速度,到 20 世纪末这段时间里,中国将从国际市场进口超过 10 000 亿美元的商品,这显然有利于地区经济和世界经济的发展。中国是一个有相当诱惑力的投资市场。1993 年,中国新签的利用外资协议金额为 1 109 亿美元,比 1992 年增长 90.7%。1993 年实际使用外资为 367.7 亿美元,比 1992 年增长 91.5%。其中实际外国直接投资金额为 257.6 亿美元,比 1992 年增长 1.3 倍。这些外资的 80%来自亚太地区。

中国经济的高速增长，也不会对北美和欧洲造成威胁，恰恰相反，中国加速经济发展，已给北美带来了更多的投资和出口机会。例如，波音飞机公司由于西方经济不景气，许多航空公司买不起飞机，公司面临着解雇大批工人的危险。中国的大量订货，使公司大大缓解了工人失业的问题。1993年，波音飞机公司向中国交付47架飞机，占当年公司交付喷气客机的1/7。迅速发展的中国经济为美国商品提供了越来越大的市场，也给欧洲带来了同样的机会。

当然，中国经济发展后，某些产品的出口竞争力会随之增强，特别是一些劳动密集型产品在国际市场上同生产同类产品的国家的竞争会有所增加。在吸引外资方面，中国同一些国家也会形成某种新的竞争关系。应该说，竞争并不是坏事。在国际贸易和世界经济中存在竞争是正常现象。经济大国日本，就是在激烈的国际竞争中恢复和迅速发展起来的。举世瞩目的亚洲"四小龙"，不仅没有被激烈的竞争搞垮，反而纷纷进入新兴工业国或地区的行列。因为通过竞争，可以促使竞争各方努力改善自身条件，提高生产率，明确自身的比较优势，确立产业结构和出口产品结构调整的方向，以获得更大的产业优势。地区各国之间的互补性会因此而更加明显，它将促进国际分工与合作的发展，促使地区经济更加繁荣兴旺。

时代的发展，不断开阔人们的视野，更新人们的思想观念。在国家间经济联系日益密切、相互依存不断加深的今天，各国根据平等互利的原则，积极开展国际合作，互通有无，取长补短，是促进本国经济发展、实现各国共同繁荣的必由之路。

2. 驳"中国军事威胁"论

一些对中国抱有偏见的人认为，随着中国经济的发展和现代化，军事力量就会强大起来，"中国军事威胁"也会随之增大。近年来，国际上宣扬"中国军事威胁"的论调甚嚣尘上。

军费的增长是"中国军事威胁"论的主要论据之一。中国的国防政策和实行的军事战略完全是防御性的，中国政府严格地将国防开支控制在确保国家安全的最低水平上。1979—1994年，尽管国防费用的绝对值年平均增长6.22%，但是扣除物价上涨因素，中国的国防开支的增长为负1.37%，实际上是减少了。中国是世界上经济发展最快的国家，但其军费开支在国民生产总值中所占比重不仅没有增加，反而逐年下降。1991年，中国的军费开支占国民生产总值的比重为1.7%，1992年为1.5%，1993年为1.3%。1993年的军费开支虽为432亿元人民币，比1992年增长约16.7%，但同年的通货膨胀率超过了 13%;1994 年的军费开支虽为 520 亿元人民币,比 1993 年增长约 20%,但 1994 年的物价上涨率已超过了 20%。从表面上看,军费开支逐年有所增加,但实际上主要是用于弥补物价上涨部分,从占国家预算的比例来看,仍为 11%,没有变化。另外,中国的人均军费开支也是非常低的,1994 年仅为 43 元人民币,约合 5 美元,而 1993—1994 年度,美国的人均军费负担高达 1 000 美元,英国、法国则超过 600 美元,日本亦达 360 美元,俄罗斯是 320 美元,印度约为 8 美元。从军费开支的绝对数来看,中国在世界上也是属于低水平之列。1993 年中国的军费开支是 432 亿元人民币,而美国高达 2 910 亿美元,如按当年的汇率折合成美元,1993 年中国的军费只相当于美国的 2.5%,日本的 20%,英、法等国的 22%。理应为"军事小国"的日本,防卫费高达 370 亿美元,1995—1996 年度增为 500 亿美元,超过了英、法、德,成为仅次于美国的世界第二军事大国。

表 5　1992 年北约成员国的军队和国防预算

国　家	军队(万人)	国防预算(亿美元)
英　国	25.9	351.5
比利时	8.1	29.5
加拿大	8.0	96.0
丹　麦	2.8	22.1
法　国	41.1	358.3
德　国	40.8	312.0
希　腊	15.9	44.1
冰　岛		
意大利	32.5	165.0
卢森堡	0.08	0.9894
荷　兰	7.4	73.4
挪　威	2.9	32.8
葡萄牙	5.8	0.0151
西班牙	20.1	65.0
土耳其	48.0	50.0
美　国	173.0	2588.7

资料来源:伦敦国际战略研究所。

表 6　1992 年"和平伙伴关系"国家的军队和国防预算

国家	军队(万人)	国防预算(亿美元)
阿尔巴尼亚	7.3	0.3
保加利亚	9.64	11.8
捷克	10.65	7.941
爱沙尼亚	0.25	0.276
匈牙利	7.8	11.6
拉脱维亚	0.5	0.398
立陶宛	1.0	0.551 7
摩尔多瓦	0.94	2.278
波兰	28.75	22.5
罗马尼亚	20.3	8.51
俄罗斯	203.0	291.2
斯洛伐克	4.7	2.843 4
乌克兰	43.8	43.2

资料来源:伦敦国际战略研究所。

指责中国武器出口对世界和平构成了"威胁",完全是没有道理的。众所周知,中国绝非武器出口大国。中国出口的武器,只是美国和苏联的几十分之一;中国进口的武器也比印度和日本少得多,而且只是用于"防御"。因此,构成"威胁"的应该是军费开支大国和武器出口大国,而不是中国。

美国是当今世界上出售武器的头号国家。尽管美国政府近年来在国际上一再鼓吹限制武器出口和防止核扩散,并以此为借口对一些国家制裁或施加压力,但美国自己的武器出口自 1991 年以来一直在世界上处于领先地位,而且武器销售量呈大幅增加的趋势。

据美国军备控制和裁军署公布的材料,美国在 1981—1990 年期间,平均每年出口的武器超过 100 亿美元,仅次于苏联,居世界第二位。1991 年,尽管全世界的武器销售量几乎减少了 1/3,但是美国的武器出口额仍达到 97 亿美元,成为世界上最大的军火商。美国国会公布的材料表明,1992 年美国在世界范围内的武器销售额比 1991 年增加了一倍以上,超过 200 亿美元。

自 1990 年以来,美国向第三世界国家提供的武器逐年增加。海湾战争后,虽然布什政府公开呼吁减少向第三世界的一些动乱地区出售武器,但是美国向这些地区出售的武器数量仍超过海湾战争之前的水平。1990 年,美国向第三世界国家提供的武器为 56 亿美元,1991 年为 59 亿美元,1992 年增加到76亿美元。根据1991年的武器销售协议,美国向第三世界出口的武器不仅最多,而且仍占第三世界国家武器进口总额的一半,1992年则达到57%。1992年,签订武器购买协议最多的10个国家和地区,几乎都是美国的客户,这10个国家和地区是:中国台湾地区、沙特、印尼、科威特、马来西亚、埃及、以色列、新加坡、泰国和阿联酋。其中,台湾的武器购买协定价值达100亿美元。

克林顿政府在武器控制问题上的立场是矛盾的或是不明确的。他支持限制武器销售,但又认为这种限制"应该是有限的";他赞成减少向中东地区出售武器,但又继续批准向科威特和沙特大量出售诸如主战坦克之类的军事武器;他一方面鼓吹人权,但又仍在向被他列为严重违反人权的68个国家中的49个国家提供军事援助。美国军事工业部门的人士认为,维护美国军事优势的惟一办法是保持军事技术的发展和制造力量的先进。因此,美国政府虽然削减了军费开支,减少了军方的购买力,但是它对美国军事工业向国外出售武器实际上是持支持态度的。

西欧军火出口国1992年的销售额也大幅增加。法国、英国、意大利和德国在这一年签订的销售协议占世界总额的30.6%,其中法国销售额最多,是仅次于美国的第二大军火商。

而中国的军火销售额是连年下降的,从1990年的23亿美元下降到1992年的1亿美元。

再从军队人数和军队装备来看,中国军队已进行了多次裁减,其中包括10年前一次裁减兵员100万,这是中国政府单方面裁军的重大举措,其涉及面之广,裁减幅度之大,为多年来国际军控与裁军领域所罕见。中国军队现有300万人,其中包括了大多数国家都不列入军队编制的文职人员。目前,中国每万人口的平均军人数只有25人,而美国为66人,俄罗斯即使裁军到150万人的规模时,每万人口的平均军人数也约有100名。在海、空军装备方面,中国海军的现有序列和在建项目中,尚无一艘排水量超过5 000吨的水面战斗舰艇,中国还属于世界上引进作战飞机最少的国家之一。

不错,中国是个核大国,但是,从核武器角度看,美国和苏联仍居支配地位,它们各自拥有的核弹头是中国的30倍。早在1963年,中国政府就发表声明,主张全面、彻底、干净、坚决地禁止和销毁核武器。中国在发展核武器问题上一贯持十分克制的态度,核武器一直维持在十分有限的水平。中国的核武器始终以自卫为目的,不威胁别国,不参加核竞赛。在核试验方面,中国也始终保持克制态度,在五个核大国中,中国是进行核试验次数最少的国家。中国政府于1996年6月8日宣布,自1996年9月起,中国将暂停核试验,并重申中国主张争取不晚于1996年底缔结《全面禁止核试验条约》。

表7 五大国核试验次数对比表

(1945年7月16日—1996年6月8日)

	首次核试验日期	大气层	地下	总计
美国	1945年7月16日	215	815	1 030
苏联(俄罗斯)	1949年8月29日	207	508	715
法国	1960年2月13日	45	165	210
英国	1952年10月3日	21	24①	45
中国	1964年10月16日	23	21	44

注:① 所有英国地下核试验都是在美国做的。

资料来源:新华社。

还应该指出,中国如果不是世界上全面实施国防科技工业军转民最早的国家,也是最早的国家之一,目前,中国国防科技工业的民品占总产值的百分比已由1978年的8%增长到1993年的76%。

因此,任何不抱偏见的人都不难得出结论,中国有限的军费、军备根本构不成对别国的威胁,更谈不上影响地区安全态势的平衡。所谓"中国军事威胁论"完全是某些别有用心的人臆造出来的,其目的无非是离间中国与邻国的关系,以从中渔利(如推销军火),妄图阻挠中国的发展。

稍有常识的人都知道中国的武器装备是相当落后的。中国从来也不否认要加强自己的国防力量,因为中国不会忘记一百多年来累遭近邻和远隔重洋的列强的侵略。如果要求中国在防务上始终处于落后状态,中国人民是绝不会答应的。即使现在中国加强了一些军备,但是和曾经侵略和欺压过中国的远近国家相比仍然是落后的。

中国政府一再申明,中国"不对外谋求霸权"。中国外交的宗旨就是维护和平的国际环境,以便将有限的资源和精力集中用于建设和发展。因此,中国需要的国际环境是合作,而不是对抗。中国没有必要、也没有兴趣玩大国游戏,填补什么权力真空。中国认为,任何国家都不会通过贪求势力范围或填补权力真空而获得真正的实惠与成功。

历史一再证明,那些依靠武力扩张和试图建立霸权的国家,无一不遭到惨败,而那些集中力量发展经济的国家却不乏成功之例。中国的结论是,任何军备竞赛、对外扩张和霸权主义都是以损人开始、以害己告终,只有和平发展才是治国安邦之道。

加强与周边国家的睦邻友好合作，是中国外交政策的基本原则。中国需要一个稳定、繁荣、蓬勃发展的东亚地区。同样，一个社会政治稳定、经济迅速发展的中国也符合东亚国家和人民的利益。致力于发展同周边国家的睦邻友好合作不是权宜之计，而是顺应时代要求，从中国和周边地区各国人民的长远利益出发作出的必然选择。

亚太地区主要基础产业人力资源开发能力建设研究报告*

一、亚太地区:世界经济增长的热点地区

近二三十年来,迅速崛起的亚太地区越来越成为世界舆论关注的焦点。这一地区表现出高度的经济活力和巨大的发展潜力,尤其是西太平洋沿岸一带经济蓬勃发展,在世界上的地位日益上升。冷战结束后,和平与发展更是成为亚太地区的主旋律,各个国家和地区纷纷致力于自身的经济建设。人们有理由相信,21世纪世界发展的前途将深深植根于这片广袤的土地和蔚蓝的海域,新的"太平洋时代"即将来临。

(一) 过去二十年的高速增长

过去二十年,亚太地区高速增长形成热点地区,主要表现在以下五个方面:

1. 亚太地区自20世纪60年代以来,经济增长率居全球之冠

最近二十多年,世界经济发展最快的就是西太平洋沿岸国家和地区。

据联合国《世界经济概览》统计资料,1971—1990年的20年间,世界国内生产总值的年均增长率为3.4%,而同期日本为4.7%,NIES(Newly Industrializing Economics 新兴工业化经济体的简称,指韩国、中国台湾地区、中国香港地区和新加坡)为8.7%,ASEAN(指东南亚国家联盟中的马来西亚、泰国、菲律宾和印度尼西亚)为7.1%,中国大陆为6.8%。东亚整体的年均增长率达到6.8%,是世界平均水平的两倍。进入20世纪90年代后,东亚的高增长更为突出。1991—1994年的4年间,世界经济年均增长率仅

---

* 本文系APEC和中华人民共和国人事部资助的研究项目的研究报告之一。本人为该项目负责人。

本文的英文稿原载于《亚太地区主要基础产业人力资源开发能力建设国际研讨会论文集》(APEC新加坡秘书处1997年8月出版),该研讨会于1997年6月25—27日在黄山国际宾馆举行。

为 1.1%，东亚却高达 8.4%，约为前者的 7—8 倍(参见表 1)。

表 1 世界和亚太地区经济每 10 年的年均实际增长率(以 GDP 计算)

单位：%

	1961—1969	1970—1979	1980—1989	1990—1995	1961—1995
世界	5.2①	3.9	3.1	3.0②	3.9③
澳大利亚	5.3	3.8	3.3	2.5	3.7
新西兰	3.9	2.3	2.3	1.8	2.7
加拿大	5.3	4.7	3.1	1.2	3.8
日本④	10.2	5.2	4.0	2.1②	5.7③
韩国	8.3	9.3	8.0	7.9	8.5
中国台湾地区	9.5	10.2	7.7	6.5②	8.7③
中国香港地区	11.7⑤	9.2	7.2	5.2②	8.3⑥
新加坡	8.8	9.4	7.2	8.3②	8.1③
马来西亚	…	8.3⑦	5.7	8.7②	7.3⑧
菲律宾	5.2	6.1	1.9	2.4	4.0
泰国	8.1	7.3	7.2	8.8②	7.7③
印度尼西亚	3.9	7.8	5.8	6.8②	6.0③
中国大陆	…	…	9.5⑨	10.4②	9.8⑩

注：①1964—1969 年均增长率。
② 1990—1994 年均增长率。
③ 1961—1994 年均增长率。
④ 采用 GNP 计算。
⑤ 1962—1969 年均增长率。
⑥ 1962—1994 年均增长率。
⑦ 1971—1979 年均增长率。
⑧ 1971—1994 年均增长率。
⑨ 1979—1989 年均增长率。
⑩ 1979—1994 年均增长率。

资料来源：《国际金融统计年鉴》(1991、1994)；《中国统计年鉴》(1995)。

值得一提的是，在亚太经济高速发展中频频出现两位数的超高速增长年，其数量之多，持续时间之长是极为罕见的。从表 2 可以看出，就出现两位数的国家(地区)而言，日本集中在 20 世纪 60 年代；NIES 横跨 60—80 年代；ASEAN 集中在 70 年代；中国大陆则出现在 80—90 年代。这说明亚太地区经济呈现梯度发展，后劲很足。

表 2　1961—1996 年亚太地区经济年实际增长率达两位数的年数及其时间分布

单位：年

国家（地区）	合计	60 年代（1961—1969）	70 年代（1970—1979）	80 年代（1980—1989）	90 年代（1990—1996）
澳大利亚					
新西兰					
加拿大					
日本	7	6	1		
韩国	10	3	3	4	
台湾	12	3	7	2	
香港①	11	5	4	2	
新加坡	11	5	4	1	1
马来西亚②	2		2		
菲律宾	…				
泰国	6	1	2	3	
印度尼西亚	2	1	1		
中国大陆③	9			5	4
以上合计	70	24	24	17	5

注：① 1962—1994 年。
② 1971—1994 年。
③ 1979—1994 年。

资料来源：《国际金融统计年鉴》(1988、1991、1994、1996)。
《国际金融统计》(1995)。
《香港经济贸易统计汇编(1947—1983)》。
《亚太统计年鉴》(1986—1987)。
《中国统计年鉴》(1995)。

持续、高速的经济发展大大提高了亚太地区在世界经济中的地位。地区国内生产总值占世界生产总值的比重剧增。现将按官方汇率折算成美元的亚太地区各国(地区)一些年份的国内生产总值列表如下：

表 3　世界和亚太地区的国内生产总值(当年价格)

单位:亿美元

国家(地区)	1973	1975	1980	1985	1990	1993
澳大利亚	756	994	1 573	1 622	2 822	2 795
新西兰	122	132	220	214	411	419
加拿大	1 247	1 648	2 565	3 370	5 475	5 277
日本	4 140	4 998	10 593	13 433	29 321	42 141
韩国	137	212	637	943	2 537	3 308
台湾	108	155	414	621	1 570	2 164
香港	78	94	275	335	717	1 096
新加坡	41	55	117	177	365	551
马来西亚	80	97	245	312	428	645
菲律宾	101	149	325	307	443	541
泰国	108	149	324	389	856	1 249
印度尼西亚	172	321	780	873	1 061	1 447
中国大陆	1 388	1 603	1 996	2 900	3 550	4 256
亚太 GDP (A)	8 478	10 607	20 064	25 496	49 556	65 889
世界 GDP (B)	…	…	108 302	123 346	210 205	235 780
A/B (%)	…	…	18.5	20.7	23.6	27.9

资料来源:*World Tables*, 1995 年版。
Taiwan Statistical Data Book, 1990 年版。
《中国统计年鉴》(1994)。
《国际统计年鉴》(1995)。

表 3 表明,1980 年亚太地区 13 国(地区)占世界国内生产总值的份额为 18.5%,1985 年为 20.7%,1990 年为 23.6%,1993 年又提高了 4.3 个百分点,比重已达 27.9%。

随着国民经济的迅速发展和工业化的推进,亚太地区各国(地区)的产业结构发生了很大变化。第二产业的兴起,使亚太地区工业品在世界市场上的占有率大大提高(参见表 4)。

表 4 亚太地区工业制品在世界市场的占有率(1993 年)(按产量计算)

单位:%

工业制品	NIES、ASEAN 和中国	NIES、ASEAN、中国和日本
收录机	97.5	99.8
自行车	59.9	66.8
微波炉	52.6	67.1
VTR	50.6	85.4
彩色电视	49.0	59.9
空调	48.4	85.8
钟表	46.2	83.3
冰箱	42.6	55.3
造船	37.0	70.0
钢铁	23.3	37.0
汽车	10.9	34.0
乙烯	13.0	23.2

资料来源:〔日〕《日本经济新闻》,1994 年 4 月 1 日。

钢铁业是各国经济发展的重要基础产业。1993 年,韩国浦项、光阳钢铁厂的粗钢产量超过 2 000 万吨,成为世界级的大企业。中国的粗钢产量 1996 年已达 1 亿吨,到 20 世纪末,将成为世界最大供给国之一。家电产业在亚太各国的出口中占有很大的比重,是全球的供给基地。以彩色电视为例,上表中除日本以外的亚太 9 个国家和地区在世界市场的占有率接近一半。就造船、汽车制造业来说,世界最大的造船厂在韩国。20 世纪 90 年代,以销售额计算的世界前十大汽车企业则有 4 家在东亚。

经济的发展,带来了人均国民生产总值的增加。由表 5 可见,1973 年,亚太地区仅有日本、中国香港地区、新加坡的人均国民生产总值超过世界平均水平;1985 年,中国台湾地区超过世界平均水平;1987 年,韩国超过世界平均水平;1993 年,虽然越过世界平均水平(4 420 美元)的国家(地区)未增加,但中国台湾地区的人均国民生产总值超过 1 万美元,中国香港地区为 18 060 美元,新加坡为 19 850 美元,韩国为 7 660 美元,都远远超过平均水平。其他国家虽然还在平均水平以下,但是都在高速增长。中国大陆 1980 年的人均国民生产总值为 280 美元,1994 年上升为 530 美元,增长率为 89.3%。

表 5 世界和亚太地区的人均国民生产总值

单位:美元

国家(地区)	1973	1975	1980	1985	1987	1990	1992	1993	1994
澳大利亚	4 960	7 760	11 270	11 370	12 610	17 060	17 770	17 500	…
新西兰	3 840	5 020	7 420	6 770	9 210	12 890	12 490	12 600	…
加拿大	5 850	7 710	11 040	13 250	15 470	19 640	20 270	19 970	…
日本	3 470	4 940	10 440	10 950	17 270	26 100	28 750	31 490	34 630
韩国	430	640	2 330	2 260	3 230	5 770	7 210	7 660	8 260
台湾	700	964	2 334	3 298	5 888	7 954	10 202	10 566	11 597
香港	1 700	2 380	5 570	5 870	8 810	12 100	15 830	18 060	21 650①
新加坡	1 710	2 770	4 850	7 350	8 420	12 740	17 320	19 850	22 500
马来西亚	600	890	1 800	1 910	1 960	2 400	2 830	3 140	3 480
菲律宾	250	370	690	520	610	750	800	850	950
泰国	270	390	720	810	980	1 530	1 910	2 110	2 410
印度尼西亚	120	220	490	520	520	570	680	740	880
中国大陆	…	…	280	350	390	410	470	490	530
世界平均	1 130	1 490	2 570	2 520	3 190	4 010	4 360	4 420	…

注:① 人均国内生产总值。

资料来源:*World Tables*, 1995 年版。
中国统计年鉴(1994、1996)。
世界银行:《世界发展报告》(1996)。
《国际统计年鉴》(1995)。

2. 亚太地区对外贸易迅速增长,贸易结构发生重大变化

亚太地区经济崛起的一大特点是,对外贸易的迅速发展有力地带动了经济增长,经济的增长又促进了贸易的发展,两者形成相互促进的良性循环。60 年代,亚太地区许多国家相继实行出口带动的发展战略,对外贸易增长速度大大高于世界平均速度。1980—1991 年间,世界贸易额的年均增长率为 5.6%,而 APEC 成员的贸易总额年均增长率达到 8%。亚太地区中,日本、NIES、ASEAN、中国内地的贸易增长最为突出。据 IMF 统计,世界总出口贸易额 1982—1991 年的 10 年间增加了 1.2 倍,1972—1991 年的 20 年间增加了 8.7 倍,而上述亚太国家(地区)出口总额在同时期内分别增加了 2.5 倍和 27 倍(参见表 6-1 和表 6-2)。

表 6-1　世界和亚太地区出口贸易年增长率

单位：%

国家(地区)	1965	1970	1975	1980	1985	1990	1991	1992	1993	1994	1995	1996
世界	8.9	16.0	2.9	22.7	1.0	14.5	3.1	5.9	0.4	13.6	18.6	5.9
澳大利亚	-1.6	13.0	8.4	17.6	-1.8	7.1	5.3	2.3	-0.2	11.3	11.8	15.2
新西兰	-6.2	1.0	-11.2	15.2	3.7	6.9	1.1	2.5	7.3	15.6	12.8	5.1
加拿大	5.4	17.2	-1.3	16.2	0.8	4.8	0.4	5.7	8.0	13.9	16.0	6.1
日本	26.6	20.8	0.6	27.5	4.4	5.0	9.5	8.0	6.6	9.6	11.4	-5.0
韩国	46.6	34.0	10.8	16.3	3.5	4.2	10.5	6.6	7.3	16.8	30.2	5.0
中国台湾	3.7	36.1	-3.9	23.0	0.9	1.6	13.4	6.9	4.0	9.7	20.1	7.8
中国香港	12.9	15.5	1.0	30.5	6.6	12.3	20.0	21.2	13.2	11.9	15.6	4.0
新加坡	8.4	0.3	-7.5	36.1	-5.2	18.1	11.9	7.5	16.6	30.8	22.5	…
马来西亚	11.9	2.1	-9.3	17.0	-6.9	17.4	16.8	18.5	15.7	24.7	26.0	…
菲律宾	4.8	21.9	-15.8	25.7	-12.6	4.0	8.7	11.2	13.7	20.0	32.2	…
泰国	3.8	0.4	-9.7	22.8	-3.9	14.9	23.2	14.2	13.1	12.2	24.2	…
印度尼西亚	-2.2	29.7	-4.4	40.5	-15.1	15.9	15.1	14.6	8.8	8.8	13.4	…
中国大陆	13.9	-5.0	8.2	32.9	4.6	18.2	15.8	14.3	13.0	31.7	22.9	1.6

资料来源：根据 IMF《国际金融统计年鉴》(1988、1990、1991、1994、1996)和《国际金融统计》(1995、1997)，以及《世界经济展望》1997 经济展望(下)(国家信息中心编)的数据以美元计算得出。

表 6-2　世界和亚太地区进口贸易年增长率

单位：%

国家(地区)	1965	1970	1975	1980	1985	1990	1991	1992	1993	1994	1995	1996
世界	8.9	15.0	3.8	22.9	0.4	14.3	3.5	6.3	-1.2	13.3	19.0	…
澳大利亚	13.4	11.4	-10.7	23.1	-0.1	-6.5	-0.8	5.1	4.0	17.2	15.3	6.8
新西兰	9.5	24.1	-13.5	20.2	-3.4	8.2	-11.8	9.8	4.7	23.6	17.2	5.5
加拿大	16.4	2.1	5.4	10.4	3.7	2.9	1.2	3.6	7.6	11.5	10.5	4.0
日本	2.9	25.7	-6.6	28.6	-4.2	12.2	0.7	-1.6	3.6	13.9	20.8	3.9
韩国	14.6	8.8	6.2	9.6	1.7	13.6	16.7	0.3	2.5	21.0	32.0	11.2
中国台湾	29.5	25.7	-14.7	33.6	-8.5	4.4	15.0	14.4	6.8	10.9	21.4	…
中国香港	6.7	18.2	-0.2	31.1	4.0	14.3	21.6	23.1	12.3	16.7	19.4	3.0
新加坡	9.3	20.7	-3.0	36.1	-8.3	22.6	8.9	8.9	18.1	20.5	21.5	…
马来西亚	5.5	19.9	-13.3	37.8	-12.6	30.1	25.3	9.0	14.2	30.5	30.8	…
菲律宾	2.9	-2.3	8.2	25.4	-15.1	16.7	-2.0	20.8	21.4	20.2	24.2	…
泰国	9.1	4.1	4.4	28.7	-11.1	29.5	12.6	8.2	13.2	17.9	34.9	…
印度尼西亚	2.2	28.3	24.1	50.4	-26.1	32.8	18.5	5.6	3.0	13.9	27.9	…
中国大陆	31.3	18.9	1.7	27.7	54.1	-9.8	3.5	6.3	-1.2	13.3	11.6	7.6

资料来源：根据 IMF《国际金融统计年鉴》(1988、1990、1991、1994、1996)和《国际金融统计》(1995)，以及《世界经济展望》1997 经济展望(下)(国家信息中心编)的数据以美元计算得出。

随着贸易规模的扩大和工业化进程的推进，亚太地区对外贸易结构发生了重要变化。在出口商品结构中，初级产品出口比重下降，制成品出口比重提高(参见表7)，在世界市场上的份额也不断扩大。据世界银行1993年出版的《东亚奇迹》(*The East Asian Miracles*)，日本于20世纪60年代，NIES于70年代，泰国、马来西亚、印度尼西亚于80年代接连打入世界工业品市场，其市场占有率从1965年的9.4%上升到1990年的21.3%。在发展中国家出口的工业制品中，NIES占61.5%，泰国、马来西亚、印度尼西亚占12.0%，合计达73.5%。1980年，美国同亚太地区的贸易额，第一次超过了美国同西欧的贸易额，前者为1176亿美元，后者为1159亿美元。近十几年来，这一差距还在不断扩大，亚太地区已经成为美国最大的贸易伙伴。

表7 亚太地区进出口产品结构的变化

单位：%

国家(地区)	产品类别	1970年		1980年		1990年		1992年	
		进口	出口	进口	出口	进口	出口	进口	出口
澳大利亚	非燃料初级产品	12.1	73.4	10.2	60.7	…	…	…	…
	燃料	5.5	5.4	13.8	11.0	…	…	…	…
	制成品	82.4	21.2	76.0	28.3	…	…	…	…
新西兰	非燃料初级产品	17.0	87.0	11.7	76.1	…	…	…	…
	燃料	6.7	0.7	22.5	2.4	…	…	…	…
	制成品	76.3	2.3	65.8	21.5	…	…	…	…
加拿大	非燃料初级产品	14.8	2.8	14.4	37.2	…	…	…	…
	燃料	5.6	6.0	12.4	14.3	…	…	…	…
	制成品	79.6	1.2	73.2	48.5	…	…	…	…
日本	非燃料初级产品	54.0	6.5	30.7	3.9	30.2	2.1	30.4	2.6
	燃料	20.7	0.3	50.0	0.4	24.5	0.5	22.8	0.5
	制成品	25.3	3.3	19.3	95.7	45.3	97.4	46.8	97.5
韩国	非燃料初级产品	38.4	22.3	26.9	9.9	20.4	5.4	18.4	4.9
	燃料	6.9	1.1	29.9	0.2	15.8	1.0	18.0	2.2
	制成品	54.8	76.6	43.2	89.9	63.8	93.6	63.6	92.9
中国香港	非燃料初级产品	28.7	6.8	18.8	3.4	11.6	3.9	10.3	3.8
	燃料	2.9	0.3	5.5	0.1	2.4	0.3	2.0	0.9
	制成品	68.3	92.9	75.6	96.5	85.9	95.8	87.7	95.3
新加坡	非燃料初级产品	28.3	46.3	15.9	20.9	9.8	9.3	9.8	8.9
	燃料	13.5	23.2	28.7	25.2	15.9	17.9	12.8	13.0
	制成品	58.2	30.5	55.4	53.9	74.3	72.8	77.4	78.0

（续表）

国家(地区)	产品类别	1970 年		1980 年		1990 年		1992 年	
		进口	出口	进口	出口	进口	出口	进口	出口
泰国	非燃料初级产品	12.5	88.7	12.4	71.8	13.3	34.8	13.4	32.3
	燃料	8.7	0.7	30.4	0.1	9.4	0.8	8.2	1.0
	制成品	78.8	10.7	57.2	28.1	77.3	64.3	78.4	66.7
马来西亚	非燃料初级产品	29.5	85.2	17.7	56.2	12.3	27.5	11.1	23.5
	燃料	12.1	7.4	15.2	24.7	5.3	18.3	4.4	15.5
	制成品	58.4	7.4	67.1	19.1	82.4	54.2	84.5	61.0
菲律宾	非燃料初级产品	19.6	90.7	13.0	62.5	16.2	29.0	14.1	24.6
	燃料	12.0	1.8	28.4	0.7	14.9	2.2	13.9	2.4
	制成品	68.4	7.6	58.6	36.8	68.9	68.8	72.0	73.0
印度尼西亚	非燃料初级产品	16.5	65.8	18.7	25.7	14.1	20.6	15.8	19.1
	燃料	1.5	32.8	16.2	71.8	8.9	44.0	7.8	33.3
	制成品	82.0	1.4	65.2	2.4	77.0	35.4	76.4	47.5
中国大陆	非燃料初级产品	40.3	54.0	16.7	21.4	17.3	18.2	14.4	15.3
	燃料	0.5	0.9	1.2	8.1	2.4	8.3	4.5	5.5
	制成品	59.3	45.1	82.0	70.4	80.3	73.5	81.1	79.2

资料来源：根据世界银行 *World Tables*，1989—1990 年版、1991 年版、1994 年版计算得出。

对外贸易的迅速增长和结构变化，不仅反映了亚太地区的工业化程度和经济实力，也提高了它在世界贸易中的地位(参见表 8)。1965 年，亚太 13 国(地区)的出口额占世界总出口额的 17.3%，进口额占 16.9%；到 1985 年，出口比重增至 26.6%，进口比重达 22.7%；1993 年，出口比重超过国内生产总值在世界国内生产总值中的比重，为 30.9%，进口比重增至 28.5%；1995 年，出口比重为 31.4%，进口比重为 29.2%。

1994 年与 1980 年相比，亚太地区内许多国家(地区)在世界各国(地区)出口总额位次表中的位次前移。韩国由第 28 位前移到第 13 位，新加坡由第 25 位前移到第 12 位，香港由第 24 位前移到第 8 位，台湾由第 23 位前移到第 14 位，中国大陆则由第 27 位前移到第 11 位。亚太主要国家和地区出口额占世界出口总额的比重和位次见表 9。

表 8 世界和亚太地区贸易额①

单位:亿美元

国家(地区)	1965		1975		1985		1990		1993		1995	
	出口	进口	出口	进口	出口	进口	出口	进口	出口	进口	出口	进口
澳大利亚	30	38	119	107	226	259	398	420	427	456	531	613
新西兰	10	11	22	32	57	60	95	95	105	96	137	140
加拿大	84	86	341	361	910	806	1 276	1 232	1 452	1 390	1 922	1 684
日本	85	82	558	579	1 772	1 305	2 876	2 354	3 622	2 416	4 431	3 359
韩国	2	5	49	73	303	311	650	698	822	838	1 251	1 351
中国台湾	5	6	53	60	307	201	671	548	847	771	1 116	1 037
中国香港	11	16	60	68	302	297	822	825	1 352	1 387	1 738	1 328
新加坡	10	12	54	81	228	263	528	609	740	852	1 183	1 245
马来西亚	12	11	38	36	154	123	294	293	471	457	740	778
菲律宾	7	9	23	38	46	55	81	130	111	188	175	283
泰国	6	7	22	33	71	92	231	334	372	462	564	737
印度尼西亚	7	7	71	48	186	103	257	218	368	281	454	409
中国大陆	26	22	77	79	274	423	621	533	910	1031	1 488	1 291
以上合计	295	312	1 477	1 595	4 836	4 298	8 800	8 289	11 599	10 625	15 730	14 855
世界	1 710	1 847	8 167	8 497	18 194	18 933	33 369	34 383	37 563	37 292	50 139	50 921
亚太占世界份额(%)	17.3	16.9	18.1	18.8	26.6	22.7	26.4	24.1	30.9	28.5	31.4	29.2

注:① 出口为 FOB 价格,进口为 CIF 价格。

资料来源:《国际金融统计年鉴》(1993、1994、1996)。
《国际金融统计》(1995)。

表9 亚太地区主要国家(地区)出口额占世界出口总额的比重和位次

	1980年		1984年		1986年		1987年		1993年		1994年	
	比重(%)	位次	比重(%)	位次	比重(%)	位次	比重(%)	位次	比重(%)	位次	比重(%)	位次
澳大利亚	1.1	16	1.3	22	1.1	20	1.1	21	1.2	20	—	—
新西兰	0.3	51	0.3	51	0.3	49	0.3	46	0.3	39	—	—
加拿大	3.3	10	4.6	7	4.1	8	3.8	8	3.9	7	4.0	7
日本	6.5	3	8.9	2	9.8	3	9.3	3	9.9	3	9.3	3
中国台湾	1.0	23	1.6	12	1.9	11	2.2	11	2.3	12	2.2	14
中国香港	1.0	24	1.5	15	1.7	14	1.9	12	3.7	8	3.7	8
韩国	0.9	28	1.5	14	1.6	15	1.9	13	2.3	13	2.3	13
中国大陆	0.9	27	1.3	18	1.5	16	1.6	16	2.5	11	2.9	11
新加坡	1.0	25	1.3	20	1.1	21	1.2	19	2.0	14	2.3	12
马来西亚	0.7	38	0.9	27	0.7	32	0.7	28	1.3	18	1.4	19
印度尼西亚	1.2	15	1.2	24	0.7	30	0.7	29	0.9	24	—	—
泰国	0.3	47	0.4	47	0.4	41	0.5	34	1.0	23	—	—
菲律宾	0.3	48	0.3	52	0.2	52	0.2	46	0.4	37	—	—

资料来源:《中国对外经济贸易年鉴》(1989、1990、1994/1995、1995/1996)。

3. 亚太地区已成为重要的国际投资场所

战后亚太地区许多国家(地区)为了发展经济,特别是发展出口导向型的加工工业,需要引进大量外资和先进技术。近年来各国(地区)积极调整产业结构,从劳动密集型向技术和知识密集型升级,更扩大了这一需求。而发达国家为了转移过剩资本,开拓新的市场,也不断寻找投资环境好、回报率高的地区进行资本输出。近20年来,特别是自从20世纪80年代中期以来,由于亚太地区政局相对稳定,经济持续增长,投资环境不断改善,促使世界各地的投资者纷纷涌向亚太地区。据太平洋经济合作理事会的资料,1970—1979年全世界发展中国家吸收的外国直接投资总额中,东亚发展中国家(地区)只占16.1%,而拉美占53.7%,非洲占14.7%。但在1980—1990年间,东亚的比例上升为33.2%,即翻了一番,而拉美降至42%,非洲更跌至6.7%。这说明全球对外直接投资的重点自80年代起已经转向东亚。90年代以来,亚太更是成为国际投资的热点地区。1991—1994年,东亚发展中国家(地区)所吸收的外国直接投资占全球对外直接投资总额的比重已升至20%以上,参见表10。

表10 亚太主要国家(地区)引进境外直接投资额(协议额)

单位:亿美元

国家(地区)	1987	1988	1989	1990	1991	1992	1993
韩国	10.60	12.83	10.90	8.03	13.96	8.95	10.4
中国台湾	14.19	11.83	24.18	23.02	17.78	14.61	12.1
中国香港	27.09	33.53	38.12	39.79	44.27	14.61	…
新加坡	6.88	8.24	8.33	12.24	16.96	16.62	19.51
菲律宾	1.67	4.73	8.05	9.61	7.63	6.30	5.32
马来西亚	8.18	18.63	31.94	65.17	63.19	69.77	…
泰国	19.46	62.49	79.95	80.31	49.88	100.27	42.95
印度尼西亚	15.20	44.82	47.19	87.51	87.78	103.13	81.44
中国大陆	37.09	52.97	56.00	65.96	119.77	581.24	1114.36

资料来源:根据亚太各国(地区)官方统计,引自〔日〕野村综合研究所:《因直接投资而发展的亚洲》,1994年版。

对亚太地区的直接投资主要来自美国和日本。70年代日本进行产业结构调整,大量资金流入NIES。1985年以后,随着日元汇率大幅度升高,日本向亚太其他地区的投资猛增(参见表11)。截至1995年3月底,日本在亚太地区的直接投资结存额为748亿美元,约占其对外直接投资总额的1/6,而美国对亚太地区直接投资结存额截至1994年底为828亿美元,约占其对外直接投资总额的1/7。此外,区域内NIES对ASEAN和中国大陆的投资,ASEAN内部的相互投资及其对中国大陆的投资近年来也在迅速增加。

表11 日美两国对亚太地区的直接投资结存额[1]

单位:亿美元

投资国 / 被投资国(地区)	日本 (1995年3月底数字)	美国 (1994年12月底数字)
日本	…	370
韩国	53	36
中国台湾	40	39
中国香港	139	120
新加坡	95	110
马来西亚	64	24
菲律宾	28	24
泰国	72	38
印度尼西亚	170	50
中国大陆	87	17
投资国对亚太地区直接投资总额(A)	748	828
投资国对外直接投资总额(B)	4 637	6 121
A/B(%)	16.1	13.5

注:① 日本为投资者向政府报告值;美国为账面值。

资料来源:〔日〕大藏省金融局国际资本科统计。

〔美〕商务部经济和统计局经济分析科:*Survey of Current Business*, 1995年8月。

4. 亚太地区出现了一批新的国际金融中心

同亚太地区经济的高速增长、贸易规模的扩大、投资活动的开展相适应,以东京、中国香港地区、新加坡为代表的一批新的国际金融中心应运而生,在全球逐渐和伦敦、纽约传统的两大国际金融中心形成三足鼎立之势。目前,亚太地区的国际金融中心已成为国际银团贷款的基地之一。

东京是举世公认的亚洲第一大金融中心和世界上仅次于伦敦和纽约的第三大国际金融中心。外汇市场和资本市场的表现尤为突出。自1984年日本宣布日元国际化和金融市场自由化之后,东京在国际资本市场上的作用不断扩大。1995年世界最大的百家银行中,日本独占22家。同年,东京银行与三菱银行合并为东京三菱银行,其资产额现居世界首位。目前,日元也已经成为三大主要国际货币之一。

香港是仅次于伦敦、纽约的世界第三大银行中心。1996年6月,香港共有持牌银行185家,其中外资银行154家。目前全球最大的百家银行中,有85家在香港设立了机构。香港外汇交易居全球第五位。香港还是与伦敦、纽约、苏黎世齐名的世界四大黄金市场之一。近年来,香港金融业蓬勃发展,已成为亚太地区重要的融资市场。

新加坡也是亚洲重要的金融外汇市场。新加坡不仅在1968年批准美洲银行设立"亚洲货币单位",从而成为最早建立亚洲美元市场的国家,而且于1984年9月在亚太地区第一个设立了金融期货市场,吸收流向欧美的资金。目前,新加坡共有139家商业银行,68家证券公司,77家金融公司,23家证券银行,80家期货公司和9家经纪公司。另外还有100多家汇款公司,300多家兑换商,已形成亚洲美元、外汇、期货和股票四大市场。新加坡近年来还积极加强其区域银行中心的地位,颁布了一系列吸引外资和外资银行的政策。1995年,新加坡又把金融机构离岸业务的税率由15%降到10%,不少外资银行已到新加坡成立地区总部。

此外,泰国正在发展曼谷国际银行中心,马来西亚则着手建设拉布安(Labuan)岛为离岸银行中心,中国台湾地区也提出了"亚太营运中心"计划,其中一项内容是将台湾建成亚洲新的金融中心。90年代初,上海浦东开发热潮高涨,外资银行纷纷进入,股市兴旺,上海也有可能发展成为国际金融中心。

东亚的投资、贸易十分活跃,与世界的经济联系日益密切,资金往来和信贷交易的需求也日益增长。这些有利条件将使东亚出现更多的国际金融市场,成为国际金融活动的中心地带。

5. 亚太地区科学技术蓬勃发展,居世界领先地位

地处太平洋东西两岸的美国和日本是战后第三次科技革命的发源地,也是当今世界上科技最发达、拥有高新技术最多的国家。亚太地区的科学技术活动十分活跃,高新技术在区内呈梯形转移和扩散,正在形成美国—日本—NIES—中国大陆—ASEAN这样一条环太平洋高技术产业带,其构成要素为:

(1) 美国西部的"硅谷"及其高技术产业的蓬勃兴起。

这里汇集了斯坦福、伯克利等多所世界名校和几千家从事电子、电脑、导弹、太空运输工具等行业的高科技公司,这里的半导体产量占全美的三分之一,太空运输工具的销售占全美的五分之一,"硅谷"已成为大学、科研机

构和工厂公司三位一体的科学园区。

(2) 日本的“科学都市”的产生。

战后日本一直实行采用新技术改造传统产业与积极发展新兴尖端产业技术相结合的政策，既促进了新技术的不断发展，又加速了对传统产业的改造。目前，日本不仅在微电子技术和机器人等应用方面，而且在激光技术和新型合成材料等一些尖端技术领域已达到世界先进水平，在国际市场上处于优势地位。日本拥有的专利位居世界前列，有“世界专利橱窗”的美称。面对新技术革命，日本雄心勃勃，于60年代就开始筹建科学都市，其中享誉世界的筑波科学城和九州“硅岛”与美国西部的硅谷遥相对应。

(3) 韩国的高技术园区。

自1974年以来，经过坚持不懈的努力，韩国的“硅谷”——大德科学园区于1992年底竣工。另外，从1993年开始政府又在西南地区建设光州科学园，釜山、大邱、全州和江陵4个地方政府也计划建设4座与其功能相似的科学园。韩国正在形成以洪陵研究开发中心和水原遗传工程研究开发科学园为主的首都地区技术密集区；以大德科学园为主的中部地区技术密集区；以汉南工业区精细化工和精密机械研究开发科学园为主的西南地区技术密集区；以浦项—蔚山材料科学研究开发科学园为主的东南地区科技密集区，以求实现“科技立国”，迈入发达国家行列。

(4) 中国台湾地区“新竹科学工业园区”。

新竹附近集中了“清华大学”、“交通大学”、“中央大学”等高等学府和“中央科学研究院”、“工业技术研究院”、“国科院”精密仪器发展中心、“交通部”电信研究所等科研机构。园区开发强调研究与生产并重，着重引进诸如电子、信息处理、精密机械仪器、高级技术材料、能源科学及航空工业和遗传工程等所谓的“战略性工业”。

(5) 新加坡的肯特岗科学技术区。

园区紧邻新加坡大学，由政府、民间、企业界和学术机构合作建立。该区专为从事工业研究与开发提供各种方便和优惠措施，鼓励国内外投资者钻研新技术、新工艺、新产品。近年来，新加坡政府大力普及电脑教育，拓展工业升级计划，不断增加和扩大的电子公司也使其享有“硅岛”的美称。

此外，中国内地在东部沿海地区也兴建了高新技术产业区，中国香港地区正处在向高技术产业过渡的转型期内，ASEAN由于引入大量外资及先进技术，技术密集型产业发展也很快。从今后的趋势看，环太平洋高新技术产业带还会继续扩展。

（二）亚太地区经济迅速崛起的重大意义和深远影响

亚太经济的高速发展将进一步扩大各国间的贸易规模，加深相互间的贸易联系，进一步推动区内的经济合作；亚太地区与日俱增的国际影响为区内各国（地区）经济的持续发展提供了良好的国际经济环境，将加快各国（地区）利用外资、引进技术和海外投资的步伐，有利于各国（地区）社会再生产活动的良性循环，并将有力地促进各国（地区）经济结构的调整与升级。

所有这些，都将进一步增强亚太经济的实力，提高亚太经济在世界经济中的地位。目前，亚太地区已经成为世界经济最重要的组成部分和强有力的推动力量。在世界经济普遍不景气的情况下，亚太地区成为带动全球经济增长的火车头，世界经济的重心正在从大西洋转向太平洋。亚太地区若能保持良好的增长势头，21 世纪将有可能成为世界经济的中心，为世界经济的发展作出更大的贡献。

近年来，以美国经济学家保罗·克罗格曼为首的一些学者对亚太经济的未来持悲观态度。他在 1994 年底发表的《亚洲奇迹的神话》一文中，断言东亚的经济增长不会再持续下去，从而引发了国际经济学界对亚太经济增长及其前景的一场争论。本文认为，长期以来推动亚太经济高速增长的一些有利条件至今仍然存在，随着国际局势的发展，亚太地区又面临着新的机遇，在今后相当长的时期内，经济增长仍将领先于世界其他地区。

首先，亚太地区内部贸易、投资将更趋活跃。过去亚太经济增长主要依靠外部市场，今后外部市场依然存在，但是增长动力将更多地来自内需扩大。亚太地区独特的"产业阶梯"为区内贸易、投资创造了巨大空间，同时为日本、NIES 的经济转型提供了充足的余地。在今后 10—15 年间，这一技术转移网络将会继续扩大。

其次，亚太地区国家多形式、多层次的合作组织进一步发展，经济充满活力，不断增加活力增长点。今后 5—15 年间，建立在经济互补基础上的亚太区域合作可望取得突破性进展。东北亚以开发图们江和环黄渤海为主的国际经济合作有望结出硕果，形成东北亚经济圈；中国海峡两岸的经贸关系将更加紧密，加上香港、澳门的回归，华南增长三角将扩大为中华经济区；在东南亚，东盟自由贸易区计划于 2003 年建成，各种各样的经济增长三角的合作已经积极展开。

再次，亚太地区的高储蓄率保证了经济增长的资金来源。平均 36％—40％的高储蓄率是世界上其他国家和地区无法比拟的。

最后,全球贸易自由化趋势将有利于亚太地区的出口增长。对外贸易对于亚太经济的增长具有举足轻重的作用。1994年底乌拉圭回合的成功结束以及1995年世界贸易组织的成立,标志着全球经济环境将变得比以往宽松。在亚太地区,APEC正在加快机制化进程,推动贸易自由化,今后10年地区内关税将会进一步下降,这将有利于亚太发展中经济体的出口增长。

由此可见,亚太经济未来的增长趋势是乐观的,但是,也应该看到,亚太经济目前面临着严峻的挑战,其中,基础设施薄弱是制约亚太经济持续稳定增长的严重阻碍之一。我们将在下一节阐述这一问题。

二、基础产业薄弱:亚太地区经济持续增长的隐忧

亚太地区地域辽阔,国家众多,各国(地区)经济发展水平相差悬殊。美国、日本是高度发达的超级经济大国;澳大利亚、新西兰属于经济发达国家;新加坡、韩国、香港、台湾已成为新兴工业化国家(地区);东盟国家如印度尼西亚、马来西亚、菲律宾、泰国等正迅速向新兴工业化国家的行列迈进;中国经济规模很大,发展也很快,但总体水平仍然较低。

与各国(地区)的经济发展水平相适应,各国(地区)基础产业的状况也有很大差别。一般而言,发达国家的基础产业较为发达,能源供应充足,交通网络密布,交通工具现代化,通讯技术和通讯设施先进,为经济的继续发展和人民生活的提高创造了良好条件。而发展中国家的基础产业还十分落后。80年代以来,中国和除新加坡之外的东盟各国取得了举世瞩目的经济成就,但在经济繁荣的背后,基础产业方面的问题日益严重,基础设施不足的弱点日益暴露,直接威胁着今后的经济发展。由于这些国家是90年代末以至下个世纪亚太地区经济增长的主要动力,它们在亚太地区经济合作中占有重要地位,所以基础产业薄弱已经成为亚太地区经济持续增长的隐忧。

(一) 基础产业的当前形势

1. 能源

能源是人类赖以生存和进行生产的重要物质基础。生产离不开能源,生产的规模和速度都受能源供给的制约。同样,生活也离不开能源,生活水平越高,对能源的依赖性越大,能源的数量和质量是制约生活水平的重要物质条件之一。

虽然现代科技的应用和节能意识的增强有助于减少能源消费,但到目

前为止,经济增长与能源总量需求仍是按照相同方向变化的。充足的能源供应是保证经济增长的必要条件。能源供应不足,无疑将极大地限制国民经济各部门的发展,阻碍经济的持续增长。

电是本世纪人类广为应用的一种能源,是驱动高度复杂的现代文明的基础。由于电力方便,易于输送,所以一次能源一般转化为电能加以利用。发电能力和发电量是衡量一个国家能源工业发展水平的重要标志。但亚太地区不少国家都不同程度地存在着电力供应严重不足的问题。

中国:一次能源结构中煤炭所占比重过大,一次能源转化成二次能源的比例低,电力生产中煤炭消耗高。近几年来,能源生产增长缓慢,难以支撑国民经济和工业生产的高速发展。部分地区缺能缺电现象十分严重,能源生产与其他部门结构的矛盾成为阻碍经济有效增长的一个主要因素。

印度尼西亚:由于经济发展迅速,外资源源涌入,给印度尼西亚的电力供应带来巨大压力,近年来电力短缺日趋明显。现在全国供电能力若保持不变,到 2000 年仅能满足爪哇岛的电力需求。

马来西亚:1996 年 8 月,马来半岛全区域范围内发生了大规模停电事故,工厂机器停止运转,城市交通陷入瘫痪,交通事故接连不断,造成了巨大损失。

泰国:由于经济发展,泰国的电力需求急剧增加,不得不从其他国家如老挝进口电力。

2. 交通运输

伴随着现代工业的发展,以制造业为中心的经济带来了大规模的人口流动、对自然资源的开采以及产品的销售,使得人与货物的空间移动在规模和速度等方面的需求大幅度提高。现代交通运输网络把全国各地以至全世界都越来越紧密地联系在一起,为社会化大生产提供了生产要素自由流动的环境,成为现代经济所依赖的重要基础设施之一。

不同的自然条件和经济发展水平决定了亚太地区各国(地区)交通运输状况的巨大差异。经济发展水平的影响显然是最重要的。以美国、日本为代表的发达国家具备密集的公路网、铁路网和空运网,新型高速的汽车、飞机、船舶等交通工具,众多的大型现代化机场、港口以及先进的交通运输管理手段,能够有效地支持整个国民经济的高速运转。但在大部分发展中国家,如中国和大多数东盟国家,现有的交通运输水平还远远不能满足经济发展的要求,甚至已成为阻碍经济进一步发展的“瓶颈”。

中国:已初步形成了以铁路干线、公路干线、海运、长江为骨架,由铁路、公路、民航、水运和管道5种运输方式组成的综合运输网，但与发达国家相比，还存在很大差距。

铁路运输在中国的综合交通运输网中占有最为重要的地位。目前，中国铁路按国土面积计算排在世界第一百位以后，若按人口计算则更显落后。现有铁路除东北地区已基本成网外，其余广大地区尚未成网，运量的绝大部分集中在主要干线上，没有分流机动的余地。很多资源丰富、急待开发的地区，因无必要的铁路运输而迟迟未能开发。此外，在铁路技术装备和线路质量等方面比较落后，许多新技术措施难以采用。

公路运输近几年来虽然发展较快，但平均每平方公里的公路里程还很低，在矿藏资源丰富的新疆、宁夏、西藏、内蒙、青海等辽阔地区，公路密度非常低，按人口平均则更低。公路状况也不尽如人意，总公路里程中，高级路面、中级路面和低级路面大约各占三分之一。许多公路段上，交通流量超过交通容量，经常发生交通阻塞。

民用航空运输在中国交通运输结构中的比重还很低，飞机和机场数量少，机型老化，地面服务设施机械化、自动化程度低；空中交通管制设施布点少，不能互联成网；专业航空应用还不广泛。

水上运输由于长期以来受到忽视，发展缓慢。沿海港口泊位不足，设施不配套，装卸、仓储跟不上，压船压港现象严重。船舶老化、技术落后和效率低下导致远洋运输船队竞争力很弱，运营率低于国际一般水平，吨船产量也低于国际水平。

菲律宾：由于菲律宾是个多山的岛国，濒临太平洋西部海面，多台风暴雨灾害，所以不仅新建铁路干线计划的实施受到了障碍，而且原有的铁路线也不易保持畅通。因此，菲律宾陆运的主体是公路运输，公路网建设发展很快，密度较高，问题在于地区分布很不平衡，除了一条连接南北、长达1.3万公里的“泛菲公路”外，其余则主要集中在吕宋岛、米沙鄢群岛以及棉兰老岛。路面质量不高，适宜全天候行驶的公路还不到一半。菲律宾的航运和海运比较发达，但港口和机场的装载运输设备尚待进一步完善。

泰国：近年来城市交通，特别是首都曼谷的交通拥挤现象日趋加剧。目前曼谷市内的车速仅为9—11公里/小时，曼谷市民每天通常要花费4—6小时的时间来往于住宅和公司、学校之间。每年因交通阻塞而造成的经济损失高达130亿铢。此外，港口拥挤的现象也十分突出。

马来西亚：马来西亚的交通运输以公路和海运为主。高速公路是马来西亚交通运输系统的支柱，客运和货运总量的90%是通过公路完成的，但是还没有形成一个将各大城市联结在一起的公路网。在港口建设方面，马来西亚虽已拥有巴生、槟城、马六甲、古晋、亚庇等重要海港，但因能力有限，进出口货物大多由新加坡代理。1994 年马来西亚航运费用净支出额达 63 亿林吉特，1996 年增至 76 亿林吉特。

3. 通讯

在当今社会，信息已成为一种非常重要的资源，对信息的获取、传递、处理能力，标志着一个国家的经济和社会发展程度。要从根本上消除距离对信息的限制，实现信息资源的共享，必须依靠现代化的通讯系统。通讯，特别是电信的发展能带来巨大的经济效益，从而有力地促进社会经济的发展。据测算，日本 1 日元的电信投资可为社会创造 2.5 日元；在美国，这个比值竟达 3.0。国际电联对 52 个发达国家和发展中国家的情况进行分析后认为，如果电话普及率提高 1%，那么，随后 7 年内人均收入可增长 3%。相反，通讯不足或失灵将给社会经济带来巨大损失。60 年代，法国由于对电话发展重视不够，通讯网质量低劣，延误了信息传递，曾使国民生产总值减少了 2%。

由于通讯的巨大效益和它在社会生活各个方面的重要作用，当代世界各国大多把通讯置于国民经济的先行地位，给予巨额投资，使之优先发展。据对 44 个国家和地区的投资分析，电信投资平均占国民生产总值的 0.6%，而有些国家和地区更高，如马来西亚为 7%，韩国为 7.5%。

中国和大多数东盟国家的通讯事业在过去几十年内取得了很大进步，但与发达国家相比，通讯网络的覆盖率还比较低，通讯技术比较落后，一些新业务尚未广泛开展，难以满足全球经济一体化和信息时代对通讯的要求。仅以电话普及率为例，中国和大多数东盟国家的电话普及率在 10% 以下，大大低于发达国家 50% 左右的水平。

(二) 原因分析

基础产业薄弱已经给一些亚太地区发展中国家的经济带来了严重的负面影响。据世界银行分析，1995 年基础设施滞后使菲律宾经济增长率下降了两个百分点。中国、印度尼西亚、马来西亚、泰国虽然没有具体的统计数字，但是电力不足、交通不畅、通讯落后显然也已不同程度地阻碍了经济增长。造成这些国家基础产业薄弱的原因是多方面的，既有受制于各国国情的特殊因素，也有亚太地区发展中国家面临的共同困境。后者主要包括：

1. 经济发展战略的局限

新加坡除外的东盟国家经济的高速发展主要依靠引进外国直接投资而实现的技术转移，走的是一条“引进外资——吸收技术——仿制成品——出口创汇”的道路，依靠充足、廉价的劳动力增强产品在国际市场上的竞争力。虽然这些国家都较早地注意到了对基础设施的建设，但是仍跟不上经济增长的步伐。近年来这些国家原有的优势正在逐渐减弱或失去，基础产业薄弱对经济增长的阻碍作用日益显现出来。而且不少东盟国家对经济结构的空间布局不够重视，把主要工业都集中在原有的城市地区，造成生产力布局的地域体系不合理，中心城市及其周围地区的基础产业设施严重不足。

2. 缺乏资金

基础产业设施项目大多需要巨额的资金投入。以电站建设项目为例，按现在平均每千瓦 500 美元计算，每年扩建 1 000 万千瓦装机就需要 50 亿美元，5 年需 250 多亿美元。受整个第三世界债务危机的影响，多数发展中国家为所需项目筹资的借款能力下降，而且本身预算经费减少，拿不出更多的资金进行基本建设投资。虽然要完成的基础设施建设任务相当繁重，但因建设资金有限，很多急需发展的项目不能尽早开工，或者不能按合理工期及时建成投产以发挥效益，自然妨碍了基础产业的发展。在东亚和东南亚地区，基础设施投资普遍不足。尽管该地区各国用于基础设施的开支已从 20 年前平均占国民生产总值 3%—4%上升到目前的 6%，但是这个地区，尤其是中国、印度尼西亚、菲律宾等国，在投资方面远远落后于类似的国家，比如南美洲国家。

3. 人口压力和城市化带来的问题

亚太地区发展中国家普遍存在人口过度增长的难题，人口自然增长率均高于 10‰，有的甚至超过 20‰，只有中国稍低，但是中国人口基数大，现已突破 12 亿。与此同时，这些国家正处于城市化初期，每年有大量人口从农村涌入城市。据估计，中国现在约有 1.2 亿农民生活在大城市，而且这个数字还在不断增加。东南亚人口约 5 亿，其中 1/3 生活在城市地区，每年还有约 2000 万人涌入城市。到 2020 年，东亚和东南亚大多数人将生活在城市。激增的人口(包括自然增长的人口和流动人口)使得原本就不足的城市基础设施超负荷运转，一些城市水、电供应紧张，通讯设施不敷使用，几乎所有的大城市都出现了严重的交通堵塞现象。

(三) 当务之急

亚太地区发展中国家的当务之急是大力发展基础产业。事实证明,良好的基础产业设施将使一国经济受益匪浅。80 年代以来,亚太不少国家和地区纷纷调整发展战略,制定长远的发展规划,从全球战略角度和面向 21 世纪的时间跨度出发确定本国发展的方向和目标,着力解决根本性、全局性和长远性的问题,为未来的综合国力竞赛奠定基础。大力发展基础产业已成为亚太地区发展中国家突破制约经济发展的“瓶颈”,保持经济持续稳定增长,实现发展战略的当务之急。

亚太地区,尤其是东亚地区的经济是在相互合作和追赶中向前发展的,区域经济合作和产业结构调整也对基础产业发展提出了迫切要求。

区域经济合作以《茂物宣言》为标志,亚太经济合作组织由一个论坛性的区域经济组织向有形的、实际的一体化方向迈出了关键的一步。在 2020 年之前实现区内贸易和投资自由化的长期目标已为各成员经济体所共同承诺。自由化进程主要包括三个方面:贸易投资自由化,贸易与投资便利和发展合作。其中,贸易与投资便利的一个重要内容便是能源、交通、通讯的便利,也就是提供完善的基础设施。从目前的状况看,绝大多数发展中国家的基础设施距离这一条件尚有不小的差距,若不加快建设,必将阻碍自由化目标的如期实现。

进入 20 世纪 90 年代以来,东亚地区继续保持强劲发展势头,其根本原因是地区内部经济合作和产业结构的不断调整。日本、新兴工业化国家和地区、中国和东盟国家分别处于经济技术发展的三个不同阶段,为东亚地区产业结构升级、传递和技术转移提供了有利条件。东亚地区每次较大的产业结构调整都从日本开始,日本进行新一次产业结构调整后,新兴工业化国家和地区就跟随其后,继而又推动了东盟各国和其他国家的产业结构调整——所谓“雁行”发展模式。

目前日本正在进行第四次产业结构调整,由工业化社会向信息化社会演进。新兴工业化国家或地区正在向海外转移劳动密集型产业。由于产业转移大多通过直接投资来实现,所以对中国和东盟国家来说,要抓住这次国际产业转移的契机,实现自身产业结构的升级,就必须改善投资环境,在引进外资的同时,积极引进国外先进技术和管理经验。基础产业设施既是投资环境的重要组成内容,又是许多先进技术的载体,在国际产业调整中必须优先得到发展。

目前亚太地区基础产业较为落后的国家,已经认识到优先发展基础产业的必要性,相继采取措施,兴建大型基础设施项目,或制定基础产业发展目标。在亚太国家大力加强基础设施建设的过程中,一些问题和困难已初露端倪。

例如技术问题,能源开发涉及许多新技术领域。交通运输的发展也必须依靠科学技术。通讯向来是以科学技术为依托,许多通讯技术属于尖端科技范畴。一般而言,基础产业较为落后的国家其科技水平和科研能力也较低,因此在基础产业发展中不可避免地受到技术条件的限制。

又如环境问题,基础产业对环境的影响甚大。兴建水电站将对地区生态环境造成严重破坏,火力发电会造成煤烟型大气污染,核电站存在核辐射泄漏的危险。某些交通工具,如汽车是重要的环境污染源。

但最重要的是人力资源素质问题。虽然这些国家人力资源的数量并不少,但总体素质比较低,缺乏专业人才,不利于基础产业的发展。

其实,技术问题和环境问题可以部分地归结为人才问题。因为要克服技术上的困难,保护生态环境,需要发挥科技人才的作用;筹集资金、达成经济技术合作以及对项目的运营和管理,需要发挥管理人才的作用。此外,基础产业的全面发展和完善还有赖于该产业从业人员整体素质的提高。而要培养专业人才,提高从业人员素质,必须大力进行人力资源开发。

三、人力资源开发:加强基础产业的重要环节

研究亚太地区二三十年来经济迅速崛起的历程,可以得出这样一个清晰的结论:率先崛起的日本以及亚洲“四小龙”,它们靠的主要是人力资源的作用,原本自然资源匮乏对经济发展是很不利的,但它们却从人力资源的开发中获取了所需要的自然资源。相比之下,许多发展中国家尽管自然资源丰富,但人才缺乏,让富饶的自然资源白白浪费或外流,本国经济依然处于后进状态。

20 世纪 90 年代冷战结束后,世界进入了以经济和科技为核心的综合国力竞争的时代。而科技的发展和经济的增长则主要取决于人力资源的开发和有效利用。

(一) 亚太地区基础产业人力资源开发的动因

1. 基础产业建设以至经济持续发展的内在要求

亚太地区战后经济发展的实践表明,凡是重视人力资源开发的国家,基础产业设施发展快,经济实力强,经济增长速度高;凡是无力或不重视人力资源开发的国家,经济增长速度则缓慢,处于后进状态。

亚太国家或地区,对人力资源的开发与其基础产业发展同步,也和经济发达程度同步,分为高、中、低三个层次。近年来新兴工业化国家和地区人力资源开发成绩显著,而其他发展中国家则发展缓慢,同发达国家相比差距颇大。主要原因当然是受到经济发展水平的限制,但也确有重视不够和政策不当之处。

2. 自然资源贫乏与经济实力、发展要求不相适应的矛盾

日本、韩国、新加坡等国家的自然资源比较贫乏,基础产业建设成本较高,但其经济发展速度较快,水平较高。在这种情况下,无论是从回顾历史的角度分析还是从未来经济发展的要求考虑,为了解决自然资源贫乏与经济实力、发展要求不相适应的矛盾,除了进一步确立和加强对人力资源开发的战略外,别无他策。

3. 自然资源丰富、人口众多与经济发展、开发能力不相适应的矛盾

印度尼西亚、泰国等国家越来越清醒地认识到:劳动力素质差和投资效益低,不仅难以发挥丰富的自然资源优势,而且还会不可避免地造成对自然资源的浪费,久而久之,还可能使所具有的自然资源的优势丧失殆尽。因此,要消除劳动力素质差、投资效益低和劳动生产率不高、基础产业设施落后给国民经济发展造成的严重阻碍,并彻底改变危难局面,必须从加强人力资源开发入手。

4. 新形势下市场经济的高强度竞争

随着商品经济活力的增强,市场经济领域的拓宽,市场在世界范围内的变动在加快,消费者在不同商品和相同商品间的选择越来越苛刻,企业间的竞争强度也越来越大。这无论对经济实力强或弱、劳动力素质高或低、自然资源丰富或贫乏、基础产业设施先进或落后的国家和地区来说,都是一个严峻的挑战。为了在这个挑战面前获得战略主动,许多国家和地区都把视野的焦点转向人力资源开发。一些国家的企业管理者特别关心在新形势下,如何通过人力资源开发的新招数来适应新形势下市场经济高强度竞争的要求。例如,1988 年美国管理协会曾在芝加哥举行了第 59 届年会,会上集中

讨论了人力资源部门如何保证组织的运行和发展等问题。他们提出:企业的管理质量、产品质量、顾客的满意程度是关系到企业存亡的重大问题,而解决这一问题的关键则又是怎样对人力资源进行新的开发。

(二) 亚太地区基础产业人力资源开发的做法

1. 设立人力资源开发机构

为了指导本国人力资源的开发,亚太一些国家和地区纷纷设立人力资源开发机构。例如,韩国在科技部下设人力政策局,马来西亚在总理府下设人力资源处,日本在劳动部下设人力发展局,泰国在国家计划和社会发展部下设人才资源计划处,印度尼西亚在国家计划发展局中设立人力与人口处。这些机构的建立大大加速了所在国基础产业的人力资源开发进程,并取得了显著成效。

2. 加强人力资源开发研究

由于人力资源开发是经济进一步发展所需,现已形成世界性潮流,但是有关人力资源开发研究实际上落后于时代前进的步伐,因此不少国家十分重视这方面的研究。

例如泰国,不仅设立国家级的从事人力资源研究的专门机构,而且开展了许多工作,诸如搜集有关人力资源的统计数据和资料,开展人力资源问题研究,向有关决策部门提出观点和建议,培训人力资源开发人才,在大学中讲授有关课程,传播人力资源开发信息,举办人力资源开发的国内和国际学术讨论会,为国家制定计划提供背景材料和决策参考等等。

东盟国家与欧洲经济共同体于 1985 年 10 月在泰国曼谷曾举行国际讨论会,专门研究讨论世界经济结构的变化对东盟国家就业状况和人力资源开发战略的影响。

3. 形成良好的人力资源开发的运行机制

韩国通过颁布《职业培训法》,建立了职业培训体系,重点发展职业技术教育和扩大培训人才数量。为了推动企业开展职业培训,韩国政府制定了培训标准,规定了课程和教材,并给予财政上的支持,包括减免 10% 的税收。澳大利亚专门设立了技术和继续教育机构,主要致力于开发企业管理人员的潜能。此外,各大学也通过多种渠道提供内容广泛的商务和管理课程,拓展了职业培训的深度和广度。

4. 建立完备的人力资源开发的动力机制

人力资源开发的动力机制是以调动人力资源开发对象的自我开发的积

极性为目的，围绕分配改革所采取的一系列行之有效的政策和措施。

例如中国最近建立较高的工资标准，调动知识分子的积极性。

又如，将技工与大学教授同等看待，使之享受丰厚的收入。如韩国为了转变社会上轻视工艺和技术的传统观念，通过制定国家技术资格考试，并成立“国家技术资格考试署”，规定工艺技术系统中15种专业的职业职务的资格等级名称、标准和考试办法，将技术等级分为工程师和技工两个系列，两者之间又可相通。取得专业工程师和工艺师资格者的社会经济政治地位与大学教授一样。

再如，确定合理的奖励制度，提高职工及其家庭的生活质量。如美国，为了较好地发挥职工的显能和潜能，通过一系列办法激励职工的工作热情：

(1) 将花在职工身上的各种费用(保险金、退休金、休假费等)列成一张清单发给每个职工，使他们了解公司对他们的关心程度，以增强他们的凝聚力。

(2) 每月公布职工提出的好建议。

(3) 举行退休舞会、新生儿和结婚庆祝会。

(4) 将有关裁员的信息与职工交流，并帮助职工寻找新工作。同时，与被裁职工长期保持联系，以安定人心，鼓舞士气。

(三) 亚太地区基础产业人力资源开发的特点

1. 人力资源开发的层次性

现代社会生产所需要的人力资源并不限于一个水平，它不仅需要高水平的科学家、技术专家和工程师，也需要从事简单操作的工人、领班、基层管理人员和维修人员等等，这就决定了人力资源的开发必须适应生产的需要，按照生产的技术水平、产业结构的具体情况，确定高、中、低等若干层次人员的开发量。

在亚太地区的基础产业内，在确定人力资源开发的层次结构及其数量时，依据当地当时产业的实际情况，既充分考虑近期国际上出现的微电子学和材料科学等较高层次的技术，要求有一定量的较高级人才与之相匹配；又要充分考虑到这些新技术知识的普及和推广也需要一定量的初级人才与之相匹配。

基于这一认识，各国或地区分别确定了适宜当地经济发展水平和技术接受能力的人力资源开发方案和策略。

2. 人力资源开发的技术性

由于不断发展的科学技术与基础产业生产活动之间有着紧密的联系，一国作出的技术决策将对该国基础产业的资源分配及生产单位的经济和社会效益产生巨大的影响。所以，在进行基础产业的人力资源开发时，了解某项技术要求什么类型的人力资源以及这些人力资源与该项技术之间的相互作用，是十分重要的。

例如韩国科技部1972年预测到，技术员和技工的缺乏将成为韩国未来经济发展的"瓶颈"，于是制定了工艺技术系统的资格鉴定制度，并辅以相应的激励措施，以正式法令在全国贯彻实施，从而改变了原有的那种不利的技术人力结构。

3. 人力资源开发的教育性

人力资源开发以教育为根本，人力资源的开发必须通过教育来实现。

从亚太许多国家和地区的经验看，学校的正规教育仅为学生进入社会准备了基本的文化基础知识，而要为经济起飞和发展造就一大批适用的优秀人才，则主要是依靠就职后的进一步培训和提高。

对亚太国家和地区的正规教育情况作一比较，发达国家接受正规学校教育的人数和水平明显高于发展中国家。目前，发达国家全部普及了中小学教育，中等学校就学率最低的新西兰也在90%以上。高等学校就学率最高的是美国，达59.3%，新西兰也在30%以上。而发展中国家正规教育只是在二次大战后五六十年代以来才有了明显的发展，目前已基本普及了小学教育，中等学校教育也有很大发展，就学率最高的韩国已达95%，最低的巴布亚新几内亚只有12%，中国居中，超过40%；而发展中国家高等学校就学率则大大低于发达国家，最高的韩国约为35%，最低的巴布亚新几内亚仅为1%，中国仅为1.7%。

在一个国家经济尚不发达的时期，学历是第一重要因素，但在当代的基础产业领域，特别是微电子、通讯等新兴科学技术迅速发展的情况下，仅有在学校获得的基础知识已远不能适应新时期的要求，学历第一主义就让位于能力的高低。因此，许多国家的企业越来越重视人的能力的培养和提高。

日本政府早在20世纪60年代初就把"人的能力的开发对策"作为"重要政策"加以实施。日本企业选择新人，不是看是否是"学校里的秀才"，而是看能否成为"企业里的秀才"，即重视人的独立思考能力、开拓精神、应变能力、竞争意识等等。

韩国企业仿效日本，对就业职工进行以提高能力为目标的各种形式的培训,其重视程度可以与日本媲美。

一个企业采取种种形式实施培训,旨在培养企业急需的人才。推而广之,一个国家也应根据经济发展的不同阶段以及不同类型的产业特点,有所侧重地培养人才。例如,亚洲"四小龙"60年代在基础产业领域着重培养具有中等技术水平的科技人才、管理人才和熟练技术工人,80年代后半期以来,不少发展中国家越来越重视培养掌握计算机技术等新兴科学技术的人才。

4. 人力资源开发的效益性

由于人力资源开发与基础产业建设之间的直接关系,以及基础产业对经济发展的巨大作用,亚太地区凡是进行人力资源开发的国家和地区,无一不取得令人称羡的经济效果。

以亚洲"四小龙"为例,这些国家和地区长期遭受英、日的殖民统治,经济文化都比较落后,从总体上说,它们是在经济文化比发达国家落后几十年甚至上百年的情况下进行工业化和现代化建设的,具有超阶段发展的特点。基础产业极有可能成为经济高速增长的"瓶颈",特别是它们的经济发展战略从60年代中期由进口替代转向出口导向以后,在客观上必须有一支足够的专门技术人员和管理人员以及熟练工人的队伍,使引进的外国先进技术和设备得以发挥效能,确保经济发展战略的顺利推行。在经济力量还很薄弱、自然资源贫乏、资金技术短缺、市场不足的情况下,由于它们抓住"天时",利用"地利",重视教育,开发自己丰富的人力资源,并与引进的外国资金和技术很好地结合起来,从而实现了经济腾飞,增强了经济实力。

5. 人力资源开发的阶段性

人力资源开发是一个渐进的过程,应根据经济发展的客观需要,确定不同时期的人力资源开发策略。例如韩国,伴随国内各产业的发展,其人力资源开发经历了3个发展阶段:

(1) 1953年至1960年为恢复经济服务的人力资源开发阶段。这一时期的主要任务是将文盲占总人口的比例从78%降到28%,小学入学率提高到适龄人口的86.2%,初中和高中的入学率分别提高到33.3%和19.9%。

(2) 60年代为实行第一个五年计划服务的人力资源开发阶段。这个时期的主要任务是通过从国外引进成套技术和人才,重点发展职业技术教育,扩大培训人才的数量。

(3) 70年代为重点发展重工业和化学工业服务的人力资源开发阶段。这一时期的主要任务是开发经济发展急需的高级科技人员数量,重点加强大学和研究生的教育，同时带动技术教育。

与此同时，亚太地区其他国家(地区)也经历了它们各自不同的经济发展阶段。

(四) 亚太地区基础产业人力资源开发的策略

区域经济合作主要是利用地缘和互补优势。就基础产业人力资源开发而言，APEC 各成员应进一步加强交流与合作，采取联合行动，发挥亚太地区的人力资源优势，促进基础产业的发展，增强各成员和亚太地区的国际竞争能力。

1. 加强亚太地区基础产业人力资源开发交流与合作，提高决策能力

亚太地区基础产业人力资源的有效开发，需要一流的人力资源开发决策人员。在国内经济发展过程中，APEC 各成员针对各自的特点，采取了一系列措施，开发和利用人力资源，促进了基础产业的发展，并积累了丰富的经验。

在亚太经济合作中，APEC 各成员共同努力，制定了人力资源开发战略，并达成了许多共识。但是，随着国内、国际竞争的增强和世界经济一体化进程的加快，基础产业面临着日益严峻的挑战，对基础产业人力资源开发决策人员的要求也越来越高。因此，APEC 各成员应在积极借鉴其他成员成功经验，努力搞好国内基础产业人力资源开发能力建设的同时，加强成员间人力资源开发交流与合作，研究和解决亚太地区基础产业人力资源开发所面临的共同问题，提高人力资源开发决策能力。

具体地讲，加强基础产业人力资源开发信息交流，开展基础产业人力资源开发决策人员培训，研究基础产业发展政策和人力资源开发政策，提高决策人员素质；建立基础产业企业人力资源开发主管网络，交流企业人力资源开发经验和信息，增强政策的执行能力和信息反馈能力；加强基础产业人力资源开发理论和技术研究，为政策制定提供依据；鼓励私有部门参加基础产业人力资源开发，提高调动私有部门积极性的决策能力。

2. 开展职业教育和跨文化培训，提高亚太地区基础产业人力资源的整体素质

由于亚太地区发展中国家的人口素质普遍较低，加上某些国家为了推动某些高效益“龙头”产业的发展，大力加强诸如宾馆业、旅游业、餐饮业等人才的培训工作，忽视了对基础产业人力资源开发的必要投入，造成基础产业人员素质长期低下的状况。因此，需要对劳动者进行最基本的文化教育、

职业技术教育和跨文化培训，提高区域人力资源的整体素质。

人力资源素质的提高，一方面表现为劳动者受教育程度的提高、劳动技能的进步；另一方面表现为劳动者身体素质的提高，保持良好的健康状况和充沛的体力。针对这两个方面，结合基础产业本身的特点及发展状况，亚太地区特别是比较落后的发展中国家应首先从普及义务教育和职业教育入手，根据产业和国家发展战略的要求调整教育结构、设置教育内容，全面实施以提高劳动力素质为中心的教育与经济同步发展战略。

同时，开展跨文化培训，特别是跨文化经营管理培训，以增强基础产业企业的跨国经营能力。

根据基础产业实际情况建立和完善社会保障制度，维护其劳工市场的平稳运作，解除劳工的后顾之忧，创造出产业发展所需的稳定的外部环境。从而使基础产业摆脱人员素质低下的"瓶颈"，为经济的全面持续稳定发展奠定基础。

3. 加强人力资源的跨区域流动，发挥基础产业人力资源的潜力

人力资源区域分布的非均衡性、各国经济的非均衡发展以及各国劳动力价格的差异等，不可避免地导致了人力资源在区域间的流动。因此，要科学地管理人力资源，允许人力资源在区域间合理流动。

目前，亚太地区在发达国家之间有正常的人才流动，而对发展中国家来说则主要是人才外流的问题。人才外流的主要原因，是科学技术发展和经济待遇高低的差距。

人才大量外流无疑是个损失，但从长远看，外流人员到发达国家去学习，成为掌握先进科学技术的高级专门人才，而这样的人才在国内培养往往是困难的，这未尝又不是一件好事。因此，亚太发展中国家和地区对人才外流既应有所节制，又不能限制得过死，重要的在于采取相应对策，吸引外流的学成人才返回祖国服务。这对于发展中国家来说，实际上是一场与发达国家的"人才争夺战"，不仅要克服发达国家对人才的引力，更要克服自己国家对人才的斥力和形成比发达国家更强大的对人才的引力。这是一项艰难的任务。目前亚太发展中国家和地区大多采取强有力的措施吸引其留学人员回到祖国，或者至少是利用他们的科技知识为国家的发展作出贡献。这些措施是有效果的，但更重要的是要在全社会形成尊重知识、尊重人才的氛围，为学成归来的人才提供广阔的用武之地。

由于基础产业科技含量高，发展中国家基础产业的研究与开发困难重重。若能充分发挥相关领域留学归国人员的作用，必将有效地促进本国基

础产业的发展。

以国际承包工程为主的国际劳务输出是发挥亚太地区基础产业人力资源潜力的有效途径。起源于二战时期的劳务输出活动,在当事国的经济往来中起着越来越重要的作用,其工程对象大多是关系国计民生的基础产业建设项目,诸如水利设施、发电站、飞机场、医院、铁路等等。国际承包工程是国际劳务流动向集约化方向发展的一种主要形式,它兼有许多自发性输出劳务所不具备的优势,诸如资金集中度高,人才集中度高,技术全面等等。

据亚洲开发银行预测,在20世纪90年代后期,亚太主要国家和地区将投资1万亿美元以上用于基础设施建设。其中电力部门为3 000—3 500亿美元,电信部门为1 500亿美元,交通运输部门为3 000—3 500亿美元,供水和环保部门为800—1 000亿美元。这表明亚太地区承包劳务市场的容量正在大大增强,这一地区将成为世界重要的工业基地。

国际承包工程是发展中国家缓解国内就业压力,实现资源最优化配置,提高经济效应的重要途径,对于亚太地区的发展中国家具有特殊意义。亚太地区发展中国家普遍人口压力过大,大量剩余劳动力的存在,不仅使人力资源得不到充分利用,而且阻滞了其他稀缺资源效能的发挥。但是由于长期经济技术落后,智力、技术型人力资源并不丰富,如果发展智力、技术劳务输出,往往会造成人才的外流,无异于对本国经济发展的“釜底抽薪”。而国际承包工程市场需求的主要是初、中级技术人员和熟练工人,这种流动对输出国来说,不是“人才外流”,而是一种免费的“技术培训”,或者是无形的“人力投资”,它可以使劳动者带回先进的新技术和管理方法,有利于输出国经济技术水平的提高,有利于输出国对外国先进技术的引进、吸收和创新。

亚太地区国际承包劳务市场近年来一直较为活跃。亚太地区局势相对稳定,许多国家有着相同的传统文化和紧密的经济关系。由于某些国家和地区劳务短缺,如日本、韩国、中国台湾、中国香港、新加坡和马来西亚等产业结构的调整,使得某些行业,尤其是技术劳务短缺,给劳务输出国带来了机会。近年来亚太地区对外国直接投资采取了积极态度,放宽外资进入自由度,吸引了大量外资,由于国际承包商不断涌入亚太市场,使得区间承包劳务市场竞争加剧。因为世界上许多大的劳务输出国都处于亚太,而且这些国家劳务输出手续简单,方式多样,未来流向亚太劳务输入国的人数将会大幅度增加,区间劳务输出国的竞争将会更加激烈。面临这种挑战,亚太承包工程输出国则应积极开拓其他区域的承包工程市场,并针对承包工程特点,将基础产业人力资源的国际流动纳入整个人力资源的开发管理计划之中,制定出长期的发展战略,设立专门机构,建立强有力的管理机制,加强调查研究,广泛收集国际承包工程市场的信息,保障输出人员的利益,为劳务输出的发展创造良好的人才条件。

4. 健全基础产业人力资源保障体系

人力资源保障,就是对人力资源的生产与使用进行保障。从内容上看,人力资源保障主要包括医疗保障、失业保障和老龄保障等方面,此外还涉及住房、教育的保障。

目前亚太地区的 28 个发展中国家中,正在实施对老龄、残废、遗属等具有法定支付制度等各种人力资源保障计划的国家共有 24 个;已经顺利转换成以社会保险机制为主的国家目前已超过 12 个。

但由于亚太发展中国家比较系统的人力资源保障体系几乎都是在战后,甚至有的是在 20 世纪 60 年代末才建立的,所以亚太地区多数发展中国家的保障体系的总体发展尚处于初期阶段,保障支出较少,范围相对狭小,适用对象占经济活动人口的比例也小,这成为制约基础产业人力资源开发的限制性因素。

加强人力资源保障体系建设,完善各种社会保障制度,是亚太地区、尤其是亚太发展中国家基础产业人力资源开发的重要环节。解决好这个问题,不但能为基础产业的发展创造良好的条件,而且有利于整个经济的发展和全社会的稳定。如医疗保障方面,基础产业领域许多因高强度紧张工作、非常环境工作等引起的劳动保护及职业病等问题越来越突出,只有在康复医学、保健医学及其服务等方面相应发展,并改变医疗供给不足与医疗资源浪费并存的局面,才能进一步保障人力资源高效率利用的可能性。又如失业保障方面,亚太地区绝大多数发展中国家的劳动力的低参与就业性、人口的高增长率等特点决定了其主要的人力资源问题是失业和不充分就业。基础产业建设以其高度劳动密集型的特点成为缓解这一问题的有效方式,如果能顺应本民族文化特点,建立起适合本国基础产业的有效的失业保障制度,将对促进本地区基础产业以至经济的全面发展产生重大的积极作用。

5. 培养高新技术人才,增强亚太地区基础产业的发展后劲

技术能够创造未来。在人类迈向 21 世纪的过程中,社会经济活动中的一切竞争越来越取决于人力资源特别是高新技术人才的竞争,基础产业发展所面临的竞争也不例外。在开放经济条件下,地区间人才资源的差异通过国际贸易可能得到强化,并形成专业化生产,从而更有助于人才资源较富裕的区域的经济增长。结果,区域间经济发展不仅必然存在差异,而且这种

差异还有可能进一步扩大。因此，为了迎接21世纪的挑战，增强APEC各成员和亚太地区的国际竞争能力，应积极采取措施，培养大批基础产业的高新技术人才。具体地讲，应尽快建立适应亚太地区基础产业发展需要的高新技术人才培养模式，调动政府、企业、学术界和私有部门参与人才培养的积极性；培养基础产业企业技术革新和产品开发人才，帮助企业创造拳头产品和国际名牌；培养高级跨国经营和管理人才，利用好国际资源和国际市场等。

“亚太地区基础产业人力资源开发能力建设项目”调查问卷*

尊敬的被调查者：

您好！

本问卷是为了调查亚太地区基础产业（主要包括能源、交通、通讯等）发展和人力资源开发的基本情况，并提高人力资源开发能力而设计的。亚太地区是当前和21世纪经济发展的热点地区，您的信息对我们实施“亚太地区基础产业人力资源开发能力建设项目”、研究亚太地区经济、开展亚太经济合作、促进亚太经济发展等将是十分珍贵的，希望您能认真填写。

本问卷采取了填空、选择、问答三种形式，以选择为主（可选多项）。以下各题除特别标明外，请以1995年底的资料为准。如果没有1995年底的资料，请尽量采用较新的资料，并请注明年份。我们力求在形式上便于回答，真诚地希望能得到您的帮助。

谢谢您的合作。

《亚太地区基础产业人力资源开发能力建设项目》

北京大学课题组

1996年12月12日

---

* 本文系APEC和中华人民共和国人事部资助的研究项目的研究报告之二。本人为该项目负责人。

本文的英文稿原载于《亚太地区主要基础产业人力资源开发能力建设国际研讨会论文集》（APEC新加坡秘书处1997年8月出版），该研讨会于1987年6月25—27日在黄山国际宾馆举行。

第一部分　基础产业发展概况

1. 贵成员国内生产总值变化情况

年份	国内生产总值（亿美元）			
		第一产业	第二产业	第三产业
1970				
1975				
1980				
1985				
1990				
1995				

2. 贵成员基础产业发展状况

年份	能源		交通		通讯	
	总产值（亿美元）	总产量（百万吨）	总产值（亿美元）	总产量（百万吨）	总产值（亿美元）	总产量（百万吨）
1970						
1975						
1980						
1985						
1990						
1995						

Ⅰ. 能　　源

3. 贵成员硬煤的储量和产量分别为 ________ 百万吨和 ________ 百万吨，褐煤的储量和产量分别为 ________ 百万吨和 ________ 百万吨。

4. 贵成员是否进行了下列煤炭开发利用新技术的研究？（请在所选的项目前的方块中画 x；凡选择题，以下均同）

□A. 煤的液化技术

□B. 煤的汽化技术

□C. 煤的锅炉燃烧技术

□D. 其他新技术 ________

5. 贵成员原油的蕴藏量和产量分别为 ________ 百万吨和 ________ 百万吨。

6. 贵成员原油加工能力为 ________ 百万吨，设备利用率为 ________%。

7. 贵成员天然气的蕴藏量和产量分别为 ________ 亿立方米和 ________ 亿立方米。

8. 贵成员有无开发利用核能？

□A. 有

□B. 无

(如果选 A，请继续做第 9 题；否则请跳过第 9 题，直接做第 11 题)

9. 在核能利用方面，贵成员在建的核发电机组数为 ________ 个；运行中的反应堆数为 ________ 个，其中热中子反应堆 ________ 个，快中子增殖反应堆 ________ 个。

10. 贵成员核电产量为 ________ 百万千瓦小时，占全国总发电量 ________%。

11. 在贵成员能源结构中，哪一部分所占比重最大？

□A. 煤炭

□B. 石油

□C. 天然气

□D. 核电

□E. 水电

□F. 其他

12. 除核能外，贵成员在下列新能源方面有无开发？

□A. 太阳能

□B. 生物质能

□C. 海洋温差

□D. 潮汐能

□E. 风能

□F. 地热能

□G. 氢能

□H. 其他

Ⅱ. 交通运输

13. 贵成员交通运输业在国内生产总值中所占比重为：

□A. 5%以下(含5%)

□B. 6%—8%

□C. 9%—10%(含10%)

□D. 10%以上

14. 贵成员铁路营业里程为 ________ 公里，其中电气化里程为 ________ 公里，铁路营业里程按国土面积平均为 ________ 公里/平方公里，按人口平均为 ________ 公里/千人。

15. 贵成员铁路机车(内燃、电力、蒸汽)拥有量 ________ 台；铁路车辆(货车、客车)拥有量 ________ 千辆；铁路货运量 ________ 百万吨，货物周转量 ________ 亿吨公里；铁路客运量 ________ 百万人，旅客周转量 ________ 亿人公里。

16. 贵成员公路营业里程为 ________ 千公里，公路网密度按国土面积平均为 ________ 公里/平方公里，按人口平均为 ________ 公里/千人。

17. 贵成员公路货运量 ________ 百万吨，货物周转量 ________ 亿吨公里。

18. 贵成员内河货运量 ________ 百万吨，货物周转量 ________ 亿吨公里。

19. 贵成员海港装货量 ________ 百万吨，卸货量 ________ 百万吨。

20. 贵成员空运货物周转量 ________ 百万吨公里，旅客周转量 ________ 亿人公里。

21. 贵成员输油管长度 ________ 千公里；输油量 ________ 百万吨，周转量 ________ 亿吨公里。

22. 近10年来，贵成员货物运输量趋势如何？

□A. 上升

□B. 停滞

□C. 下降

□D. 上下波动

23. 贵成员各种运输方式在货物运输中所占比重：铁路 ________ %，公路 ________ %，空运 ________ %，水运(内河、海洋) ________ %，管道 ________ %。

24. 贵成员在下列新技术方面有无开发?

□A. 智能交通(帮助司机的导行系统等)

□B. 高速铁路

□C. 新汽车技术(电动车、高速汽车等)

□D. 新船舶技术(超导船舶推进系统、高科技超级班轮等)

□E. 新航空技术(民用超音速飞机等)

□F. 其他 ________

Ⅲ. 通 讯

25. 贵成员电信业营业额为 ________ 亿美元,其中电信设备销售额 ________ 亿美元,电信服务收入 ________ 亿美元。

26. 贵成员长话电路 ________ 路,电报电路 ________ 路,邮路总长度 ________ 万公里,其中航空邮路 ________ 万公里。

27. 贵成员长途电话 ________ 万张,电报 ________ 万份,邮政函件 ________ 亿份。

28. 贵成员每百人电话拥有量 ________ 台。

29. 贵成员在电信方面的投资,其中用于基础设施 ________ 亿美元,用于技术革新 ________ 亿美元。

30. 贵成员有无建设信息高速公路的具体计划?

若有,其名称为 ________________,计划 ________ 年建成。

第二部分 基础产业人力资源开发概况

31. 贵成员总人口数及构成情况

总人口(万人)	按性别分		按城乡分	
	男	女	市镇	乡村

32. 贵成员就业人员的产业分布情况

就业人员总数(万人)	合计			失业率(%)
	第一产业	第二产业	第三产业	

33. 贵成员人口文化程度构成情况

25岁及以上人口总计(万人)	大学	中学		小学	文盲及文化程度不明者
		初中	高中		

34. 贵成员基础产业人员构成情况

主要基础产业	就业人员总数(万人)	管理人员	科技人员
能源			
交通运输			
通讯			

35. 贵成员主要基础产业人员构成的变化情况

主要基础产业	年份	就业人员总数(万人)	管理人员	科技人员
能源	1975			
	1980			
	1985			
	1990			
交通运输	1975			
	1980			
	1985			
	1990			
通讯	1975			
	1980			
	1985			
	1990			

36. 贵成员 0—24 岁的人口为 ________ 人, 25—44 岁的人口为 ________ 人, 45—59 岁的人口为 ________ 人, 60 岁及以上的人口为 ________ 人。

37. 贵成员公共教育经费占国民生产总值的比重为 ________ %。研究与开发费用占国民生产总值的比重为 ________ %, 按人口平均的研究与开发费用为 ________ 美元。研究与开发人员总数为 ________ 人。

38. 贵成员人口平均受教育年限 ________ 年。每万人口中受过高等教育者 ________ 人,受过中等教育者 ________ 人。

39. 贵成员小学入学率 ________ %,初中入学率 ________ %,高中入学率 ________ %,大学入学率 ________ %。

40. 贵成员总人口劳动力参与率 ________ %,其中女性劳动力参与率 ________ %;15—19 岁人口劳动力参与率 ________ %。

41. 贵成员的法定就业年龄为 ________ 岁,退休年龄 ________ 岁;法定工时每周 ________ 小时。

42. 贵成员急需:

□A. 管理人员

□B. 技术与开发人员

□C. 熟练工人

□D. 普通工人

43. 贵成员有大学 ________ 所,其中能源部门有 ________ 所,交通部门有 ________ 所,通讯部门有 ________ 所。

44. 贵成员参与科技活动的人员共 ________ 人,其中科学家和工程师 ________ 人。

45. 贵成员高等学校研究与开发人员共 ________ 人,其中科学家和工程师 ________ 人。

46. 贵成员用于高新技术开发投资的费用 ________ 美元,其中能源部门 ________ 美元,交通部门 ________ 美元,通讯部门 ________ 美元。

47. 贵成员有技术开发机构的企业 ________ 个,占全部企业的比重 ________ %。其中,能源部门有 ________ 个,交通部门有 ________ 个,通讯部门有 ________ 个。

48. 贵成员的企业技术开发人员共 ________ 人,其中科学家和工程师 ________ 人。其中,能源部门有技术开发人员 ________ 人,交通部门有 ________ 人,通讯部门有 ________ 人。

49. 贵成员的平均工资 ________ 美元。能源部门的平均工资 ________ 美元,交通部门的平均工资 ________ 美元,通讯部门的平均工资 ________ 美元。

50. 贵成员社会保险福利总额 ________ 美元,其中能源部门的社会保险福利总额 ________ 美元,交通部门 ________ 美元,通讯部门 ________ 美元。

51. 贵成员 90 年代的人均 GDP 呈现：

□A. 持续增长

□B. 停滞

□C. 下降

□D. 上下波动

52. 如果贵成员 90 年代的人均 GDP 呈现持续增长，原因是：

□A. 就业总量增加

□B. 劳动生产率提高

□C. 投资增加

53. 如果贵成员 90 年代的人均 GDP 呈现持续增长是因为劳动生产率提高，那么依靠何种方式取得：

□A. 提高工人技术能力

□B. 提高劳动者装备水平

□C. 提高管理人员水平

□D. 高级技术人员的创新

54. 贵成员有各类职业技术培训机构共 ________ 个。其中，能源部门有 ________ 个，交通部门有 ________ 个，通讯部门有 ________ 个。

55. 贵成员有各类职业技术培训教师 ________ 人。其中，能源部门有 ________ 人，交通部门有 ________ 人，通讯部门有 ________ 人。

56. 贵成员共培训就业人员达 ________ 人次，培训资金 ________ 美元，培训资金占投入可变成本投入的 ________ %。其中，能源部门共培训 ________ 人次，交通部门 ________ 人次，通讯部门 ________ 人次。

57. 贵成员基础产业人力资源开发面临的主要问题是：

□A. 人力资源数量不足

□B. 人力资源素质不高

□C. 人力资源产业分布不合理

□D. 人力资源管理不当

□E. 人力资源能力未得到充分发挥

□F. 其他

58. 当前基础产业人力资源开发的侧重点是：

□A. 增加人力资源储备

□B. 提高人力资源素质

□C. 促使人力资源产业分布合理化

□D. 完善人力资源开发政策法规

□E. 优化人力资源管理

□F. 其他

59. 为了在21世纪的国际竞争中处于有利地位,贵成员近期的人力资源开发重点是:

□A. 开发高精尖技术人才

□B. 开展国际人才交流与合作

□C. 着力降低劳动力成本

□D. 培养复合型人才

□E. 加强培养基础技术的研究与开发人员

□F. 其他

60. 贵成员如何发挥其人力资源在亚太地区的配置优势:

□A. 劳务输出

□B. 成员间的人才交流

□C. 人力资源开发政策对话

□D. 人力资源开发信息交流

□E. 其他

第三部分　典型企业人力资源开发概况

61. 贵企业名称 ________,创立于 ________ 年。年总产值 ________ 万美元,占同行业 ________ %。

62. 贵企业属于下列哪个产业部门(请在所选的项目前的方块中画 x,下同)。

□A. 电力

□B. 煤炭

□C. 石油(天然气)

□D. 交通运输

□E. 通讯

63. 贵企业的性质是:

□A. 公有公营

□B. 公有私营

□C. 私有私营

64. 贵企业职工总人数为 ________ 人，其中男性 ________ 人，女性 ________ 人。

65. 贵企业哪个年龄段的职工人数最多？

□A. 25岁以下

□B. 26—35岁

□C. 36—45岁

□D. 46—55岁

□E. 55岁以上

66. 贵企业管理人员约占职工总数的 ________%；女性占管理人员的 ________%。

67. 贵企业技术人员约占职工总数的 ________%；女性占技术人员的 ________%。

68. 贵企业工人平均受教育程度约为：

□A. 小学及以下

□B. 初中

□C. 高中

□D. 中专

□E. 大专

□F. 本科

□G. 本科以上

69. 贵企业管理人员平均受教育程度约为：

□A. 小学

□B. 初中

□C. 高中

□D. 中专

□E. 大专

□F. 本科

□G. 本科以上

70. 贵企业技术人员平均受教育程度约为：

□A. 小学

□B. 初中

□C. 高中

□D. 中专

□E. 大专
□F. 本科
□G. 本科以上

71. 贵企业工人的平均月工资(基本工资)约为 ________ 美元。

72. 贵企业管理人员的平均月工资(基本工资)约为 ________ 美元。

73. 贵企业技术人员的平均月工资(基本工资)约为 ________ 美元。

74. 贵企业职工晋升的主要依据是:
□A. 工龄
□B. 发明创造
□C. 工作表现(德、能、勤、绩)
□D. 职务变更、技术级别、行政级别的提升
□E. 经过评定的劳动能手、先进人物
□F. 其他 ________

75. 贵企业员工主要来自:(可选择多项)
□A. 学校毕业生
□B. 其他企业
□C. 国外引进
□D. 社会自由职业者(包括失业和退休人员)
□E. 其他 ________

76. 贵企业招聘、录用人员的主要依据是:(可选择多项)
□A. 学历
□B. 工作能力
□C. 工作经历
□D. 工作业绩
□E. 工作态度
□F. 其他 ________

77. 贵企业有哪些职业培训方式?(可选择多项)
□A. 企业办学
□B. 送职工深造
□C. 岗位轮换培训
□D. 电脑互联网络
□E. 其他 ________

78. 贵企业职业培训经费占贵企业资金投入的比率约为 ________%;

职业培训资金主要来源于:(可选择多项)

□A. 政府拨款

□B. 企业培训基金

□C. 职工个人支付

□D. 产业部门资助

□E. 社会团体赞助

□F. 其他 ________

79. 贵企业有无专门的培训机构?

□A. 有

□B. 无

(如果选 B,请跳过第 80—82 题,直接做第 83 题)

80. 1995 年培训了 ________ 人次;考试合格率为 ________%。

81. 培训内容包括:(可选择多项)

□A. 基本文化教育

□B. 专业技术培训

□C. 基础知识培训(外语、计算机等)

□D. 管理人员培训

□E. 其他 ________

82. 贵企业有无系统的岗前培训?

□A. 有

□B. 无

83. 贵企业采取了哪些人才激励措施?(可选择多项)

□A. 物质利益激励

□B. 荣誉激励

□C. 目标激励

□D. 榜样激励

□E. 工作激励(工作轮换、工作扩大化、工作充实、工作自治、工作管理等)

□F. 成长机会激励

□G. 环境激励

□H. 绩效信息激励

□I. 其他 ________

84. 贵企业采取了哪些鼓励创新的措施?(可选择多项)

□A. 扩大创新空间(例如鼓励职工展示研究成果、提出创新思想等)

□B. 精神鼓励

□C. 物质鼓励

□D. 职务提升

□E. 给予出国深造机会

□F. 其他 ________

85. 贵企业选拔工人、管理人员或技术人员进一步深造的原因是:(可选择多项)

□A. 作为对工作业绩的激励

□B. 管理上的需要

□C. 技术上的需要

□D. 人才储备的需要

□E. 其他 ________

86. 贵企业面临的阻碍人才流动的主要因素有:(可选择多项)

□A. 政策因素

□B. 体制因素

□C. 观念因素

□D. 地域因素

□E. 其他 ________

87. 在贵企业中,同工种、同效益的男女职工,报酬是否有差别?

□A. 有

□B. 无

88. 您认为制约贵企业妇女人力资源开发的主要因素有:(可选择多项)

□A. 社会因素(民风、民俗、观念)

□B. 政策因素(教育、就业)

□C. 女性自身因素

□D. 职业特点

□E. 其他 ________

89. 您认为那些学有专长、经验丰富、身体健康的退休人员再就业对于贵企业来说,是:(可选择多项)

□A. 与在业人员抢饭碗

□B. 青年人失业增加

□C. 第二次人才资源开发

□D. 其他 ________

90. 您认为在充分发挥本企业和国内人力资源的前提下，引进国外智力，有效地利用国外人力资源优势有无必要？

□A. 有

□B. 无

91. 贵企业有无医疗保健？

□A. 有

□B. 无

（如果选 B，请跳过第 92—93 题，直接做第 94 题）

92. 贵企业有无定期身体检查？

□A. 有

□B. 无

□C. 不定期的身体检查

93. 1995 年贵企业平均每人的医疗保健费用约为 ________ 美元。

94. 贵企业存在哪种安全问题？

□A. 噪音

□B. 辐射

□C. 粉尘

□D. 有害气体

□E. 其他 ________

95. 贵企业采取了什么措施来增进劳动安全？（可选择多项）

□A. 设立劳动安全保障机构

□B. 设立劳动安全基金

□C. 加强劳动安全教育

□D. 制定安全操作规章制度

□E. 其他 ________

96. 贵企业采取了哪些措施保障职工身心健康？（可选择多项）

□A. 医疗

□B. 体育设施

□C. 群众性文体活动

□D. 心理咨询

□E. 其他 ________

97. 贵企业有无对妇女的保护政策?

□A. 有

□B. 无

(如果选 A, 请继续做第 98 题; 否则请跳过第 98 题, 直接做第 99 题)

98. 贵企业采取了哪些保护妇女的政策? (可选择多项)

□A. 生育保健

□B. 阶段就业

□C. 身体检查

□D. 照顾工种

□E. 其他 ________

99. 贵企业有无正规的人力资源开发规划?

□A. 有

□B. 无

(如果选 B, 请继续做第 100 题; 否则请跳过第 100 题, 直接做第 101 题)

100. 贵企业没有人力资源开发规划的原因是: (可选择多项)

□A. 不需要

□B. 不知如何规划

□C. 经济上不合算

□D. 其他 ________

101. 贵企业人力资源开发规划的实施状况如何?

□A. 基本未实施

□B. 基本能实施

102. 贵企业的人力资源开发规划未能实施的原因主要在下列哪个方面?

□A. 职业培训不到位

□B. 医疗保健不完善

□C. 人才流动不合理

□D. 其他 ________

103. 如果原因在于职业培训, 主要障碍因素是: (可选择多项)

□A. 资金短缺

□B. 体制上的不协调
□C. 缺乏高素质的培训人员
□D. 培训机构不健全
□E. 其他 ________

104. 如果原因在于医疗保健,主要障碍因素是:(可选择多项)
□A. 资金短缺
□B. 体制上的不协调
□C. 缺乏高素质的医护人员
□D. 医疗设备不完备
□E. 其他 ________

105. 如果原因在于人才流动,主要障碍因素是:(可选择多项)
□A. 资金短缺
□B. 体制上的不协调
□C. 人才流动的渠道不畅通
□D. 法律保障体系不健全
□E. 其他 ________

106. 贵企业是否有人力资源管理成本概念?
□A. 有
□B. 无
(如果选 B,请继续做第 107 题;否则请跳过第 107 题,直接做第 108 题)

107. 如果没有,原因在于:(可选择多项)
□A. 没有必要
□B. 不了解
□C. 太麻烦
□D. 缺乏专职人员
□E. 其他 ________

108. 如果有,贵企业建立人力资源管理成本的目的是:(可选择多项)
□A. 有利于衡量人力资源开发效益
□B. 有利于人力资源开发决策分析
□C. 会计核算的需要
□D. 与国际接轨
□E. 其他 ________

109. 贵企业有无冗员问题?

□A. 有

□B. 无

(如果选 A,请继续做第 110 题;否则请跳过第 110 题,直接做第 111 题)

110. 造成冗员问题的原因是:

□A. 生产性原因(生产经营不景气,或生产发生变化)

□B. 结构性原因(窝工浪费、人浮于事、工种苦、脏、累)

□C. 生理性原因(职工未到退休年龄,但由于生理性原因不能参加劳动)

□D. 季节性原因(受原材料、季节因素影响、生产高峰期过后劳动需求减少)

□E. 其他 ________

111. 贵企业采取哪种类型的对策来解决富余人员问题?(可选择多项)

□A. 开发型(开发新项目)

□B. 扩张型(劳务输出、劳务承包、支援其他企业)

□C. 储蓄型(厂内待业、转岗培训、下岗轮训)

□D. 福利型(提前退休、放长假)

□E. 约束型(清退计划外用工)

□F. 开放型(自谋出路)

□G. 其他 ________

112. 贵企业有无专门的人力资源开发机构(如人力资源开发部等)?

□A. 有

□B. 无

(如果选 A,请继续做第 113—114 题;否则请跳过第 113—114 题,直接做第 115 题)

113. 如果有人力资源开发机构,它对贵企业发展有多大影响?

□A. 几乎没有

□B. 有,但作用不明显

□C. 一般

□D. 效果显著

□E. 其他 ________

114. 如果贡献很大,效果显著,表现在哪些方面?(可选择多项)

□A. 产量增加

□B. 产值提高

□C. 开发出了新产品

□D. 创出了名牌

□E. 培养了队伍

□F. 效率大大提高

□G. 其他 ________

115. 贵企业有无对人力资源开发机构的开发计划?

□A. 有

□B. 无

(如果选 B,请继续做第 116 题;否则请跳过第 116 题,直接做第 117 题)

116. 如果没有,主要原因在于:

□A. 资金缺乏

□B. 领导不重视

□C. 机构没有发挥应有的作用

□D. 机构效率已足够高,不必再开发

□E. 其他 ________

117. 您认为目前贵企业的职工凝聚力状况如何?

□A. 很差

□B. 差

□C. 一般

□D. 较好

□E. 很好

118. 如果职工凝聚力不强,是否存在下列现象?

□A. 职工士气低

□B. 有不满情绪

□C. 职工之间缺乏沟通

□D. 互不信任

□E. 缺乏敬业精神

119. 如果存在上述现象,原因是:

□A. 领导办事不公

□B. 政策有漏洞

□C. 组织不健全

□D. 职工素质低

□E. 学非所用

□F. 其他 ________

120. 贵企业有无培育员工对企业的归属感和认同感?

□A. 有

□B. 无

(如果选 A, 请继续做第 121 题; 否则请跳过第 121 题, 直接做第 122 题)

121. 如果有, 主要通过何种方式?

□A. 物质激励

□B. 举办活动

□C. 企业荣誉教育

□D. 领导关怀

□E. 其他 ________

122. 贵企业有无存在人才配置方面的问题?

□A. 有

□B. 无

(如果选 A, 请继续做第 123—125 题)

123. 如果有, 主要表现在哪些方面?

□A. 年龄结构

□B. 性别结构

□C. 人员结构

□D. 知识智能层次结构

□E. 个性结构

124. 如果存在人员结构不当问题, 主要由下列哪种人员比例失调所引起?

□A. 行政管理人员

□B. 后勤人员

□C. 一般人员

□D. 流动人员

125. 如果存在知识智能层次结构不当问题, 主要由下列哪种人员比例失调所引起?

□A. 高级人员
□B. 中级人员
□C. 一般人员
□D. 不是上述某种单一人员所造成的

中国主要基础产业人力资源开发能力建设研究报告*

基础产业设施是人们赖以生存和发展的基础，也是进一步推动社会不断进步和生活现代化的基础。当今，基础产业设施建设不仅关系到发展中国家和地区实现工业化和经济发展，而且关系到新兴工业化国家和发达国家提高经济增长质量和社会生活质量。因此，世界各国，特别是亚太地区各国，为了促进经济持续稳定增长，都把加强基础产业设施建设当作首要任务，基础产业设施领域成为各国和国际投资的新重点。

人力资源的开发是发展基础产业的根本所在。基础产业的结构调整和升级、科技含量的提高、在 GNP 中所占比重的增加以及国际竞争力的增强等等，都取决于人力资源的有效开发以及建立一支数量适当、结构合理、种类齐全并且具有中国基础产业特色的高素质的人力资源队伍。人力资源的有效开发，即文化技术素质的提高和身体健康素质的提高，对经济增长和社会进步的贡献远比人口和劳动力数量的增加重要得多。因此，人力资源的开发既是发展基础产业的先决条件，也是社会财富的真正源泉以及人类自身发展的重要部分。

随着经济体制的深化改革，发展基础产业已向人力资源开发提出挑战。根据中国"九五"计划和 2010 年发展目标，以及实现两个根本性转变（在经济上由计划经济向社会主义市场经济转变，在经济增长方式上，由粗放型向集约型转变）和实施两大战略（科教兴国战略和可持续发展战略）的要求，必须把人力资源开发、加强技术专业人才队伍建设，首先是主要基础产业人力资源开发能力建设作为最重要的工作抓紧抓好。

---

* 本文系 APEC 和中华人民共和国人事部资助的研究项目的研究报告之三。本人为该项目负责人。

本文的英文稿原载于《亚太地区主要基础产业人力资源开发能力建设国际研讨会论文集》（APEC 新加坡秘书处 1997 年 8 月出版），该研讨会于 1987 年 6 月 25－27 日在黄山国际宾馆举行。

一、中国主要基础产业发展概况

自从1978年实施改革开放政策以来，随着经济的快速增长，中国基础产业也有了相应的发展，并对经济增长作出了重要的贡献。然而由于资源的分布不平衡、基础产业投资不足、基础产业中企业规模小以及周期性的经济波动，仍存在严重的“瓶颈”问题。对此，还有待于采取有力的措施以加速基础产业的建设以及保持全国经济持续协调地发展。

中国基础产业发展的形势如下：

（一）能源

能源是经济的命脉，是人们赖以生存和进行生产的重要物质基础，社会生产力的发展和人们生活质量的提高，都要求能源有相应的增长。建国以来，特别是改革开放十几年来，中国能源工业通过基本建设投资以及技术更新已有了迅速发展，成为国民经济中的支柱产业。

1995年中国一次能源总量达到12.87亿吨标准煤。其中，原煤产量12.92亿吨；原油产量1.49亿吨；发电量达到10 070亿千瓦时，居世界第二位，其中水力发电1 868亿千瓦时，火力发电8 074亿千瓦时，核电128亿千瓦时；发电装机容量达到21 722万千瓦，居世界第三位，其中水力发电5 218万千瓦，火电16 294万千瓦，核电210万千瓦。全国百万千瓦电厂达到40座；1995年能源工业产值8 231.2亿元，占全部工业产值的12.4%。

中国生产的能源，除少量出口外，绝大部分是为了满足国内需要；同时，也进口一部分能源。1994年一次能源出口量达5 772万吨标准煤，进口量达4 342万吨标准煤。近年来，石油出口量逐年减少，进口量有增加趋势，煤炭出口量逐年增加。

四十多年来，尽管石油和天然气发展较快，但是煤炭还一直是中国的主要能源。1995年，能源构成中原煤占75.5%，原油占16.7%，天然气占1.8%，水力发电占6.0%。今后能源消费在相当长时期内还将是以煤炭为主，这是由中国能源资源的特点和能源生产与消费基础所决定的。从能源的储量结构来看，一次能源（包括核电）折合成标准煤，煤炭约占总量的90%以上。因此，煤炭是中国的第一能源，其稳定增长无疑是国民经济发展必要的可靠保证。

中国煤炭资源丰富，分布既广泛又集中。而且品种齐全，从低变质程度的褐煤到高变质程度的无烟煤都有赋存。经过几十年的建设,中国的采煤业已具有相当的实力。1995 年,国有重点煤矿原煤生产量为 48 228 万吨,地方煤矿为 80 990 万吨。煤炭工业以采掘运输机械化为龙头,推进高产高效矿井建设,到 1995 年底累计建成 56 处。采煤和掘进装载的机械化程度分别达到 71.58%和 72.37%;全国实现年产百万吨的综合机械化采煤队有 65 个,其中达到 200 万吨以上的有 9 个。

中国有丰富的油气资源,陆上石油资源蕴藏量为 643 亿吨,天然气资源量为 30 万亿立方米。同时,在海上大陆架有 130 万平方公里分布着 8 个大的含油气盆地,有效勘探面积约为 60 万平方公里,预测原油资源量为 142.5 亿吨,天然气为 3.3 万亿立方米。

中国石油工业已经进入了一个稳步发展时期。1993 年,陆上石油工业生产原油 1.39 亿吨,天然气 159.8 万亿立方米;塔里木盆地探明了储量规模上亿吨级的塔中 4 号油田;新探明天然气储量已连续第三年年增千亿立方米以上;全年实现工业总产值 966 亿元。1993 年海洋石油工业生产原油 463 万吨,渤海公司生产天然气 2.9 亿立方米;海洋石油工业对外合作累计进行海上地震测线 53.7 万公里;钻探井 338 口;钻预探井 234 口,发现和证实含油气构造的有 78 处,油气勘探成功率为 33%;共获得石油地质储量 12 亿吨、天然气地质储量 1 800 亿立方米。

石油工业在勘探开发技术方面已经掌握了数字地震、地质资料计算机处理、高压喷射钻井、定向钻井以及一整套优化钻井的新工艺,对于复式油气区的开发积累了相当丰富的经验,引进和推广了先进的采油工艺技术。

中国水力资源丰富,可供开发的约为 3.7 亿千瓦。1995 年水利系统拥有高低压输配电线路近 230 万公里,变电站变电容量 2 659.51 万千伏安,配电变压器容量 4 080.70 万千伏安。

新能源是新产业革命所依赖的基本条件之一,包括太阳能、风能、海洋能(潮汐、波浪等)、生物质能、地热能等。它们都具有可再生性,故又称之为持久能源。中国农村使用的能源以生物质能为主,占 80%以上,每年折合成标准煤约为 3 亿多吨,相当于全国商品能耗量的 1/3。截至 1995 年底,全国推广小型户用风力发电机组 14 台,装机 2 万千瓦,建成并网型风力发电场 18 座,装机 5 万千瓦,其中新疆达坂城风力发电场装机容量达到 1 万千瓦,成为亚洲较大的风电场之一;建成太阳能光伏发电站 14 座,其中西藏 4 座。

核能是一种储量丰富的能源,中国已经具备了发展核能的基本条件,正在积极开发利用。1995年,秦山核电站全年发电22.18亿千瓦时,负荷因子达84.41%;大亚湾核电站全年发电106.36亿千瓦时,负荷因子达67%。

中国能源资源存在着人均拥有量不足,地理分布不均等严重问题。随着国民经济的发展和人口的增长,能源的供需矛盾日趋紧张,面临的压力很大。同时,固有的能源结构所带来的环境问题也是困扰并妨碍中国经济发展的原因之一。既不能只注重经济发展,忽视环境保护,当然,也不能为追求环境的高质量而放慢经济发展。

面对这种情况,中国政府把发展能源工业、调整能源结构放在突出的战略地位,使其支撑国民经济增长的能力不断加强,逐步缓解其瓶颈制约作用,正确处理经济发展和环境保护的关系。到2000年,全国一次能源生产总量将达到13.5亿吨标准煤;煤炭产量14亿吨左右;原油产量达到1.55亿吨,天然气产量250亿立方米;发电装机总容量达到2.9亿千瓦,发电量1.4万亿千瓦时。"九五"期间中国政府初步确定了4项核电项目,8个堆,建设规模达660万千瓦,项目建成后,将使中国核电装机容量达到900万千瓦左右,与其相适应,核燃料工业将初步形成经济规模。

根据中国目前的能源资源特点,未来的能源结构虽然仍将以煤为主,但是鉴于上述存在的问题,大力发展核电已成为必然趋势,这对保证能源的稳定供给,保护和提供环境质量以及能源资源多样化具有重要战略意义。

(二)交通运输

交通运输业在整个社会机制中起着纽带作用,是社会经济最重要的基础结构之一。新中国成立以来,现代化运输业取得了举世瞩目的成就。1993年运输业国民收入1 113亿元,约占全部国民收入的4.47%。

铁路是中国国民经济的大动脉,是综合运输体系的骨干。长期以来,铁路承担的客、货周转量占全国的比重一直在50%—60%左右。到1995年末,中国铁路总营业里程已达到62 615公里(含合资铁路和地方铁路);机车保有量1.5万多台,其中内燃机车6 000多台,电力机车2 000多台;货车保有量37万多辆;客车保有量近3万辆。路网布局大为改善,除西藏外,各省都铺通了铁路,形成以"九纵十横"为主体的路网结构。1995年11月全线铺通的京九铁路全长2 536公里,是中国铁路建设史上一次建成而且建设时间最短、路程最长的铁路。

中国铁路的技术装备也已初具规模,电力机车和内燃机车完成的总重吨公里所占比重分别达到18.9%和55.5%。铁路的复线率为31%,电气化铁路比重为18%。

中国铁路运量大，运输密度居世界前列。1995年货物周转量为12 870亿吨公里，旅客周转量为3 546亿人公里。平均货物运输密度和旅客运输密度分别达到2 055万吨公里和566万人公里。

除国家铁路外，中国合资铁路和地方铁路的发展也很快，合资铁路建设起始于1983年，到1991年底共建干线16条，总长5 690公里。“八五”期间建设的合资、集资铁路有11项。截至1995年底，全国地方铁路正线里程为5 034公里，延展里程为6 300多公里。

随着改革开放和国民经济的迅速发展，公路在经济发展中的重要地位和作用日益突出，“要想富，先修路”的经验逐步推向全国。

1995年，全国公路通车总里程达到1 157万公里，其中高速公路2 141公里，一、二级汽车专用公路13 144公里。所有的县和97%的乡镇、80%的行政村都有公路通达，初步形成遍布全国各地、干支相接、四通八达的公路网。

到1995年底，全国民用汽车保有量为1 040多万辆，其中营业性客货车为400余万辆。道路运输市场基本形成了交通部门、社会其他部门和个体三足鼎立之势。中外合资、合作企业也发展迅速。

近年来，道路运输完成的客货运输量不断保持增长的势头，在综合运输体系中所占比重继续提高。1995年，完成客运量104亿人次、旅客周转量4 603亿人公里，完成货运量94亿吨、货物周转量4 695亿吨公里，在综合运输体系中分别占88.0%、50.5%、76.6%和13.6%。

中国海域辽阔，陆地海岸线长18 000余公里，环岛海岸线长14 000公里。河流水运较为发达的水系有长江、珠江、黑龙江、京杭运河和淮河，通称“三江两河”。

目前全国从事水路运输的各类机动船舶已达45万艘，3 800多万载重吨，100多万个客位。1995年全国水运旅客周转量172亿人公里，货物周转量17 552亿吨公里。

中国沿海和长江干线主要港口拥有大中小泊位1 400多个（其中万吨级以上深水泊位312个），年吞吐能力达到6亿多吨，已构成布局基本合理、装卸货类齐全、机械化程度达到中等发达国家水平、港口配套设施基本齐全的港口运输体系。在港口规模方面，上海港、秦皇岛港、广州港、大连港和宁波港货物年吞吐量均超过5 000万吨；在装卸货物方面，大宗煤炭、散粮和集装箱码头的装卸设备和工艺已接近世界先进水平，其中集装箱泊位设计装卸总能力超过400万标准箱,煤炭专用泊位具有超亿吨的装船和接卸能力。

中国远洋船队已航行于世界150多个国家和地区的1 100多个港口,船舶载重吨位居世界前10位,是中国外贸物资运输的主力军。中国远洋运输(集团)总公司拥有600多艘货船,总吨位达1 500万吨,是世界上最大的远洋运输公司之一。

沿海和长江干线水路运输是国家能源、原材料等重点物资运输的重要渠道。1995年,交通部直属沿海运输企业完成货运量138.41亿吨,沿海主要港口完成货物吞吐量8.02亿吨,内河货运量和货物周转量分别完成3.005 8亿吨和1 144亿吨公里,主要内河港口货物吞吐量完成3.1亿吨。

中国民航运输有了较大的发展,截至1995年年底,全行业定期航线797条,其中国内航线694条,国际航线85条,地区航线18条,航线总里程142万公里。国际航线通航33个国家和地区的53个城市。1995年全行业完成航空运输总周转量714 385万吨公里,旅客运输量5 117万人次,货邮运输量101万吨。

中国管道运输发展迅速,到1995年底,全国陆上长距离输原油管道延展长度累计达9 272公里,输天然气管道延展长度达8 315公里。1995年陆上管道输送原油11 765.5万吨,管道输送天然气101.9亿立方米。目前原油输送总量的60%以上由管道承担。

中国交通运输业虽然取得了可喜的成就,但是仍然不能满足国民经济快速增长对交通运输的巨大需求,以致成为国民经济发展的薄弱环节,铁路则成为国民经济发展的"瓶颈"。仅就数量而言,铁路62 615公里的营业里程与960万平方公里的国土面积及12亿人口很不相称。到2000年,由能源基地经铁路外运煤炭将达4亿吨,对铁路运输业提出了严峻挑战。目前铁路运输全面紧张的局面在今后相当长的时间内仍将继续。

针对这种情况,中国政府把加快铁路建设作为加速经济发展、增强经济发展后劲的战略重点来考虑。根据"九五"计划,到2000年,铁路营业里程将达到6.8万公里,复线率34%,电气化率27%,重要技术装备达到国际90年代水平。

(三) 通讯

现代通讯技术克服了时间和空间的局限性,使得人们在广阔范围内随时随地获取和交换信息成为可能。通讯业作为最积极、最有生命力的新兴社会生产力的代表,日益成为社会与经济发展的强大推动力。

改革开放以来，中国的通讯事业进入了一个崭新的发展时期。从1985年起，通讯业发展速度开始高于国民生产总值的增长速度，通讯业务总量年增长率超过25%，这在世界上是少有的。1995年，邮电通讯业务总量达986亿元。

国家公用通讯网是国家信息基础设施的重要组成部分，是国民经济信息化的基础结构。目前，中国已经建成以光缆为主体、以数字微波和卫星通讯为辅助手段的大容量数字干线传输网，本地中继网和用户接入网也正在逐步实现光缆化。在此基础上，建设了全国城乡自动电话网、公用数据通讯网、无线移动通讯网，提供各种新兴业务的智能通讯网、提供可视业务的图像通讯网和提供综合通讯服务的综合业务数字网（ISDN）正在加紧建设。支撑上述网络的信令网、同步网和监控管理网也将在近期内建成。以上传输网、业务网和支撑网构成的国家公用通讯网是中国信息基础设施的主体网络结构和信息传递的主渠道，其规模容量现在已居世界第三位，固定资产总值达到2 785亿元。

截止到1995年，中国公用电话网主线容量达到7 200万线，城乡电话用户达到4 432万户，平均每百人拥有电话机4.66部；全国移动电话用户总数达到363万户，其中数字移动电话用户15.7万户；数据通讯用户总数达到6万户。

1995年底，全国光缆总长度达到10万公里，其中干线光缆3.5万公里；长话业务电路总数达到86.5万路，长途自动交换机总容量为351万路端，进入长话自动网的市、县达到2 244个，占全国市县总数的93%；局用电话交换机总容量为7 096万门；国际电话电路为2.79万条。中国已同57个国家和地区建立了直达电路，通过它们可与世界各地联通。

中国数据通讯网发展迅速。中国分组交换网（CHINA-PAC）已通达全国绝大部分县城和重要乡镇，端口容量达10万个；中国数字数据网（CHINA-DDN）已通达全国地市以上城市及部分经济发达的县城，端口总容量达9万个；计算机互联网（CHINANET）一期工程和9套电子信箱（E-mail）联网工作已经完成。

移动通讯也增长较快。移动通讯网已基本覆盖县以上城市和发达地区的乡镇；模拟移动电话网已具备A、B两大系统互联、跨系统自动漫游试运行的条件；GSM数字移动电话网已在24个省（区、市）开通运行。移动电话信道达到18万个。

中国通讯网在规模和数量增长的同时，技术水平也发生了质的变化。

在实现自动化的基础上,基本实现了数字化和程控化。电话交换机数字程控化比重达到99.2%,长途传输数字化比重达到94.4%。通讯网的技术进步为发展数据通讯、图像通讯等增值电信和信息服务业创造了条件。目前计算机互联网络、电子信箱、电子数据交换(EDI)、可视电话、会议电视、虚拟专用网、帧中继、传真存储转发及密码记账等各种新兴的通讯业务在中国都已开办。国家公用通讯网已为国民经济各部门建设专用信息系统提供了公共网络服务。

除电信通讯业外,中国邮政通讯业建设也取得了可喜的进步。目前,全国邮电局(所)已达62 833处,设有邮电局所的乡镇比重为78.1%。

邮政通讯业的发展是与科技进步紧密相连的,行业在信函分拣自动化工程、报刊发行计算机网、邮政营业窗口微机化等方面均取得较大进展,电子化支局程度得到提高。1995年底全国电子化支局总数已达2 249个。

总之,经过长期的努力,中国邮电通讯业已具有相当规模,在经济生活中发挥着重要作用。但是,作为国民经济的先行产业和对外开放的必要条件,邮电通讯的"瓶颈"状态虽然有所缓和,却还不能完全适应经济和社会发展的需要。目前中国的电话普及率还很低,广大农村地区大力普及基本电话服务的任务还十分艰巨。

根据《国民经济和社会发展"九五"计划和2010年远景目标纲要》,在未来15年内,中国将继续把通讯基础设施的建设作为重点,集中力量加快发展,以适应国民经济增长和社会信息化的要求。

到2000年,中国将在现有光缆网基础上采用2.5 Gb/s和10 Gb/s同步传输技术,建成覆盖全国的网络型光缆干线网,辅之以数字微波和卫星通讯网,构成宽带、高速、安全可靠的信息国道;以光缆为主,无线为辅的本地中继网和用户接入网也将有较大发展,在经济发达地区和有需求的地方将实现光缆到路边、到大楼。全国公用电话网总容量达到1.7亿线,电话普及率达到10.5%。其中城市电话普及率达到30%—40%,平均每户一部电话;农村基本实现村村通电话。蜂窝移动电话覆盖县以上城市和经济发达的农村地区,实现国内国际自动漫游,用户数达到1 800万户以上。国家公用数据通讯网各类端口能力将达到80万端口以上,基本满足需求。同时,还要发展智能通讯业务、综合业务数字网(ISDN)业务、个人通讯和图像通讯业务,进行异步传输模式(ATM)宽带网络及多媒体业务的开发和商用试验。

到2010年中国将要基本形成现代化通讯体系,网络规模、技术层次和服务水平将进入世界先进行列,建成覆盖全国主要城市的宽带、高速综合通讯网，在经济发达地区实现光缆到户，开办视像自选服务、远程教育、远程医疗、电视购物、家庭办公和计算机会议等多媒体通讯业务，满足国民经济和社会发展对信息通讯的需要，为中国社会向信息化过渡奠定坚实的基础。

二、中国基础产业人力资源开发概况

(一) 中国人力资源概况

1. 中国人力资源的数量规模

中国是世界上人口最多的国家。根据第四次人口普查结果，1990 年 7 月 1 日中国人口总数为 116 002 万人，占同期世界人口总数的五分之一强。到 1994 年底，中国总人口达 119 850 万人；到 1995 年 2 月 15 日，中国人口超过 12 亿。人口构成见表 1。

表 1　中国总人口数及构成(1995 年)

单位：万人

总人口	按性别统计				按城乡统计			
	男		女		城镇		乡村	
	人数	百分比(%)	人数	百分比(%)	人数	百分比(%)	人数	百分比(%)
121 121	61 808	51.03	59 313	48.97	35 174	29.04	85 947	70.96

资料来源：《中国统计年鉴》(1996)。

如此众多的人口蕴含着丰富的人力资源。20 世纪 90 年代以来，中国的人力资源率(即人力资源数量占总人口的比重)稳定在 61% 左右，这意味着中国人力资源总数不少于 7.2 亿。

2. 中国人力资源的质量

中国的人力资源虽然在数量上占有绝对优势，质量却不容乐观。这集中体现在受教育程度和身体素质两方面。

中国人力资源受教育程度总体状况很差。1990 年中国人均受教育年限只有 6.25 年，具有大学和高中文化程度的人仅占总人口的 10% 左右，每万人中只有 142 人受过高等教育，这不仅落后于发达国家的教育水平，也落后于许多发展中国家。

从表 2 可以看出，中国人力资源受教育水平的性别差异较大，女性受教育水平明显低于男性。

自从 1986 年中国颁布实施《义务教育法》以来，中国小学和初中教育普及率大幅度提高。1995 年小学学龄儿童入学率已达 98.5%，小学毕业生升学率达90.8%。但是初中毕业生升学率仅有48.3%,大学教育普及率更低,平均每万人中只有24个在校大学生。

表2 中国人的文化程度状况(1994年)

单位:万人

文化程度	总人数	男	女
大学以上	2 673.0	1 684.4	988.6
高中	10 401.0	5 968.4	4 432.6
初中	29 032.8	17 044.4	11 988.8
小学	27 048.3	13 863.0	13 185.3
文盲、半文盲	18 496.4	5 589.3	12 907.0
总计	87 651.5	44 149.2	43 502.3

资料来源:《中国统计年鉴》(1995)。

由于卫生保健事业的发展和人民生活水平的提高,中国人口平均预期寿命在建国后的40多年里延长了34岁,由1949年解放前的35岁延长到1990年的68.55岁,这一数字在发展中国家属于较高水平。婴儿死亡率由解放前的200‰下降到1990年的31‰,已经低于中等收入国家的水平。人口死亡率也迅速下降,由解放前的20‰下降到1990年的6.67‰。

尽管中国的卫生保健事业已经取得了不小的成绩,但是还远远不能满足人民群众的需要。1995年全国卫生机构工作人员共有537万人,共有病床314万张,按人口平均,与发达国家仍有很大差距。

中国人口残疾率与世界水平基本相同,为10%,但是中国人口基数大,残疾人绝对数量多,将近1亿人。

中国中小学生的体质情况也令人担忧,据调查,目前中小学生贫血及营养不良率超过了20%。这种情况说明中国人力资源的身体素质还有待提高。

从数量角度看,无论与中国其他资源相比,还是与其他国家的人力资源相比,中国对人力资源的占有量最大,这是一笔巨大的财富,但其价值还远未开发出来。

(二) 中国基础产业人力资源开发概况

1. 中国基础产业人力资源概况

中国人力资源的总体状况决定了它的基础产业人力资源也具有数量大、素质低的特点。

表 3 中国基础产业从业人员和职工状况(1995 年)

单位:万人

行业	从业人员	职工	女职工
采掘业	932	914	237
电力、煤气及水的生产和供应业	258	257	81
交通运输、仓储业及邮电通讯业	1 942	824	218

资料来源:《中国劳动统计年鉴》(1996)。

上表中的采掘业包括煤炭采运业、石油和天然气开采业、黑色金属矿、有色金属矿、非金属矿和其他矿物采选业。从业人员中除了职工,还包括再就业的离退休人员、乡镇企业、私营企业和个体从业人员。从表 3 可以看出,国有企业和集体经济单位的职工是基础产业从业人员的主要组成部分。女职工所占比例较低,这是行业特点决定的。

伴随着国家用工制度的改革,市场机制在基础产业人力资源配置中逐渐发生作用,劳动合同制逐渐成为企业的基本用工形式,企业与职工的劳动关系通过签订劳动合同的契约方式确定下来。

表 4 中国基础产业职工用工情况(1995 年)

单位:万人

行业	全部职工			国有经济单位		
	长期职工	临时职工	合同制职工	长期职工	临时职工	合同制职工
采掘业	864.1	50.2	429.9	799.1	34.7	410.9
电力、煤气及水的生产和供应业	249.2	7.5	158.2	231.6	5.7	147.3
交通运输、仓储业及邮电通讯业	791.9	32.5	344.9	654.6	22.5	2 286.2

资料来源:《中国统计年鉴》(1996)。

表 4 中的长期职工和临时职工人数之和等于职工总数。

固定工在基础产业中仍保持了很大比例,这是由于在计划经济体制下招收的固定工,出于政策连续性的考虑,仍然保留这种用工形式。虽然有的企业内部实行了全员劳动合同化管理,但是这只是管理上采取的措施,并没有从根本上解决固定工这一用工制度。

同中国其他产业部门比较,基础产业的科技人员含量较低,如表 5 所示。

表 5　中国能源部门职工人员分类构成情况(1995 年)

单位:%

行业	采掘业	电力、煤气及水的生产和供应业
合计	100	100
工人和学徒	61.3	66.9
工程技术人员	4.0	10.0
管理人员	8.8	12.4
服务人员	15.6	7.2
其他人员	10.4	3.5

资料来源:《中国劳动统计年鉴》(1996)。

真正从事技术开发的人员更少。在中国大中型企业中,从事技术开发的工程技术人员约占全部技术人员的20%,占职工总数的1.1%,大大低于发达国家的比重。

中国的教育水平制约着基础产业人力资源的素质。尤其是基础产业中的工人,文化程度普遍偏低,如表 6 所示。

表 6　中国基础产业部分人员的文化程度概况(1994 年)

单位:万人

	总计	大学本科	大专	中专	高中	初中	小学	文盲、半文盲
矿业	11.2	2.7	2.1	4.0	0.9	0.9	0.45	0.06
采掘业	353.4	0.04	0.17	0.9	31.6	170.9	125.2	24.6
石油天然气开采	12.2	0.04	0.08	0.3	3.1	7.4	1.1	0.1
炼油	12.8	0.8	0.2	0.4	4.1	6.1	1.7	0.3
运输设备操作	1032.8	0.4	2.6	14.6	212.2	528.4	240.3	34.2
邮电	82.3	0.3	1.3	4.5	28.2	39.8	8.0	0.2

资料来源:《中国统计年鉴》(1995)。

2. 中国基础产业人力资源开发现状

中国基础产业经济效益不高,不能适应国民经济发展的要求,重要原因之一就是基础产业人力资源的整体素质偏低。因此,必须加强基础产业人力资源开发,通过职业培训、卫生保健来提高人力资源的素质,通过适当的激励手段来调动人力资源的积极性,通过健全劳动力市场来促进人力资源的合理流动。目前中国基础产业的人力资源开发取得了一些成绩,同时也有许多不足。

由于基础产业的统计数据不够完整,我们只能根据全国职业教育情况来推测基础产业的职业培训状况。参见表7。

表7 中国全国职工教育情况(1995年)

单位:%

	综合	干部	工人
全员学习培训率	35.12	41.38	33.0
全员岗位培训率	29.06	26.52	29.92
参加继续教育的人数占职工参学总数的比例	4.76	16.0	
参加高等和中专教育的占职工参学总数的比例	10.7	19.04	7.16
参加文化基础教育的占职工参学总数的比例	1.79	0.87	2.19

资料来源:《1995年全国职工教育统计报告》,《中国培训》,1996年第8期。

1995年全员学习培训率(即参加各类学习、培训的职工占职工总人数的比例)为35.12%,比上年减少了1.59个百分点。全员学习培训率下降趋势已持续两年。

根据国家教委有关报告,1994年全国职业教育经费支出为151.4亿元,其中财政性职业教育经费支出为115.0亿元,占76.23%,参见表8和表9。

表8 财政性职业教育经费构成情况(1994年)

单位:%

项目	财政预算内职教经费	地方教育税费	企业办学经费	校办产业收入	其他
百分比	72.18	4.44	18.21	4.03	1.15

资料来源:《1995年全国职业教育状况》,《中国培训》,1996年第10期。

表9 职业教育经费筹措构成情况(1994年)

单位:%

项目	社会团体、公民个人办学	社会捐集资	学杂费	其他经费
百分比	4	12	65	19

资料来源:《1995年全国职业教育状况》,《中国培训》,1996年第10期。

1994年,多渠道筹资达36.0亿元,比1993年增长46.58%。职业教育完全依靠国家拨款的情况有所改变。

近年来,社会保障制度改革不断深化。养老保险制度改革进一步巩固了职工缴纳部分基本养老金的制度,并建立了养老待遇与缴纳挂钩、养老金调整与社会平均工资增长相联系的机制;有关医疗保险,建立了国家、单位与个人三方负担的制度,大病统筹与个人医疗账户试点县不断增加,妇女生育保险改革也大部分实现了由企业缴纳生育基金的社会统筹;有关工伤保险,实行了按行业事故频率确定差别费率,并根据安全状况调整浮动费率的办法,健全了工伤鉴定标准与机构;有关失业保险的规定,已在26个省市推出,统一的失业保险制度也在逐步形成。这些改革有利于促进人力资源正常流动,有利于实现人力资源的优化配置,自然也有利于基础产业的人力资源开发。不过中国目前的社会保障制度还不完善,还没有摆脱单位保障的格局。

工资是人力资源开发中最基本的激励手段,是市场经济条件下人力资源配置的主要杠杆。但是由于中国正处于由计划经济向市场经济转轨的时期,基础产业中绝大多数职工的工资仍由计划决定,不能反映人力资源的供求关系和市场价格,起不到激励和配置人力资源的作用。中国基础产业职工的工资如表10和表11所示。

表10　中国基础产业职工平均工资(1995年)

行业	职工数(万人)	平均工资(元)
采掘业	9143	5757
电力、煤气及水的生产和供应业	2567	7843
交通运输、仓储业及邮电通讯业	8244	6948

资料来源:《中国劳动统计年鉴》(1996)。

表11　中国基础产业职工工资总额构成情况(1994年)

单位:%

行业	计时和计件标准工资	奖金和计件超额工资	津贴和补贴	其他
采掘业	49.8	20.0	25.4	4.8
电力、煤气及水的生产和供应业	52.0	23.5	20.7	3.8
交通运输、仓储业及邮电通讯业	48.4	23.2	24.8	3.6

资料来源:《中国劳动统计年鉴》(1995)。

中国的人力资源配置市场化改革已在农业、乡镇企业、“三资”企业以及其他非国有企业中取得了令人瞩目的发展,在上述部门和行业中,人力资源自由流动的格局已基本形成,如表12和表13所示。

表 12　中国的职业介绍服务机构(1995 年)

单位:所

合计	劳动部门所属	非劳动部门所属
29 930	24 713	5 217

资料来源:《中国劳动统计年鉴》(1996)。

表 13　中国劳动力流动情况(1995 年)

单位:万人

登记人数	本年登记	本年流动总数	劳务输出	失业人员	在职职工	离退休人员	农村流动劳动力	其他人员
6 774.24	1 597.12	1258.61	306.81	307.13	69.62	21.86	787.64	72.36

资料来源:《中国劳动统计年鉴》(1996)。

但是基础产业的人力资源仍不能正常流动。一方面,在当前双轨并行的体制下,市场机制不能直接作用于基础产业人力资源的主体部分;另一方面,一些基础产业部门出于本位利益考虑,运用行政壁垒阻止人才流动。

3. 中国基础产业人力资源开发面临的主要问题

(1) 企业存在大量富余人员。

在中国的经济建设过程中,始终存在着企业内部大量富余人员难以安置的问题。在基础产业中,富余人员问题尤为突出。这不仅造成了人力资源的巨大浪费,也导致了基础产业劳动生产率增长缓慢、经济效益提高困难的后果。

中国煤矿共有职工七百多万人,年产原煤十多亿吨;而美国只有矿工10.2 万人,年产原煤九亿多吨。中国煤矿工人的数量是全世界外国矿工的总和,而产煤量仅和美国相当。中国年产量 90 万吨的煤矿有职工 7 800 人,而国外只需 100 人。由于煤炭企业用人多,成本高,造成严重亏损。中国煤矿职工平均工资水平已处于全国各行业的倒数第四位,有相当数量的矿工生活水平已处于贫困线之下。

石油企业也陷于类似的困境。据初步测算结果,目前石油企业富余人员比例至少在 20%以上。其中显性富余人员占 5%,15%以上的人员属于在岗的隐性富余。富余人员问题导致了石油企业的经营低效、资源浪费和机制僵化,这已成为石油企业深化改革、增强活力的严重阻碍。

(2) 职业培训不足。

职业培训是人力资源开发的主要内容之一,对提高基础产业人力资源素质、引导富余人员分流具有重要意义。目前基础产业的职业培训存在着一些不容忽视的问题,成为人力资源开发的障碍因素。主要表现在:

企业的短视行为。一些企业领导急功近利,追求短期利益,不愿在职工技能培训和开发上加大投入;或者担心本企业培养的人才流动到其他企业,于是宁愿高薪招聘人才,也不愿投资于本企业职工的技能培训和开发。

职业培训的师资队伍不充足,水平有待提高。有些企业只注意了对职业培训的经济投入,忽视了人力资源投入;有些企业在机构改革中把从事职业培训的教师当作精简对象;有些企业以管理人员或富余人员充当教师,由于缺乏教学经验,教学质量难以保证。

教学形式单一,教学手段滞后。在教学方法上,照本宣科,灌输式、填鸭式,放任自流搞"自学";课程设置和教学内容上,搞"一锅煮",不能根据不同层次的培训对象因材施教;教学手段上,电化教学、模拟试验、计算机技术、信息网络技术等相当不足。

缺乏约束机制和规范管理。职业培训不是考核领导者工作业绩的条件,培训效果也不能与培训对象的晋升、晋职和聘用挂钩。

职业培训的实效性不强。如对办学质量的评价标准,多以办班次数、参加人数和教学时数为依据,而不看为企业解决了哪些难点和攻关项目;也不管培训对象回去后,是否提高了技术水平,是否拓宽了知识面,是否增强了解决实际问题的能力,对单位和社会是否作出了更大的贡献。

(3) 缺乏竞争体制。

前已述及,基础产业的工资不能起到反映人力资源市场价值、引导人力资源有效配置的作用。企业缺乏有效的激励机制,人力资源的价值不能在分配制度、晋升制度中得到体现,职工没有自我人力资源开发的动力。与此相联系的是企业还缺乏科学严谨的考核标准和考核程序。往往出现人事部门和各级领导投入精力大,而考核走过场、收效小的现象,不能为人员的晋升、奖惩等提供翔实而准确的依据。

(4) 人力资源难以自由流动。

基础产业人力资源开发面临的另一个主要困难是人力资源不能自由流动。不能流动也就谈不上合理配置。在中国,专业人才浪费惊人,学非所用、用非所学以及分布不合理、此冗彼缺现象大量存在,却都囿于僵化的体制,无法取长补短。因为不能自由流动,基础产业的职工没有市场压力,意识不到对自身进行人力资源开发、掌握多种技能的紧迫性。这也是基础产业人力资源素质低的原因之一。

(5) 人力资源开发的效益不高。

人力资源开发理论20世纪80年代中期才传入中国,无论是人们对人力资源的认识,还是人力资源开发的实践活动,都亟待进一步提高和加强。除了“三资”企业,中国的企业大多没有专门的人力资源开发机构,企业内部的各种人力资源开发活动没有形成一个有机的统一体。在这种情况下,各种人力资源开发活动只能体现于成本,体现不出效益,尤其是经济效益。这显然不利于对人力资源开发进行绩效评价和进一步追加投资。

三、加强中国主要基础产业人力资源开发能力建设构想

人力资源开发是一项系统工程。中国社会主义市场经济体制的确立,为实施系统开发人力资源这项工程奠定了基础。以满足市场需求为中心,以为社会主义生产力发展服务为根本,是中国人力资源开发事业生存发展的主旨。准确把握住人力资源开发的大方向,使之与市场经济的发展紧密结合,这对于目前处于经济转型时期的中国来说,既是机遇,又是挑战。尤其对于中国三大支柱性基础产业来说,开发人力资源显得更为重要。基于对中国目前基础产业人力资源现状的上述分析,我们认为,要提高开发人力资源的能力,应从以下几方面着手。

(一) 全面提高基础产业人员的素质

“素质”一词,不同学科、不同学者从不同角度有着不同的解释。在人力资源学科中,素质可以解释为劳动者为完成一定活动与任务所具备的基本条件与基本特点,包括知识、技能、智力、品德与体质等因素。

人的素质是构成劳动能力的基本因素。人的文化程度、知识构成对一国的就业状况、富裕程度、现代化水平和国际竞争力越来越重要。提高素质必然会带动整个社会生产力水平的提高、经济持续增长和综合国力的提高。现在一些国家的政府,已为未来的“支持密集型经济”作人才的准备。显然,中国经济的现代化和中国基础产业的大发展更离不开建设一支高素质的产业人员队伍。近年来,跨国公司越来越青睐中国的基础产业设施投资,中国的基础产业设施已成为投资热点。为了使国外资本与中国基础产业部门能找到更多的融合点,发展基础产业设施的融资项目出现了BOT方式、TOT方式、BOO方式等多种形式,这也需要大量知识广阔、经验丰富的高素质人才。

我们认为,要想在市场经济条件下提高产业人员的素质,必须从建立人力资源市场化配置的新机制入手。这不仅是发达国家的经验,也是中国基础产业发展的历史启示。

以"市场化"为核心提高产业人员素质的构想,其主要思路是将"投入"型被动提高素质的旧作法,转变为靠"激励"将外部压力转化为产业人员内在动力的新做法。

首先,国家应创造一个提高整个国家人民素质的大气候,扩大教育投入,提高整个民族的文化素质。在发达国家,全社会用于教育的投资约占国内生产总值的15%,远远高于对固定资产的投资和对基础设施的投资,这对于经济的发展起了重要的作用。而在中国,对教育的投资只占微不足道的2%。中国第四次人口普查资料表明,全国还有文盲、半文盲1.8亿人,如果全民族的文化教育水平不提高,不但影响"九五"计划和2010年远景目标的实现,而且还将关系到中国在21世纪的国际地位。中国目前基础产业的从业人员,由于种种原因,其中的多数人文化水平低,知识结构落后,这势必影响到基础产业的发展。因此,国家应通过一定的政策和加大财政投入,提高基础产业人员的素质。国家和企业应把提高企业职工文化素质的措施或方法进行规范化,使之成为持久而又必不可少的培训制度,为建设高素质的基础产业人员队伍打好基础。

其次,企业在用人时应严格遵循"市场规则"办事。在选择人才时,要按照"双向选择"、"平等竞争"、"择优录用"的原则行事。在企业内部,对于人员的提升、晋职、晋级等应严格按照"任人唯才"的原则,打破按资历、年限、关系等不合理的"游戏规则"形成的用人制度。如果说,旧的用人制度是计划经济条件下的产物的话,那么,社会主义市场经济所呼唤的恰恰是一种以"市场规则"为核心的新型的用人制度。企业是市场的主体,微观层次上企业用人观念和行为的更新,势必为整个市场经济奠定一个良性的微观基础。中国社会主义市场经济体制的建立,就是要在国家宏观调控下,让市场对人力资源的配置起到基础性作用。深圳已经走通了这一条路,把人力资源的巨大潜能充分释放出来,通过人力资源的市场化配置,将提高职工素质的外在压力转变为职工的内在动力,使各种经济资源得到充分利用。10年间,深圳已成为一座现代化城市,创造了世界经济建设史上的奇迹。实践证明,建立"市场化"人力资源配置机制,是解决旧体制下人力资源配置矛盾突出、人员素质低下的必由之路。应当说,这也是一种全面提高基础产业人员素质的必然选择。

再次，应建立一个市场化的保障机制，即统一的、多层次的社会保障体系，以便国家对人才资源配置执行总监督、总调节的职能，这是市场运行的稳定机制。

（二）重视职业培训

人力资源开发的重要环节是职业教育。德国前总理科尔曾对中国领导人说：德国经济发展的“秘密武器”，就是通过职业教育，培养一代又一代高素质的产业大军。发达国家的经验表明，职前教育和在职教育是培养高素质产业大军的根本途径。

就职前教育而言，除了依据中国现行制定的有关政策法规实行“分流培养”，扩大和稳定生源基础外，最根本的是要在企业内部树立起“技术第一”、“才能第一”的用人观念，扩大精神与物质的奖励度，只有这样，才能使得广大青年职工努力掌握科学技术，才能使我们拥有一支技术基础扎实的后备大军。

就职业技术培训来说，在市场经济条件下，职工、企业、政府都应更新观念，各施其责，努力推动职业技术培训向前发展。

1. 文化技术素质是劳动者谋生的第一要素

在市场经济条件下，劳动者的文化技术素质是他们谋生的第一要素，在社会经济发展和劳动者自身权益方面处于越来越重要的地位。这是习惯于计划经济条件下工作的劳动者首先要明确的。在就业市场，只受过初级教育的人，不仅收入低，而且失业的风险大，这种人的失业率一般要比文化水平高的人的失业率高得多。预计在21世纪，将不会再有原来意义上的简单体力劳动型的产业工人，新的就业岗位只能在知识型产业中出现。长期以来，由于计划经济的“计划”特征，使得职工的大部分生活内容包括学习都被纳入“计划”，这不能不在一定程度上扼杀了职工的创造性和生存动力，使其安于“计划的摇篮”，甚至在实行市场经济体制后，许多职工仍不能转变旧观念，接受“技术是谋生第一要素”的新观念，这无疑加大了职工自身在经济转轨时期的风险，降低了在未来发展中的竞争能力。对此，政府和企业应承担起“转轨教育”的任务，帮助职工实现在市场经济条件下的重新定位，实施“就业再教育工程”。社会学的研究表明，当社会进行急速的社会变迁时，社会成员的社会角色将发生一定的变化，在这种情况下，社会成员的生存压力将骤然加大，如果社会不采取相应的措施，个体社会角色、心理和社会观念的冲突将危及整个社会的稳定。

2. 优胜劣汰是企业在市场上生存的惟一准则

企业应该明确,随着市场经济的确立,来自国内和国外的竞争将不可避免,优胜劣汰是在市场上生存的惟一准则,重视职业培训将有助于降低风险系数,提高在竞争中取胜的几率。当今急剧变动的世界经济环境大大改变了企业各种经营要素的作用,相对于人力资源而言,不仅资本、原材料等传统竞争手段的有效性正在逐步相对减弱,就连技术这个对企业发展作用越来越大的生产要素也必须与人力资源开发结合起来,才能充分发挥其作用。中国进行国有企业资产的股份制改造,建立现代企业制度是当前经济改革的重点,大力进行职业技术培训,提高职工队伍素质会降低这一改革的成本。通过培训提高职工的文化技术水平,会加大他们的就业保险系数,增强风险承受能力,提高市场择业竞争力,同时也起到了新制度经济学所主张的“减小了改革的人为阻力,缩小了阻止、破坏改革的利益集团的范围”的作用,推动了社会和企业的改革。总之,企业在市场经济条件下只有树立“以人为本”的经营战略,加大职业培训的力度,才能为自己跨入现代企业之门奠定基础。

3. 政府对职业技术培训工作的领导作用

政府应该对职业技术培训工作遵循宏观调控、微观搞活的原则,努力建成一个社会化的职业技术培训体系。

职工、企业、政府在经济转轨中处于不同的角色和地位。职工的生活有赖于政府“再就业工程”的教育和企业良好的用人制度来激励。企业则迫于市场优胜劣汰的规则,应该把开发人力资源作为一个有效的突破口。政府则宏微观并重,双管齐下,把精力放在建立完善的职业技术培训体系上。

(三) 充分发掘人力资源的潜力

1. 采取切实可行的激励措施

激励是激发劳动者去努力达到组织目标的过程。换句话说,就是通常所说的调动人的劳动积极性。激励是人力资源管理中最关键的因素之一。

西方发达国家学者提出的激励理论无疑有其科学性的一面,但也有其局限性。我们应从中国的现状出发,引进、探索和建立适合于中国国情的激励理论和模式。

美国行为科学家亚伯拉罕·马斯洛提出的需要层次理论指出,人的需要有5个层次:生理的需要、安全的需要、社交的需要、尊重的需要与自我实现的需要。人们一般按照这个阶梯从低层到高层去追求各项需要的满足。马斯洛的需要层次理论为企业管理指出了调动劳动积极性的方向和内容。中国有关专家通过对企业进行的调查研究表明，马斯洛提出的5个层次需要在中国现阶段也是存在的，虽然内容和标准有所不同。作为激励措施，企业管理人员既要满足员工的物质需要，又要满足员工的精神需要。尽管对不同的人侧重点可能不同，但是，从总体上讲，仍然需要将物质与精神、自然与社会需要的有关激励措施同步实施。如果只搞物质激励，忽视精神激励，或者只搞精神激励，忽视物质激励，都是片面的。这不仅不能取得真正的激励效果，相反会走入歧途。

由美国的行为科学家弗雷德里克·赫茨伯格提出的双因素理论（又称激励因素—保健因素理论）认为，激发人的动机的因素有两类，一类为保健因素，另一类为激励因素。保健因素又称维持因素，没有激励人的作用，但是起到保持人的积极性，维持工作现状的作用。激励因素是影响人们工作的内在因素，其本质是注重工作本身的内容，借此可以提高工作效率，促进人们的进取心，激发人们作出最好的表现。这一理论在中国企业中也具有一定的适用性。实践表明，企业中确实存在着保健因素与激励因素之分，但是由于中国与西方国家的社会制度、文化传统不同，因而保健因素与激励因素的内容划分也有所不同。在国外归于保健因素的内容，在中国很可能是重要的激励因素。企业管理人员必须正确把握哪些措施能真正起到激励作用，哪些措施只能起到保健作用。在工作中要调动员工的积极性，首先是注意保健因素，使员工不要产生不满情绪，保持工作的积极性。其次，更重要的是要利用激励因素激发员工的工作热情，努力工作。如果只顾及保健因素，仅仅满足于员工没有意见，相安无事，那么员工是无法发挥潜力去创造一流的工作成效的。需要注意的是，不要将某些激励因素演变为保健因素，如将奖金平均分配，使奖励这个本来起激励因素的措施变为保健措施。

中国企业中能够采用的激励方式多种多样，既有精神的，也有物质的，还有精神和物质相结合的。企业应针对自身情况，采取切实可行的激励措施，真正建立起本企业的激励制度。

改革开放以来，各企业打破原有的计划经济条件下的工资制度，实行了承包工资、技能工资、岗位工资、计件工资等新的工资形式，使得工资成为一种激励手段。

1978年以来，奖金已成为满足职工需要，调动职工积极性的一种重要方式。各企业根据本单位特点，采取了多种多样的奖金分配制度。其他如在分配住房、发放实物等方面也作为一种物质的激励方式，已被广泛采用。

至于精神方面的激励方式有公开表扬或批评、对工作业绩的承认、调换工作、赋予权力和责任等等。

精神和物质相结合的激励方式有晋级晋职、委以重任、提供教育培训或出国深造机会、帮助子女就业、优化组合中下岗、内部待业以致解雇等等。

根据对中国国有企业职工的需求满足状况及激励制度的研究表明，职工需要的层次与需要满足的层次相差很大，主要表现在生存需要和自我实现的需要没有得到很好的满足。虽然国有企业的激励制度比改革前已发生巨大变化，但是还存在着不少问题，如指标难以确定和测量、奖励与惩罚不对称、过多地依赖奖金，缺乏有效的非货币激励手段、工资奖金分配上的平均主义与论资排辈等等。因此，国有企业建立激励制度，采取切实可行的激励措施应注意以下方面：

(1) 落实和加强职工主人翁精神，实行民主管理，使职工认真参与企业的经营管理。

(2) 关心职工生活，满足其生存需要。

(3) 对不同的群体设计不同的激励手段，针对职工不同的需要层次和内容，综合使用多种激励手段，并且时常翻新。

(4) 设置科学的指标体系与测量方法，在激励制度中注意公平，使报酬真正与绩效挂钩。

2. 充分发挥妇女资源的作用

新中国成立后，中国妇女地位不断提高，被称为“半边天”，男女平等已正式写进宪法。但是，由于历史和现实的原因，至今，妇女在就业、晋升、招聘等方面还面临着许多不利条件。尤其是用人单位在观念上的歧视，使得妇女在相同条件下的竞争能力大大低于男子。如在就业分配中，许多单位明确提出不要女毕业生，主要原因就在于妇女在工作灵活性上不如男子，妇女生育期带来的不便等等。这种实际生活中的歧视一方面是观念上的原因所造成的，另一方面也同整个转轨经济的背景有关，大批国有企业举步艰难，很希望招聘来的人员能够最大限度地发挥作用，女性自身的特点使其在这种条件下处于不利地位。

但是，之所以说妇女是人力资源的一个重要开发领域，并不仅仅因其本身是一种资源，而妇女的教育程度、就业状况甚至全社会对妇女的观念将深深影响着下一代人。从这个角度看，提高妇女地位，认真贯彻男女平等对一个国家来说，无疑具有重要意义。正因为如此，世界上许多发达国家已经开始认识到妇女——这个特殊的人力资源开发领域，不但从立法上保障妇女的诸多权利，而且在教育方面，也大大拓展了社会服务领域。中国应该充分借鉴发达国家在保护妇女方面的先进经验，这会从整体上提高我国未来人力资源的质量。

3. 实行对老年人力资源的“二次开发”

随着时代的发展，人们的观念也在变化。许多退休人员不愿赋闲在家，那些学有专长、技术精湛、经验丰富、联系面广的人愿意继续发挥余热，奉献社会。所以，在人力资源宝库中，离退休的老年人是一块值得再次开发的沃土。据生理学的研究表明，六七十岁的人正处于智力与技能的成熟期。因此，如果任凭这块宝藏荒芜，将是对人力资源的一种浪费。基于这种认识，不仅在发达国家，而且在中国，也已出现了对退休人员进行返聘，实行对老年人力资源的“二次开发”。据统计，到20世纪末，中国已离退休而仍可开发的人才约有200万人。应该充分重视这笔宝贵的人力财富。此外，社会上还出现了专门的咨询公司，吸收离退休的老年人入网，为社会提供有偿服务，这些都是实施“二次开发”的有效形式。关键是要想使得“二次开发”规范化，政府还必须在政策上有所倾斜，否则，在实行市场经济的今天，进行“二次开发”将面临种种困难和障碍。

（四）加强智力合作与交流

智力合作与交流即旨在通过科技人才的国内流动及国际合作提高人力资源质量，这是中国人力资源开发的一个重要方面。

1. 国内智力合作与交流

落后于形势发展的旧观念和欠合理的劳动管理制度已成为国内智力合作与交流的主要障碍，它直接导致了中国劳动力市场发展缓慢，阻碍了人力资源的自由流动和自主择业，使得许多优秀人才由于诸多约束而不能选择有利于发挥特长的部门或地区，造成了人才的极大浪费。

人力资源开发是中国现代化建设成败的关键。作为开发高质量人力资源的重要途径之一，首先是加强国内智力合作与交流。从中国的现状出发，为此至少应该做好以下几个方面的工作：

(1) 树立新观念，运用市场机制配置人才资源，在竞争中培养、选拔人才，在流动中优化配置人才，在动态中稳定和发展人才队伍。为此，要加速单位内部用人机制的转换，积极引入和运用双向选择，量才使用，用人所长，充分调动和发挥各类人才的积极性。

(2) 实施新制度，加快推行以岗位聘任为核心的契约化管理制度，这既有利于打破人才部门单位所有制，改变人才与单位的依附关系，又有利于打破地区部门的界限，规范人才流动的行为。

(3) 加强政策引导，重视宏观调控，建立健全人力资源管理、人事争议仲裁、聘用干部流动以及养老保险等制度。

(4) 提高知识分子阶层待遇和社会地位。这主要指对高级知识分子及有特殊贡献的专业人才采取高薪政策，消除他们在经济上的后顾之忧，集中精力搞好本职工作。同时，高薪政策能提高知识分子的社会地位，形成对大批中青年知识分子的吸引力，防止人才流失。

2．国际智力合作与交流

中国在国际智力合作与交流方面已取得了很大进展。到目前为止，中国已与世界上130多个国家和地区建立了科技合作与交流关系，效果是显而易见的，一是吸收了国外的先进科学理论和科学管理方法，对制定国内的科技政策、进行科技体制改革、提高管理水平都具有重要的参考价值；二是引进了国外新颖的设计和工艺等先进技术，提高了我国的工程和产品质量；三是通过中外联合调查、联合设计和开展合作研究，取得了许多重要数据和重大成果；四是通过中外联合创办研究所或实验室等形式，吸引了一批优秀的外国科学家来华工作，有力地提高了中国的研究水平和开发能力；五是培养了大批科技人才和管理人才；六是取得了一些国家和国际组织一定数额的资助和技术设备；七是在引进国外新技术、新产品的同时，加速了我国的技术改造和产品更新换代，推动了我国的技术和产品出口。

开展国际智力合作与交流，要借助国家力量参与国际竞争。政府参与国际人才竞争的主要手段有下列几个方面：

(1) 财力支持。

(2) 设立专门机构，沟通国际人才的供求信息，筹备专项资金，制定科学、合理的引进人才政策，计划、联络、协调以及处理人才引进后的问题等。

(3) 在吸引国际人才的工作中，必须兼顾国家利益和个人利益。

(4) 发展经济，革新教育、文化政策，调整教育结构，减少刺激人才外流的因素。

针对我国现实情况，开展国际智力合作与交流应特别注意以下三个方面：

(1) 出国人员的智力回流。

20世纪80年代以来，鼓励出国留学是我国改革开放的一项重要举措。自1978年至1996年底，出国留学人员已累计超过27万，而学成回国的只有10万多人,大批人才流失海外。可以说,吸引留学人员学成归来,加入我国现代化建设,是中国政府乃至社会各界必须常抓不懈的一项工作,特别是随着国际间人才争夺的加剧,这项工作就显得尤为紧迫和重要。中国政府应采取多种形式和手段,使海外留学人员更好地了解祖国经济建设的进展和成就。要切实落实国家制定的有关留学人员回国工作的各项政策,给他们创造工作、学习、生活等诸多方面的方便条件,使他们全力以赴地投入自己的事业,为祖国现代化建设作出贡献。

可以说,中国要面向21世纪,要在21世纪中叶赶上中等发达国家的水平,离不开利用国外先进技术,离不开出国留学人员的智力回流。只要社会各界认真做好这一工作,他们必将为我国现代化建设发挥不可估量的作用。

(2) 充分发挥海外华侨、华人人才的作用。

海外华侨华人拥有实力雄厚的人才队伍。他们不仅在经济上有勤俭节约、乐于储蓄的美德,而且有重视教育、望子成材的优良传统。因此,第二代、第三代的海外华人的教育水准都比较高,尽管大多数海外华人已经成为所在国公民,但是他们对民族文化的认同并未根本改变,许多人虽然身居海外,但是始终没有忘记故国故土,正在努力促进中外科技文化交流,促进中国科技文化事业的发展。因此,我们要通过世界各地的华人社会社团组织,建立广泛联系,采取不同方式引进人才、引进知识。对海外华侨华人中有真才实学的人士,可以针对双向需要,或直接聘用回国工作、或邀请短期讲学、培训;对这些人士的具有潜在市场价值的知识、技术、发明等,也可以采用技术入股、转让等多种形式进行合作。中国应集中一支懂科技、懂人事管理,并且熟悉海外华侨华人情况的专业队伍,专门从事这项人力资源的开发工作,使得各种方案能够较快地得以实施和完成。

(3) 积极发展智力型劳务输出。

二次大战后,随着科学技术的迅速发展,劳务需求逐步向智力、技术型劳务转移,世界各国愈来愈多地需要掌握较高技术和智能的劳动力,而对普通的劳务人员的需求日趋减少。针对这种变化,许多劳务输出国已开始调整政策,着手发展智力、技术劳务输出。在过去的十几年里,中国主要依靠劳务的低价格、低层次和充足的供应量向外输出。但是随着国际劳务市场结构的变化,中国劳务出口应作相应调整,以求在国际劳务市场上增强竞争力,占领更广阔的市场。

我国人力资源丰富,积极促进智力、技术劳务输出将会加快中国经济现代化的步伐。首先,发展智力劳务输出可以从中获取更多的外汇,特别是在普通劳务市场竞争十分激烈、劳务价格下降的情况下，其意义更为重要。其次，智力型技术劳务输出还会给国家带来无形的利益，即可以为我国培养和锻炼一批发展经济所必需的专业技术人才。

目前中国拥有相当数量的科技人才和对外进行经济技术开发的公司，从理论上讲，应该是一个智力技术劳务输出大国。但是，中国能否成功地占领国际智力型技术劳务市场，还存在不少不利条件有待转化。从外部条件看，我国在智力技术型国际劳务市场上的竞争对手主要是发达国家，它们不仅拥有各种专业技术人才，而且它们的劳务输出又常常伴随着资本输出和技术输出，因而它们具有强劲的竞争力。从内部条件看，一个不利因素是观念障碍。在中国，对智力技术型劳务输出存在模糊认识，误以为就是"智力外流"。实际上，劳务输出是劳动力从一国向另一国出口以争取外汇，到期返回国内。智力外流则是一国的科技人员到国外定居，获得该国国籍。我们应当解放思想，改变传统意识，全面理解智力劳务输出在当今经济和社会活动中的形势和意义。强化劳务输出互利互惠的观念，努力向全世界各种高层次结构的劳务市场，包括最新高科技技术市场进军。另一个不利因素是劳动者素质低，我国目前出口的劳务依然主要是普通劳务，智力技术劳务的比重很低，在技术密集型项目上的竞争力还比较弱。要使中国的劳务输出有新的突破，就必须高度重视并且切实做好对劳务人员的培训工作。应该根据劳务市场的需要，对出口劳务人员进行定向培养。建立不同层次、不同水平的劳务培训中心，有条件的地方可以建立劳务输出培训学院，培养我国高级海外劳务管理人员。应设立专门机构，负责劳务输出工作的协调和管理、建立专业技术人员的储备档案、疏通人才流通渠道、沟通市场供求信息，以保证我国的专业技术人才能够做到招之即来，来之能干，人尽其才，才尽其用。

(五) 建立健全人力资源开发机构

近十年来，随着管理科学的发展，在世界范围内，"人事管理"已被"人力资源开发"所取代。人的劳动能力被明确地作为一种可能转变为财富的资源已成为共识。作为一种资源，重要地在于开发，而不仅仅是管理。

目前中国人力管理机构虽多，如人事部、劳动部、公安部、民政部、国家教委、计生委等等，但只是各管一段或各管一块，缺少一个综合规划、统筹协调的部门，这对人力资源的开发利用极为不利。因此，中国应在国务院最大的综合职能部门——国家计委中设立人力资源开发司，统筹规划中国人力资源的开发利用,做好人力资源开发利用与整个经济建设、社会发展的总体战略的衔接,以及目前中国管理人事的各个部门之间的政策协调与配套。

同时,中国应设立专门的研究机构,将目前零散的人力资源研究部门统一领导起来,以发挥其更大的作用。

中国国有企业的改革方向是建立现代企业制度,建立现代企业制度需要变革企业组织制度,而企业组织制度的变革则必然要求进行企业人力资源开发管理的革命。

企业人力资源开发管理是传统企业人事管理的新发展,是企业人力资源管理的一场深刻的革命。传统的人事部门是企业的一个普通的职能部门,没有效益概念,但是“人力资源部”却是“人力资源”的生产部门,尽管人力资源生产并不仅仅由企业自身完成。它注重的不是成本的压缩,而是产出/投入比的增加,即通过对人力资本的投资,开发了人力资源,从而使其在企业生产过程中创造出比对人力资本投资大得多的产出。同时,部门性质的这种改变必然带来人力资源在管理体系中地位的上升,即由普通职能部门上升为战略部门。因为市场的多变要求企业不断调整战略,企业的竞争力是决定企业兴衰的一个最重要的因素,而人力资源的素质显然是企业竞争力的核心要素,人力资源开发管理地位的上升可谓顺理成章。人力资源开发管理部门不能再像传统的人事部门那样静观待变,眼睛内向,而应时刻关心劳动力市场的动向和整个市场环境的变动,从而有效地配合环境约束下的企业经营策略的调整。另外,人力资源开发管理部门的管理结构也将发生重大变化。教育培训将成为人力资源开发管理的核心,围绕这一核心,建立人力资源的预测机制、培训机制、配置机制、激励机制以及评估系统和信息系统,实现育人用人的一体化。

需要指出的是,企业人事管理的变革起始于西方市场经济发达国家,其“传统”的人事制度是在市场经济条件下形成的,基本适应市场经济运作。而中国国有企业的人事管理制度变革为人力资源的开发管理,需要经历“两极跳”,一级跳是由计划经济条件下的企业人事管理转变为市场经济条件下的企业人事管理,二级跳是由市场经济条件下的企业人事管理转变为市场经济条件下的企业人力资源开发管理。强调“二级跳”的目的,不在于企业改革过程中企业人事改革分两步走,而在于表明计划经济条件下的企业人事管理向市场经济条件下企业人力资源开发管理变革的复杂性和艰巨性。

目前,中国大多数国有企业内部仍保持着计划经济时期形成的企业人事管理制度,要建立与现代企业体制相适应的企业人力资源开发管理体制,必须对原有的人事管理制度进行深刻而广泛的变革，诸如彻底转变劳动用工制度、切实加强教育培训工作、认真变革分配制度、建立社会服务体系和建立健全社会保障制度等，使人力资源开发管理机构在企业内部微观层次真正得以建立和健全，人力资源开发管理体制真正得以完善。

四、结 束 语

在现代经济生活中，人力资源无疑是一切资源中最重要、最宝贵的资源。人力资源的有效开发、合理配置和人才结构的优化，是一个企业的生命和一国经济活力的根本。在制约中国主要基础产业发展、改革的诸多因素中，人才——包括开发、结构和配置已成为一个十分突出的问题。因此，加强中国主要基础产业人力资源开发能力建设，从体制到观念，从宏观到微观，从制度到政策，通过采取果断措施，培养年龄结构年轻化、知识结构现代化、专业结构合理化的具有创新精神的开拓型人才，这是奔向 21 世纪的中国经济的深化改革、持续发展的必由之路。

“九七”后香港面临的国际挑战*

一、“东方之珠”面临的国际挑战

香港在近几十年来，背靠大陆，脉连全球，经济成就巨大，实力增长迅速，集多种中心于一体，成为璀璨耀眼的“东方之珠”。现“九七”临近，香港回归祖国在即，周边国家和地区对香港未来的发展和“中心地位”表现出了异乎寻常的“关切”，如马来西亚的吉隆坡、泰国的曼谷、新加坡、韩国的汉城、菲律宾的马尼拉、中国的台湾，都加快改革开放的步伐，纷纷制定长远发展战略和采取各种措施，日益表现出欲对香港取而代之的强烈欲望。

马来西亚是东盟国家中经济发展最快的国家之一，在它公布的1996—2000年的第七个五年计划中，拟将吉隆坡建成亚洲重要的国际金融中心，并将沙巴建成离岸金融中心，为此马来西亚制定了种种优惠措施，改善投资环境，大力吸引外资，建设各种金融市场。

为了迅速进入“亚洲小龙”的行列，争登“亚洲第五条小龙”的宝座，泰国加速了经济调整与改革的进度。在泰国的金融改革中，泰国银行从1997年起开展“离岸金融业务服务”，在泰国周边国家和地区开设分行和办事处，计划先把曼谷建成印支半岛的金融中心，进而成为亚洲的国际金融中心。

还在1977年，菲律宾就引进了二十多家外国银行，设立了“境外金融中心”，以促进马尼拉成为能与新加坡、中国香港地区展开竞争的区域性金融中心。菲律宾还计划在苏比克湾开发一个作为区域中心的港口。

中国台湾地区在20世纪80年代就开始了加快金融市场自由化与国际化的进程。80年代中期建立了境外金融中心。90年代初，又提出了将台湾地区建成“区域金融中心”的设想。尽管它有二三十年的经济快速发展，也有一大批国际金融机构在台开展业务，但是终因经济实力较弱，政治稳定性较差以及金融管制仍较严，而没能被承认为一个国际金融中心。1993年，

---

* 本文原载于《经济科学》，1997年第3期。

台湾当局又推出了被称之为“跨世纪大行动”的“亚太营运中心”计划。台湾的“亚太营运中心”，包括六大功能性中心，即高附加值产品制造及开发中心、海运运转中心、空运运转中心、媒体事业中心、亚太电讯中心和区域金融中心。从经济上来讲，台湾当局试图通过这个计划，进一步推动台湾经济的自由化、国际化程度，吸引跨国公司在台湾设立区域中心或总部，作为其投资和经营的基地，担负起亚太地区经济中的枢纽角色，以取代“九七”后香港的中心地位；从政治上来讲，台湾当局希望通过“亚太营运中心”，扩大台湾当局的“国际生存空间”，提高其“国际地位”，使海峡两岸永远分离，最终达到“台独”的目的。然而，“亚太营运中心”若离开了大陆，只能是空中楼阁。时至今日，台湾仍然拒绝和大陆直接“三通”，这将成为台湾争取大陆腹地和实现“亚太营运中心”(包括区域金融中心)的最大制约因素。

二、港新各有长短，取代并非易事

在众多与香港地区争夺“中心地位”的竞争者中，最有条件的首推新加坡。中国香港地区和新加坡同属东亚“四小龙”，它们都以其优越的地理位置和雄厚的经济实力而成为区域国际金融中心、贸易中心和航运中心。若进行比较分析，双方各有长短，并非势均力敌，欲想取而代之，绝非轻而易举之事。

香港是亚太地区起步最早的国际金融中心，经过数十年的努力，香港已是仅次于伦敦、纽约和东京的第四大国际金融中心，目前在港的外国金融机构数仅次于伦敦和纽约，位居世界第三位。1994 年，全球前 100 家大银行中就有 85 家在香港营业，可见香港金融机构国际化的程度。外国银行在香港地区设立的分行数为 171 家，而新加坡为 119 家；外国银行在香港地区设立的办事处为 156 家，而新加坡为 50 家。香港还是全球第八大股票市场，是仅次于东京的亚洲第二大股票市场。1994 年，香港地区股票市值为 2 670 亿美元，而新加坡为 1 450 亿美元。新加坡市场规模还落后于马来西亚，位居亚洲第四。香港的黄金市场蜚声国际，与伦敦、纽约和苏黎世同为全球四大黄金市场，亚洲第一大黄金市场，平均交易量约为 250—300 万盎司。此外，香港还是仅次于伦敦和纽约的全球第三大银团贷款中心。香港的外汇交易量大，仅次于伦敦、纽约、东京、苏黎世和新加坡，为世界第六大外汇交易中心，1996 年，日均交易额达 900 亿美元，与东京、新加坡同为亚洲最大的外汇市场。香港在金融衍生产品和期货交易市场方面，发展较慢，市场规模小,而新加坡却居于领先地位。1993 年,新加坡的期货交易和期权交易分别为 1 400 万份和 100 万份,中国香港地区仅分别为 200 万份和 30 万份。在未来的经济发展中,金融业的发展将主要来自金融衍生工具的发展,而新加坡已在金融期货交易和金融期权交易这两大金融衍生工具方面占据优势,这对香港地区的国际金融中心地位无疑是一大挑战。新加坡为了争当亚洲头号金融中心,近来加大金融开放力度,宣布了一系列新措施,如允许外国公司采用新加坡元上市股票、进行股票交易等等,以便使新加坡元国际化,充分发挥新加坡元在地区筹资方面的作用,扩大新加坡在金融业方面的影响,提高新加坡作为地区国际金融中心的地位。

就贸易实力而言,中国香港地区和新加坡虽然皆属转口贸易型并皆为自由港,但是香港要比新加坡历史悠久,实力也雄厚得多,香港自开埠以来已经营了 150 多年,1994 年的进出口总额已占世界第七位,其中进口值居世界第七位,出口值居世界第九位,人均对外贸易总值为 49 000 美元,居世界第一位。而新加坡是在 20 世纪 60 年代独立后,对外贸易才迅速发展起来,1995 年的进出口总额已占世界第十三位,其中进口值居世界第十三位,出口值居世界第十二位,比香港要逊色得多。

必须看到,无论在中国香港地区或新加坡的进出口贸易中,都包括了相当数量的转口贸易。若排除转口贸易部分,香港的出口贸易额将从第九位降至第三十位,而新加坡则从第十二位降至第十八位。显然,转口贸易在香港地区贸易结构中所占的比重远远高于新加坡。在 60 年代和 70 年代,香港地区产品出口在其出口总额中所占比重一直在 70%以上,进入 80 年代后开始下降,到 1995 年香港本地产品出口在其出口总额中所占比重仅占 17.3%,而转口部分高达 82.7%。

香港地区转口贸易增长与本地制造业衰落有密切关系,制造业是香港经济的支柱之一,制造业的兴旺发达是香港经济起飞并将其推向繁荣的关键。在 20 世纪 60—70 年代,香港制造业曾经兴盛一时,价廉物美的制衣、钟表、塑胶、玩具等产品一度扬名于国际市场。但是进入 80 年代后,在日益激烈的国际竞争和香港本地高地价、高工资、高成本的挤压下,大批劳动密集型产业迁往内地,以谋求成本更低的劳动力和更宽广的场地空间,而中国内地的改革开放和经济的迅速发展加速了这一进程。据不完全统计,截至 1995 年底,香港在深圳的“三资”企业近七千家,约占外资投资企业的三分之一。同时,由于周边国家和地区也大力发展劳动密集型产业,而且具有远比香港更强大的优势和更强劲的竞争力,因而抢占了不少香港的国际市场份额。香港地区目前制造业占其总产值的比重已从1980年的23.7%下降到1994年的9.3%，制造业就业人数大幅下降，制造业工人数由1980年的90万降到1994年的44万。香港经济显现“空壳化”，应该说这是近年来香港经济增长缓慢、失业人数增加以及香港产品在国际市场上竞争力下降的一个重要原因。在这方面，中国香港地区已落后于新加坡，新加坡在80年代后期就已完成了向高科技产业的转型，电子工业已成为新加坡的支柱产业，1994年电子工业产值已占新加坡制造业总产值的42%，约占世界电子工业总产值的5%，电子产品出口额已占新加坡出口总额的40%。新加坡最近提出了一项雄心勃勃的战略，即发挥新加坡在电子和信息技术方面的专长，加强新加坡和美国、日本及欧洲国家之间的电子化联系，提供快捷可靠的信息和商品服务，保持贸易持续增长，并保持其对地区竞争对手的竞争优势，以实现把新加坡建成一个“全球国际贸易城”的宏伟目标。

优越的地理位置和现代化的港口设施，使得中国香港地区和新加坡都成为亚太地区最重要的国际航运中心。中国香港地区的维多利亚港与美国的旧金山、巴西的里约热内卢并称为世界三大天然良港，港口设施先进，港区可同时停泊150艘万吨级轮，具有19条主要航线连接世界各地。基于维多利亚港集装箱运输业起步早、吞吐量大、效率高，其集装箱业务一直享誉全球，进入20世纪90年代后，已连续五年保持全球第一大集装箱港地位，1996年集装箱吞吐量为1 330万个，年均增长率在20%以上。香港机场是世界第四大最繁忙的国际机场，客运人数及货物运输量近些年来一直保持较高的增长率。目前，新加坡等地相继采取价格攻势和加强服务措施，正在与中国香港地区争夺航运业务中心的地位。

三、明珠仍灿烂，经济更辉煌

就整体而言，香港地区最大的优势乃是有中国内地做腹地。这一点只要通过对香港近年来经济发展的考察就可以看出，香港的经济增长与繁荣是与它和内地之间日益密切的经济联系分不开的。香港近年来也曾面临过几次危机，如20世纪80年代的工业转型，然而，香港在许多方面能够保持领先地位而没有被新加坡挤掉，都是因为中国内地实行了改革开放，经济迅速发展，从而扩大了香港地区的进出口贸易额，增强了香港的竞争能力。中国内地经济的持续快速增长，13亿人口的广阔市场，雄厚的科研实力和某些高科技领域的辉煌成就，是支撑香港经济繁荣、巩固香港“中心”地位的可靠保障。在80年代，中国香港地区未与西方发达国家同步陷入经济不景气，而仍能保持中速增长，应该说，这是得益于中国内地这一可靠的大后方。现在香港与内地已互为最大的贸易伙伴，双边贸易的扩大带动了金融、运输、仓储等行业的蓬勃发展，成为香港经济持续增长的重要动力。香港与内地的金融合作日益密切，香港是内地的最大融资基地，而内地则是香港对外投资的理想场所，双方金融市场方面的合作对各自经济的发展都带来了积极的影响，增强了香港作为国际金融、贸易、航运中心的地位。香港回归后，作为中国的一个特别行政区，发挥内地和香港各自的优势，加强合作，将大大增强互补性，使两地的经济合作关系必将向更高层次和多元化方向发展。若实现深港连体，使香港突破原有的1 000平方公里的活动空间以及土地、劳动力和资源等方面的局限，为香港发展注入新的活力，必将出现1+1>2的“回归效应”。

然而，新加坡这个城市却没有后方，诚然，新加坡背后也有一个东南亚国家联盟和正在建立的东盟自由贸易区。1967年成立的东南亚国家联盟现有马来西亚、泰国、菲律宾、印度尼西亚、新加坡、文莱和越南共7个成员国家，总人口4亿多，国民生产总值4 500亿美元，计划到20世纪末还将有柬埔寨和缅甸加入，届时人口将超过5亿，国民生产总值将达到5 000亿美元。东盟成立迄今已30年，政治谅解与合作成绩显著，它在一个不稳定的地区起到了一种安全阀的作用，而经济合作虽也取得一些成绩，但仍处于低级阶段，一体化水平很低。除新加坡外，其他成员国发展水平和贸易结构相似，各国都各自发展，争夺出口，互相竞争，维护各自的国家利益和市场利润。迄今东盟所取得的成就并非来自东盟内部整体努力开展合作的结果，而是各个成员国从本国的利益出发，依靠各自的力量与外部联系分别取得的。尽管东盟组织在不断发展壮大，经济一体化水平将持续提高，但是当今国家利益依然是国际交往中的行为关系准则，在国际合作中，各个国家不仅理性地追求利益最大化，而且都把维护各自的安全放在首要位置，这是现有的客观现实。例如，马来西亚在吉隆坡附近新建了一个大型国际机场，预计于1998年开始运营，该机场几乎可以容纳和新加坡的樟宜国际机场同样多的国际航班同时起落，而这两个机场相距仅几分钟的飞行路程。此外，马来西亚正在努力使其重要港口巴生港和克朗港的吞吐能力提高两倍。据报道，巴生港现已开始从新加坡港口分流一部分客、货源，竞争相当激烈。显然，新加坡和东盟的合作关系是无法和“九七”后的香港地区与中国内地的合作关系相提并论的。

还要指出的是,在中国内地还有上海与香港遥相呼应,成为香港这一“国际中心”的重要支援力量。上海拥有雄厚的现代工商业和金融业基础,优越的经济地理位置使其集多种中心于一体。中国共产党的第十四次全国代表大会报告提出,要“尽快将上海建成国际经济、金融、贸易中心之一,带动长江三角洲和整个长江流域的经济新飞跃。”近些年来,上海经济国际化进程明显加快,目前,上海经济的外向度已高达30%,浦东新区作为上海迈向国际经济中心的“桥头堡”功能日益显现,现在已有58个国家和地区的外商前来投资,有63家国际跨国公司落户浦东,其中包括美国《幸福》杂志公布的世界工业一百强中的美国IBM、通用汽车、日本的富士通、日本电气、德国的奔驰、韩国的大宇等43强。截至1996年底,上海的中外金融机构网点已达3 000多家,其中外资金融机构46家、代表处147家,其中一半以上是总资产排位于世界前50位的跨国大银行,诸如美国花旗银行、日本富士银行、东京三菱银行等。上海对外贸易不断扩大,1996年上海口岸进出口商品总值达528亿美元;在积极发展商品进出口贸易的同时,上海已有400多家海外企业投身到国际市场,在世界50多个国家和地区进行投资和经营。上海正在大踏步向国际经济、金融和贸易中心的宏伟目标迈进。

香港和上海都是面向太平洋的战略要地,同处东亚中心地带,是中国联系国内、国际两个市场的重要窗口、门户和基地。沪港携手合作,不仅有助于充分开发和合理配置中国的资源,加速上海向国际大都市方向发展,共同开发中国金融市场,加快中国金融业的国际化步伐,而且也有助于拓展香港经济空间,扩大香港金融业的业务范围,增强其国际竞争力,降低风险,维护稳定。通过经济金融联系和高科技力量,将沪港两地紧密地铸为一体,既巩固了香港地区的国际中心地位,又发展了上海的国际中心力量,使香港、上海共同成为推动中国经济发展的两个重要支柱力量和两个重要的国际金融中心。

然而,在东盟内部却找不到一个能够和上海相比的、作为新加坡支援力量的城市,无论是吉隆坡、曼谷或马尼拉,其经济分量和地位作用都无法与上海相提并论。

总之,“取代”是不可能的,也许将来有可能出现的还是多区域中心并存的格局。

现在,香港地区即将结束英国一百五十多年的殖民统治,回归祖国,世纪历程,饱经沧桑,放眼未来,思绪激荡。香港人民、全国人民乃至全球中华儿女,正以一种激动的心情迎接“九七”这一历史性时刻的到来。维护香港的繁荣与稳定,维护香港的自由经济制度与国际中心地位,是香港和内地的共同愿望和共同责任。可以相信,"一国两制"和"港人治港"将使香港地区的繁荣稳定持续发展,将使香港的国际中心地位巩固壮大,明珠仍灿烂,经济更辉煌。

美国和日本

在

亚太地区的争夺

日本的“东亚经济圈”和“雁行模式”*

一、“环太平洋合作构想”的提出和背景

日本是“环太平洋合作构想”的倡议国和最积极的推动者。“环太平洋合作构想”的提出可以追溯到20世纪60年代初。

五六十年代是战后日本经济高速增长的时期。50年代，日本国民生产总值年平均增长率为9.1%，60年代为11.3%，60年代最后3年为13%。这一发展速度大约比联邦德国、法国快一倍，比英国、美国快两倍。高速、持续发展的结果，使日本的经济地位跳跃式地上升了。1950年，日本的国民生产总值只有英国的39%，法国的38%，美国的4%弱。日本的经济实力在5个主要资本主义国家中是最弱的，排名最后。日本1955年开始“起飞”，1967年超过英、法，1969年又赶上联邦德国，成为资本主义世界仅次于美国的第二经济大国。

经济的高速发展使地区经济合作问题提上了议事日程。

早在1961年，当时任日本经济企划厅长官的大来佐武郎曾对亚太地区经济合作以及建立合作组织问题作过专题性研究，并提出了研究报告。1963年5月，日本财界的调研机构“日本经济调查协议会”综合了日本外务省、通产省、农林省、大藏省、经济企划厅的看法，并吸收大公司、大银行的意见，写出了《太平洋经济合作方向》的报告，主张太平洋地区的5个发达资本主义国家（美国、日本、加拿大、澳大利亚、新西兰）在商品交换、资本流动、技术转让、信息传递、文化交流等方面开展合作，并扩大5国与本地区发展中国家的经济联系。这份报告被认为是“合作构想”的最初雏形。

1964年2月，在美国夏威夷东西方中心召开的“太平洋地区贸易发展会议”上，日本一桥大学的小岛清教授提出了成立太平洋共同体的设想。

1965年10月，小岛清教授和栗本弘教授在日本经济研究中心主持召

---

* 本文系在香港召开的“太平后可有盛世——亚太区发展前景”座谈会上的发言，原载于香港《信报财经月刊》1988年7月号，经修改后收入《东亚经济与中国》，北京大学出版社1997年版。

开的“发展中国家贸易与发展”会议上提交了题为《太平洋共同市场和东南亚》的报告，提出了由太平洋地区的5个发达国家建立太平洋地区自由贸易区的主张。

日本学者的建议，受到了日本政府的重视。在学术界和企业界的推动下，日本提出了多种设想和主张，并建立了一些地区性组织。如1967年，在日本工商会议所的倡议下，日本、美国、加拿大、澳大利亚、新西兰5国企业家成立了“太平洋盆地经济理事会(PBEC)”，1968年在日本的推动下，又成立了“太平洋贸易和发展会议(PAFTAD)”。二者规模都不大，皆属民间机构。但是，由于当时亚太地区大部分国家的经济正处于开始“起飞”的前期阶段，相互经济往来尚不十分密切；而日本随着经济的高速增长，工业制成品有很强的竞争力，急需扩大国外市场。因此，当时的美国政府对此不感兴趣，澳大利亚、新西兰等国态度谨慎，东盟等国反映冷淡，因而合作进程进展缓慢。

20世纪70年代初，爆发了战后第一次石油危机，并诱发了战后最严重的世界经济危机，危机给日本经济以沉重的打击。严峻的形势迫使日本加快环太平洋合作的步伐。

70年代中期，由日本政府提供资金，组织野村综合研究所等14个智囊机构开展了题为《21世纪的课题》的研究，而太平洋合作及太平洋共同体是课题的重要组成部分。后来在野村综合研究所提交的名为《国际环境的变化及日本的对策——走向21世纪的建议》的研究报告中，建议成立太平洋经济圈，建立太平洋地区5个发达国家和东盟国家的合作体系。

1977年，当时的日本首相福田纠夫首次提出了“太平洋主义”，把它当作同东盟国家发展合作的计划。

1978年，大平正芳竞选自民党总裁时表示，如同美国特别“关照”中南美国家，欧洲经济共同体特别“关照”非洲国家一样，日本应该格外“关照”太平洋地区的发展中国家，他倡议在太平洋地区建立一种松散的合作关系。大平正芳取代福田纠夫任首相后，立即提出了“环太平洋合作构想”，并委托当时的外相大来佐武郎负责有关“合作构想”的研究工作。在大来佐武郎提交的《环太平洋合作构想报告》中，日本建议太平洋地区各国应在5个方面开展合作：(1) 增强相互了解，促进经济、技术、文化方面的交流；(2) 加强海洋开发和资源开发方面的合作；(3) 推动地区内产业结构的调整；(4) 促进对外投资；(5) 改善太平洋地区的货币金融制度。《环太平洋合作构想报告》提出了推行“合作构想”的三项原则：(1) 面向世界的开放性的地区主义,绝不是排他性的关门主义;(2) 对内坚持以实现自由的开放性的相互依赖关系为目标;(3) 环太平洋合作同这一地区已存在的双边或多边合作关系并不矛盾,而是立足于这些成果的基础上,并同它们相互补充。

为推动“环太平洋合作构想”的实现,大平正芳多次出访太平洋地区国家。1980 年 1 月,在大平正芳访问澳大利亚期间,明确把“环太平洋合作构想”作为政府的外交战略提出来。1980 年 9 月,在日本首相大平正芳和澳大利亚总理弗雷泽的促使下,在澳大利亚的堪培拉举行了第一次太平洋经济合作会议(PECC),建立了第一个区域性经济合作组织,有日本、澳大利亚、美国、加拿大、新西兰、东盟国家、韩国以及南太平洋岛屿等 13 个国家和地区参加。PECC 由政府官员、学术界和工商界三方人士组成,旨在就探讨广泛解决地区经济问题交流观点和意见,是致力于促进太平洋区域经济合作的非政府间组织。日本有意把它建成类似于欧洲经济共同体的组织,但困难很大,因为本地区各国经济发展水平相差悬殊,经济结构差异很大;同时,阻力也不小,特别是来自东盟的阻力,因为这时东盟已建立,有自己的组织,若是建立“共同体”,就会有一个组织机构问题,担心它将来可能成为一种新的超国家的太平洋地区组织,因而对它怀有戒心。

大平正芳之后的日本政府,仍然把“环太平洋合作构想”作为对外政策的重要组成部分。

铃木善信接任首相后,表示全力支持“环太平洋合作构想”。1981 年他在出访泰国时针对亚洲国家、特别是东盟国家的疑心,提出了“铃木主义”三项原则,即不走军事大国道路,发挥与日本相称的政治作用,进一步加强与东盟的合作。1982 年 6 月,他在美国檀香山发表了题为《太平洋时代的来临》的演说,提出了推行太平洋合作的 5 项原则,认为太平洋应该是“和平、自由、多样、互惠、开放”的大洋。铃木善信呼吁太平洋沿岸国家在和平、自由、多样、互惠、开放 5 项原则的基础上,推进“环太平洋合作构想”。

中曾根出任首相后,日本在推行“环太平洋合作构想”方面表现得更为积极活跃。中曾根几乎访问了太平洋地区的所有国家。中曾根十分重视与东盟国家的关系。1983 年 4 月,中曾根访问东盟国家,向东盟国家提供 8 亿美元的低利贷款;提议召开日本与东盟的科学技术部长专家会议,以扩大同东盟的技术合作;提出了一个“21 世纪友谊计划”,计划在今后 5 年内,每年邀请 750 名东盟国家的青年访日,培养未来的“知日派”,以长期稳定日本与东盟的关系。1985 年 1 月,中曾根在访问大洋洲 4 国(斐济、巴布亚新几内亚、澳大利亚、新西兰)时,在堪培拉发表了题为《太平洋时代正在到来》的演说,提出了推进太平洋合作的4项原则:(1)尊重东盟各国的主动精神,推进"环太平洋合作构想"以东盟为主导;(2)促进有关民间机构的主动精神,以民间合作为主导;(3)只搞经济、文化和技术领域的合作,否定太平洋合作的军事、政治性质;(4)合作是开放性的,而不是排他性的。

在此期间,中曾根还提出,作为"环太平洋合作构想"的对象国,除了日本、美国、加拿大、澳大利亚、新西兰和东盟等国外,还应包括中国。日本报纸认为,"环太平洋合作构想"明确包括中国,这是第一次提出。

1986年,中国终于被接纳为太平洋经济合作会议(PECC)的正式成员。

很明显,中曾根的"环太平洋合作构想"4项原则和对象国的扩大,反映了日本在推进"环太平洋合作构想"策略上的变化。

竹下登上台伊始,就在他的施政方针演说中提出,日本要基于既是西方一员,又是亚太地区一国的基本立场开展外交。他在出访东盟国家时,大谈日本要与东盟国家密切合作,建立"新的伙伴关系"。他宣布,为促进东盟国家经济发展及东盟区域经济合作,日本将向东盟国家提供不少于20亿美元的"东盟—日本开发基金",降低向东盟国家提供日元贷款的利率,并设立"促进文化交流中心"等。

1989年,在澳大利亚和日本的大力推动下,成立了亚太经济合作组织部长级会议(APEC),这是一个官方机构,它的成立标志着亚太地区经济合作进入了一个新阶段。

1991年11月,在韩国汉城召开了亚太经济合作组织部长级会议(APEC)第三次会议,在这次大会上,中国大陆、台湾、香港同时被接纳为该组织的成员。

开展环太平洋地区国家之间的合作,这是件好事,符合这一地区各国经济发展的要求,也符合世界经济发展的趋势。由于"环太平洋合作构想"适应这种要求和发展趋势,所以在提出后,得到有关国家不同程度的响应。"环太平洋合作构想"问世20多年来,亚太地区各国的合作从民间、半官方到官方,从少数国家倡议到大多数国家响应参加,从临时性的集会到产生合作的常设机构,从方案的探讨到开展一些实质性的项目合作,已经有了一定的进展,但是,总的来讲,发展缓慢,成效不大。

问题在于,"环太平洋合作构想"的基调是要保持旧的国际经济秩序,维持旧的国际分工体系。日本等发达国家建立环太平洋合作共同体,其目的是要保持旧的垂直型分工,使地区内发展中国家的发展服务于日本等发达国家的根本利益,成为它们稳定的原料产地、有保障的商品销售市场和有利可图的投资场所，这与发展中国家要建立合理的民族工业体系的努力，以及改善经济结构的愿望是背道而驰的。同时，环太平洋地区各国经济发展水平相差悬殊，政治倾向、意识形态也很不一致，因此，在相当时期内还不具备建立类似欧洲经济共同体一体化组织的客观条件。

日本在20世纪60年代提出“环太平洋合作构想”，并在以后大力推行，20多年来，“环太平洋合作构想”内容不断充实，推行的策略不断调整，但“合作”的宗旨始终未变，即第一是确保日本经济的稳定和持续增长，第二是主导太平洋未来的舞台，与美国争夺亚太地区的霸权。

1．从池田内阁开始，日本制定并实施了两个“国民收入倍增计划”，经济飞速发展。在短短的二十多年里，日本一跃成为仅次于美国的资本主义世界第二经济大国。但是，作为一个经济大国，日本国土狭小，资源奇缺，历来日本所需能源和工业原料的绝大部分均来自海外，而亚洲太平洋地区则是主要来源地之一。例如，日本所需铁矿石的90%、煤炭的90%、镍矿石的100%，天然橡胶、木材、铜矿石、铝矾土和锡的100%等，均来自亚太地区。亚洲太平洋地区是世界上资源最丰富的地区之一，在日本认为“进入资源有限时代的今天”，发展与环太平洋地区其他国家的合作，确保自身发展所需资源、能源的稳定供应，对日本来讲是生死攸关的。正是基于这种考虑，所以日本有些学者把环太平洋合作共同体看作是“生命共同体”。

2．日本国内市场的容量有限，与其迅速发展的经济之间存在着相当大的矛盾，每年有1/5的产品要在国际市场上实现，为保证产品的顺利出口，“贸易立国”一直是日本的基本国策，而环太平洋地区是日本最重要的出口市场。亚洲太平洋地区共有人口二十多亿，占世界人口的一半以上，这里既有优质价廉的劳动力，又是一个有巨大购买力的商品销售市场。80年代初，日本进出口贸易的60%都是在环太平洋地区进行的，日本在这一地区的贸易顺差年平均超过了500亿美元。尽管日本从80年代中期起调整其经济结构，从出口主导型经济向内需主导——国际协调型经济过渡，但在世界性贸易保护主义加强的今天，以推进“环太平洋合作构想”来加强环太平洋地区的合作，确保这一巨大的海外市场，对日本的经济发展具有重大意义。

3．环太平洋地区还是日本重要的投资场所。由于日本对外贸易存有大量顺差，外汇储备剧增，20世纪80年代以来它加快了对外投资的步伐。1980年，日本的年度对外投资仅47亿美元，1984年就达到了102亿美元。从1950年至1984年，日本对外投资总额达714亿美元，其中的59.8%，金额合计427亿美元,是投资环太平洋地区。巨大的海外投资利益必然促使日本维护和发展与环太平洋地区国家的良好关系和密切合作。

4. 进入70年代后,石油危机和经济危机的冲击,使日本20年的高速增长开始明显减慢。从此以后,直到现在,日本的国民生产总值的实际增长率年平均只有4%,还不到高速增长时期年平均9.8%的一半。在此期间,出现生产能力大量过剩,民间最终消费支出和设备投资增长缓慢,企业倒闭和失业人数明显增长。日本为了维持国内经济运转和经济大国地位,迫切需要开展地区合作。

5. 从政治角度考虑,日本认为也有必要大力促进"环太平洋合作构想"的实现。进入80年代后,日本政界人士多次表示,日本应该从经济大国迈向政治大国,在世界政治事务中发挥与自己经济大国地位相称的作用。中曾根出任首相后,立即提出要对"战后政治实现总决算",在世界政治事务中要增加日本的发言权,增强日本作为政治大国的分量。日本把促进"环太平洋合作构想"作为推动日本对外关系发展的重要战略步骤,其目的在于力图通过经济、政治等手段,使日本成为多极世界中重要的一极,实现中曾根所追求的使日本成为"太平洋时代的中心"的目标。

二、日本的"东亚经济圈"和"雁行模式"

二十多年来,日本倡导的"环太平洋合作构想"成效甚微,进展缓慢。美加自由贸易协定的签订,更使日本感到成立太平洋共同体的前景渺茫。加之,欧洲经济共同体统一大市场的压力和以欧洲经济共同体为核心,整个欧洲加强合作的趋势,都迫使日本不得不迅速考虑对策。在"经济合作与发展组织"(OECD)成员国中,现在只有日本在单干,日本深感自己成了"世界孤儿",迫切需要在东亚建立一个"圈",并以此为依托,和西欧、北美相抗衡。

1988年日本竹下内阁提出了"东亚经济圈"构想。由日本国民经济研究协会提出,并有外务省、通产省、经济企划厅参与设计的东亚经济圈,其内容不仅包括了政策目标,而且提出了具体实施办法。

"东亚经济圈"的出笼,是日本为推进"环太平洋合作构想"而采取的一个新的步骤。日本的意图是明显的:

1. 建立以日本为中心,"四小龙"和东盟国家为周边的国际分工合作体系,确保日本经济和对外贸易的持续稳定增长;然后分阶段扩大合作范围,逐步实现"环太平洋合作构想"这一最终目标。这种以日本为头雁,率领第一梯队“四小龙”、第二梯队东盟国家，以后逐步扩大，在它们之间保持一定的发展差距的发展模式，被描述为“呈V字形飞行的雁阵”的日本对亚洲的产业政策，就是所谓的亚洲各国经济发展的雁行模式。

2．加紧与美国争夺亚太地区的霸权，乘美国经济实力相对下降，把美国排挤出去，把亚太地区纳入日本的产业结构，扩大日本的势力范围，以达到其称雄亚太的目的。

3．尽管中国是亚太地区大国，但却被排除在外。其基本战略是：“西抗美国，东抑中国”，在亚太地区建立一个有利于日本的垂直型的国际分工体系。

（一）雁行模式剖析

1．东亚确实存在不同发展层次的经济结构，即日本是属于“配套完整的制造工厂型的发达国家”，属第一层次，有先进技术，工业发达，资金雄厚，居东亚经济发展的头雁地位；“四小龙”是新兴工业化国家和地区，属第二层次，有比较先进的技术，重点发展资金密集型企业，是东亚经济发展与合作的雁身；东盟各国是从农业起步向发展出口型工业方向迈进的一些国家，属第三层次，有资源、劳力，重点发展劳动密集型工业，在东亚经济发展与合作中充当雁尾的角色。过去，按照静态比较优势理论制定的发展模式，对于东亚地区各类国家的经济发展曾经起过一定的促进作用。但问题在于，经济是一个动态发展过程，技术、资金、结构的比较优势是会不断变化的，会改变东亚地区的工业结构、经济格局，改变各国的地位作用。所以在变化了的地区和世界经济环境下，仍遵循旧的模式显然是不适宜的。

2．在当今世界经济环境下，一个国家参与国际分工，前提是要看这种分工是否符合本国、本民族的根本利益。“雁行模式”的核心是利用国际分工体系，在日本外围形成以日本为领导的、为日本服务的不同的经济圈，提高日本的国际竞争力，确保日本经济、贸易的稳定增长，并没有充分照顾到亚太地区发展中国家的长远、根本利益。

“雁行模式”的致命缺陷在于，它因袭了“垂直分工”的不合理性，并使之固定化、永久化。垂直分工是一种旧式的国际分工，起初是工业和原料的分工，这是殖民地和宗主国之间强制性的、无条件的旧式的垂直分工。二次大战后，利用科学技术进步和生产力不同水平所形成的“新垂直分工”逐步取代了“旧垂直分工”，这就是新兴工业与传统工业的分工。20世纪70年代以来，发达工业国家淘汰它失去比较优势的劳动密集型和资本密集型的“夕阳产业”，集中力量发展技术密集型和知识密集型的“朝阳产业”，从而加速了新垂直分工的形成。

日本从亚太地区国家不同的经济发展阶段，以及这一地区的地理、历史特点、资源分布状况出发，设计出这种既带有旧垂直分工的痕迹，又有新垂直分工色彩的经济发展模式，就是要在亚太地区经济合作中继续维持并强化这种不合理的分工，就是要在亚太地区不同发展层次的国家和地区之间，特别是在东亚地区广大发展中国家和日本之间保持相当的“垂直距离”，进一步加深各类国家对日本的依赖关系，把亚太各国纳入日本的产业结构，推行“日本化”战略，进而推进日本的“环太平洋合作构想”的实现。这种考虑不仅很难为亚太地区发展中国家和地区所接受，而且也与未来亚太地区经济发展的大趋势不符。

3. 从亚太地区发展中国家和地区的内部经济发展机制看，各国都在探索一条适合本国国情的经济发展战略。这些发展战略的共同点，除了打破旧的分工，争取建立国际经济新秩序外，最主要的就是要大力吸收世界新技术革命的成果，以适用的新技术装备本国工业，尽快完成工业升级，努力缩小与发达国家的差距，而“雁行模式”恰恰忽视了这一点。

事实上，不断探索并优先发展最新产业，正是日本经济起飞的秘诀之一，用新技术装备工业，从明治维新以来一直是日本推行其产业政策的基础和出发点。

早在第一次世界大战结束不久，人多地少的日本就不惜牺牲农业而把当时很有发展前途的重化工业当作立国之本；到了50年代中期，又进一步建立了以重化工业为基础、以扩大出口为目标的新型产业结构；60年代又审时度势，及时吸收美国的先进技术，发展电子及汽车制造工业；到了80年代，又把产业结构的重心转移到高技术领域，大力发展以信息产业为代表的第三产业。

从日本自己的产业结构发展史就可得出结论，只有不拘泥于被强加的、或自然形成的传统分工的格局，尽可能地吸收、引进并优先发展最新技术和新兴产业，才有可能尽早实现起飞，才有可能创造出后来居上的“经济奇迹”。但雁行模式走的却不是这样一条路，在日本领头雁的率领下，恐怕很难出现日本曾经出现过的“经济奇迹”。

4. 从亚太各国和地区所面临的外部经济环境来看，“雁行模式”也不宜继续实施。由于初级产品价格长期疲软，持续下跌，亚太地区的绝大多数国家贸易条件恶化，面临严重的经济困难，石油出口国由于油价下跌，财政收入锐减。菲律宾也由于初级产品市场不景气而经济增长速度放慢。新加坡甚至出现了负增长。从长远看,随着新型替代材料、替代能源的发明与广泛使用,想走依赖资源优势发展经济的道路已愈加困难。加之,世界经济低速增长,贸易保护主义猖獗,亚洲国家或地区的国际竞争力受到严重削弱,如不及时采用新技术,开发新产品,在国际市场上将无立足之处。另一方面,经过几十年的高速增长,亚洲一些国家和地区已积累了相当规模的经济、技术实力,已初步具备了向高技术发展的能力,面对激烈的竞争和挑战,它们不会甘心屈就现有的分工体系,而已在加快产业结构调整的步伐,要升级到更高层次。

基于上述分析,“雁行模式”显然是不可取的。

现在东亚各国经济发展的实际,事实上已经脱离了这个模式。

近些年来,美国、欧洲,特别是德国的资本大举进入亚洲,新兴国家和地区对东盟国家和中国的投资也大幅增长。这说明亚洲地区的经济增长,是由于来自世界各地的投资,从而扩大了生产力,提高了技术水平,改善了经济结构,相互发挥了互补、互利的作用的结果。

中国的崛起更是打乱了雁阵的队形,中国部分地区的经济发展已经超过了亚洲新兴工业国家和地区,世界投资资金的相当部分都集中在中国,到1993年,来自中国香港地区、中国台湾地区的投资为839亿美元,而来自日本的仅为29亿美元,致使中国经济成了举世瞩目和影响地区经济增长的一支重要力量。中国总体经济实力的增强使其在东亚经济合作中处于重要地位,成为东亚经济发展的火车头,而不是处于无足轻重的雁尾地位。

至于日本,1991—1995年经济年平均增长率只有1%左右,迟迟未从战后时间最长的经济萧条中摆脱出来,因此,很难说在这一段时间日本还是带动亚洲经济增长的火车头。

因此,国际舆论认为,雁形模式中的头雁由原来的日本一只将变成一群,雁形发展将由“V”字形变成“W”字形。

(二)美国和日本在亚太地区的争夺

“东亚经济圈”是把非东亚国家美国排除在外的。美国反对在亚太地区建立排他性的任何经济集团。美国认为,亚太地区对于美国有着极为重要的意义。亚太地区的广阔市场对美国有极大的吸引力。美国在太平洋地区的投资也日益增加。美国之所以重视亚太地区,除了维护和扩大它在亚太地区的经济利益外,也同它的全球战略密切相关。美国从其全球战略利益出发,认为有必要在东亚加强经济合作和贸易往来,加强其在亚太地区的存在,以扩大自己在这个地区的影响。所以,美国决不能容忍它在亚太地区的地位受到日本的排挤。

日本的"东亚经济圈"要把美国排除在外的原因在于,冷战的结束和日美经济实力对比的变化。在冷战时期,日本和美国出于共同对敌的战略考虑,双方在政治、经济和安全保障等一系列问题上最终能相互作出让步,以回避对抗。冷战结束后,在政治、经济和安全保障三大支柱中,政治和安全保障关系退居次要地位,而经济关系越来越成为左右各个国家关系的主导因素。在日本看来,冷战后苏联作为假想敌国的时代已成为过去,邻国俄罗斯的实力地位遭到削弱,它已不再构成对日军事上的直接和主要的威胁,日美同盟关系的基础发生动摇。对日本来说,冷战后,美国在国际政治和安全保障方面的作用下降,而在贸易、投资和科技方面的威胁增大。

此外,日本和美国经济实力对比发生了变化。战后以来,面对战败国的地位和美苏严重对峙的两极格局,日本历届内阁基本上奉行"吉田路线",军事上依赖美国保护,外交上追随美国之后,集中全力发展经济,结果使日本迅速成为仅次于美国的世界第二经济大国。

随着冷战的结束和日本经济实力的增强,不仅在经济领域,而且在政治、军事领域,日本日益显露出要摆脱美国控制、改变过去的从属模式,争当与美国平起平坐的政治大国的意图,在建立世界新秩序中要同美国分享领导权。

日本和美国不仅争夺彼此的市场,而且在亚太地区展开激烈的争夺,其实质是争夺亚太地区的政治、军事主导权。日本为推行其政治大国战略,必然要积极扩大其在国际上的影响和主导太平洋未来的舞台,这就是日本积极倡导环太平洋合作、推行"东亚经济圈"的根本目的。

面对日本的"东亚经济圈",美国不会眼看着自己在亚洲太平洋地区的经济利益受到日本的威胁而无动于衷,美国决不能容忍它在亚太地区的地位受到日本的排挤。美国强调亚太地区无论在经济上还是在政治和战略上,对美国来说都是十分重要的。

(三) 中国是亚太地区的一支重要力量

"环太平洋合作构想"是大平首相在 20 世纪 70 年代末提出的。"环太平洋合作构想"反映着 70 年代以来的日美关系。就日美经济关系而言,70 年代,日本已变成了一个经济大国,实力日益增强,而美国却相反,包括国际影响力在内的整个美国实力都在下降。在这种情况下，大平提出“环太平洋合作构想”，就是想调整战后以来一直存在的日美关系模式，在太平洋地区与美国争霸，争夺21世纪世界强国——经济、政治、军事——地位。

从“环太平洋合作构想”到“东亚经济圈”，形势又不同了。中国已经崛起，中国经济出现了“非凡的增长”。“东亚经济圈”就是反映了这种以日、美、中三极为中心的20世纪80年代亚太地区的新格局，在这一格局中，日本企图孤立中国，排除美国，独自主宰亚太地区的霸权。

亚洲太平洋地区是当今世界经济中最富有活力、成长最快的地区，亚太地区作为一个新的世界经济中心的前景，是举世公认的。但是，人们对亚太地区经济前景的乐观估计，不仅是由于这一地区有丰富的自然资源和人力资源，不仅是由于这一地区已有了较好的工业基础，而更重要的是由于这一地区最大的发展中国家中国的崛起，中国经济的快速增长给亚太经济以巨大推动力。

就区位而言，中国是一个东亚国家，位于东西亚之交，任何企图排除中国的东亚区域经济合作都是不现实的，从而对地区经济发展也是不利的。

中国是亚太地区最大的发展中国家，人口占本地区的一半。经过实行了15年的改革开放政策，中国市场经济有了很大发展，同时也加强了与东亚地区和世界经济的联系。

1994年中国进出口贸易总额达2 367亿美元，其中出口1 210亿美元，进口1 157亿美元，居世界第十一位。在中国的全部对外贸易总额中，70%以上是与亚洲地区进行的。四小龙和东盟各国所占的比重也不断增加。

世界各国对中国的直接投资，1993年达到258亿美元，成为发展中国家中接受投资最多的国家。其中从亚太地区吸收的外资额占全部引进外资额的85%以上。中国的前三大贸易伙伴和前三大投资国或地区都在亚太地区，因此，中国同亚太地区息息相关。中国诱人的大市场、丰富的人力资源和原料资源，以及有相当基础的工业体系和科技开发能力，对本地区经济的繁荣和发展已经并将继续产生巨大的推动作用。

把中国排除在“东亚经济圈”之外，日本的考虑是，中国是一个政治大国，对亚太地区有深远的影响，如果让中国加盟，有碍日本主导作用的发挥和称雄亚太的目的。因此，日本的对华政策存在着明显的两面性，在政治方面，日本政府注意发展同中国长期稳定的友好关系，因为同中国搞好政治关系，有利于日本提高自己在国际事务中的地位，加强日本对亚太各国和地区的影响；在经济方面，日本竭力使中国成为日本的销售市场和原料资源、劳动力资源的供应地,同时保持与中国在技术上的差距。日本公开声称,在技术上至少领先中国10年—15年,以抑制中国发展现代化的进程,延缓在亚太地区经济上出现同步发展的力量。

当今世界是一个相互依存的世界。中国经济的发展离不开亚太地区经济合作的进程,而亚太地区经济的繁荣,在很大程度上取决于中国经济的现代化。为了保持亚太地区经济持续、稳定发展,继续领先于世界其他地区的增长速度,加强包括中国在内的亚太地区各国的经济合作是至关重要的。

三、日本在东亚地区经济中的地位和作用

战后日本经过近20年的高速增长,到20世纪60年代末已成为仅次于美国的世界第二经济大国。进入70年代后,美国经济陷入滞胀,西欧经济陷入衰退,虽然日本经济增长缓慢,但是仍能以高于美国和西欧的速度增长。

面对西方市场日趋饱和,竞争激烈,堡垒林立和贸易保护主义加剧,日本看到了其前途应在亚洲,而不是欧洲和美国。于是从"脱亚入欧",到"脱欧入美",最后还是"重返亚洲",这是历史性的大转变。

亚洲地区经济规模大,发展速度快。该地区拥有30亿人口,市场容量大,不仅需要大批资本货物,也需要大量消费品。亚洲地区为发达国家的商品、资本、技术提供了广阔市场,在全球板块经济中是充满希望的一个地区。

近年来,日本同亚洲地区的贸易关系越来越密切。1993年,亚洲第一次超过北美,成为日本的主要贸易伙伴。1993年,亚洲占日本贸易额的近40%,美国占30%,西欧占17%。

日本同亚洲"四小龙"和东盟国家的进出口贸易额已从1985年的570亿美元增加到1990年的1 229.2亿美元。

自1972年中国和日本恢复邦交以来,中日贸易增长很快。据日本大藏省统计资料显示,到1994年,中日贸易额已达462亿美元。

从近二十多年来日本出口贸易的发展来看,它对全世界的出口增长了68倍,而对亚太地区的出口增长了85倍。

近些年来,日本也大量增加了在亚洲地区的投资。进入90年代后,亚洲已超过欧洲,成为接受日本投资的第二大地区,占第一位的是北美。

1986年,日本对东盟国家投资的投资总额为8.156亿美元,1987年增至15.24亿美元,增幅为78%;1988年增至27.13亿美元,增幅为72%。

1986—1990 年，日本对东盟国家的直接投资达到了过去 40 年的 61%，而对亚洲“四小龙”的直接投资相当于过去 40 年的 64%。日本大藏省的资料显示，1993 年日本对东亚的直接投资比 1992 年增长了 52%，达到 65 亿美元，其中对中国投资增长了 58%。

日本对东亚地区大力推进以政府开发援助(ODA)为核心的综合经济开发援助，日本的开发援助主要集中在亚太地区，特别是亚洲地区。1991 年，日本政府开发援助的 60%以上用在亚洲地区，仅东亚地区接受日本援助的金额就占日本对外援助金额的近 50%。

公正地说，日本的商品输出、直接投资和技术转让对东亚经济的崛起、东亚各国经济结构的调整、产业结构的升级、国际竞争力的提高等，都发挥了重要的作用。但是也必须指出，日本今天所取得的成就，与本地区各国作出的贡献和牺牲是分不开的。因此，作为一个世界经济大国，在地区经济合作中，日本理应作出更多的回报。

东亚经济能否继续保持增长的后劲，关键在于技术进步。日本在技术方面具有极大的比较优势，日本应无保留地进一步发挥先进技术提供者的作用。但在技术贸易中，日本缺乏技术转让的诚意，往往以“实用性”为借口，不愿向其他国家，特别是发展中国家转让较为先进的技术，即使达成技术合作协议，通常也只是一些装配线的交易，很少有生产技术的转让，充其量也只是提供一些二流技术，谈不上高技术的转让。原因是日本担心转让先进技术会增加竞争对手，产生所谓的“飞镖效应”，这是没有道理的。20 世纪 60 年代初日本对韩国的出口仅 1 亿美元，随着韩国经济的高速发展，在造船、钢铁、电子等领域虽然成为日本的竞争对手，但是正是由于韩国经济的现代化，日本对韩国的出口才得以迅速增长，到 80 年代初已达到 60 多亿美元，20 年中增长了 60 倍。这说明贸易的增长是建立在双方经济共同发展的基础上的。至于如何看待未来可能形成的竞争，这可以从美欧、美日经济关系史中找到答案。战后初期，美国曾经大力支持日本和西欧经济的恢复和发展，面对今天美国、西欧、日本日益激烈的竞争，能不能说，当初美国不应该援助日本和西欧，而应该让其永远落后呢？直到今天，还没有哪一个明智的美国人发出过这样目光短浅的抱怨。事实是，近代经济发展的历史和现实完全证明，在竞争中合作，在合作中竞争，平等互利，共同发展，这是当今世界经济发展的大趋势。

自中国内地改革开放以来，特别是进入 90 年代后，日本对中国内地的直接投资迅速增加。1991 年，中国内地已成为日本在亚洲新建企业最多的国家。1993 年,中国内地又成为日本在海外新建企业最多的国家。日本对中国内地的直接投资领域已从以非制造业为主转向以制造业为主;投资地区虽然仍主要集中于中国沿海发达地区,但是已开始扩展到 26 个省市和地区。表 1 和表 2 分别显示了日本对东亚国家(地区)和对中国内地的投资情况。可是,日本是世界的资本输出大国和先进技术大国,所以无论从发展中日友好关系来看,还是从加强东亚地区经济合作来看,日本对中国的直接投资还远不适应中国大量吸收外资的需要。

表 1　日本对东亚地区国家(地区)的投资情况

单位:百万美元

国(地区)别/年度	1990	1991	1992	1993
中国内地	349	579	1 070	1 691
中国香港地区	1 785	925	735	1 238
中国台湾地区	446	405	292	292
韩国	284	260	225	245
新加坡	840	613	670	644
菲律宾	258	203	160	207
泰国	1 154	807	657	578
马来西亚	725	880	704	800
印度尼西亚	1 105	1 193	1 676	813

资料来源:《世界与日本的海外直接投资》(1991—1995 年)白皮书、日本贸易振兴会。

表 2　日本对中国各产业部门的直接投资增长情况

单位:百万美元

产业部门/年度	1979—1989	1990	1991	1992	1993	合计
制造业						
食品	51	9	19	29	67	175
纤维	54	21	70	120	232	477
木材、造纸	10	1	1	3	43	58
化学	42	12	11	19	96	180
钢铁、有色金属	30	14	11	29	80	164
机械	104	50	29	50	229	420
电气机器	236	22	123	189	332	902
运输机器	6	1	9	33	83	132
其他	85	31	35	177	216	544
小计	618	161	308	649	1 378	3 052

（续表）

产业部门/年度	1979—1989	1990	1991	1992	1993	合计
制造业						
农林业	7	1	2	5	4	19
渔水产业	41	5	3	13	6	67
矿业	10	20	1	2	0	33
建筑业	8	7	0	7	6	28
商业	51	3	7	24	55	140
金融、保险业	11	3	11	0	10	35
服务业	592	137	188	219	120	1 256
运输业	22	1	1	26	25	76
不动产业	98	9	16	65	43	231
其他	1 015	—	—	—	0	1 015
小计	1 855	186	229	361	269	2 900
支店	54	3	41	59	45	202
不动产	8	—	—	—	—	8
合计	2 535	350	578	1 069	1 692	6 162

资料来源：1. 日本大藏省：《财政金融统计月报》，1993 年 12 月。
2. 东洋经济新报社：《中国进出企业总监》，1995 年版。

首先，就是实际投资规模小，到 1994 年 3 月，日本对中国内地的投资累计共为 61 亿美元，只相当于日本对美国投资总额的 3.5%，对外投资总额的 1.5%。大大低于港澳地区和台湾地区对中国内地的投资，也低于美国对中国的投资。

其次，日本对中国投资的主要目的，仍是利用中国的廉价劳动力和开辟中国大市场，而在技术转移方面仍处于较低的层次。例如，在日本对中国投资最多的电气机器工业部门，多进行进口零部件的组装生产，当地生产的关键零部件的比率很低。众所周知，日本技术转移的基本原则是把关键的、尖端的技术留在国内，把一般的、普通的、即将淘汰的技术转移到国外；在技术转移过程中，比较先进的技术首先是转移到北美和西欧，其次是其他发达国家，再次是东南亚一带的国家和地区，如四小龙和东盟国家，最后才转移到中国。日本之所以这样做，显然是和日本担心中国会成为它的竞争对手，要人为地在中日之间保持一定的技术差距有关。但是，日本也应该看到，中国虽然会成为日本的竞争对手，但是也能给日本提供更大的市场和更多的合作机会。何况，中国的发展、繁荣、强大是不可避免的，这是历史注定了的。

至于说到对东亚的开发援助，日本对中国的援助金额最少。1994 年日本向各国提供的人均援助额，蒙古为30美元，斯里兰卡为11美元，菲律宾为8.9美元，中国仅为1.2美元。

面对世界经济集团化趋势，东亚经济要保持繁荣增长，必须加强地区内贸易。作为经济大国的日本，要进一步改善市场条件，开放国内市场，改变过去那种针插不进，水泼不进的市场状态，努力扩大从东亚地区国家的进口，成为和大国地位相适应的市场提供者。近些年来，日本的进口额虽然有所增加，但是进口的潜力还是很大的。仅仅进口海外子公司的制品或进口依靠委托方式的海外企业的制品，无助于亚太地区国家调整海外市场，减少对欧美国家出口的依赖，也不足以保持东亚地区经济持续稳定增长。

日本不仅要进一步开放市场，扩大地区内市场容量，而且要增加地区内投资，增强各国的经济增长能力。虽然近些年来，日本对亚洲的直接投资增长很快，但是在日本对外直接投资总额中所占比重仍不大，就投资增长率而言，日本在地区内的投资落后于"四小龙"。

日本是一个富有的经济大国，有先进的技术和巨额的资金，如果日本要想保持它在亚洲和世界事务中应有的地位，就应该跳出偏爱的贸易领域，而在促进亚洲发展、缩小差距和共同富裕上作出足以给人们留下更深印象的贡献。

20世纪90年代初的经济衰退给日本经济以沉重的打击，元气大伤。日本的经济体制和经济结构存在着一系列的矛盾和问题。90年代的最后几年，是日本进行改革、调整和谋求重新振兴经济的困难时期。日本在经济、科技乃至安全方面虽然仍要依赖美国，但经济集团化趋势和日美关系的发展已使日本不得不更多地谋求依靠自身力量和采取向亚洲地区倾斜的政策。

日本是一个名副其实的亚洲国家。亚洲对于日本成为一个名副其实的大国，至关重要。日本成为世界经济大国，有赖于与亚洲国家的经济合作。日本能否成为世界政治大国，亦有赖于亚洲国家的支持。可以说，日本实现世界大国战略的根基在亚洲。

然而，日本却得不到周边国家的信任。理由很简单，就是日本对过去的清算态度暧昧，一直不愿对过去侵略亚洲的历史积极反省，承担责任，这怎能得到各国的信任与支持呢！自甲午战争以后，特别是第二次世界大战中，日本奉行军国主义政策，对东亚地区进行侵略和掠夺，使这一地区的人民深受苦难，这一历史的创伤并未痊愈，再加上战后日本某些当权者仍不断进行一些粉饰侵略战争的言行，就更引起人们的警惕。当日本提出"东亚经济圈”时，人们不禁想起当年的“大东亚共荣圈”。日本《世界政治》杂志就曾指出，“太平洋共同体”概念再加上日本的“国家利益”概念，将使人联想起以前的“大东亚共荣圈”理论。菲律宾前外长罗慕洛曾说：“试图在亚洲太平洋地区建立日本式的‘新秩序’并非什么新玩意。东南亚国家并未忘记日本军国主义者横行霸道的后果(在第二次世界大战前夕和第二次世界大战中)。如果东京重新把我们的手脚束缚起来，那将是十分可怕的。我对新的‘共荣圈’——‘太平洋共同体’感到十分不安。”印度尼西亚总统苏哈托和这一地区其他国家的领导人，也都先后提出了这一点。

第二次世界大战的胜利，粉碎了日本军国主义者的扩张主义计划，随着日本帝国主义者的战败投降，“大东亚共荣圈”的梦想也破灭了。二次大战后，国际形势发生了翻天覆地的变化，今天，谁若是要重温昔日的旧梦，妄图再建“大东亚共荣圈”，那也是要注定失败的。

显然，日本要在亚洲地区有所作为，关键在于日本要能取得亚洲各国的信任与支持。可以这样说，日本的现代化是“脱亚入欧”的结果，日本成为世界经济大国是由于“脱欧入美”，今天日本若想维持世界经济大国的地位，并成为世界政治大国，成为名副其实的世界大国，“重返亚洲”，复归亚洲故里，与亚洲邻国和平共处，加强合作，乃是最佳选择。

中国和日本同为东亚两个大国，经过战后的恢复和发展，日本现已成为仅次于美国的经济大国，正在争取成为一个政治大国和军事大国，并跃跃欲试主导亚太地区未来的舞台。经过十多年的改革开放，中国经济实力大增，一个生机勃勃、对未来充满信心的中国正在崛起。

中国的现代化建设，缺少资金和技术，需要和经济大国日本友好合作。日本为了和美国、西欧相抗衡，以实现其地区战略和全球战略，需要和中国友好合作。加强中日两国的经济合作和友好往来，不是你赢我输，你长我消，处于互相排斥、互相对立的位置，而是优势互补、互惠互利，共同成为推动东亚经济增长的两个火车头。这不仅符合日本和中国两国人民的根本利益，也有利于本地区的长期稳定与繁荣。

美国的“新太平洋共同体”和“扇形结构”*

一、美国经济重心的西移及其影响

(一) 美国经济重心的西移

美国幅员辽阔，东临大西洋，西濒太平洋，国土面积936.3万平方公里，人口2.5亿，自然资源得天独厚，煤、石油、天然气、铁矿石、钾盐、磷酸盐、硫磺等矿物资源储量均居世界前列。在美国建国200年的大部分时间里，美国经济发展和政治生活的重心在东部。20世纪中期后，这一历史发生了变化。美国的经济重心正在从曾经是繁荣和富裕象征的东部向西部转移。

美国东部，一般是指美国东北部地区，这是美国金融业、钢铁业、汽车业等传统工业最发达的地区。

美国西部，主要是指得克萨斯州、新墨西哥州、亚利桑那州、加利福尼亚州、俄勒冈州、华盛顿州等西南部和西北部地区，这是美国军事工业、高技术产业集中和迅速发展的地区。

经济重心西移，就是指由东部向西部转移，即从美国东北部地区向以加利福尼亚州为中心的地区转移。

美国西部各州资源丰富，石油总储量中的近80%分布在加利福尼亚、阿拉斯加、得克萨斯以及西部其他5个州。仅落基山脉各州的煤储量就占全美国可开采煤储量的50%以上。美国铀矿的93%是在西部山区各州。这一地区的黄金产量占全美国的70%，白银占50%。

加利福尼亚州是濒临太平洋的一个狭长地带，因它盛产黄金，曾出现过加州淘金热，故加州又被称为“黄金州”。加州还有一种“黄金”，这就是金黄色的阳光，在它的帮助下，这里生长着美国最好的水果和蔬菜，故又有阳光地带之称。

---

* 本文系在香港召开的“太平后可有盛世——亚太区发展前景”座谈会上的发言，原载于香港《信报财经月刊》1988年7月号。经修改后收入《东亚经济与中国》，北京大学出版社1997年版。

直到50年代，加利福尼亚还主要是农业区。如今著名的硅谷地区，在1950年时还是一片果园和牧场，果树丛生，牛群遍野。50年代以来，随着军事工业和高技术产业的迅猛发展，迅速改变了加利福尼亚州的面貌，在原来的果园里建起了飞机工厂，原来沿旧金山海湾寂静的渔港变成了繁荣的造船中心和繁忙的运输中心。加利福尼亚州已成为美国50个州中经济最繁荣、高技术发展最快的一个州。1970—1980年，加州的实际生产总值的增长率是全美国平均增长率的3倍。加州制造业的职工人数增长率是美国其他州的5倍多。加州拥有美国最集中的科学和技术人员，控制了最有前途的高新技术工业领域如宇宙航空、激光技术、遗传工程和电子工业等，这使加州乃至整个西部处于美国经济技术上的领先地位。加利福尼亚州论面积占美国全国面积的4.4%，论人口占全美人口总数的10%。但加利福尼亚州经济在美国经济中的地位和作用比这两个数字要大得多。1990年，加利福尼亚州的国民生产总值占美国国民生产总值的14%。如果加利福尼亚州是一个国家，它的国民生产总值在世界的排行榜上相当于世界第六经济大国。

美国经济重心的西移主要是指高技术、人才和资金由东向西转移。

1. 高技术西移

纽约大通曼哈顿银行的预测机构、大通计量经济学公司前副总经理拉里·霍维茨说：“加州的水果和干果是重要的，但是使加州发展的是军火和电子。”新兴的宇航工业和电子工业使原来以农业为主的加州和西部地区一夜之间在美国的高新技术产业领域居于领先地位。美国的电子工业首先就是在加州的圣克拉拉即硅谷发展起来的。硅谷位于旧金山与圣何塞之间，长30英里，宽10英里。这里集中了一些著名的大学和大公司，如著名的斯坦福大学、加利福尼亚大学都在这里。现在，硅谷地区已有将近1万家电子工业和其他高技术公司。世界上第一台微型计算机和超级计算机都是在硅谷诞生的。据说，近年来在电子技术方面的几乎每一种新产品，都是从硅谷生产出来的。例如家用计算机、袖珍计算机、无线电话、激光技术等都是在硅谷诞生的。硅谷在计算机产业的带动下，创造了一种以出口为基础的经济。1994年，这一地区创造了近300亿美元的商品出口销售额。硅谷的人口只有加州人口的10%，但是它的出口却占全州出口的1/3。

除了加州的硅谷外，西部其他州如得克萨斯州的奥斯汀、亚利桑那州的图森、科罗拉多州的鲍德尔等地也都在建设它们自己的“硅谷”。

美国政府和国防部都设在东部，但主要军事工业设在西部。军事工业的大发展，大大推动了以加州为中心的美国西南部和西北部地区高技术的发展。美国全国100家最大的军事承包商，有17家的总公司设在洛杉矶市及其附近地区。著名的休斯飞机公司、洛克希德公司和诺思拉普公司等军工企业拥有大批的高级专业人员和技术工人，他们以其熟练的技术保证了加州在美国工业中的中心地位和技术上的优势。洛杉矶西北的范登堡，是一个大规模导弹试验场。设在洛杉矶的加州理工学院，是美国著名的核武器和空间技术研究中心。洛杉矶以东的莫哈维大沙漠，设有美国海军的武器试验场，莫哈维以东的内华达州山区，是美国历次进行核爆炸的地方。

2. 人才西移

加州之所以在科学技术发明创造方面领先，是因为它具有知识集中、人才密集的优势。有的是本州培养的，有的是从东部迁往加州的，有的是从亚太地区来加州从事研究工作的，因此，加州成了人才的大本营。加州的著名高等学府斯坦福大学、加利福尼亚理工学院和加利福尼亚大学伯克利分校集中了科学技术各个领域的优秀人才，加州是全美国获得诺贝尔奖金人数最多的一个州，也是美国拥有博士学位人才最多的一个州，硅谷更是人才荟萃的中心。这里集中了6 000名博士，占加州博士的1/6。

据美国《科学文摘》进行的调查，在美国27个州和哥伦比亚特区选出的自1985年以来的100项最佳发明，居前3位的都出自加州。在美国100名40岁以下的最杰出的科学家中，加州占31名。

由东向西的重心转移，欢迎移民的开明政策，以优越的工作条件和优厚的生活待遇吸引外来人才的措施，使加州乃至整个西部集中了大批科技精英。科学家西移，对推动加州、美国高技术发展起了巨大的推动作用。

针对高新技术的发展，我国著名科学家钱学森指出：如果21世纪科学技术在一个国家中不居领先地位，它的整个经济活动、国际地位就很难保持住。由此可以理解，为什么现在一些发达国家在科学技术方面的争夺那样激烈，这就是智力战，21世纪将是智力战时代。

3. 资金西移

加州和西海岸工业的兴起，当然也就需要巨额资金和金融集团。在整个19世纪，加州在金融方面一直依赖东部乃至欧洲的银行。虽然在淘金热时期成立了一些小的金融机构，但是在需要大量资金时，加州人仍不得不求助于东部。加州和西部的发展吸引了资金和金融机构从美国其他州涌入洛杉矶，再加上外国资金的流入，洛杉矶成了美国资金增长最快的金融市场。加州成了仅次于纽约的全美国的银行和金融业的首府。旧金山和洛杉矶都有“西华尔街”之称。加州有四家大银行，其中美洲银行和威尔斯法戈银行的总行在旧金山，太平洋证券银行和加利福尼亚第一州际银行的总行在洛杉矶。大量资金的流入和金融业的发展，对促进加州高技术产业发展起了积极的推动作用。

总之，高技术、人才和资金西移使得西部成为美国经济发展最快的地区。硅谷代表着美国高技术的未来和美国经济发展的出路。80 年代由于世界经济的不景气和外国的激烈竞争，西部经济一度发展缓慢。现在，作为美国的心脏地带，西部又显得欣欣向荣。

西部变成了全美屈指可数的经济增长地区，以西雅图周围地区为例，1994 年个人收入比 1993 年增长 7.1%，高于全美平均水平的 6.5%；就业机会 1994 年比 1993 年增长 3%，高于全美平均水平的 2.3%。

促使美国经济西移和西部经济增长的主要原因之一，是亚洲太平洋取代了欧洲大西洋而成为美国最大的贸易伙伴。日本、中国、东盟国家和“四小龙”这些亚洲国家和地区无论是作为市场、出口对象还是作为生产据点，其重要性在不断增大。面向 21 世纪，美国不能不向亚洲倾斜。

（二）美国经济重心西移的影响

美国经济重心西移的主要影响是，美国政府重新强调美国同环太平洋国家扩大经贸关系的重要性，并相应地调整了美国对外政策和战略。

在第二次世界大战刚刚结束后的 1946 年 12 月，美国杜鲁门总统在提交国会的一份咨文中宣称：“我们大家必须认识到，我们取得的胜利已经把永远领导世界的责任加在美国人的身上了。”

美国要领导世界，于是在五六十年代，先后发动了侵朝、侵越战争。两次战争严重削弱了美国经济实力。

1971 年 7 月 6 日，美国总统尼克松在堪萨斯城发表的演说中承认了这样的事实：“美国遇到了我们做梦也想不到的那种挑战”，“现在，当我们环顾我们所处的世界时，我们发现美国已经不再处于十分突出的地位，或者完全占支配地位了”。尼克松承认，现在世界存在五大力量中心——美国、西欧、日本、苏联和中国。他说中国是“一股有巨大潜力的经济力量”。正是在这种背景下，美国作出了从亚洲收缩力量，以确保欧洲的战略调整。

进入 70 年代中期后，日本加快了推行环太平洋地区合作的步伐，频繁出访亚太地区的国家，意欲主导亚太地区合作与发展。日本这样做，一方面是由于 70 年代初，石油危机和经济危机对日本经济的冲击，日本需要加快地区合作的步伐;另一方面就是日本看到了美国从亚洲撤退,利用美国战略调整之机,加快主导合作的步伐。

与此同时,苏联也乘美国战略调整之机,加紧向太平洋渗透,以惊人的速度扩大了在太平洋地区的军事力量。据美国驻太平洋地区武装部队总司令罗纳德·海斯在参议院军事委员会作证时提供的数字:从20世纪60年代中期到80年代末,苏联在太平洋地区的军事力量:海军从20个师扩大到50个师,空军战斗机从1 800架增加到3 000架,海军舰只从140艘扩大到320艘。一些军事评论家认为,苏联加快了与美国进行全球争夺的态势。

再加上70年代至80年代,正是太平洋经济兴起,亚太地区经济蓬勃发展的时期。所以在这种形势下,即日、苏与美加紧进行地区和全球争夺的形势下,美国政府不得不对太平洋地区战略再作重大调整,提出“重返亚洲”的口号。

1975年12月,美国总统福特在访华后的归国途中发表了关于“新太平洋主义”的演说,重申美国是太平洋国家,明确提出在亚洲建立经济合作组织的必要性。

1984年4月16日,美国总统里根访华前夕在接受记者采访时说:“美国是一个地道的太平洋盆地国家,而中华人民共和国当然是这一盆地中最大和最重要的国家。”他说:“我相信,整个太平洋盆地将是世界的未来。”

福特、里根的讲话是基于美国与亚太地区的经济关系日益密切这一事实而说的。80年代以来,美国同环太平洋地区国家的经济贸易往来不断扩大。太平洋地区已取代西欧成为美国的主要贸易场所。从1980年开始,美国同环太平洋国家和地区的贸易量第一次超过大西洋两岸之间的贸易量。

从投资增长速度看,美国在太平洋地区投资的增长速度超过它在西欧、加拿大等国的投资增长速度。

与此同时,日本对美国的投资大幅度增加,增长速度很快。80年代末,日本在美国的投资占日本海外投资的将近一半。

美日互在对方投资,既对双方有利,也加剧了两国之间的竞争。

有鉴于此,美国(里根政府)作出了重返亚洲的战略调整。

美国经济重心西移和“重返亚洲”的战略调整并不意味着美国经贸关系的重心已从欧洲转向亚洲。欧洲依然是美国有着重要经济利益的一个地区。

诚然,1993年美国对亚洲地区的出口总额为1 300亿美元,超出对欧洲的1 096亿美元的出口,但是这些数字并没有显示出贸易流量的性质。在同亚洲的贸易中,美国往往是用原料换取技术产品,而在与欧洲的贸易中,欧洲仍是电讯、飞机、计算机等产品的主要出口市场。不仅如此,美国同亚洲的贸易存在着巨额逆差,仅同日本和中国的贸易逆差就占美国贸易逆差的70%。

至于从外国在美国的直接投资来看,欧洲仍占最大的比例,占外国在美国投资总额的59%,而亚洲只占大约26%;在制造业中,外来投资的71%是来自欧洲,而来自亚洲的只有14%。提供高质量、高工资就业机会的也是欧洲公司,欧洲公司雇用了300万美国工人,是亚洲公司雇用工人数目的3倍多,而且工资高,比全国平均工资高18.8%。

美国在海外投资总额中,欧洲占49%,亚洲只占16%;在制造业投资方面,欧洲占59%,亚洲也只占17%。虽然美国在亚洲的投资大量增加,但是它在欧洲的投资同样迅速增加,仅在1989年至1992年的经济衰退期间,美国在欧洲的投资就增加了540亿美元。尽管美国对在亚洲的投资潜力很感兴趣,但美国在欧洲已经拥有巨额投资。在很长时期内,美国在亚洲的投资,无论在数量上还是质量上,都无法同美国在欧洲的投资总额相比。

从税收看,欧洲公司每年平均向美国财政部交纳70亿美元的公司所得税,而亚洲公司交纳的所得税只有1亿美元。

就技术的开发和引进而言,美国从欧洲公司获得的好处较多。1991年,欧洲公司在美国花费的研究与开发费用达77亿美元,占外国公司这方面支出总额的65%,亚洲公司这方面的支出只有15亿美元。欧洲公司为把总公司的技术引进美国花费了较多的资金。

所以,欧洲仍是美国最重要的经济伙伴,美国同欧洲的经济关系要比美国同亚洲的经济关系更加重要,至少在90年代还是如此。

必须看到,战后美国的全球战略,主要是"两洋战略",就是既要控制大西洋,也要独霸太平洋。控制了两洋,也就控制了印度洋和中东。美国是从它的全球战略角度来看待亚太地区经济合作的。美国是一个背靠大西洋、面对太平洋的两洋国家,它的经济发展是从大西洋开始,然后逐渐移向太平洋沿岸。尽管这一西移仍在继续,但对美国来说,无论从经济还是政治角度来看,大西洋地区仍是重要的,或者说,至少在今后一个相当时期内,大西洋地区和太平洋地区具有同等重要的意义。美国实际上是力图想利用它在这两个地区的某些优势,使之互相补充,互相支撑,以保持它在两洋的地位,并进而在某种程度上恢复它曾经享有过的那种世界霸权。这是美国作出重返亚洲的战略调整的真正意义所在。美国正是从这种观点出发来设计它在太平洋地区以及大西洋地区的行动和政策的。

二、美国的“新太平洋共同体”和“扇形结构”

美国虽然认为在太平洋地区有重要的经济和政治利益，但过去美国对太平洋地区经济合作的态度并不积极。70 年代以后，美国的态度明显转变。

1975 年美国总统福特提出“新太平洋主义”，福特说：“美国的就业机会、外汇收入和原料来源全靠同太平洋地区的经济联系。”

1978 年美国参议院外委会东亚与太平洋小组要求国会研究处提出一份关于环太平洋经济合作问题的研究报告。耶鲁大学教授帕特里克与澳大利亚学者德赖斯代尔接受委托，共同进行研究，于 1979 年正式提出了题为《关于建立亚洲太平洋地区经济组织的研究报告》。报告认为：“由于太平洋地区在经济上相互依赖的加深和世界经济实力逐步从欧洲、大西洋地区转移到太平洋地区，美国应该考虑确定其对外经济政策的新重点和建立美国同亚太国家经济关系的新格局。”报告建议成立一个类似经济合作与发展组织(OECD)的太平洋贸易发展组织(OPTAD)，并指出：“如果美国不准备参加，那么，日本、东盟可能决定自己干。”

美国之所以开始重视太平洋经济合作，首先因为它涉及美国重大的经济利益，其次，美国也怕日本牵头搞起环太平洋经济合作后，排斥美国的利益。

1980 年 9 月，美国参加了在澳大利亚堪培拉召开的第一次太平洋经济合作会议(PECC)。

美国里根总统上台后不断发表讲话，强调“世界的未来在太平洋地区及其沿岸国家”，声称美国与太平洋地区“息息相关”，“美国的前途寄托于太平洋”。

布什政府对环太平洋经济合作给予了更多的“关注”，美国国务卿贝克提出了引人注目的“太平洋经济共同体”构想，探索在太平洋沿岸国家之间建立一个新的多边合作机制的可能性，该构想关于亚太地区经济合作的基本原则是：(1) 它涉及的问题很多，从经济合作到文化交流和贸易保护；(2) 它是一个泛太平洋范围的机构，将会扩大贸易和投资，而不会损害现有的贸易和投资成果或贸易和投资机构；(3) 这个太平洋实体承认本地区社会和经济制度多样化及不同的发展水平。其目的是明确的，一是认为亚太地区有加强协调及合作之必要；二是面对日本咄咄逼人的态势，需要加强美国与这一地区的战略关系，防止只有日本一个国家在这一地区称雄。

在布什的“美洲倡议”战略构想初步实现后，美国即着手实施其“辐射”亚洲的太平洋战略，亦称“扇形战略”。

美国的太平洋战略，即建立太平洋共同体的战略构想，是1991年共和党执政时由当时的国务卿贝克提出的，其主要内容是：建立一个以美国为核心、以美日同盟为骨干、以各种双边关系为基础的太平洋共同体，来加强美国在亚太地区中的“领导作用”。根据贝克对“太平洋共同体结构”的解释，那就是美国要建立的太平洋共同体是一个“类似扇形的辐射结构”，共同体以美国为核心，向西辐射；以美日同盟为轴心，作为这一共同体的骨干；以美国与韩国、东盟、澳大利亚的双边关系作为这一结构的基础；以亚太地区经济合作为扇面，将共同体内各国连接在一起；并逐步向中国、俄罗斯等国辐射；这就是美国的辐射亚洲的太平洋战略。贝克提出的“太平洋共同体”，其目的是为美国参与亚太事务奠定坚实的基础，是为美国开拓亚太地区的国际市场、实现经济战略重心西移创造条件，以保证美国处于掌握亚太经济合作、调控“扇形结构”的主导地位。

随着亚太地区的崛起和亚太经济合作进程的加快，美国和日本争夺亚太地区主导权的斗争日趋激烈，美国的“扇形结构”构想与日本的“雁行结构”构想之间出现了尖锐的矛盾。

在80年代日本的“东亚经济圈”和“雁行模式”一经提出，立即引起美国的极大关注，美国舆论纷纷指责日本拟利用经济手段推行当年用军事手段未能实现的“大东亚共荣圈”，坚决反对排除美国的任何经济合作组织的建立。后来，当马来西亚的马哈蒂尔总理提出建立也把美国排除在外的“东亚经济论坛”的倡议时，美国及时告诫日本不要插手，担心日本会乘机加以利用。很明显，美国的“太平洋共同体”，除了欲在亚太地区确保美国的贸易和投资的经济利益外，阻止日本在该地区称霸，树立美国的领导地位，这是美国太平洋战略的主要目标之一。

布什下台后，为了实现美国的战略目标，克林顿1993年夏季乘出席西方7国首脑东京会议之机，先后在东京和汉城发表演说，提出了建立“新太平洋共同体”构想。克林顿认为，太平洋地区能够、并且必将成为美国就业、收入、合作、思想以及经济增长的巨大来源。他认为，美国的未来在于更广泛、更深入、更集中地参与环太平洋地区事务，为此，需要一个“建立在分享力量、分享繁荣以及对民主价值共同承担义务基础上的太平洋共同体”。他明确提出:“现在是美国同日本以及这个地区的其他国家一起创建新太平洋共同体的时候了。”

国际舆论普遍把1993年7月7日克林顿在东京早稻田大学和7月10日在韩国议会发表的演讲称之为“克林顿主义”。其主要内容包括:在经济上,克林顿总统继续强调,没有哪个地区比环太平洋地区对美国经济的繁荣和稳定更重要。亚太地区经济是美国主要的、迅速发展的市场。美国约有54%的世界贸易是与亚太国家进行的,相当于与欧洲贸易的一倍半,相当于和拉美国家贸易的两倍。而且,每10亿美元的出口额可为美国创造1.9万个以上的就业机会,美国现在有250万个就业机会依赖对亚太地区的出口。因此,需要使该地区各国更加开放和走向自由贸易,建立一个“分享力量”、“分享繁荣”的“新太平洋共同体”。

强调亚太地区经济对美国的重要性,这并不“新”,克林顿的“新太平洋共同体”“新”就“新”在:在安全上,克林顿强调美国军队将继续留在亚洲,重点是促进地区安全对话,作为美国同日本、韩国、菲律宾、泰国、澳大利亚的双边关系的补充。克林顿在东京的演说中说,“新太平洋共同体,应当建立在美国坚定而始终如一地履行同盟条约义务以及美国在日本、韩国和整个地区的军事存在的基础上。”现在,在亚洲的美军人数自1945年以来首次与驻欧洲的人数达到同等规模。目前美国在韩国驻有3.7万军队,在日本驻军有4.5万,还有1.5万水兵和海军陆战队士兵被轮流派到西太平洋的军舰上。从菲律宾撤离的美国军队在新加坡和印度尼西亚又获得了新据点。美国前国务卿克里斯托弗在1993年7月23—28日的东盟会议上说,美国在亚太地区的军事存在仍然是克林顿政府亚洲政策的试金石。1995年2月,美国发表的“东亚和太平洋安全保障战略”,改变了1990年和1992年的两份有关这个地区美国将逐步减少驻日和驻韩军队的计划,重申美国将把驻军人数保持在现有的大约10万人的水平。看来,新太平洋共同体是把美国在亚太地区的军事存在与美国在该地区的经济贸易利益结合在一起的共同体。

此外,还“新”在:在政治上,则是支持和促进所谓民主和人权运动,建立一个在“对民主价值共同承担义务基础上”的太平洋共同体。克林顿上台后,提出的美国外交政策三大支柱之一即促进民主。前助理国务卿琼·斯佩罗1994年4月20日在《美国经济政策与亚太地区:谋求平衡》的演讲中指出:“新太平洋共同体”“应当建立在共同的力量、繁荣和共同致力于实现民主价值观念的基础之上”。冷战的结束,进一步强化了美国推行以西方价值观念和意识形态为标准的民主人权外交的政治心态。美国民主人权外交的基本目的是不断扩大和巩固所谓“以美国为核心的民主阵营”。采取各种方式挥舞人权大棒，直接干涉别国内政，是美国推行民主人权外交的重要特征。

可见，克林顿的“新太平洋共同体”既是一种地区经济合作体系，也是一种多边安全机制，即既是经济共同体，也是政治共同体和军事共同体。

显而易见，克林顿的“新太平洋共同体”和美国政府的亚太战略是为实现美国的世界战略目标和切身利益服务的。其特点是：政治、经济并举，经济利益优先；通过经济参与，分享亚洲繁荣，以促进美国繁荣；维持政治军事存在，以保证美国安全和地区稳定；同时推进民主，最终确保美国在亚洲的主导地位。可见，“新太平洋共同体”构想的根本目的是为了牵制当前美国在亚太地区的主要竞争对手日本，并阻止任何其他军事大国的崛起，以确立冷战结束后美国在亚太地区的霸权地位。克林顿在演说中一再强调，今天“美国对世界经济、政治和安全的领导作用仍是必不可少的。”

克林顿之所以在太平洋共同体前冠以“新”字，一方面，这是克林顿政府为美国的亚太政策打上自身的印记，另一方面，也确实提出了美国亚太政策的新方向，即将其在北美自由贸易区的利益与亚太地区的经济利益联结起来，最终建立泛太平洋自由贸易区的新战略。

美国总统克林顿的“新太平洋共同体”表明，美国把亚洲置于其关注的重要地位。当前，美国的战略重点仍然是企图控制西欧和整个欧洲，但是，经济天下一分为三——美洲贸易区、欧洲经济区、亚太经济区——大局已定。现在美国面对的是一个不易驾驭的欧洲，美国企图渗入亚太地区，扩展美国势力，挟泰山而超北海，在亚太地区建立主导地位，联合亚太力量，以保持全球均势和世界霸权地位，这就是“新太平洋共同体”和“扇形结构”的实质所在。

综观克林顿上台执政后，通过政府高级官员的一系列重要讲话和近年来的政策调整，作为美国亚太战略的新太平洋共同体的框架已基本形成，这就是以安全问题为核心，以经济利益为内容，以民主人权外交为手段，全面参与亚太事务，扩大美国的势力范围和影响力，最终实现主导亚太的战略目标。

为了迅速进入被视为“美国根本利益之所在和重要财富之源地”的亚太地区，美国以亚太经济合作组织为重要桥梁，加快推进亚太经济合作组织制度化、自由化和政治化，以此掌握亚太经济合作组织的主导权，从而实现“新太平洋共同体”的基本战略。

人们怎样看待克林顿的“新太平洋共同体”呢？

尽管日本官方口头上支持这一倡议，但态度有所保留。日本报刊认为“克林顿想赋予亚太经济合作组织以政治性质，并把它当成加强美国对亚太地区安全影响的工具”，并在经济方面使之服从于为美国进一步开放市场、创造就业岗位的短期任务。

东盟国家在许多问题上抱有不同的想法。虽然各国原则上赞同贸易自由化，但主张应从亚太地区的实际情况出发，考虑发展中国家利益，反对贸易自由化的步伐过快。某些国家出于经济上的考虑，愿意同美国加强联系与合作，但对美国在亚洲的军事存在持保留态度，虽然某些国家接受美国在亚洲驻军以保持力量均衡，但是不希望美国介入地区乃至各国内部事务。某些国家由于政治原因，愿意同美国保持密切关系，但它们希望保持独立性、各国的平等关系和大国之间的均衡。

亚洲国家与美国在人权与民主问题上的分歧是尖锐的，亚洲国家坚决反对在人权与民主问题上向某些国家施加压力的做法，他们认为美国施加压力只能破坏亚太地区的稳定。

法国《世界报》对克林顿“新太平洋共同体”的评论，反映了亚洲国家一般的看法，《世界报》指出，“从亚太地区国家的角度看，华盛顿的最终目的是强迫他人接受美国的游戏规则——不仅在贸易和劳务方面，而且在价值观方面。要知道，地区内对西方价值观臭名远扬的无所不包性的反对正在加强。大多数亚洲人都说：请尊重我们的价值观吧！”

美国推行“新太平洋共同体”战略，虽然取得了某些进展，但也遇到了重重阻力和挑战。

克林顿上台后，其对外政策的一个明显标志就是重新强调在亚太地区推动美国的利益，强调亚太地区对美国的重要性。但是，几年来美国与亚洲国家关系的发展很不顺利，双方龃龉不断。

美国之所以重视亚洲，既出于经济上的原因，也有安全上的考虑，归根到底，乃是帝国主义霸权主义的动机。美国在介入亚洲事务时，毫不掩饰其霸权主义者的面貌，无论在与日本的贸易纠纷上，在与中国关于人权问题的争论上，还是在与朝鲜就核问题发生的冲突中，美国处处都显得高傲自大，盛气凌人，开口闭口要发挥“领导作用”，动辄对别国内部事务指手画脚，甚至不惜采取“制裁”和“封锁”等手段相威胁，而没有真正平等地与亚洲国家通过对话寻求共同点，以缩小分歧，这极大地伤害了亚洲国家的感情，造成美国与一些亚洲国家关系紧张。

问题在于美国的亚洲战略是按照美国的意图设计的，而不考虑亚洲实际和亚洲人的特点。事实上，美国并不是一个亚洲国家，其亚洲战略“设计者”对亚洲的历史、文化、经济结构、价值观念等缺乏了解，没有认识到美国与亚洲国家之间在许多方面存在着差异。

例如，美国与亚洲国家在战略利益上的差异。冷战结束后，亚洲国家渴望和面临的主要问题是发展经济和保持稳定。虽然某些国家接受美国在亚洲继续驻军以保持力量均衡，但并不希望美国过多介入地区乃至各国内部事务，反对美国成为该地区的主宰力量。亚太国家希望通过协商、对话解决分歧，而不希望矛盾激化，以求地区稳定。而美国则从其自身的利益出发，在贯彻自己的亚洲战略意图时完全出于霸权主义者的一厢情愿，而未考虑亚太国家的愿望。

又如，美国同亚洲国家在产业结构、贸易结构上的差异，这一点集中反映在美日贸易纠纷上。日本与美国在产业结构、政府与企业的关系等问题上差别很大，日本实行的是一种不同于西方的亚洲式的资本主义模式，同欧洲相比，日本的市场更难进入，在日美经济往来中更容易造成产品、资本和技术流动的不平衡。从贸易结构上看，日本更多的是进口资源，出口产品。1993年日本从美国进口的工业产品占进口美国产品总额的61%，而工业产品的出口占对美出口总额的99%，美国在工业产品这一项上赤字扩大是当年美国对日贸易赤字增加的主要原因。由于日本机械产业的生产体制已相当完备，要缩减美国工业产品贸易逆差，则需日本扩大内需，放宽限制，进行结构上的调整，美国在对日贸易谈判中坚持“数值指标”也是出于这种考虑。但是，日本要进行上述宏观调整绝非易事，它涉及国家和企业的经济利益，日本在与美国的谈判中绝不让步，也正是为了维护这一根本利益。

再如，美国与亚洲国家在历史、文化背景、价值观念上的差异。亚洲许多国家在历史上屡遭强权入侵，对国家的独立自主有着强烈要求。而美国作为一个西方国家，硬要把自己装扮成一个亚洲国家，颐指气使，发号施令。在与中国就人权和最惠国待遇的冲突中，美国一度死抱住西方的“人权”标准不放，将西方的价值观念强加于中国和亚洲其他国家，这必然引起中国和亚洲其他国家的强烈不满。

美国的亚洲政策已招致广泛的批评。美国应该认识到，当今的世界是一个多极化的世界，到处插手、对别国发号施令，同多极化的现实根本相悖。美国要想与亚洲国家顺利发展关系，实现“美国利益”，摆正自己的位置，协商对话与平等合作是基本前提,违背各国人民的意愿,将自己的原则强加于人的“亚洲战略”是绝对行不通的。

三、评“跨大西洋自由贸易区”和经济性“北约”①

美国不仅看好亚太地区,积极策划“新太平洋共同体”,而且也要大力巩固和发展它在欧洲的利益和地位。1995 年 6 月 2 日,美国国务卿克里斯托弗在马德里发表重要政策讲话,提出要制定大西洋两岸 21 世纪行动计划,即建立包括北美和欧盟在内的“跨大西洋自由贸易区”。

“跨大西洋自由贸易区”的行动计划,既反映了大国经济摩擦的加剧,美国妄图独霸世界的发展态势,同时,也是世界经济集团化趋势新发展的一个表现。

近些年来,美日贸易冲突此起彼伏。关于汽车贸易的谈判持续了 20 多个月,双方剑拔弩张,各不相让,几乎酿成一场贸易大战。后来终因双方互有需要,在期限的最后关头,达成妥协。而汽车贸易争端的协议墨迹未干,美日关于航空货运、胶片的争端又起。

美欧之间的贸易摩擦也在不断扩大。欧盟拒绝追随美国制裁伊朗,欧美在航空、航天领域正展开激烈竞争,并且围绕着石油资源也在中东、中亚进行角逐。

美国和欧洲都意识到来自亚洲的竞争将日益加剧。亚洲在同美国和欧洲竞争时拥有巨大的竞争优势,这是美国、欧洲在同亚洲的贸易中存在巨大贸易逆差的原因所在。

因此,建立“跨大西洋自由贸易区”表明,美、欧、日争夺主导权的斗争日益加剧,美国妄图独霸世界;同时,它也是美欧联手作为对付与亚洲竞争的一种手段。

克里斯托弗关于建立“跨大西洋自由贸易区”的讲话,在欧洲反应并不积极。据法国《世界报》报道,法国对此计划缺乏热情,持保留态度。1995

---

① 1949 年 4 月 4 日,12 个国家在华盛顿签署了《北大西洋公约》,简称《北约》,它们是比利时、英国、加拿大、丹麦、法国、冰岛、意大利、卢森堡、挪威、荷兰、葡萄牙和美国。希腊和土耳其 1952 年加入《北约》。联邦德国和西班牙分别于 1955 年和 1982 年加入。《北大西洋公约》的第 5 款规定,各成员国保证“对欧洲或北美的一个或几个成员国的武装进攻,将被视为对全体成员国的进攻”。《北约》有一个一体化的军事指挥系统。1989 年,《北约》成员国在欧洲共有 340 万军队可供使用,其中有 32 万美国军队。

年7月26日,欧盟委员会发表了《迈向未来的欧美关系战略文件》,表示同美国的关系仍是欧盟最重要的关系,虽然也主张创建“跨大西洋经济区”,但对建立欧美自由贸易区问题态度谨慎,并且明确反对美国在经贸关系方面的单边主义政策,主张欧盟与美国应成为平等的伙伴。看来美国的“行动计划”在当今多极化的世界将难以实现。

美国与欧洲建立自由贸易区,其用意在于美欧联合起来,对亚洲商品高筑保护主义壁垒。

这种想法显然是错误的。

扩大美国和欧洲之间的贸易关系,无论如何都代替不了具有活力的亚洲市场在美国和欧洲经济中的地位和作用。尽管欧美之间的双向贸易每年高达4 000亿美元,但加强和亚洲的贸易,对各方来说都是有利的、必要的。

如果认为加强美国和欧洲的贸易联合,共同对亚洲施加压力,可以迫使亚洲开放市场的话,那是完全错误的,它不仅违背了“乌拉圭回合谈判”[①] 所制定的贸易自由化原则,破坏了全球贸易秩序;而且,就是欧洲和北美之间是否能利益一致、行动一致,真正成为平等的贸易伙伴还是个未知数。在过去的“两极时代”,美欧之间名义上是“平等伙伴关系”,但在实际上欧洲在许多重大国际问题上要听命、受制于美国,引起许多国家的不满。随着“多极世界”的到来,欧洲要在国际事务中发挥独自的、更多的作用。就在不久前,正当美国扬言除非日本同意多购买美国汽车,否则就要对进口到美国的豪华汽车实行制裁时,欧洲人却表示出有意同日本建立更密切的关系。欧盟委员会在1994年通过了题为“走向亚洲的一项新战略”之后,1995年5月该委员会制定出一项对日关系新战略,接着在1995年7月又公布了扩大对华关系的新政策。东亚国家也对欧洲表现出空前的热情。1994年10月,新加坡总理吴作栋建议举行欧盟和东亚首脑会议。1995年3月,东盟确定了召开这次会议的基本方针。1996年3月,亚欧会议顺利召开。通过这次会议,欧亚经济关系大大增强,美欧联合共同对付亚洲的计划显然失败了。

在即将进入21世纪的世界上,建立一个经济性《北约》——跨大西洋自由贸易区,是不符合时代潮流的,最终有可能导致大国矛盾加剧,发达国家

① 关贸总协定谈判共有8个回合。第1回合,1947年在日内瓦举行。第2回合,1949年在法国阿纳西举行。第3回合,1950—1951年在英国托基举行。第4回合,1955—1956年在日内瓦举行。第5回合,即狄龙回合,1960—1962年在日内瓦举行。第6回合,即肯尼迪回合,1964—1967年在日内瓦举行。第7回合,即尼克松回合,1973年在东京开始,于1979年在日内瓦结束。第8回合,即乌拉圭回合,1986年在乌拉圭举行。

和发展中国家严重对立，世界经济发展停滞不前，从而世界更加动荡不安。

由集团化组成的当今世界经济，竞争可能会变得非常激烈，但它并不必定导致战争。只要北美、欧洲和东亚各方能在经济竞争中遵循达成一致的行动准则，只要世界经济能不断增长，并提供更多的就业机会，保持令人满意的生活水平，那么，世界和平与稳定就有保障。但是，如果各集团不能按商定的规则办事，动辄以制裁惩罚相威胁，正常的经贸关系被破坏，世界经济停滞不前，失业增加，贫富差距扩大，那么，日益加剧的经济竞争最后就有可能演变为政治冲突和军事战争。

经济全球化与
海峡两岸暨香港、
澳门特别行政区经济整合

世界经济一体化趋势与企业的国际化经营*

一、世界经济的一体化趋势

今天，和平与发展是时代的主旋律，世界经济的发展呈现出许多新特点，其中有一个特点表现得最为突出，就是世界经济的国际化、一体化日益明显，各国经济相互渗透、相互依存、共同发展、共同受益已经成为一种潮流。

推动经济的国际化趋势的根本动力是科学技术的进步。技术的进步使得相互依赖的各国经济通过企业的跨国化和经济的信息化向着全球经济一体化的方向迅速发展。

企业的跨国化是通过跨国公司来实现的。跨国公司是跨越国界进行生产和销售的公司，它是把整个世界作为生产、销售或从事其他经营活动的舞台。跨国企业的业务是多元化的，但一般都有其主干业务，围绕主干业务形成庞大的业务体系。

跨国公司的发展很快。据联合国的一份报告，到 20 世纪 90 年代初，全世界跨国公司总数达 3.7 万家，其附属公司有 17 万家。跨国公司的数量在过去 20 年中发展很快，增加了 3 倍。跨国公司的国民生产总值占世界国民生产总值的 1/3。跨国公司控制了国际技术转让的 70%，控制了工艺研制开发的 80%。跨国公司今天不仅是世界经济中一支非常重要的力量，而且是一支主导力量。正是这些庞然大物——3.7 万家跨国公司及其 17 万家子公司支配着当今的世界经济。

企业的跨国化，在很大程度上是科学技术进步，特别是高科技发展的结果。以信息技术为中心的高科技革命，正在推动着工业经济向信息经济转变。信息经济使产业结构发生了全新的变革，工业生产将高度自动化、信息化、网络化，生产水平将大大提高。经济信息化使母公司能更充分地与它们

---

* 本文系北京大学经济学院与海尔集团于 1999 年联合举办的“企业的国际化经营研讨会”上的发言。

远在海外的子公司融为一体，使跨国公司的组织结构、经济利益越出了国家的界限，使各国经济与世界经济紧密地连在一起。经济信息化不仅有利于跨国公司在全球范围内使人才、资金、技术、信息、自然资源结合起来，而且有利于各公司实现分工合作，优势互补，使生产经营最优化，经济利益最大化。

一场继电视、电子计算机之后的新的信息革命正在开始，它就是即将建设的信息高速公路。在目前的有线电视网络、电话、电脑数据通讯的基础上，采用光纤、多媒体、国际互联网络等高科技手段来实现高速、智能的通讯渠道和通讯方式。各国争先恐后地建立信息高速公路已成为一种世界潮流。信息高速公路的建设和开通，既将加快世界经济的发展，又将加速全球经济的一体化进程。

跨国生产和经营已成为世界经济中结构上的主要特征，世界范围内的经济一体化已成为不可阻挡的发展趋势。

二、启示与选择

世界经济一体化给我们带来什么启示？面对世界经济一体化浪潮，中国应该怎么办？

首先必须指出，在世界经济一体化趋势下，国家利益、厂家利益的特性依然存在，不仅没有削弱，更没有消失。尽管世界经济的一体化使各国的相互依赖加强了，由于各国大小不一、强弱不等，各方的依赖程度是不同的，相互依赖不可能是对称的、均衡的，因此，国家利益、厂家利益依然是宝贵的、重要的。各个国家、各家企业不仅理性地追求利益的最大化，而且都把维护自身利益放在首位。这就是今天的现实，也是观察世界经济一体化的出发点。

进入 20 世纪 90 年代后，世界市场上的竞争愈加激烈，国际间的争夺日益高过国内的争夺，国内的争夺日益转为国际争夺。维护国家利益，保护民族企业利益，团结一致共同对外成了国内企业走向联合的一个重要因素，80 年代以来国际上刮起的企业兼并、合并浪潮就是这样产生的。

例如，为了和全球最大的电气公司——美国通用电气公司竞争，由瑞典和瑞士的两家电气公司合并而成了欧洲最大、世界第二大的阿西亚·勃朗·勃威力电气公司(ABB)，目前它拥有一千三百多家公司，雇员二十多万人。

又如，为了和欧洲空中客车公司竞争，1996 年美国的波音公司和麦道公司这两家相互争夺了几十年的老对手，终于握手言和，一致对外，合并后的波音麦道公司的国际竞争力大大增强，在飞机制造业领域，由原来的波音、空中客车、麦道三足鼎立，变成了今天美欧两大公司对垒。

再如，1995年，日本世界排名第六的三菱银行和世界排名第十的东京银行进行合并，合并后的东京三菱银行成为世界第一大银行，无论从规模和能量上都得到了巨大的扩展，竞争力大大增强。

世界经济一体化趋势在迅速发展，面对世界经济的一体化趋势和20世纪90年代以来跨国公司经过一段时间的徘徊、观望，现在纷纷进入中国市场的形势，中国企业面临激烈的市场竞争。在这个大环境下，中国企业要发展，必须增强自身的实力，提高企业的市场竞争能力，靠自身实力和竞争力开拓自己的市场领域，打出自己的名牌产品，树立自己的名牌企业。而要增强企业实力，参与国际市场竞争，必须组建有自己特色的、经得起大风大浪的、在国际市场上能排上名次的大公司。

在80年代前，跨国公司一直为发达国家所控制，但进入80年代后，特别是90年代以来，发展中国家跨国公司迅速崛起，目前已有8 000多家。尽管发达国家跨国公司规模庞大，实力雄厚，在国际市场上独霸一方，但事实证明，发展中国家新兴跨国公司或巨型企业集团，在市场的不同部分、技术的不同层次、生产的不同工序或产品的不同类型上向国际市场渗透，能够有所作为。发展中国家跨国公司可以和发达国家跨国公司展开竞争，海尔集团的成就再次证明了这一点。

外国跨国公司的市场竞争能力，首先来自不断创新的技术和由此而来的名牌产品。中国企业要想提高竞争力，在国际市场上占有一席之地，首先也要靠技术创新，不仅有现在能在国际市场上一比高低的新技术产品，而且还有下一轮热点产品的技术储备。只有加快发明创造，不断开发有自己特色的新技术产品，在国际市场上打出自己的名牌，排出自己的名次，才算具有了竞争实力。我们决不能满足于靠从国外引进二流技术来维持国内市场上的竞争力，那是不行的，而是要有能在国际市场上打天下的最新技术和技术储备。在技术发明日新月异的今天，只有始终站在新技术和新产品的最前沿，才有可能跻身于世界企业的最前列。

现在中国有一批有实力的企业正在向国际化企业的目标迈进，它们不仅仅扩大出口，在国际范围内开展活动，而且直接在境外投资设厂，建立跨国公司，开拓国际化经营。但中国的跨国公司无论数量和规模，都和中国的大国地位很不相称。因此，组建跨国企业集团，积极发展国际化经营，应是我国现阶段深化改革开放、加强企业管理、迎战世界经济一体化浪潮的重要战略选择。

海尔集团在短短十几年的时间里,坚持技术创新,加强产品开发,凭借自身的竞争实力,不仅创出了世界级名牌,而且打进了美、欧、日发达国家的高标准市场,成为中国民族工业的一面旗帜。

现在顺应世界经济一体化的需要,海尔集团又提出了企业国际化的“三个三”战略,即科技国际化的三部曲、质量国际化的三个标志和市场国际化的三个三分之一。这是海尔集团进一步走向世界,开展国际化经营的战略;是扩大国际市场份额,实现市场多元化的战略;也是海尔集团进一步发展壮大,向着世界级企业最高目标迈进的战略。

今天,一个企业要创世界名牌产品,立世界名牌企业,不仅要实施企业跨国化,而且要实现经济信息化,这里不仅要准确了解市场信息,而且要及时掌握技术信息。在现代社会,无论一个国家或企业,对于信息的占有程度,以及对信息资源的开发和利用是竞争力的主要源泉,也是产生国际经济往来的比较优势的重要基础。一句话,谁掌握了信息,谁就掌握了经济的主动权。正因为信息对于国家、企业影响深远,意义重大,因此,经济信息化成了各国、各企业普遍关注的一大问题。

我们相信,在海尔精神鼓舞下,在海尔人的共同努力下,海尔的既定目标——世界名牌一定能实现。

加强经济合作　发展澳门经济*

澳门回归，正面临着21世纪的到来。进入21世纪，要建设一个新澳门。新澳门，不仅在政治上掀开了新的一页，而且在经济上也要有一个新面貌。

建设新澳门，首先要从澳门的实际出发，但是也应考虑到它所处的大环境。作为一种主观范畴的发展战略，必须建立在客观环境的基础上，才能保证所制定的发展战略有其可行性。

一、澳门所面临的时代和国际经济环境

1. 世纪之交的世界，正经历一场人类历史上的重大转变，即人类经历了农业经济时代、工业经济时代，现今正在步入一个新时代——知识经济时代。

知识经济是指建立在知识和信息生产、分配、使用基础上的经济，它意味着在即将到来的新时代中，知识、信息对经济的发展比以往任何时候都有着更大的推动作用。现在这一理论已成为世界各国未来经济发展战略的核心思想。

知识经济最重要的特征，是知识可以作为资本来发展经济，经济是建立在知识基础之上的。在农业经济时代，经济是建立在土地基础上的，发展经济必须有土地的投入，拥有了土地就拥有了财富；在工业经济时代，发展经济，除了土地之外，还要有自然资源，如原材料、能源等；而在知识经济时代，知识作为一种生产投入的作用越来越重要，知识和信息的投入可以减少或代替物质投入，充分地利用知识和信息资源，大幅度提高产品的知识含量和高附加值，使得每个单位GDP所消耗的原材料、能源不断降低，从而达到节约物质资源、提高经济效益的目的。因此，有的学者又把知识经济称为"无

---

* 本文原载于《经济界》，1999年第6期。

重量”经济或“低耗高效”型经济。

知识经济对澳门有重要意义。首先,澳门经济规模小,能否迅速发展,持续繁荣?回答是肯定的。知识经济不崇尚规模经济,它要求的是增加知识的投入,只要知识含量高,不断加大知识投入,就可提高竞争力,增强经济实力。其次,澳门缺乏自然资源,这在过去是影响澳门经济发展的一大制约因素,但在知识经济时代,知识投入可以减少或代替物质投入,知识对经济发展的作用越来越大过物质资源的作用。所以,经济规模小、自然资源短缺,现在已不再是制约澳门经济发展的因素。澳门经济竞争力的强弱,澳门经济发展后劲的大小,越来越取决于教育水平的高低,以及知识分子的数量和质量。

2. 世界经济全球化和区域经济集团化是当今世界经济发展的两大趋势,举世关注,不可阻挡。经济全球化大大加强了、加深了各国、各地区之间的经济联系,深刻地改变着当今经济生活、社会生活和整个世界的面貌。无论是一个国家或一个地区的发展,都必须放在这一背景下看问题、想办法,才能趋利避害,加速发展。经济全球化的一个最本质的特点就是竞争加剧,对市场的竞争和争夺越来越激烈。今天,知识、技术的竞争和创新能力的竞争取代了传统的价格竞争,并且使竞争越出了国界,各国或以加强合作来增强竞争力,或以组建经济集团来抗拒外来入侵。

中国大陆、香港、澳门和台湾自古以来同属华夏之邦,同为中华民族,有着共同的文化背景和风俗习惯,然而,由于帝国主义的侵略掠夺,神州大地历经沧桑,分合离散。如今,香港已经回归祖国,澳门也即将回归,台湾和祖国大陆之间虽然存在人为阻力,但是最终也必将实现统一大业,这是大势所趋,历史必然,它符合中华民族的根本利益。

以海峡两岸暨港、澳地区经济的互补互需、相互依存和推动整个中华民族的繁荣富强为动力而整合在一起的中华经济区,其形成虽是自发的,但绝非偶然,而是有其时代和经济的依据:即海峡两岸暨港、澳地区经济的互补性和一体化程度的加强;区域外排他性的加强;区域内竞争性的加强;民族情结与中国统一的巨大凝聚力;中国改革开放的不断深化。总之,国际环境和经济背景使得中华经济区的出现成为可能。澳门回归后,澳门的经济发展规划必须从中华经济区一盘棋的角度考虑。既要尽量发挥澳门自身特色,又要充分利用中华经济区的整体优势,加强统一协调,进行合理分工,力争在合作中实现各方最大的比较利益。

中华经济区的核心是中国内地,回归后的澳门,其长远发展规划应与祖国未来的宏图伟略联系在一起。

怎样将澳门的长远发展规划置于上述大背景下，勾画出跨世纪、跨地域、建设新澳门的发展蓝图，是澳门特区筹委会和未来特区政府面临的最大课题。

二、澳门经济定位及其发展战略

对澳门经济进行正确定位，是确定澳门经济发展方向和制定发展战略的前提。从澳门的自身实际、形势发展和时代特点出发，未来的澳门经济可以定位为：国际性旅游商贸服务中心。

澳门博彩业已有一百多年的历史，虽然依靠博彩业带动旅游的模式已不适应澳门旅游业向更高层次发展，但这毕竟是一项独特的旅游资源，可以为旅游业转型提供重要的发展支持力。澳门是中国领土上惟一具有400余年东西方文化交汇历史背景的城市，有美丽的景色和独特的风土人情，这里的建筑、饮食、宗教、艺术、生活习俗等，集东西方之大成，是发展文化旅游事业的宝贵资源。由于葡萄牙对澳门的长期管治，以及澳门所具有的自由港和单独关税区地位，使得澳门与国际市场一直保持着密切的联系。澳门地区与葡萄牙语及拉丁语系国家之间有相同或相似的语言文化背景，有悠久的经贸关系，有相似的法律体系，可以在中国与欧洲和拉丁美洲国家发展多元化国际联系中担当多重无可替代的“中介”角色。

这种定位并不排除澳门制造业、金融业的发展，相反，澳门现有的支柱产业都面临着调整与升级，以求建立一个微型、高效、现代化的多元经济，为国际旅游商贸服务中心提供有力的依托。

澳门如果只停留在目前对传统的博彩旅游业的过度倾斜和一般的贸易金融业，到了21世纪，澳门经济就可能衰退。道理很简单，澳门只有40多万人口，对外部的依赖、受外部的制约太大。

澳门经济的繁荣、稳定和持续发展，仍需有一定的制造业来支撑，若制造业所占比重过小，将使其经济基础变得脆弱，降低抵御外部冲击的能力。新加坡和中国台湾地区的第三产业虽然也很发达，但工业产值在其国民生产总值中仍占一定比重，如新加坡就占到30%以上，这也是在这次东南亚金融危机中，新加坡和中国台湾地区所受冲击较小的原因之一。反观中国香港地区，制造业的发展本是香港经济起飞并将其推向繁荣的关键，但是进入20世纪80年代后，香港大批劳动密集型产业迁往内地，使香港制造业产值从1980年的占国民生产总值的23.7%下降到1994年的9.3%，制造业就业人数从1980年的90万降至1994年的44万，香港地区经济明显出现“空壳化”。应该说，这是近年来香港地区经济增长缓慢、遭受此次东南亚金融危机影响较大，香港产品在国际市场竞争力下降的重要原因之一。

显然，澳门需要有一定的制造业发展，需要有一个合理的经济结构。但是，今后澳门制造业的发展，不能仍然发展传统的劳动密集型产业，这不仅因它受自然资源和人力资源的限制，同时也缺乏市场支持，因此，澳门今后制造业的发展必须向高知识含量、高附加值的方向发展，这是维持澳门经济稳定持续发展所必需的。

澳门受自身条件的限制，各支柱产业的发展应该分清主次，齐头并进是澳门力所不及的。从海峡两岸暨港、澳地区的大范围看，澳门没有必要，也没有能力与其他三地竞争，如建立什么航运中心、金融中心、制造业中心等等，这既浪费资源，又相互削弱。积极参与经济合作，扬己之长，避己之短，才是明智的选择。

根据这种定位，澳门应采取的经济社会发展战略是：

1．综合开发、深入挖掘旅游资源，在既有博彩旅游的基础上，开发文化旅游、度假旅游、观光旅游、商务旅游、会议旅游等，使澳门地区由“赌城”向高品位的“东西方历史文化博物馆”转变。

2．推动制造业升级，向智力密集和劳动力密集相互结合的产业过渡，发展知识、技术含量高的计算机软硬件以及其他电子信息产品等高新技术产业；至于澳门特区政府的工业政策目标，是应该为来澳投资者提供一个良好的投资环境，给予适当的优惠措施，减免进口设备和原料的税收，允许部分工业生产工序外移，促进投资移民及专业移民等，从而扶植当地高科技发展。

3．金融业作为澳门第三产业的重要组成部分，有相当的发展潜力。澳门回归后，澳门金融业要扩大业务范围，提高业务总量，增强服务功能，鼓励银行机构在金融创新服务方面多作贡献。澳门金融市场要突破地域上的限制，加强与周边地区，特别是香港、珠江三角洲以及台湾等地的合作。澳门特区政府应在法律和政策上给予实质上的支持，使澳门金融业成为以优质服务取胜的地区主导行业之一。

4．加强知识基础设施，加速知识人才培养，大力提高澳门人口文化素质，在澳门特区政府的施政方针中，“科教兴澳”应放在首要地位。

5．加强海峡两岸暨港、澳地区经济合作，使经济要素能在更大范围内得到有效配置,从而获得更高的经济效益。

三、澳门与香港、珠江三角洲及台湾的经济合作

澳门回归后,为了实施澳门经济发展战略,实现国际旅游商贸服务中心的目标取向,发展澳门经济,加强澳港经济合作是至关重要的。

澳门与香港共扼珠江出口,二者仅一水之隔。邻近的地理位置,相同的文化习俗,类似的历史背景,以及相近的社会结构,把澳门和香港的经济紧紧联在了一起。对人少(人口为42万)地小(总面积为20平方公里)的澳门而言,香港的作用尤其不可忽视。今天,澳门拥有旅游博彩业、出口加工业、房地产建筑业和金融保险业四大支柱产业,它们的形成和发展,无不与香港经济的推动和影响息息相关。

澳门回归后,无论是扩大澳门旅游业的发展,还是推动制造业的升级,无论是拓宽金融业的活动空间,还是加快澳门文化教育事业的发展,仍需要香港给以经济实力的支持和经济地位的影响。

长期以来,港澳合作的基本取向是,香港在资金、技术、管理方面的优势与澳门的低劳动力成本和对欧美市场的出口配额及优惠关税相互结合,发展劳动密集型工业,主要是纺织制衣业。然而,随着澳门经济的发展和人均GDP的提高,一度拥有的低成本劳动力优势已逐渐失去;随着欧美分别向区域经济一体化方向发展,对区域外产品纷纷构筑起贸易壁垒,对澳门的纺织品配额将逐渐减少,直至全部取消,对澳门的其他工业品的优惠关税也在减弱,届时,澳门工业产品在国际市场上必将处于劣势。因此,澳门应尽快完成工业转型,实行产业升级。

从澳门地区实际出发,发展服装业、食品业、工艺美术、计算机软硬件、电子印刷出版及其他电子信息产品类产业,这些产业能耗低、物耗少、占地面积小、附加值高、人均产出高、无污染,它们是能与城市人口密集相容共存的都市型工业,既有明显的城市特征,又有高新技术和信息时代的特色。

例如,博彩旅游是澳门的支柱产业,与它配套的高文化含量的工艺美术品、高品位的旅游纪念品等等也应得到相应的发展。根据国外经验,这个市场是可以大有作为的。

又如,计算机软硬件以及其他电子信息产品,这是一个智力密集和劳动力密集相互结合的、具有强烈时代色彩的产业,它代表着现代都市型工业发展的最新方向。

再如,发展食品业,可以重点发展保健食品、食品原料的深加工、民族茶饮业、休闲和旅游食品等,创建既具有中国民族特色,又具有澳门地方特色的食品工业。

服装业是澳门地区的传统产业,在国际市场上占有一席之地,但是它的优势正在转化。澳门应该充分利用配额尚存的时机,努力提高服装业的档次,大力发展高附加值的时装、休闲装,创造出澳门自己的名牌和“澳门服饰”。澳门可以主要发展服装设计、打样、接受订单和销售,大批量加工则可放到内地。

至于电子印刷出版、包装设计及制造业等都是占地面积小、附加值高、人均产出高、无污染的产业,十分符合都市型工业的发展需要。

无论是澳门努力提高现有制造业的档次,争取在配额完全取消之前利用原有市场影响,创出澳门的国际名牌;还是向资本技术密集型工业过渡,大力发展知识含量高、具有城市特点和时代特色的都市工业,都离不开香港的支持与合作。两地不仅在资金、技术方面合作,而且在研制开发、生产场地、专业人才和市场营销等方面进行全方位的合作。

香港和澳门经济发展与合作的广度及深度远超过了本身的资源等条件,要持续发展与繁荣,势必要扩大活动空间,港澳合作融入范围更大的珠港澳合作就是适应了这个要求。近一二十年来,珠港澳经济关系发展迅速,生产要素组合的优化度已有了很大提高。

珠江三角洲高新技术产业的发展为与澳门及香港经济合作开拓了广阔空间。1991 年到 1997 年,广东省高新技术产品产值年平均以 55%的速度增长。1997 年,广东省全省高新技术产值达到 1 116 亿元人民币,占当年工业总产值的 9.02%,位居全国前列,其中产品达到国际先进或国内领先水平的占 66.33%。在珠江三角洲地区,现已形成了高新技术产业开发带,在此区域内,有深圳、珠海、广州等 6 家国家级高新技术开发区,以及 4 家省级高新技术开发区。在这些开发区中,共容纳了高新技术企业 1 300 多家,以电子信息、新材料、生物工程、光机电一体化等产业为主,其中不乏国际知名大集团、大公司。据统计,广东省高新技术产品中约有 61.56%是由外资或中外合资企业生产的,而在深圳更是达到了三分之二以上。在广东全省的高新技术企业中,外资、中外合资合作企业接近 50%。现广东省已决定,珠江三角洲地区要重点发展知识经济形态的产业,以高新技术企业的规模化,加强与港澳科技合作和产业整合,这与香港、澳门处于转型中的产业结构正好“接轨”。在互惠互利的基础上,利用港澳珠的区域优势,广东省有促进港澳珠高新技术产业发展，建立港澳珠产业合作带的良好条件。

此外，澳门特区政府也可考虑从现今已经拥有高科技工业发展经验，号称“中小企业王国”的台湾地区直接引进其先进技术及管理经验，以此来促进澳门地区的工业发展，这无疑更切合澳门自身发展的实际。

台湾地区经济从 1985 年开始进入转型阶段，到 1996 年已基本完成了以劳动密集型产业向技术密集型产业的转变，其中电子、电机产业扮演了龙头角色。1986 年高新技术产品产值占整个产业的 24%，目前已提升到 34%，预计到 2000 年将达到 40%。台湾地区现已是全球第三大信息产品生产供应方。台湾的电脑主板、监视器、影像扫描仪、网络卡、鼠标、键盘等产销量已占世界第一位。这些产品的一半以上几乎多是由台湾厂商在海外设立的工厂制造的。台湾岛内目前有 80 000 家工厂，岛外有 40 000 家，这 40 000 家的投资近 400 亿美元。随着产业结构的进一步调整，经济全球化的发展，将会有更多的台湾企业移向海外，这将给澳门的经济发展、产业升级及都市工业的建立带来开展合作的契机。

博彩旅游为澳门的支柱产业，游客来源以香港人士为主，若大力发展澳门旅游业，港澳甚至包括中国内地应携手共建区域性旅游经济协作，这不但可以大大提高澳门当地旅游业的吸引力，而且亦能够加强澳门旅游业的竞争力，实现“吃、住、行、游、购、娱”旅游六要素的有效配置。目前非香港游客绝大部分是经香港再到澳门的，而顺访澳门的游客仅占香港外地游客的 20%。若要改变这一状况，澳门应与香港、内地合作开发旅游资源，完善旅游基础设施，这样既可以发挥澳门的“博彩中心”及“夜生活丰富”的优势，也能够突显香港的“购物天堂”及“都市风貌”的长项，同时亦可尽情享受中国“古老文化”和“锦绣河山”的魅力，这必将增加赴澳门观光旅游的人数，大大振兴澳门旅游业，既增强了澳、港和内地旅游资源的优势，也促进了三地共同发展。

此外，澳门地区也不能忽视人均国民收入颇高、人均消费力颇大、当今已成为国际旅游业竞相争夺对象的台湾地区，澳门应充分利用本身能够与台湾直接通航，可以经由澳门转飞中国大陆，以及台湾旅客过境实行落地签证等有利条件，大力拓展台湾市场。预计未来，随着台湾当局放宽签证限制，再加上两岸关系的持续改善，来澳门的台湾旅游人数将会迅速增加，这一市场的发展前景将是无限的。

澳门的另一产业——金融服务业亦有它的发展空间，正如澳门货币暨汇兑监理署及当地众多专家学者普遍认为的，澳门应借助邻近香港这一国际金融中心来发展它的金融业。目前离岸金融中心大体有三类，一类是内外分离型，其特点是国内金融市场与离岸金融市场完全隔离，离岸业务只限于非居民交易，美国、日本即属此类；另一类是内外一体型，其特点是离岸业务与在岸业务并没有隔离，而是业务融为一体，居民与非居民在金融市场上可自由交易而不受限制，英国、中国香港地区即属此类；第三类是避税港型，其特点是只有记账中心的功能，而不开展实际的业务，开曼、巴哈马等国属此类型。

从澳门本身已经实际拥有的区位优势以及未来发展前景考虑，澳门金融业的发展取向不应与内地市场、香港市场形成直接竞争，而应该形成三地市场的互补，澳门当地离岸金融的发展应以选择避税港型的发展模式为最佳，这种业务形式的优点是管制最为宽松，对于一些以避税为目的的境外金融机构最具吸引力。澳门所实行的经济制度如自由港政策、税收制度、金融制度等，与香港相似，而且澳门在很多方面都较香港更为宽松，也更具弹性，可以说，澳门地区已基本具备了实行避税港型金融业发展模式的条件，如果加强港澳在法律、税制及专业人才等方面的合作，澳门成为中国的另一个离岸中心是完全可以实现的。

港澳珠合作不仅使香港、珠江三角洲地区帮助和带动了澳门经济的发展，同时，澳门也将不断扩大对香港的辅助作用和对内地经济发展的促进作用。

进入90年代以来香港经济增长速度放慢，制造业在本地生产总值中所占的比重大幅下降，香港经济过分依赖房地产业，航运中心地位受到新加坡的有力挑战等。为了尽快实现制造业的升级，巩固国际中心地位，香港需要与周围地区加强经济合作与交流。九七回归后，香港得到了祖国内地更加有力的支持；九九年澳门的回归，对香港而言将又是一个“第二次创业”的新机遇。港澳的协同发展和相互促进必将有助于香港国际地位的稳固和提高。所以从香港方面看，进一步加强、深化港澳合作也是必要的。

澳门实行的自由港政策、低税制以及拥有的广泛国际联系，可以使澳门在航运、金融、信息、服务等方面成为香港的补充。例如，在航运方面，澳门国际机场通航以来，对香港机场起到了分流作用，并且成为沟通海峡两岸的“空中中介”。香港新机场的落成启用，固然会给澳门机场带来竞争压力，但是两者定位不同，合作大于竞争。在金融方面，澳门地区与世界各金融中心都有联系，外汇储备充足，有利于发展离岸金融业务；澳门银行业与国际金融网络、珠江三角洲银行网络相互连接，可以大力开展对珠江三角洲地区的融资业务，利用珠江三角洲这一充满增长活力的腹地，提高澳门金融业的实力，力争发展成为对香港国际金融中心起补充、加强作用的区域性金融中心。在信息方面，澳门地区可利用地缘、史缘优势，着重发展面向珠江三角洲地区、欧盟、拉丁语地区以及台湾地区等的信息服务，成为香港国际信息中心的补充和延伸。在服务方面，澳门有优越的区位、现代化的机场和先进的通讯设备，只要进一步完善基础设施，加强社会治安管理，提高服务水平，一定能吸引外国银行、证券公司、保险公司、商业机构等来澳设立分支机构或区域总部，进一步加强和巩固香港地区现有的国际地位和角色。

港澳珠合作的深化为港澳珠经济一体化奠定了基础。经济一体化就是指两个或两个以上的国家或地区之间在经济范围内实行不同程度的联合或相互间的协调，以促进专业化分工，达到互利互惠，以实现规模效益和促进经济向更高阶段发展。经济一体化不但是当今世界经济发展的普遍现象，而且已成为国际经济关系中的一个重要方面，对各国经济、地区经济乃至世界经济产生愈来愈大的影响。

经济一体化和经济合作是有区别的。经济一体化是经济合作进一步深化的结果，而经济合作并不必然走向一体化。

行将结束的20世纪和即将进入的21世纪，国际经济发展的大趋势是世界经济全球化趋势的加强和区域经济一体化程度的提高。除去已经形成的欧洲经济区和即将成立的泛美自由贸易区外，在亚太地区，多层次、相互交叉的合作结构正在加速形成。澳门回归后，面对区域外排他性的加强和区域内竞争性的加剧，加强港澳和内地之间的统一协调，进行合理分工，力争在深化合作中实现各方的比较效益已势在必然。如果澳门和香港各自为战，不仅不能有效参与世界竞争，反而会使两地无法走出各自的困境。

港澳珠经济一体化，绝不是要将港澳珠三地合为一体，而是要建立一个有机的合作体系，让经济要素得以在更大的范围内自由流通和合理配置，互补互利，从而获得更高的经济效益。澳门地区和香港地区同属自由市场经济，合作历史悠久，已建立起了紧密的经济联系，这就为港澳珠经济一体化打下了良好的经济基础。

由于地缘和血缘联系紧密的原因，早在20世纪80年代初期，港澳珠三地经济就已开始具有此种经济形式的雏形。在亚太地区次区域经济合作中，这是个稳定程度相对较高、经济增长较快、前景一致看好的经济协作区。

历史给中国留下了香港、澳门和台湾问题。为了解决中国的长期分离状态，“一个国家，两种制度”的构想应运而生。这个政策一方面有利于解决香港、澳门和台湾等历史遗留下来的问题、实现中华民族的团结统一，另一方面可以推动中国大陆的现代化进程和中华民族的繁荣富强。

传统的一体化理论是指国家与国家之间的经济一体化，因此，在一体化过程中，随着一体化水平的提高，必然会涉及不同程度的主权让渡。然而，在“一国两制”下的经济一体化，由于是在一个国家的前提下，不同地区之间的经济一体化，因而不存在主权让渡问题，只是主权回归和祖国统一的问题。

“一国两制”下的经济一体化由于是发生在一个国家内的不同制度的地区之间的一体化，目的是为了克服不同制度或不同地区所出现的经济发展阶段或发展水平等差异，因而在经济一体化时将会是因地制宜，循序渐进，即从基于互补性和相对优势而进行的合作，逐步向增加各经济主体间的建制安排，由少到多，由低到高，由局部到全面，由双边到多边的合作扩展，然后再步入“规范化”、“效益化”发展的更高阶段。

“一国两制”下的经济一体化，虽然是不同地区、不同制度下的经济一体化，由于是同属于一个国家范围内，所以这种经济一体化完全有着传统文化的共通性、地理位置的连接性及血浓于水的民族情结。文化与地缘因素及民族情结，不仅可以减低经济一体化时所需要的交易成本，而且还可以增加经济一体化的凝聚力。

随着香港回归祖国和澳门即将回归祖国，解决台湾问题，实现祖国完全统一，这是包括台湾同胞在内的全国人民的最大愿望。经过两岸人民的共同努力，两岸民间往来取得了很大进展。在推动两岸人员往来、扩大两岸交流活动中，两岸经贸交流对促进两岸关系起着关键性作用。

海峡两岸经贸交流经过十多年的发展，基本上形成了经济上互惠互利，相互促进，共同繁荣的关系。

据统计，截至 1998 年 5 月，两岸贸易总额达到 1 245 亿美元，台湾地区贸易顺差超过 850 亿美元，接近台湾目前的外汇储备总额。大陆已是台湾的第二大出口市场和第三大贸易伙伴，明显缓解了台湾出口长期以来过度依赖美国市场的状况，弥补了近年来台湾海外市场的缺口，维持了台湾对外贸易与经济的稳定。

截至 1997 年底，在大陆开办的台商投资企业累计已近 40 000 家，协议投资金额 380 多亿美元，实际利用超过 180 多亿美元，居大陆吸收外资的第二位。

两岸经贸的大幅增长，使双方贸易依存度迅速扩大，相比之下，台湾对大陆的贸易依存度提高得更快。1981—1996 年期间，台湾对大陆的贸易依存度从 1.05 上升到 10.95，出口依存度从 1.70 上升到 17.87，而且两者从 1987 年开始，始终呈上升趋势。在此期间，大陆对台湾贸易依存度从 1.04 上升到 8.21，出口依存度从 0.34 上升到 2.03。显然，台湾对大陆的出口依存度远远高于大陆对台湾的出口依存度。

对于海峡两岸经贸往来的蓬勃发展，台湾当局一方面希望以两岸贸易顺差来弥补对日和对韩的贸易逆差，但又不愿在经济上依赖大陆；一方面希望台商投资大陆能赚取外汇，寄回台湾地区以平衡其国际收支，但又提出"南向政策"和"戒急用忍"以及"亚太营运中心不以大陆为腹地"，限制台商投资大陆的规模和种类。台湾当局的这些政策措施，遭到岛内各界，尤其是工商界的强烈批评和抵制。台湾当局的"南向政策"使台湾经济损失十分惨重。资料显示，台商向印尼投资 130 多亿美元，台银团投资 11 亿美元，"南向政策"累计投资 300 多亿美元。但在印尼经济、政治危机中，台商损失将近八成。台商在泰国的企业普遍缩水 30%—80%。台湾地区各界纷纷抨击"南向政策"。"戒急用忍"政策限制了两岸经贸的发展，影响了台湾企业的竞争力，限制了台湾企业的发展，造成岛内景气不佳，导致台湾经济停滞。台湾地区经济在未来不可能离开大陆而自行发展，"亚太营运中心"建设更离不开大陆这块腹地。台湾众多有识之士多次强调，两岸关系是"亚太营运中心"成败的关键，限制两岸交流将是台湾发展成为"亚太营运中心"的最大障碍。

进一步发展两岸关系，这是亚太地区、乃至世界经济发展趋势的客观要求。20 世纪 80 年代以来，世界经济全球化趋势和区域集团化趋势不断加强，欧洲、北美、东盟的区域性和次区域性合作迅速发展。这一趋势既有贸易保护主义的因素，也是地缘政治发展的产物。香港回归后和澳门的即将回归，大陆、港、澳、台之间经济的一体化发展不可避免，海峡两岸暨香港、澳门特别行政区之间经济的互补互利，加强相互之间的经济联系必将促进四地的经济融合和共同发展。

事实上，80 年代中期以来，台湾地区传统产业向大陆的转移和投资，客观上已促进了两岸经济联系的加强和两岸产业分工体系的形成，并促成了台湾对大陆出口依赖程度的进一步提高。随着台湾经济体制的转换和经济结构的调整，在新一轮的台商投资转移中，东南亚由于遭受金融危机的严重冲击，在今后相当一段时期内不可能成为台商投资转移中心，而祖国大陆则仍将成为重要的对外转移的目的地，这将使台商转移企业和投资事业的生产经营对大陆的依赖程度进一步提高并日趋当地化。

澳门与台湾历来保持着密切的经贸关系。澳门回归后,台湾与澳门的关系,已不是台湾与澳葡当局的关系,而是台湾与澳门特别行政区的关系,是海峡两岸关系的重要组成部分。由于两岸还没有实现统一,所以澳台关系又是两岸关系的特殊组成部分。

从香港回归一年来的实践看,香港回归后密切了港台经贸关系,从而也密切了两岸经贸关系,这有利于三地经济发展,也有利于促进两岸的统一。澳门回归后,人们有理由对今后澳台经贸关系的发展前景仍持乐观态度,因为,大陆对台政策,包括经贸政策不变,仍欢迎台商到澳门投资和发展贸易,当然不能带有有损于祖国统一的政治色彩,如搞"两个中国"、"一中一台"和"台独"之类的活动;就澳门的投资环境看,如得天独厚的地理位置、完善的基础设施、周到的服务体系等,在世界上是不可多得的,对台商无疑有很大的吸引力。

由于经济制度和经济地位的差异,珠江三角洲与港澳合作的深度、广度可能略逊于港澳之间的合作,正因为如此,在这里,港澳经济合作及其一体化将起核心作用。由于港澳与台湾经济联系密切,经济合作迅速发展。港澳台同为自由市场经济,发展水平相近,合作易于取得进展。可以相信,未来的港澳合作定将在海峡两岸暨香港、澳门特别行政区的经济舞台上大显身手。

四、强化政府积极干预经济的地位角色

长期以来,澳门当局对经济采取无所作为、放任自流的态度,应该说,这是造成今日澳门经济社会发展不协调、增长缓慢的重要原因之一。随着澳门的回归,为了适应世界经济发展和竞争的需要,为了维护国家的整体利益和社会公正,发挥政府合理干预经济的职能,建立高层次的协调合作机制问题将被提上议事日程。

众所周知,欧美发达国家在其发展早期,一般采取自由放任的经济政策,政府机构在经济生活中往往处于低姿态,正如亚当·斯密所言,"参与多半限于规定和维护市场秩序上"。但是,今天的发展中国家和地区,若想用较短时间走完欧美国家走过的漫长道路,在日趋激烈的世界竞争中争得一席之地,就非得有政府的积极干预不可,借助政府的强力为经济的发展营造一个广阔的舞台。

近几十年来,东亚一些国家和地区正是由于政府的积极参与,在政府的

框架内,辅之以各种措施,才创造出令世人瞩目的东亚奇迹。

当然,政府对经济的干预要有明确的取向和一定的力度,不要过头,点到为止。经济活动仍应由市场主体调节,价格的自发波动和企业的竞争基本遵循市场规律。

澳门回归后,特区政府应加强政府管理社会经济的职能,设立专门的经济发展规划和研究部门,指导经济发展,增强服务职能。

澳门过去的对外经济合作,多属民间自发行为,缺乏合理规划和引导,带有相当大的无序性和盲目性。回归后,合作模式应由民间自发型向政府主导型转变,由非官方的协调向政府的全方位推动转变,使经济合作突破过去的种种局限,以更加长远的眼光,在更广阔的领域和更高的层面上展开,掀开澳门对外经济合作的新篇章。

良好的投资环境是发展经济、开展经济合作的必要条件和基本前提。近年来,澳门当地社会治安有着不断恶化的趋势,其严重性已引起了国际传媒的广泛关注。这不但严重破坏了澳门这一旅游胜地的国际形象,也大大减弱了内外投资者对澳门当地的投资意欲。要振兴澳门经济,加强经济合作,就需要澳门当局认真加强对社会治安问题的管理,改善区内的投资环境。没有良好的生活和投资环境,就不可能维持澳门地区的经济发展。

众所周知,一个国家和地区的经济持续增长,其根本动力是当地的科技进步和人力资本的积累,而这又与一国和地区的教育发展密切相关。澳门当地人口规模小,劳动力总体文化素质较低,应该说,这是影响区外投资合作和维持自身经济持续发展的重要制约因素之一。为了解决澳门在产业转型升级或经济持续发展中所遇到的人力资源不足的困境,一是加强与香港和内地的合作,借助香港的专业人才和内地充裕的劳动力,但根本之计还是需要澳门大力发展教育,培养大批高素质的人才。因此,"科教兴澳"乃是澳门特区政府的必然选择。

一部健全完整的法律法规和高效严明的法制化的投资环境,是任何一个国家和地区开展经济合作、维持政治稳定和经济繁荣的关键因素。澳门当地的法规体系建立较早,也较为完备,虽几经修订,但仍有不少条文还是落后于澳门当前经济及社会发展的需要,其现代化及国际化程度相对不足,未能达到现今国际投资环境及开展经济合作的实际要求,是阻碍澳门地区经济发展的一大障碍。澳门回归后,特区政府对当地一切与社会经济发展不相适应的法律法规应作出及时的、相应的调整或修订,这将对澳门的长远经济发展有莫大的益处。

提升澳门经济竞争力的战略研究报告*

澳门回归祖国,是实现“一国两制”的第二站。把握住回归的机遇,提升经济竞争力,建设新澳门,迎接新世纪,是摆在四十多万澳门人面前的历史重任,也是全国人民的共同愿望。

经济竞争力不仅综合反映一个国家(地区)经济、社会、政治、科技等方面的既有水平和实力,而且动态显示其发展潜力。在竞争日益激烈的全球环境中,提升经济竞争力是澳门地区生存、发展的头等重要问题。这个在过去澳门研究中没有被充分注意到的问题,正是我们研究的主题。

准确理解、全面贯彻实施澳门“基本法”,是实现平稳过渡、政权顺利交接、经济繁荣发展的根本保证。也是提升澳门经济竞争力的根本保证。

一、抓住回归机遇,迎接严峻挑战

澳门回归在世纪之交,正好面临着历史的重大变革:知识经济和经济全球化、网络化的浪潮滚滚而来。这一变革对每个经济实体参与全球竞争以提升自己,赋予了难得的机遇,也提出了严峻的挑战,如果不掌握冲浪的本事,就会被越来越激烈的竞争浪潮所淹没。

正在这时,澳门经济竞争乏力的状况明显暴露,影响澳门经济竞争力提高的诸多深层次的问题日益突出。还在亚洲金融危机前的1996年,澳门地区经济已出现0.5%的负增长,在灾难性的金融风暴突然席卷东亚和东南亚地区以后,1997年、1998年澳门经济又连续两年负增长。在近期,澳门的外部经济环境并不令人乐观。更令人担忧的是,影响澳门经济竞争力的诸多因素包括:缺乏公平的自由竞争、投资环境欠佳、政府效率和管治差强人意、治安不靖、基础设施不完善、科技人才不足、人口素质不高等,在澳门即

---

* 本文系北京大学港澳研究中心与澳门大学澳门研究中心的合作课题研究报告,本人是课题组成员之一,澳门晨辉出版有限公司1999年版,并转载于《北京大学学报(哲学社会科学版)》,1999年第5期。

将回归前显得问题愈发突出。对于即将迈入新世纪门槛的澳门来说，如何除旧布新，提升经济竞争力，成为最引人注目的焦点。

同香港一样，澳门进入过渡期后，尤其是特别行政区成立以后，基本的政策取向一是社会稳定、二是经济发展。但港澳各异的实际情况决定了人们关注的侧重点有明显不同。香港的综合竞争力长期以来居世界前列，据目前世界公认具有权威性的、由瑞士洛桑国际管理学院（IMD）出版的《世界各国竞争力年报》每年对46个国家和地区的国际竞争力作出的评估，1998年的评估结果是，香港地区综合竞争力排在世界第3位，澳门地区没有列入其中。与香港不同，澳门的综合竞争力处于中等偏下的水平。本课题组参照IMD1998年年报刊载的竞争力评比8大要素（国内经济实力，国际化程度，政府效率，金融实力，基础建设，企业管理，科技实力，人力及生活素质）及其41项子指标，对澳门的国际竞争力进行了一次专家评定（特菲尔法），得出其分值在54分左右，大体排在46个国家和地区中的第38位左右。

在香港回归的问题上，港英当局在政治上缺乏合作，因此在考虑香港问题时，如何保持平稳过渡是重中之重。而澳门要优先考虑的则是繁荣发展，因为对澳门来讲，平稳过渡和顺利回归相对容易，但回归后如何保持繁荣和持续发展则是一个难题。从这个意义上说，澳门问题比香港问题更为复杂，回归后面临的挑战更为严峻。

但挑战和机遇从来是并存的。首先，知识经济和经济全球化带来的国际竞争的加剧，在提出尖锐挑战的同时，也为澳门这样的微型经济的发展提供了新的机遇。随着港澳的相继回归和海峡两岸关系的不断改善，民族主义的新觉醒和重新凝聚，海峡两岸暨港、澳地区有望以强大的合力来迎接21世纪出现的挑战。其次，换一个角度看问题，当前澳门发展面临的危机与其说是一件坏事，不如说正是澳门在“基本法”框架内循序渐进而又大刀阔斧地推行改革，以疗理其疲弱的肌体的一个良机。美国著名学者E.布莱克在总结西方国家体制变革的历程时曾指出：“各种各样的利益集团是根深蒂固的，如不发生危机，那么要使政策发生根本性的、实质性的变化是困难的。在当代，政治领导人能否完成从变革到高度现代化的过渡，在极大的程度上要看一次全国性危机能把牢固的既定政策削弱或打破到什么程度。”澳门经济竞争乏力的暴露，有助于澳门人思考澳门存在的深层次问题，并利用回归的机遇，打破旧的格局，创造一种有利于澳门发展的制度安排。

由澳人治澳替代葡人治澳本身也是机遇与挑战并存的。澳门回归祖国，标志着西方殖民主义在亚洲统治的终结、澳门历史新里程的开始，可以充分利用包括公务员在内的广大澳人思归、思变、要求改革、要求发展的强烈愿望,以及爱国爱澳、澳人治澳、积极参与等社会意识提高的回归效应,在“基本法”规定的“保持原有的资本主义制度和生活方式五十年不变”的大前提下,循序渐进地改革和提升澳门的制度,切实提高其经济竞争力。但是香港地区的经验表明,面临严峻形势,缺乏政治决策经验的港人实行高度自治本身也带来了尖锐的挑战。对于不仅没有决策经验,而且“三化”完成的并不顺利、公务员素质和公民政治意识成熟程度又远不如香港的澳门来说,这类挑战将更加严峻。

为了抓住机遇、迎接挑战,我们建议首届特区政府应把最近三五年作为由葡人治澳到澳人治澳这一巨大历史转变的适应期:这是转变到用“一国两制”的思维模式思考和处理澳门一切问题的适应期;是决策者学习民主、科学决策,公务员学习提高行政效率,全体公民学习正确行使民主权利的时期;是以整顿治安和复苏经济为中心,确定发展路向,研究和启动改革的时期;是加强忧患意识,丢掉不切实际的过高期望,脚踏实地重建和增强信心的时期。

二、以制度革新为根本,提升现代化水平

一种颇有代表性的观点认为,澳门发展的主要制约因素或“瓶颈”在于,澳门是一个微型经济或超小型经济(Mini-Economy)。澳门地区土地面积狭小,人口也很少,自然资源缺乏,经济规模不大,区内市场需求不足。这对于澳门的经济运作和发展来说,会产生制约作用。但是,战后世界经济史表明,微型经济所具有的这些特点既不等于它们不能自立,更不意味着它们不能有良好的经济绩效。综合世界银行及其他世界组织的统计资料,全世界二百多个经济体中,人口不足一百万的超小型或微型经济体将近七十个,这些微型经济体大都具有中上等发达程度,低度发展的微型经济国家或地区只占 8%。事实上,澳门的微型经济在过去二三十年间创造了辉煌的成就,人均本地生产总值一直稳居东亚第五位,1995 年达到一万八千多美元,名列全球微型经济体的前 10 名。因此要找出澳门经济竞争力衰退的真正原因和澳门未来发展的主要制约因素,必须更深入一层去分析。

我们认为,由于历史原因造成的制度发育不够、现代化水平不高[①],是制约澳门提高竞争力和未来发展的最主要因素。尽管按照库兹涅茨的指标,澳门无论是在人均本地生产总值的增长率还是产业结构的转换上都已进入现代经济增长阶段,但是无论从经济制度还是政治制度和社会结构的发育程度来看,还不能说澳门已经是实现了现代化的社会。如果给澳门经济社会发展程度作出定位,澳门应是处于现代化的中低阶段。

澳门经济是一种发育不全的资本主义经济,其中包括从葡萄牙移植过来的、被道格拉斯·诺斯称之为通过“转让垄断权”换取财政收入的专营制。这种专营制是政府在短期内获得稳定的财政收入的有效办法,但它会带来破坏性的长期后果。对内不能形成充分的公平和自由竞争的政策环境;对外处于半开放状态,不能形成良好的投资环境。当周边环境变化给澳门提供了极为有利的条件时,经济发展曾取得过辉煌的成就。一旦这些特殊有利的条件丧失,自身缺乏经济竞争力的状况就会明显暴露。这是澳门经济发展随波逐流、大起大落的一个主要原因。在世界经济竞争越来越激烈、改革大潮席卷全球的今天,澳门经济制度的弊端更加突出。特区政府面临的根本挑战,就在于面对这样一个发育不全的资本主义经济制度,如何逐步改造成为既吸收人类一切文明成果,又符合澳门实际和居民文化传统的先进资本主义制度。

澳门社会结构的现代化更滞后于经济。今天的澳门社会发育和进化程度不高,是保守型的微型社会。人际崇尚关系,文化崇尚包容,政治是“大家长政治”,社团政治。此种社会生态有两面性:积极的一面就是维持社会长期稳定,营造了一个“超稳定”的社会;消极的一面就是偏于守旧和封闭,法治不健全,新生事物不易发育,中产阶级成长受到抑制,亦难以充分调动和发挥社会方方面面的积极因素。此种社会生态无疑是对澳人治澳、高度自治的挑战,亦是提高澳门地区经济竞争力的重大障碍。

澳门的现代化发育程度不够,突出地表现在澳门缺乏一个高效廉洁的政府和健全完善的司法制度。由于华人占澳门社会的绝大多数,他们对葡

① 17世纪发生的一场横扫欧洲的经济收缩危机,导致包括葡萄牙在内的拉丁国家与英国之间形成了不同的产权变更和日后不同的发展方式。英国和荷兰逐渐形成的有效产权制度直接促成了它们商业和贸易的繁荣,而西班牙和葡萄牙的无效产权制度导致它们在17世纪后很快衰落。正如宗主国不同制度和产权的延植是造成今天南北美洲巨大差异的历史根源,制度的不同导致经济绩效的差异同样十分明显地反映在曾经分别由葡萄牙和英国管制的澳门地区和香港地区上。虽然“四·二五革命”后葡国的改革使其产权制度发生了某些有利于经济成长的变化,但这种变化并未有效地推动澳门地区制度的深刻改革。

萄牙人的文化认同程度低,长期以来形成所谓“华洋共处分治”状态,导致澳葡当局在澳门治理的范围和治理的能力都十分有限。澳门过去一直没有终审法院,上诉审理到里斯本需要两三年,且法庭休假又长,案件审理的延误是司空见惯的事。澳门现有法律均使用葡萄牙语,律师和司法人员也以葡萄牙人为主而很少由懂双语的本地人担任,法律在一定程度上成为某些人的特权。澳门长期沿用葡萄牙陈旧法律,如现行的“公司法”是以1888年葡萄牙商务法和1901年葡萄牙公司法为蓝本,许多条文早已不能适应当前工商运作的需要,1990年澳门曾对“公司法”作了修订,但搁延至今还是草案。司法体系的不完备且低效率,不可能保证长期契约的发生和执行。近年来澳门法律不彰,政府执法乏力,社会治安恶化,已足以表明法律和法治以及政府管治能力的亟待改善和提高。至于澳门公务员制度、政府架构、行政效率及政策未能快速回应澳门社会发展的要求,早遭众人诟病。最近的一项民意调查显示,如果将治安及经济问题排除在外,那么最为澳门市民所不满的,正是公共行政。澳门当局预算的约一半以上开支都用来维持一支庞大的公务员队伍,1998年底公务员的总数超过17 500人,占澳门就业人口总数的8.5%,每1 000个就业人口中就有85个公务员,相当于香港的1.5倍,这恐怕是世界之最了。特别是澳门本身有滋生腐败的肥沃土壤:自由竞争不充分,监督机制不健全,产业结构特殊,法制既不完备又得不到广泛的认同等等。未来特区政府面临的一个艰巨任务,就在于如何有效地肃贪倡廉和提高行政效率。澳门居民寄希望于未来特区政府班子能具有公平、公正、公开、民主、法治、廉洁和高效的治澳精神,特别是期望行政长官有良好的品德,是可以理解的。不过,未来澳门特首应不仅仅是一位“清官”,还必须是一位改革者,有开拓精神而无随波逐流或“走着瞧”的性格,必须愿意承担改革澳门现状的艰巨责任:不仅能够治标,而且能够治本。

我们认为,首届特区政府在着力关注治安、经济复苏的同时,要着重于制度的基本建设,将“基本法”赋予澳人的自治权创造性地转化成适合澳门客观环境和实际需要的制度创新,使澳门形成一套体现“一国两制”、“澳人治澳”和高度自治的全新的政权架构体系和开创一个适应本地优势和特点的经济运行模式。

我们建议:

第一,对严重影响澳门地区提升经济竞争力和损害可持续发展、社会长治久安的各项主要制度及其运行机制作全面深入的检讨,找出其弊端及改善和革新的途径。

第二,制定制度革新的战略。要正确处理稳定与变革的关系。澳门的改革应当是一场渐进变革,既要积极、稳妥又要逐步实现制度的根本提升。要正确处理经济改革与行政改革的关系。由葡人治澳到澳人治澳和实现高度自治本身就是一场政治改革,并且面临着重建政权架构的艰巨任务,但绝不能忽视经济制度的改革和建设。两者必须相互配合。要正确处理既得利益的调整与新的发展空间的开拓。改革本身必然带来利益关系的调整,避开了利益关系的调整也就不会有改革;但如果不注意新的发展空间的开拓,就可能导致矛盾的激化。在正确制定革新战略的基础上,作出改革的安排,逐步建立富有竞争力的经济制度和高效廉洁的政府,创造良好的投资环境。

第三,健全法制,实现以法治澳。首先必须加快澳门地区法律尤其是商事法和行政法的本土化、现代化和国际化。法律法规应做到中、葡文并用及辅以英文,以方便外来投资者。其次,建立完备的司法制度及检察机制,保证司法的公正和权威。切实保障法官独立进行审判,不受任何行政机关、团体或个人的干涉,不接受任何命令或指示。其三,建立和强化廉政公署和审计署,雷厉风行地肃贪倡廉,抑制黑金政治;重整警队,清除淤血,建立严明的治安力量,创造安定环境,确保居民安居乐业。其四,要迅速而稳步地提升居民的法制观和学法、习法、遵法、守法的法律意识。

第四,组织力量跟踪研究制度改革和建设,不断总结经验,在实践中逐步找到一条利大弊小的发展道路。

三、合理定位,充分发挥比较优势

为澳门回归后提升经济竞争力考虑,需制定一个面向未来又符合澳门实际的经济社会发展战略。正确合理的定位,是制定发展战略的前提。

一国一地经济的定位,首先必须建立在对它的比较优势分析的基础上。不少学者将亚洲“四小龙”经济发展的成功归结为它们采取了比较优势战略,各自充分发挥了自身的比较优势。澳门地区 20 世纪 70 年代以来经济的快速成长实际上也是发挥了多种经济优势的结果。

澳门最大的比较优势是它的独特区位优势。澳门地处战后世界经济发展最为快速的东南亚地区,背靠得益于改革开放已有 20 年超常规发展的珠江三角洲,往西北可通过西江水系与大有开发潜力的中国大西南连接,往东隔伶仃洋与香港相望,距离仅约 40 海里。优越的区域环境为澳门经济的发展提供了巨大的空间和广阔的腹地。

“香港因素”对澳门的发展至关重要。香港是国际金融、贸易、交通运输、旅游和资讯中心。长期以来,港澳之间形成了一种众所周知的自然组合关系,港澳两地有10万人同时持有香港身份证和澳门身份证,澳门市场成为香港市场的延伸和补充。澳门的主要支柱产业旅游博彩业自60年代初以来持续发展,主要得益于香港客源的支撑,据统计1997年共有700万访澳游客,其中香港游客440万,占63%。澳门旅游娱乐公司主要股东来自香港。澳门房地产买家中,香港亦占六成。澳门还是一些香港跨国公司的后勤基地。香港的资本、技术、管理、人才、信息,在澳门经济中居于重要地位。澳门出口加工业60%的工厂是从香港转移来的,工业产品绝大部分利用香港港口设施转运。澳门地区的中资和外资银行大多隶属于其香港总部。澳门元与港元挂钩,澳门地区的流通货币中,港元占一半以上。必须认识到,澳门长期以来作为香港的一个“后勤基地”或辅助城市,其经济与香港经济的互利互补关系,正是澳门一个得天独厚的区位优势。

澳门的发展与繁荣从未离开过“内地因素”的作用和影响。近20年来,澳门与内地在贸易、旅游、投资、交通、制造业、房地产等方面的联系日益增强,内地因素特别是“广东因素”对澳门经济正发挥越来越重要的作用。澳门与内地的贸易总额,由1979年5.42亿澳门元增长到1997年58.52亿澳门元。1997年到澳门的内地游客达52.8万人次。中资已成为澳门的最大外来投资者,经国家批准在澳门开设的中资企业已达200多家,资本总额超过400亿澳门元。同样,内地尤其是珠江三角洲地区的经济发展也受益于澳门在贸易、资金、信息等方面的带动。如果将来广珠高速公路和铁路延伸到澳门,以及西江航道加以整治,打通脉络,澳门现有的优势将进一步增强。

澳门独特的国际比较优势还在于澳门作为历史悠久的自由港、单独的关税区和世界贸易组织(WTO)的正式成员,拥有联系广泛并享有优惠的国际商贸网络。例如在世贸组织(WTO)中,在市场准入、补贴和反倾销政策、信息技术产品、动植物检疫、纺织品、通讯服务、金融保险服务、专门人士服务、版权、企业产权等方面,已与WTO的118个成员国家和地区达成各种协议。在中国尚未加入WTO的情况下,内地在澳门投资生产上述范围的产品将更具国际竞争优势。即使中国加入WTO以后,亦无损此项优势的发挥。同时也由于中国按照WTO的游戏规则开放市场,亦为澳门或利用澳门进入中国内地市场提供了新的十分有利的机会和空间。又如由于中国与葡萄牙及欧盟长期的友好关系,欧盟比较重视将澳门地区发展成为欧盟与中国乃至整个亚洲地区的纽带。除了享有欧盟28类配额纺织品免缴关税和给予澳门产品入口的普遍优惠税外，1992年欧盟和澳门地区签署了《欧盟和澳门之间的贸易合作协定》，建立伙伴关系，合作涉及工业、贸易、科技、能源等多个领域。至于澳门具有东西方文化交流的历史渊源和特色，甚至是世界上惟一的拉丁文化与亚洲文化的交汇点，这些都有利于澳门开拓和推动同欧洲特别是拉丁语系国家和地区的经贸往来。必须指出，澳门自由港的免税、低税、税制简单、融资方便和人财物进出自由快捷的优点，以及工资、地价、楼价、生活和行政费用大大低于香港的优势，更有助于拓展这个国际商贸网络系统。

澳门的比较优势还在于其独具特色的产业，即博彩业。经过30多年的发展，澳门的博彩业已有相当的基础和知名度，"东方蒙地卡罗"已成为澳门的代名词而被世界游客所认识。作为澳门的第一大产业，旅游博彩业在澳门经济中的地位举足轻重。以1996年为例，该年澳门入境旅客量达到815.1万人次，平均每个澳门人接待19.6人次，旅游博彩业收益270亿澳门元，其中博彩收益159亿澳门元，占本地生产总值的40.24%。旅游博彩业支撑了本地生产总值的增长，为澳门当局提供了稳定的财政来源(仅博彩业提供的税收就占政府财政收入的50%或以上)，也为澳门实行低税、免税创造了条件，促进了其他各行业的发展。从事旅游博彩业及其相关行业的人员，占全澳门就业人员的31%，旅游博彩业还带动了投资、基建、酒店餐饮服务、购物、计程车、各种形式的娱乐事业及文化交流。特色即优势。澳门这一独特优势，相信在一个较长时间内很难有哪个亚洲城市会拥有。

澳门的比较优势就是澳门地区经济定位的基本依据。而每个经济实体的比较优势均具有动态性，根据比较优势作出的定位也应是动态的。随着比较优势的转移变化，可以有近期、中期和远期的定位。这样，才既能脚踏实地，又能以长远的目光从根本上去提高澳门的竞争力以保持持续发展。

根据当前澳门产业的比较优势，我们对近、中期(10年—15年)澳门经济作出如下基本定位：继续依靠和加强与香港和内地的紧密联系，力争成为亚太地区一座有特色的现代化的以第三产业为主的旅游博彩和娱乐城市，以及周边地区的后勤支援基地。

近、中期内，澳门有必要也有条件继续以博彩旅游为龙头，着力提高它的竞争力，并以博彩旅游业的转型为配合，力争成为亚太地区一座有特色的现代化的博彩、旅游和娱乐城市。同时继续扮演作为香港辅助城市的传统角色，并根据近年来香港商业机构将后勤支援基地向外迁移的趋势，抓住目前内地外汇管制、资讯管制尚未放开的机遇，充分发挥澳门相对于珠江三角洲和香港的优势,果断地发展后勤支援产业,吸纳境外产业的转移,使澳门的后勤支援产业在三五年内达到一定的规模。

根据我们对澳门产业比较优势未来发展的预测,把远期澳门经济大致定位为区域内"国际性的综合旅游和商贸服务城市"。对这一定位可作如下进一步界定:

1. 在当代,旅游类型呈多样化趋势,既有文化观光旅游,也有以商务、会议、度假为主的非观光旅游,还有博彩等特种旅游。澳门长期走的是博彩业推动旅游业并带动整个经济发展的道路。为了保持和发展澳门旅游业的优势,澳门的旅游业必须继续以博彩旅游为依托,同时全面开发澳门旅游资源,大力发展其他类型的旅游,特别是重点发展非观光旅游。在国际旅游市场上,非观光旅游是旅游市场的主体,其中度假旅游、商务旅游、会议旅游所占的市场份额最大,所创造的附加值也很高。澳门旅游业的多元化和全方位发展,与博彩旅游不是矛盾的,反过来可以促进旅游博彩业的发展。

2. 随着澳门的比较优势的变化,商贸服务业将可以成为澳门的另一支柱产业。商贸服务业包括离岸金融、转口贸易、商业咨询、电讯服务、空运代理、会计、法律、建筑设计、工程及其他技术顾问、数据处理、广告、市场研究、设备租赁服务等。这些产业在澳门已有一定的发展。1997 年底,在商贸服务领域的从业人员约占澳门就业人口总数的 13%。随着澳门经济结构的优化、基础设施的完善、教育科技水平的提高、法律和行政制度体系的完备以及同香港和内地经济分工的形成,澳门可以在原有的"后勤支援基地"的基础上建成一个具有吸纳性的商贸服务城市。

3. "国际性"有以下几个含义:一是市场的范围是国际性的,无论是旅游业还是服务业都要积极拓展在国际市场上所占的份额,加强在国际市场上的竞争力;二是继续保持澳门同欧盟和拉丁语系国家之间的传统联系,发挥其中介和桥梁作用;三是软硬件设施和服务质量要具有国际水平。

4. 把澳门定位为区域内国际性的综合旅游和商贸服务城市,考虑了澳门参与华南经济圈的战略需要,即从形成整体综合竞争力的战略高度来看,香港需要继续保持其国际金融、贸易、交通运输、旅游和资讯中心的地位,澳门建成区域内国际性的综合旅游和商贸服务城市,中国内地则要力争形成科技中心和制造业中心。澳门、香港、内地各有侧重,优势互补,从而整合形成强大的国际市场竞争力。

5. 需要说明的是,上面两个定位强调了以旅游和商贸服务为主导,但并不排斥发展澳门的其他几大产业,尤其是出口加工业。产业结构要保持和发展原有的多元化特色，出口加工业、金融保险业、地产建筑业不仅要发展，而且还要求从“科教兴澳”的高度，用先进技术加以改造，促其升级提高。每个产业部门，每个行业的发展路向，都应发挥自己所长，沿着多元化、专业化、现代化的轨道发展，以配合澳门发展目标的实现。未来澳门将大致形成以旅游博彩业、商贸服务业、出口加工业、金融保险业和地产建筑业为支柱的产业结构。

四、调整产业结构，推动经济健康成长

旅游博彩业是澳门最主要的经济支柱，它的兴衰直接关系到澳门整体经济的发展。近年来，旅游增长缓慢，博彩亦呈下降趋势。1996 年博彩收益比上年下跌 6.1%，1997 年由于亚洲金融风暴及治安恶化的影响，入境游客比 1996 年急降 14.12%，仅为 700 万人次，1998 年再降到 694 万人次，博彩收益 1998 年比 1997 年下降 19%，1999 年首季再降 15%。酒店入住率从 1990 年的 78%跌到 1996 年的 64%，1997 年又跌至 52%。酒店房价普遍跌幅达二成以上，经营十分困难。

澳门博彩旅游业的调整和转型势在必行。对此，我们提出以下建议：

1．积极稳妥改革博彩业专营体制。自 1962 年“澳门旅游娱乐有限公司”以专利经营形式向澳门当局投标取得经营权开业以来，澳门博彩业至今仍是独家专营。博彩业专营对博彩业的发展功不可没，但三十多年的专营也使澳门的博彩业经营出现垄断因素，造成博彩业单一化的局面。而邻近地区相继放宽禁令，发展赌业，并营造公平竞争经营环境，致使澳门博彩业的专营体制受到严重挑战。未来特区政府应从维护本地整体利益出发，采取积极稳妥的方针，分阶段来处理赌权问题。在博彩专营合约 2001 年底届满以前维持现状，但是原专营者应积极改善赌场管理和场内环境，引进先进技术，提高博彩的现代化水平。与此同时，认真检讨博彩业专营体制，建立和完善有关的法律、法规和监督机制，增加透明度，以法治赌。在赌约期满后，博彩经营权重新公开竞投，实现有限度的竞争。到条件成熟的时候，再借鉴拉斯维加斯的做法，实现自由竞争。过去澳门的公共汽车运营也和赌业一样实行专营，后来引入竞争机制，使得发展程度大为提高，很值得博彩业借鉴。有人担心以后将专营权分拆会影响既有的税收，并会加剧社会的动荡。拉斯维加斯有众多的娱乐博彩业公司，治安却非常好，并以其收入在沙漠地区支撑起一个百万人的繁华大都市的发展，这里关键是政府和行业

如何加强管理的问题。此外,应大幅增加赌税,将现在赌博公司对社会的承诺(如疏浚港口、大型基建、社会福利等)全部用税代替,由政府集中控制使用,提高效益。

2. 改善旅游大环境。博彩业派生的边缘利益十分丰厚,极易因利益分配不均引起江湖冲突,近年来澳门发生一连串火拼事件,社会治安恶化,不仅大大减弱了投资者对澳门当地的投资意欲,也严重影响了澳门这一旅游胜地的国际形象。澳门旅游博彩业的大环境确已到了加强整治刻不容缓的境地。这里所指的大环境,除了社会治安环境外,还包括各种娱乐、休闲服务和配套设施。在不断更新博彩设施、创新博彩工具的同时,澳门可借鉴拉斯维加斯的经营方式,搞好旅游配套,发展多元化旅游项目,为不同层次、不同兴趣爱好的游客提供多样化的服务,创造一个物超所值、老少咸宜、安全舒适的旅游环境。在拉斯维加斯,四星级、五星级酒店的房租与饮食费用比起美国许多城市都便宜得多。澳门也可考虑在赌场及主题公园附近办高水准的大型美食城和提供外地游客入住的特价五星酒店,创造一些优惠条件,以吸引外地游客。澳门是亚洲惟一具有四百余年东西方文化交汇历史背景的"历史博物馆",旅游景点也有几十处之多,但景点过小且分散,只能供游客作短暂的观光停留。建议加强对澳门潜在的历史、人文旅游资源的深度开发,要在有计划地把澳门旧城市建成中西文化交汇旅游区的同时,加快南湾湖和海洋世界公园等大型景点的建设,并要具有创意,以最大限度地吸引境外游客。

3. 在稳定香港客源市场的同时,大力开拓台湾市场和内地市场。自1995年12月澳门国际机场通航后,台湾游客大幅增长,1996年来澳的台湾游客为758 763人次,1997年达到906 740人次,入境旅客人数仅次于香港旅客,居第二位。此外,澳门的旅游业要以祖国内地为后盾。据世界旅游组织(WTTC)预测,到2020年,中国将成为世界第一大客源接待国,估计年接待游客约1.371亿人次,中国出境人数可达1亿人次。澳门应争取前往中国内地的外国游客把澳门作为其中一站以及内地出境游客顺访胜地,并吸引内地人士直接到澳门旅游。

制造业是澳门经济中一个重要的支柱产业,其发展可归功于20世纪60及70年代香港商人搬移成衣、纺织生产工序至澳门。80年代是它的高峰期,年平均增长率达21.5%,是四大经济支柱之首,并且形成成衣、纺织、电子、玩具等多个加工业并存的局面。90年代初澳门制造业开始下跌,表现为生产总值、就业人数及出口额在整体经济中的比例不断下降。1997年,制造业在澳门的本地生产总值中只占8%左右。近年制约澳门制造业发展的主要因素,一是生产成本尤其是劳动成本不断上升,使制造业边际利润不断下降,商人投资却步;二是来自邻近国家或地区的竞争使澳门产品不似以往具有出口竞争力。现在的问题是:配额制度在2005年消失后,澳门制造业还要不要发展,如何发展?目前大多数人士倾向于继续保持这一传统产业,但在如何发展上却有分歧,既有人主张不改变现行生产结构,继续以劳动密集的纺织成衣为主导,也有人主张向资本和技术密集型转移,利用高科技改造制造业,生产高附加值的产品。

尽管以目前的情况来看,澳门的制造业并不适宜完全向高科技或资本密集转型,因为本身并不完全具备这样的条件,但是,知识经济、资讯科技是当今世界发展的潮流和趋向,如果不跟随就会永世落后。因此本报告建议,发展工业应作两种努力:一方面,努力提升传统产业,改善经营管理,量力注入新科技,生产高附加值的产品,向国内外中高档市场进发。在微观层面上,可以在设计、包装上改进而产品本质不大变的情况下提升产品档次,赚取高附加值。这种发展方向的好处,其一是现行的制造业可以在调整不大的情况下继续生存,对经济的震荡减至最小;其二,由于产品本质并无大变,制造业工人可以保留很大部分,对缓解失业有正面作用,企业家会积极支持,发挥他们的专长;其三,对企业家来说,所增加的成本投入不算太高,因而有可能在产品专利权上、品牌上多花一些投资;其四,由于产品的目标是国内外中高档市场,可提高澳门制造业创造附加值的能力。

另一方面,积极采取措施,利用澳门的资讯、国际市场网络,吸引内地特别是广东的高科技人才,有重点地开拓和发展适度的高新科技工业,作为澳门经济新的增长点和发展空间。

澳门的地产建筑业在90年代初发展到高峰期,由于供过于求以及中国宏观经济调控的影响,1993年下半年开始走下坡路,而且是每况愈下,1998年累积的空置楼宇估计约在50 000个单位左右,积压的资金接近千亿港币,目前还在低谷徘徊,未见起色。摆脱地产建筑业的困境,应标本兼治。在空置楼宇未消化前,停止或减少目前每年批出商住用地、经济房屋用地的做法,并尽快研究将部分空置楼宇转化为经济房屋的具体办法;完善投资移民和技术移民政策;优惠香港、台湾、内地居民到澳门置业居留;适当为住房困难户提供购房优惠。特区政府成立后的运输暨公务司应对建筑房地产进行有效的宏观管理和微观规范,制定和完善全面的土地、房屋政策。而治本之道是想方设法繁荣澳门经济,以整体经济的复苏和繁荣,带动房地产的恢复和发展。

澳门的另一产业金融业,以银行业为主。1982 年澳门新银行法颁布后,澳门现代金融业才有了一定程度的发展,但与澳门的经济发展和澳门作为自由港的地位相适应还有距离。近年来由于受到各行业经济不景气的影响,澳门银行业经营日趋困难,经营成本普遍上升,呆、坏账增加,边际利润下降,1998 年银行业赢利总额比上年下跌 22.3%。澳门金融业摆脱困境除改善经营外,一个可行选择是加快建成辅助香港的一个离岸金融中心。根据澳门银行业与作为国际金融中心的香港联系紧密的优势,以及澳门所拥有的自由港制度、低税制、比较便利的交通通讯设施和有利的区位优势等,未来澳门发展成为本地区的融资中心和另外一个离岸金融中心是有条件的。目前国际上离岸金融中心大体有三类:一类是内外分离型,其特点是本地金融市场与离岸金融市场完全隔离,离岸业务只限于非居民交易,美国、日本即属此类;另一类是内外一体型,其特点是离岸业务与在岸业务融为一体,居民与非居民在金融市场上可自由交易而不受限制,英国、中国香港地区即属此类;第三类是避税港型,其特点是只有记账中心的功能,而不进行实际的业务,巴林、开曼群岛、巴哈马等属此类型。我们建议:为避免与内地市场、香港市场形成直接竞争,澳门离岸金融业的发展以选择避税港型的发展模式为最佳。这种业务形式的优点是管制最为宽松,对于一些以避税为目的的境外金融机构最具有吸引力。目前澳门已基本具备了发展避税港型离岸金融业务的条件,如果加强港澳在法律、税务及专业人才等方面的合作,修订完善离岸金融法,假以时日,澳门成为中国的另一个离岸金融中心是可以实现的。但要健全法律制度和行政监管,以防止澳门成为洗黑钱中心。

另一方面,吸取东南亚金融危机的教训,澳门金融业也要进行务实的和积极的改革,致力于增强服务功能,改善服务质量,扩大业务范围,推行金融创新。通过改革,为金融消费者提供更优质的服务和更多金融产品,提高澳门金融业的整体水平,推动整体经济的健康成长。

五、加强海峡两岸暨香港、澳门特别行政区合作,开拓澳门经济活动空间

澳门必须广泛开展区域经济合作,积极开拓活动空间,借助外力发展自身经济,这不仅是由澳门微型经济的特点和边缘城市的性质决定的,而且也

符合当今世界经济发展的潮流。澳门地区除了继续密切与国际市场的联系,继续发挥与欧盟及拉丁语系国家关系的优势,并继续开拓美国、加拿大及澳洲、非洲等广大市场外,加强同周边地区的合作,特别是加强海峡两岸暨香港、澳门特别行政区的经济合作,形成强大的合力,迎接21世纪的挑战,是明智和现实的选择。

香港是澳门经济借力发展的第一个优先地区。港澳地理位置邻近,经济制度相同,历史上已形成的唇齿相依的自然组合关系,是两地进一步加强合作的有利条件。

过去,香港雄厚的经济实力和国际经济中心的地位,对澳门经济起了带动和传递作用。澳门回归后,为了重振澳门经济,实现国际性的综合旅游和商贸服务城市的目标取向,香港经济实力的支持和经济地位的影响仍至关重要。

长期以来,港澳合作的基本取向是,香港在资金、技术、管理方面的优势与澳门的低劳动力成本和对欧美市场的出口配额及优惠关税相互结合,共同发展,共同受益。然而,随着澳门经济的发展和人均本地生产总值的提高,一度拥有的低成本优势已逐渐失去;随着欧美分别向区域经济一体化方向发展,对区域外产品筑起贸易壁垒,出口配额和优惠关税实施范围也在减弱,直至最后全部取消,所以不仅澳门经济,就是香港经济也急需寻求对策。

和香港一样,澳门也属于自然资源匮乏的城市型经济。从世界发展趋势看,城市将成为新的增长极。都市型工业已成为当今世界一种新兴产业,这种产业能耗低、物耗少、占地面积小、无污染、附加值高、人均产值高。如服装制造、食品加工、医药制品、工艺美术、计算机软硬件、电子印刷出版、电子信息产品、办公室用品等产业,这些能与城市人口密集相容共存的都市型工业,既有明显的城市特征,又有高新技术和信息时代的特色。港澳两地不仅可在资金、技术方面合作,而且在研制开发、生产场地、专业人才和市场营销等方面进行全方位合作,利用各自的优势,建立一个全新的都市工业区。

澳门回归后,港澳两地合作的发展取向是实现经济一体化。经济一体化是当今世界经济发展的普遍现象,已成为国际经济关系中的一个重要方面。面对区域外排他性的加强和区域内竞争性的加剧,加强港澳之间的统一协调,进行合理分工,力争在深化合作中实现各方的比较效益已势在必然。

港澳经济一体化,绝不是要将两地合为一体,而是在两个特别行政区独立运作、保持各自经济多元发展的前提下,建立一个有机的合作体系,让经济要素得以在更大的范围内自由流通和合理配置，互补互利，从而获得更高的经济效益。港澳合作历史悠久，已形成了唇齿相依的经济联系，这就为港澳经济一体化打下了良好的经济基础。现在的问题是，澳门回归后，应改变过去澳门当局对经济采取完全放任自流的态度，合作模式应由民间自发型向政府主导型转变；制定和健全法律、法规、政策、条例，理顺两地合作运作机制，方便港人资金、技术及人员来澳发展；建立高层次的官方的“港澳合作协调委员会”，使经济合作突破过去的种种局限，以更长远的眼光，在更广阔的领域和更高的层面上展开，掀开港澳经济合作的新篇章。

港澳本身的客观条件对双方合作的广度和深度有较大的约束性，要持续发展与繁荣，势必要扩大活动空间，港澳合作延伸到内地，融入范围广阔的广东省，形成粤港澳合作就适应了这个要求。“内地因素”，特别是广东对澳门经济的发展有举足轻重的作用。虽然由于种种原因，澳门同内地的合作，例如同广东的合作，还存在合作层次不高、协调不够、合作潜力没有得到充分挖掘的问题，但近二十年来，粤港澳经济关系确有了迅速发展，生产要素组合的优化度已有了很大提高，随着港澳的相继回归，粤港澳合作的前景将更加广阔。

首先，粤港澳旅游资源互补性强，以旅游业合作为切入点，充分利用三地不同特色的旅游资源，携手共建粤港澳大三角旅游区。澳门应积极加强与珠海合作，联合开发横琴岛，共建“国际特别旅游区”，将澳门建成粤港澳大三角旅游区中一个独具特色的一极。澳门应开展丰富多彩的促销活动，组建品种多样的旅游团队，如举办香港购物游、澳门娱乐游、广东和内地的岭南文化和锦绣河山游等系列游，结合香港和澳门回归这一举世瞩目的热点，组织“一国两制体验游”，“港澳回归追忆游”等，这不仅可以大大增加赴澳门观光旅游的人数，大大提高澳门在世界上的知名度和吸引力，巩固其为亚洲最大的旅游博彩中心的地位，同时也将增强三地旅游资源的优势，争取成为未来世界级的著名旅游区。

其次，澳门的科技实力及发展潜力均不如内地，积极利用内地的科技力量，是迅速提升澳门经济竞争力的重要途径之一。珠江三角洲地区高新技术发展迅速，1991 年到 1997 年，广东省高新技术产品产值年平均以 55%的速度增长。1997 年，广东全省高新技术产值达到 1 116 亿元人民币，占当年工业总产值的 9.02%，位居全国前列，其中产品达到国际先进或国内领先水平的占 66.33%。在珠江三角洲内，已形成了高新技术产业开发带，拥有 6 个国家级高新技术开发区和 4 个省级开发区，共容纳了高新技术企业

1 300 多家，其中不乏国际知名的大公司。现广东省已决定，珠江三角洲地区要重点发展知识经济形态的产业，以高新技术企业的规模化来加强与港澳科技合作，促进港澳工业结构转型升级，推动建立粤港澳产业合作带。对此，澳门应积极利用这一机遇，促进自身的产业转型，同时利用区域优势大力发挥高新技术转移的中介作用。

再次，澳门的资本结构较为单一，国际化程度不高，内地投资是迄今最大的外来资本，估计约占澳门直接投资总额的将近一半，对澳门经济有举足轻重的影响。应该说，过去几十年来，澳门地区的中资企业对澳门经济发展确实作出了很大贡献，今后中资仍将是澳门经济稳定繁荣的一支重要力量。为了振兴澳门经济，未来特区政府要继续改善投资环境，大力吸引外资，促进资本结构多元化和国际化。在澳内地企业须严格按照澳门地区法律、法规从事经营活动，加强企业自律，并注意维护澳门整体利益，带头进行科技开发和创新，在公平竞争的商业环境中提高自身的竞争力和促使企业健康发展，为加强内地与澳门的经济合作发挥更大的积极作用。

澳门回归后，内地与澳门特别行政区经贸关系的性质是中国国家主体同实行高度自治的单独关税地区之间的关系，两地经贸往来基本上应遵循国际经贸活动的通行规则和惯例。为了适应粤港澳之间经贸和科技合作发展的需要，建议由中央有关部门出面，设立一个具有权威性的“粤港澳合作协调委员会”，在“一国两制”原则指导下，负责三方的联系、沟通和利益协调。

加强与台湾的合作，是促进未来澳门发展的又一重要力量。澳门在台湾与内地即海峡两岸之间占有重要的地位。澳台各自拥有的经济优势可以互补，澳台之间的地缘和血缘关系也有利于双方的经贸往来，因此自 1987 年两岸关系解冻以来，澳台经贸关系发展迅速，两地贸易总值从 1987 年的 2 330 万美元上升到 1996 年的 3.493 亿美元；澳门国际机场澳台航线的开通创造了“澳门模式”，使台湾来澳旅客占机场入境旅客的七成以上；1997 年 2 月，台北区中小企业银行澳门分行正式投入运作，这是该银行在台湾以外地区开设的第一家分行；台商在澳门的旅游、工业、商贸及房地产的投资估计超过 10 亿港元。澳门回归前，澳台两地关系性质上是澳门葡萄牙当局与台湾当局的非官方关系。“九九”澳门主权回归后，澳台关系变成两岸关系的特殊组成部分，既有两岸关系的一般共性，也有其自身特殊性。可以借鉴“九七”香港回归后中央政府处理港台关系的成功经验，按照澳门的特点及现有澳台关系的良好势头，根据中央政府“九九”后澳门涉台问题的七项基本原则和政策，处理好澳台关系，发挥澳门的“独特作用”，使澳门成为在内地的台资企业的服务基地以及台湾居民旅游度假和娱乐购物的中心。为此，首先应该保持澳门现有的行之有效的涉台措施，特别是台湾居民出入境的免签证，以澳门国际机场为中介的台湾居民往返内地的“一机到底”、“一票到底”等措施；其次，台湾现有在澳机构包括将转移“陆委会”管辖的台北驻澳门贸易旅游办事处及人员，可以适当名称继续留存；再次，除保持及发展澳台两地现有的各种民间交往外，在中央政府的批准或具体授权下，推动以各种名义进行澳台之间的官方往来接触、商谈、签署协议和设立机构；最后，为鼓励台湾各类资本在澳门从事投资、贸易和其他商业活动，要制定和完善进一步吸引台湾资本、技术和游客的政策措施，并切实保障在澳门的台湾机构、人员和各类资本的合法权益和进出自由，保障在澳门居住满七年而依法取得澳门永久性居民身份的台湾人士应享有的居民权利。

粤港澳合作前景广阔，由于经济制度和经济地位的差异，三地合作正在“一国两制”的原则指导下顺利进行。由于港澳与台湾经济联系密切，合作也在迅速发展。可以相信，未来的粤港澳台合作定将在海峡两岸暨香港、澳门特别行政区的经济舞台上大显身手。

六、加强基础设施建设，充分发挥自由港的功能

基础设施是改善投资环境，提高国际竞争力的重要组成部分。澳门的基础设施发展很不平衡，既有具世界一流水平的港澳水上客运、比较先进的国际机场和较完善的通讯网络设施，亦相当突出地存在着基础设施上的“瓶颈”。澳门没有深水港，大部分进出口货物需经香港中转，自由港功能不能得到充分发挥，商贸中心难以形成；澳门无铁路、高速公路与香港和内地连接，腹地局限于珠江三角洲西部；水电成本高。这些滞后部分对澳门发展的制约已相当明显。众所周知，澳门与隔邻的珠海在基础设施建设上的合作和协调也存在不尽如人意之处。

如果在珠江口(伶仃洋)构筑一座沟通港澳珠三地的跨海大桥，并能结合修建环珠江三角洲及港澳的高速公路网、高速铁路网、深水港等，一改过去港澳珠各自为政、自成体系、重复建设的不协调做法，将具有重大政治经济意义。

首先，港澳珠大桥将是推动祖国统一大业的桥梁。港澳相继回归后，港澳珠大桥在“一国两制”下将密切三地的关系，大大提高区域整体效益和竞

争力，促进三地的繁荣、稳定，这必将对台湾产生深远的影响和示范效应。

其次，港澳珠大桥成为港澳与珠江三角洲高速公路网、高速铁路网的重要组成部分，它的建成将有助于提高香港新机场、机场铁路、高速公路的利用率，并带动面积相当于两个香港岛的大屿山的全面开发；有利于珠江三角洲外环高速公路网、高速铁路网的形成。大珠江三角洲环状交通网的形成，将大大强化香港国际大都会在珠江三角洲及华南的核心和辐射作用。

自1989年香港合和集团胡应湘先生率先提出在伶仃洋兴建大桥的构想以来，粤港澳三方先后提出多个建桥构思和方案，主要有：1992年12月澳门保利达集团委托香港土木工程顾问有限公司提出的“澳港大桥的初步构思”；1992年珠海市政府提出的“珠海方案”，规划大桥西起珠海市金鼎镇，向东至淇澳岛，越伶仃水道，经内伶仃岛至香港屯门烂角咀；1997年1月澳门吴福集团和保利达集团联合委托中国交通部中交水运工程设计咨询中心设计的“澳港大桥方案”，规划大桥西起澳门半岛水塘东北、珠海拱北海关以东人工岛，向东偏北跨越珠海九州港航道至香港大屿山西北的沙螺湾，人工岛通过引桥分别与澳门、珠海贯通；或者西起澳门路环岛，向东经三角岛、牛头岛，越大濠水道后在大屿山西南角分流着陆，在起点可经路环连接珠海横琴向北直通珠海；1997年9月香港合和集团提出的“大珠桥方案”，大桥东起香港大屿山大澳，跨大屿海峡（主航道）、伶仃洋、大九州，至西岸时有两个通道，其一着陆点直通澳门，其二直达珠海九州港北面。上述有的方案是走岛屿连线，这一方面可以减少在海上建人工岛桥墩的数目，从而节省巨额投资并增加桥梁结构安全，另一方面可以有利于开发这些岛屿的港口、旅游、土地、水产等丰富的资源，达到投资小、收益大的目的。

本课题组对上述各个建桥方案进行比较研究，认为“珠海方案”只连珠港两地而没有顾及澳门，不利于充分发挥大桥的经济效益和对“一国两制”实践的政治意义，也不符合粤港澳区域合作的原则。其他方案各有优劣之处，因此提出“一桥连三地（港澳和珠海）、三地共建共享”的原则，从中找出一个合适的方案或者综合出一个理想的方案。

本课题组的另一个分报告提出的新方案：“伶仃洋青牛大桥与伶仃港方案”，规划大桥从大屿山西南角分流出线，经牛头岛（约4.8公里）、青洲岛（约6.8公里）至西大排岛（约12.5公里），然后分支为二：一到珠海九州（约4公里）；一到澳门黑沙环（约8公里）。桂山岛、牛头岛的东部是水深二三十米的大濠水道，其西面是国际远洋巨轮的锚地，均属深海区，澳门可以长期租用或购买此地的一个岛屿（以牛头岛最为合适）建大型深水港。伶仃港方案不仅可以节省投资，而且可以免除人工港池、航道的疏浚、维护费用。青牛大桥结合伶仃港的修建，可使澳门自由港功能重现，将来广珠铁路延伸至澳门并与香港铁路联网，形成大珠江三角洲完整的交通运输网络。

广东珠江三角洲经济区规划在2000年以前动工疏浚铜鼓水道，使3.5万吨货轮可自由进出深圳西部港区和广州港，5万吨货船可乘潮进出广州港，疏浚铜鼓水道可舒缓香港繁忙的马湾水道。疏浚铜鼓水道将产生约3000万立方米的淤泥，急需在附近地区寻找一个抛泥区，若能结合港澳珠大桥的修建，在一些岛屿建深水码头，码头后方陆域需大量泥土填海造地；或将淤泥吹填珠海九州与澳门黑沙环之间的浅海区造地，该浅海区处在珠澳两个市区之间，具有很高的经济价值。

上述几项大型基建工程若能结合进行，可以说一举数得，对澳门未来的发展非常重要。应当把澳门的基础设施建设，特别是港澳珠大桥和深水港的修建看作是提高澳门国际竞争力的重要组成部分。由于上述工程牵扯到粤港澳三方多项重大利益，有关各方意见分歧较大，根据前些年珠澳双方各自建设机场导致不合理竞争的教训，目前不宜单方面采取行动，需要三方政府甚至中央政府出面协调，以避免重复建设、浪费资源和低效投资。建议首先尽快召开粤港澳大型基建学术研讨会，对不同的建设方案进行研讨，以便为最后决策提供充分的依据。

七、科教兴澳，把握竞争主动权

澳门只有融入知识经济的大潮，才能取得在国际竞争中的主动权。知识经济以智力资源和知识创新为第一要素，科技和教育将起着支配作用，一个国家或地区的竞争力并不主要取决于自然资源的多少，而主要取决于知识的生产(研究和开发)和传播(教育和培训)；一个企业的竞争力并不主要取决于有形资产的多少，而主要取决于创新的能力；市场的竞争将集中地表现为科技和教育的竞争。因此，提高澳门的国际竞争力，必须实施科教兴澳战略，把澳门经济和社会的发展切实转移到依靠科技进步和提高劳动者素质的轨道上来。

但必须看到，科技的发展，既要遵循其自身的规律，又要以一定的经济和社会条件为依托，特别是高科技的发展，需要汇聚相关的机构，需要形成一个自存的体系，还需要具备持续研究、开发和生产的能力。所有这一切都必须以充足的智力资源为先决条件。因此，未来的澳门形成一个“高科技中心"的设想是不易实现的。澳门的科技发展应从本地的实际情况出发,有步骤、有重点和分层次地推进。第一,当务之急是用先进技术改造现有的产业,加快淘汰落后的工艺、技术和设备,提高产品的技术含量和附加值,提高产品的质量和档次,增强国际竞争力。第二,重点发展应用技术和技术成果的转化和推广,在此基础上瞄准国际市场,有选择地培植新的经济增长点。第三,高科技的研究与开发,需要在今后与周边地区的科技合作中根据自己的力量和条件有重点地选择一些项目来进行。

澳门科技发展的途径:第一,未来的特区政府对科技的发展要予以高度的重视和切实加强领导,要有主管科技工作的机构;要制定科技发展的政策、法规和规划。第二,政府要建立科技发展基金,在资金方面予以保障,有计划地资助重点研究项目和奖励优秀研究成果;要注重发挥联合国大学软件研究所、澳门电脑与系统工程研究所、澳门土木工程实验室、澳门生产力暨科技转移中心等科研机构和其他一些学术团体在学术研究、学术交流和科技推广等方面的作用,推动企业的科技进步,努力提高企业的创新能力。第三,在大学由社会边缘走向社会中心的今天,在企业规模较小,缺乏科研实力的澳门,应大力加强和充分发挥本地的澳门大学和澳门理工学院等高等院校的作用,并以市场为导向,以企业为技术进步的主体,开展多种形式的产学研结合,像浙江大学贺田工业研究所和清华大学宝法德技术发展中心等产学研相结合的形式值得大力提倡。第四,要办好联生高新科技工业村。这种以转租用地方式吸引境外资金、技术以创建高新技术产业的尝试,不但可以直接拉动澳门经济的增长,更重要的是对发展澳门科技、促进澳门产业转型会起到示范作用。对这一新生事物要予以积极扶植,并在不断总结经验的基础上加以充实、提高和推广,为日后兴办其他工业村如欧洲中小企业工业村、中国工业村、台湾工业村等做准备。第五,从实际需要和可能出发,加大引进先进技术的力度,在澳门当前科技总体水平不高和人才(特别是高级科技人才)缺乏的情况下,这是发展澳门科技的捷径。第六,要加强与香港、广州、深圳和珠海等周边城市的合作,并争取把澳门的科技事业纳入上述城市科技发展的总体规划和轨道上来。特别要注重通过合资、合作或参股等形式,与邻近的珠海、中山两个国家级高新技术开发区联手引进先进技术和设备,从而借力带动澳门科技的发展和产业转型。澳门还应当积极争取参与正在筹划的"香港湾区"工业园的建设。

科教兴澳,基础在教育。展望21世纪,人力资源的重要性将高于以往任何时代。随着澳门经济的振兴,对高素质人才的需要也越来越迫切,因此，应当把澳门的教育作为培养治澳人才的基础产业，它肩负着提高澳门全体居民的素质(包括文化素质和道德素质)、培养新型劳动者和造就一大批高层次专业技术人才和管理人才的多重任务。面对当前澳门人口素质偏低、社会的现代化发育程度不高、人才缺乏和现行教育比较落后的现实，更应当把教育的发展放到澳门经济社会发展战略中的突出位置上来。

发展澳门教育，首先要加强基础教育，逐步延长义务教育的期限，着力培养学生的素质，使青少年在德、智、体诸方面健康成长。其次，要在逐步实现澳门各类教育协调发展的前提下，大力发展职业教育和职业培训，不断提高劳动者的文化素质和劳动技能，使教育的发展与经济和社会的发展紧密结合起来。在这方面，除了办好各级、各类的职业学校外，要大力发展成人教育，分期、分批地对在职的公务员以及旅游、博彩、管理、酒店、电讯、文秘和工厂等行业中不同层次的人员进行职业培训。这是提高他们的业务水平和工作能力的一种短、平、快方式。其三，要改进高等教育，提高其素质。重点办好澳门大学和澳门理工学院等高等学府，培养澳门急需的中、高级专业技术人才和管理人才，为此这些院校在专业设置、学科建设、师资队伍建设乃至教学方式等方面，要不断进行调整和改革，提高教育质量，以适应澳门经济和社会发展的需要。最后，要实施开放的办学方针。与内地及国外的院校和教育管理部门在教学、科研、教师进修、学生培养和教育管理等方面进行合作。应一如既往地聘请内地、港台地区或国外的优秀教师来澳任教，选派本地教师到上述地区的院校进修，并争取内地重点大学扩大在澳招收硕士、博士研究生名额，以利用内地条件为澳门培养高层次人才。有计划地选派本地大学的高才生和青年学者出国深造，还可以与内地、港台地区或国外合作办学。

发展澳门教育，要尊重多元化办学的传统，合理分配资源。特区政府必须制定出符合澳门实际的教育方针，在这个教育方针中，要明确规定教育必须以提高全澳居民素质、为 21 世纪澳门经济繁荣和社会进步服务为宗旨；要制定出有关教育投入、知识分子、学术发展和知识产权等方面的一系列政策、法规和教育发展规划；要逐步建立和健全一套由懂教育的专家参与的教育管理机构等。

鉴于目前澳门本地人力资源开发的局限性很大，而人口发展的土地容量和经济容量还有一定潜力，因此，为了补充人力资源的不足和满足对人才的急需，在人口政策上应实施以提高人口素质为中心，适时适量适度地增加一些人口的方针。当然对人口的增加必须持慎重态度，实行择优吸纳的方针。一是要加大技术移民和投资移民的力度。为此要对移民迁入条例全面检讨。由于移民主要来自内地,在政策上和程序上要与中央政府进行沟通和协调。二是有选择地适量输入有技术专长的劳工,以利于澳门产业升级。应当把有技术专长的外来劳工视为创造财富、振兴澳门经济的生力军。劳工的输入只要控制在一个适度的范围内,不但不会发生与澳门人争饭吃的问题,而且还会因为他们的到来而促进澳门经济的发展,从而创造更多的就业机会。此外,对外籍移民可以不作过多限制,以突出澳门国际城市的特色,但应定期检讨,应因情况变化而作出调整。

至于澳门人口发展的规模,已有许多学者提出过各种方案。至今仍然没有取得共识。这个问题在澳门回归后应当继续去研究。但有一点是肯定的,仅仅从消化目前空置楼宇的角度来考虑澳门人口的增加是不经济的,也是短视的。人口的发展要与经济社会的发展进程相协调,要以空间容量和经济容量为限。人口发展上的一念之差可能导致历史性的不良后果。澳门人口虽然可以适时适量适度地增加,但引进人口应当以技术移民和投资移民为主体。

本报告在世界历史进程的总背景下,在国际竞争越来越激烈的大环境中,根据澳门的实际情况,把提升经济竞争力作为澳门经济社会发展战略的主题,把整顿治安和惩治腐败作为提高竞争力的前提,把确定符合澳门比较优势的经济定位和发展路向、尤其是把经济改革和行政改革以及与此相对应的商事法和行政法的现代化作为提高竞争力的根本,把改善基础设施和发展科技、教育作为最重要的硬件和软件。澳门正处在一个极为重要的历史关头。不应以近视的眼光,以维持澳门表面的平稳过渡为满足,错过"九九回归"这一千载难逢的机遇而失去启动制度变革的最佳时机。澳门回归后,最初选择的走向和迈出的最初几步对未来的影响至关重要。

为何香港经济复苏步伐缓慢*

一、香港经济走出谷底开始复苏

受东南亚金融危机的冲击，香港经济增长率下降，1998 年的经济增长率为 -5.1%。1999 年开始缓慢回升，原先估计全年会有 0.5%—1% 的增长，后来又将预期的经济增长率调高到 1.8%。

1999 年经济开始复苏的标志有：

1. 股市

恒生指数从金融危机时的最低点——6 000 多点回升到 1999 年 12 月的 17 000 点，接近金融风暴前的最高点。

2. 贸易

出现正增长，进出口增长均超过 6%，转口贸易增长接近 9%。

3. 旅游

1999 年访港游客超过 1 000 万人次，增长 12%，酒店入住率达 80%。

4. 零售业

消费需求坚挺，同比增长 10%。

5. 房地产业

1999 年以来房屋成交量及价格均有上升。

舆论普遍对香港经济前景表示乐观，预计 2000 年香港经济增长率将达到 4%。

推动香港经济复苏的主要因素：首先是香港特区政府采取了一系列调整经济结构、刺激经济增长的措施，如大力发展高科技、兴建数码港、科技园；扩大公共工程投资，如兴建及扩建地铁、高速公路，兴建迪斯尼乐园；冻结收费，退还税款，缓解民困，刺激消费；进行金融改革，健全金融机构。其次是周边各国和地区先后摆脱危机，经济开始复苏，马来西亚经济增长达

---

* 本文原载于《中国市场经济报》，2000 年 2 月 24 日。

5.9%，泰国达4.1%，菲律宾达3.2%，韩国、新加坡、中国台湾地区经济增长速度更快，这就为香港地区经济发展提供了有利的外部条件，促进了香港贸易和旅游业的回升。再次是美国经济持续增长，从1991年开始连续8年的经济增长，促使美国的全球贸易额迅速上升，美国的经济增长和贸易扩张对包括香港在内的东亚国家和地区的经济复苏起了重要作用。

香港经济虽然开始复苏，但是步伐缓慢，仍然存在隐忧。在四小龙中，香港地区经济恢复增长最慢。韩国经济增长率超过9%，新加坡达8.4%，中国台湾地区也达5.1%。是什么原因使得过去位居四小龙之首的香港经济，今日的复苏却大大落后了呢?

1. 过去在英国殖民统治时代，港英当局在经济上采取放任自流的态度，商人则向有利可图的行业部门投资，没有长远的产业政策，没有合理的经济结构。房地产价格狂涨，物价、工资年年上升。东南亚金融风暴爆发后，各国货币纷纷贬值，昔日作为旅游胜地、购物天堂的香港，相比之下，物价最高，游客减少，跨国公司撤走外资，香港经济竞争力下降。香港特区政府虽然下大力气调整结构，但是结构调整和产业升级不是一朝一夕能见成效的。

2. 20世纪80年代以来，香港越来越多的工厂、车间内迁，使得香港经济结构中制造业的比重逐年下降，1970年香港工业产值占GDP的30.9%，而到1997年则降到7.3%，大大低于中国台湾地区的30%和韩国的30.3%(1999年仍为21.3%)。据国际经济数据统计，1元的制造业产值可以带动1.8元的服务业产值;1个制造业工作岗位可以带动3个服务业工作岗位。1970年香港地区制造业就业占全部就业的47.7%，而1997年则降到12.6%。如今，香港不能靠工业出口带动经济增长，也不能靠工业增长带动就业。香港今天的失业率仍在6%以上。香港是一个独立的经济体系。一个独立的经济体系要想稳定、持续增长，必须要有一个具有自身竞争力的制造业来支撑。没有工业基础的经济体系是脆弱的，是经受不了外部冲击的，最终会走向泡沫。

3. 中国香港地区薪金高，世界排名第二，仅次于美国。而在有些行业，香港则是第一，例如大学教授的薪金，香港为世界之最，香港大学教授的薪金为台湾的5倍，内地的数十倍。香港约有10%的人，或在政府任职，或由政府支付工薪，人数众多，加之薪金又高，不仅公务员的薪金高，私人企业雇员也是如此，致使经营成本上升，香港的高薪影响了它的经济竞争力。香港不仅薪金高，而且差距大。政府高官月薪二十多万港元，而最底层的公务员只有几千港元。私人企业有年薪 3 800 万港元的行政人员,而年薪不足 10 万港元的工人也大有人在。香港最高工薪与最低工薪之比约有四十多倍,而韩国只有 8 倍。香港的高薪是有其历史根源的。在七八十年代,香港经济快速增长,成为四小龙之首。由于经济的增长,收入随之提高,薪金迅速增加。同时,英国为了制造繁荣祥和的景象,慷港人之慨,大幅提高工薪,想借此来证明他们的"管治有方",以收买人心。在经济持续增长时,高额工薪尚可承受,当金融危机来临时,泡沫破灭,高工薪则成了经济复苏的拖累。加薪容易减薪难。香港虽然提出减薪、冻薪,以渡过难关,但是实际上收效甚微。面对周边国家的竞争和自身经济的迅速复苏,调整工薪成了增强竞争力的重要一环。

4. 长期以来,香港楼市炒风炽热,价格飞涨。高地价、高房价政策,使中下阶层置业难,中小企业办厂难。1996 年,香港房地产炒风更是吹起了楼市泡沫,楼价猛涨 60%,使房地产价格高到极不合理的程度,居民、企业皆难以承受。东南亚金融危机戳破了香港地区房地产泡沫,楼价虽然有所下跌,但香港的经营成本相对于邻近的东南亚国家和地区仍然偏高,地价、房价仍是构成成本压力的因素之一。香港仍需合理调整楼价,但是部分房地产商基于自身利益,违背经济规律,不顾香港经济大局,企图阻止楼价的调整。人们应该看到,正是由于十几年前的高地价、高楼价政策,将许多生产厂商赶到了中国内地或其他东南亚国家办厂,在今天香港经济复苏挣扎乏力之际,继续调整楼价,以降低成本、提高经济竞争力是完全必要的。

总之,与周边的国家和地区相比,香港地区经济复苏明显缓慢,复苏的动力并不是主要来自内部,而是来自外部。香港产业结构、经济结构尚未实现转型与升级,经济的调整还不到位,失业率仍居高不下。因此,不能说香港经济已雨过天晴,只是阴转多云,香港经济仍有隐忧。

香港经济转型势在必然*

一、香港经济的第三次转型

香港与中国内地由于地缘和血缘的关系，长期以来一直维持着密切的经济联系，并促进了彼此的经济发展。

在过去很长一段时期，香港经济的发展和繁荣完全依赖作为华南地区的转口贸易港，转口贸易占香港有形贸易总值的八九成。

20 世纪 50 年代初期，新中国成立以后，由于以美国为首的西方国家对中国实施禁运，给香港的转口贸易以沉重打击，为了生存，香港经济被迫转型。当时，由于有大量内地居民移居香港，其中不乏具有专门技能的企业家和其他专业人士，他们带来了巨额资金，由于香港本身天然资源极度缺乏，因此发展非资源性的劳动密集型制造业，就成了香港经济的惟一出路。香港顺利地实现了第一次经济转型。

1978 年以后，随着中国内地经济的改革开放，内地与香港地区的经济往来蓬勃发展，不仅在量的方面有了迅猛增加，而且也日益多元化。由于 80 年代以来，香港制造业生产基地逐步转移到内地，香港经济结构中的制造业比重下降，服务业比重上升。过去兴盛一时的转口贸易给香港带来了一个高效率的银行体系、发达的通讯设备和交通设施。如今，这些随着两地经济关系的迅速发展而获得进一步发展。过去，香港在制造业大发展时的贸易形态以本港产品出口为主，如今则又以转口贸易为主。转口贸易角色未变，其作用在变。香港顺利地利用自身优势，发挥着作为中国引进国外先进技术、商业知识以及海峡两岸贸易往来的转口港作用，再加上香港公司经营的境外贸易的不断增长，香港逐步发展成为区域贸易服务中心和金融活动中心，这就是香港经济的第二次转型。

目前，为适应世界经济全球化和科学技术的发展，检讨此次东南亚金融

---

* 本文原载于《中国市场经济报》，2000 年 2 月 24 日。

危机带来的冲击和危机后的经济复苏乏力,香港经济正在经历第三次转型。

当今科技进步势不可挡,互联网的普及和由于科技进步引发的资讯革命,大有“顺我者昌,逆我者亡”之势,香港要提高竞争力,保持国际中心和国际大都市的地位,只有转型为以知识为本的经济,才会给香港经济发展带来一个更广阔的空间,并且给香港经济带来一个健壮的机体,从而才会再现香港昔日的辉煌。因此,香港必须大力发展高科技产业。香港拥有一定数量的科研人才,一定的工业基础,健全的基础设施,高效的金融服务,卓越的管理技能,快捷的信息网络,再加上内地广阔的经济腹地和雄厚的科技力量,香港发展资讯科技、生物工程、现代化的中医药等行业是有条件的。

但是,在今后相当一段时期内,香港仍然应该发展某些劳动密集型产业,因为一来可以为高科技的发展提供必要的产业基础和协作配套体系,二来也可以借此缓解就业压力。当然,今日发展劳动密集产业绝不是要沿袭过去的老一套,而是要利用先进的高科技加以改造,使其升级换代,提高其科技含量,向着高增值方向发展。

二、深化与内地的合作

香港地区自然资源短缺,本地市场狭小,发展空间有限,对外依赖性强,因此,香港要实施第三次经济转型,实现经济的持续、稳定增长,确保国际中心地位和建成国际大都市,必须深化与内地的合作。

首先,要加强科技合作,两地有较强的互补性,合作潜力巨大。通过交流与合作,提高香港科技水平和工业结构升级;同时,对内地科技开发、成果转化也会有积极推动作用。合作方式包括高级人才培养、合作研制开发、科技成果转化、共同创办高科技企业以及合作引进智力与技术等。

其次,香港服务业要以新形式、高层次与内地合作,为内地经济服务,要积极拓宽金融、旅游等第三产业的合作领域。

再次,由于内地东部沿海地区成本上升,市场日趋饱和,因此港商应将其内地的生产和投资基地从东部转向中西部地区,以降低成本,开拓商机,在西部大开发中寻求新的经济增长点。

最后,港资企业要全面参与内地国企改革,通过参与国企改革,与内地企业建立联盟,增强经济实力与竞争力。

应该说,加强香港与内地的合作是可行的,合作领域是宽广的,是对双方都有利的,但是目前还是存在一些思想认识障碍。

例如，有人认为香港回归后，与内地的关系“不宜过分密切”，以防香港“中国化”。这种说法实在令人费解。香港回归后，固然是港人治港，实行“一国两制”，高度自治，但是“一国两制”首先还是一国，是在一个中国的大前提下的两种制度；港人治港，这里的港人首先还是中国人。香港既已回归，为何又要防止“中国化”呢？当然，“两制”是不能模糊的，必须切实执行，但是，“一国”也是必须清楚的，中国和中国人的观念也是不容动摇的。

又如，有人认为，内地经济落后，和内地合作，无助于香港优势的发挥。内地就整体而言，经济、科技还比较落后，但是也应该看到中国50年来的迅速发展和在某些领域里的世界水平。1999年10月，在北京举办的中华人民共和国50年成就展，以及随后在深圳举办的高科技交易会，是聚集了中国50年来、特别是近20年来经济和科技实力的一次展示，从中完全可以看到香港目前还存在的一些弱项，通过合作就可以弥补这些不足之处。

香港经济第三次转型的一个显著特点，就是香港已经回归祖国，在特区政府领导下实行“一国两制”和“港人治港”的方针。应该充分发挥“一国两制”的优势。一个国家两种制度的合作，应该是潜力巨大的，它不仅是政治层面的，也应该是经济层面的。在“一国两制”下，两地既有可能，而且也需要制定全面合作规划。过去的合作是自发的、零散的、局部的，今天则需要是有组织的、全面的、长远的，需要有一个权威性的协调机构，本着自愿互利、平等协商的原则，负责认真规划，进行宏观调控，在保持香港的国际特色和目标定位的同时，不断提高香港的经济实力和国际竞争力。

“戒急用忍”可以休矣！*

一、海峡两岸经贸关系迅速发展

1979年以来，海峡两岸经贸关系发展很快。据海关总署统计，1999年两岸贸易额为234.8亿美元，比1998年增长14.5%；其中，出口贸易额为39.5亿美元，增长2.1%，进口贸易额为195.3亿美元，增长17.4%；台湾地区贸易顺差为155.8亿美元，增长22.1%。自1993年以来，台湾对大陆的贸易顺差每年都在100亿美元以上，现在台湾累计与大陆的贸易顺差已达1 000亿美元，大陆已成了台湾最大的贸易顺差地。1998年台湾地区全球贸易顺差为59亿美元，而对大陆的贸易顺差为127.6亿美元，这就是说，若没有对大陆的贸易顺差，台湾早已是一个贸易逆差地区。

据经贸部门统计，截止到1999年5月，台商在大陆投资项目已达4.23万个，台资合同金额423亿美元，实际利用台资223亿美元。由于台湾当局的限制、阻挠，台商赴大陆投资往往是经第三地迂回进入大陆，所以，实际数字要远远超过官方公布的数字。

据台湾经济部门统计，已有70%的台湾制造业企业到大陆投资。迄今，台湾产品的近四分之一是销往大陆和香港，对外投资的将近五成是投到大陆各地，两岸经贸关系已密不可分。

现在，台商在大陆投资除了加工贸易、旅游、服务、房地产业外，还进入机械制造、电子、仪器以及农业等部门；投资类型也已呈现出多样化，除了劳动密集型、资本密集型外，还有技术密集型、知识密集型产业；投资地域从东部沿海逐步向中西部扩展；经营形态有台商独资、合资及合作经营；台湾大型企业来访大陆日益增多，在台湾排名前100位的企业，已有2/3组团来大陆考察，其中不少表示了愿意前来大陆投资的意向；台资向高科技领域发展，如合资发射“亚太一号”通讯卫星就是一例。总之，在贸易和投资迅速发

---

* 本文原载于《中国市场经济报》，2000年3月2日。

展、相互促进的同时，两岸在技术、金融、劳务等方面的合作也随之发展。两岸经贸合作已呈现出多层次、全方位发展的态势。

二、海峡两岸经贸关系仍未正常化

迄今，两岸经贸关系仍不能正常化，最大的问题是受政治干扰影响太大。李登辉的"戒急用忍"严重地影响了两岸关系、包括经贸关系的正常化。

首先，台湾当局仍拒绝直接"三通"，这严重阻碍了两岸经贸关系的发展。经第三地转口、转运，不仅费时、费力、费钱，贻误了时机，备受劳顿之苦，增加了中间费用，而且影响了产品的竞争力，丧失了在世界市场上的优势，在经济上蒙受了巨大损失。因此，台湾越来越多的有识之士及广大工商业者强烈要求直接"三通"。

拒绝"三通"不仅不得人心，事实上也是阻挡不了的。在两岸加入 WTO 后，根据世贸规则和国际规范处理两岸经贸关系已无可回避，直接"三通"是大势所趋。

其次，为了避免造成台湾对大陆经济的过分依赖，台湾当局抑制台湾资本大量流入大陆，采取"重南轻西"的政策，即鼓励向东南亚国家投资，如由官方出面主导与推行，对前往东南亚各国投资的台商提供帮助，给予优惠，允许公营企业及大型企业前往投资，此即"南向"政策；而对前往大陆的投资则百般阻难，给予种种限制，如规定投资额不得超过 3 000 万美元，不许投资基础设施领域，不许投资高科技部门等等，而且申请审核手续繁琐，时间旷日持久，此即"西进"政策。

然而，台商在东南亚投资并非没有风险，如政治不稳定，治安状况欠佳，币值不稳，行政效率低下，基础设施落后，特别是语言上的障碍。此次东南亚金融危机使投资东南亚的台商损失惨重，资料显示，仅在印度尼西亚的政治经济危机中，台商就损失近八成；台商企业在泰国普遍缩水 30%—80%。"南向"政策在台湾岛内遭到了强烈的抨击和抵制，纷纷要求当局检讨对大陆的政策，放松对大陆投资的限制。

尽管台湾当局鼓励"南向"，阻拦"西进"，但是台湾资本流向东南亚的仅占 17.9%，而流向大陆的仍占 43.9%。大陆整体投资环境好，台商在大陆投资不仅能享受到"外商"的待遇，还能享受"同胞"的政策，台商在大陆投资能得到真正的实惠，这是台资涌向大陆的根本原因。

中国大陆实行改革开放政策以来，总体经济实力和潜力大增，西方国家主流观点认为,21 世纪的中国将成为全球经济强国,因而各国大幅调整对中国的政策,积极发展与中国大陆的关系。台湾当局若仍坚持其舍近求远的政策,肯定会对台湾地区经济造成更为严重的影响。

三、海峡两岸经贸关系正常化是台湾地区经济发展的关键

两岸经贸关系的发展对台湾地区经济的长期成长带来了深远影响,这已是客观事实。

随着台商在大陆投资的不断增加,台湾对大陆的出口贸易迅速增长。这一方面是由于在大陆投资的台商可能需要在岛内采购所需的机器设备和原材料等,因而增加了台湾对大陆的出口;另一方面是由于台湾当局对中国大陆的进口实施管制,只允许少数大陆农产品、工业原料、半成品等经由第三地间接进口到台湾,加深了台湾经济对中国大陆市场的依赖。20 世纪 90 年代以来,台湾对大陆每年均有一百多亿美元的贸易顺差,表明大陆已成为台湾仅次于美国的第二大出口市场,如果这样继续发展下去,中国大陆(包括香港和澳门)市场有可能很快就会超过台湾地区传统的最大出口市场美国,而成为台湾最主要的出口地区。

同时,由于台湾当局限制向大陆出口产品的种类,不准台湾的中上游产业前往大陆投资,因而大陆所需的一些技术设备、中间原料等就有可能由美、日、韩等国在大陆投资的厂商所提供。因此,就形成了这样一种局面,即大陆对台湾的进口依赖,远远低于台湾对大陆的出口依赖。

此外,台湾在大陆投资的企业,大多是主要从事对外贸易,或者是主要生产外销产品的企业。他们大多是台湾外销的主力,拥有优质的生产技术、经营管理能力以及海外市场的网络联系,这不能不给仍在台湾岛内的同行带来巨大的竞争压力,促使中国大陆的产品在国际市场上的占有率日益上升,而台湾产品的国际市场占有率日益下降。以海峡两岸在美国和日本这两个传统市场的占有率为例:1986 年中国大陆对美国市场占有率为 1.29%,台湾地区为 5.37%;1991 年中国大陆对美国市场占有率为 3.99%,台湾地区为 4.77%;1997 年中国大陆对美国市场占有率为 7.3%,台湾地区为 3.75%。同样,中国大陆和台湾地区对日本市场占有率,1986 年分别为 4.49%和 3.71%,1991 年分别为 6.01%和 4.00%,1997 年分别为 12.34%和 3.68%。显而易见,中国大陆产品在这两个市场的占有率不断上升,而台湾地区产品在这两个市场的占有率则不断下降。

众所周知，台湾地区一向都是依靠出口来推动其经济的成长。台湾要想维持其经济持续增长与物价相对稳定，除了扩大岛内消费与投资的内部需求外，最重要的就是应该抛弃"戒急用忍"，实现海峡两岸经贸关系正常化，积极扩大两岸之间的合作与交流，开放两岸之间的直接贸易，积极鼓励台商到大陆投资。这既带动了台湾经济的需求和贸易扩张，也促进了海峡两岸的共同繁荣与发展。

吴文武《跨国公司新论》序*

20世纪90年代是人类从工业化时代走向信息化时代的重要转折时期。随着冷战的结束和科学技术革命的迅速发展,世界经济全球化和信息化的浪潮迅速向前推进。跨国公司是世界经济全球化和信息化的主要推动力量。据联合国《1999年世界投资报告》,目前全球共有6万家跨国公司,子公司和分支机构约有50万个,其生产总值已占世界总产值的25%,控制世界贸易额的65%以上,此外还控制着世界工艺研制开发和技术转让的80%和世界对外投资的90%。

当前中国改革开放正处于新的发展时期。中国经济要想实现现代化,中国企业要想走向世界,必须了解跨国公司,同跨国公司合作,与跨国公司竞争,培植自己的跨国公司。吴文武同志的《跨国公司新论》一书的出版,显然对我们研究上述问题是有重要意义的。

全书共由三个版块组成,第一个版块是对各种主要跨国公司理论进行了述评,实证分析了跨国公司的产生、发展、现状及未来趋势;第二个版块是研究中国市场的魅力和外国跨国公司的进入,分析了中国市场的开放和发展态势,考察了跨国公司的对华投资及其正负效应,论述了我国利用外资的战略创新,探讨了开放经济中民族经济的适度保护战略;第三个版块是中国经济的发展和走向世界的中国跨国公司,考察了中国跨国公司的现状及其与外国跨国公司的差距,研究了组建中国跨国公司的途径和方式,论述了中国跨国公司的战略选择等。

《跨国公司新论》一书,可以说是对跨国公司从微观到宏观、从理论到实践、从历史到现状、从中国到外国进行了立体的、深入的剖析和研究。特别难能可贵之处,是作者在探索有关跨国公司的本质与特征、跨国公司的合作与竞争等一些重要问题上所表现出的理论勇气和创新精神。

例如,《跨国公司新论》在肯定跨国公司直接投资对中国经济的发展产

* 本文原载于吴文武著:《跨国公司新论》,北大出版社2000年版。

生了重要作用的同时，也指出了利用外国直接投资并不是越多越好，而从理论和实践的结合上研究了利用外国直接投资的“度”的最佳点，提出了中国利用外国直接投资的适度规模，作者运用计量模型和时间序列回归模型，分别预测了1999—2005年中国利用外国直接投资的适度规模。

又例如，《跨国公司新论》一书提出，为了有效地消除经济发展所面临的结构性矛盾，为了有利于形成公平竞争的投资环境和消除制约经济发展的体制性因素，引资战略应不断创新。在分析、研究了理论界、企业界及政府部门提出的众多引资战略后，作者提出我们新时期的引资战略应是“自主型产业导向引资战略”，论述了实施这种引资战略的必要性及其优势所在。

再例如，《跨国公司新论》一书在分析了中国跨国公司对外投资现状、存在的问题和当前所处环境的基础上，提出了大力发展中国跨国公司的国家战略，即“在国家宏观指导和支持下，以大企业、大集团为龙头，鼓励多层次参与，并以国内经济为后盾的进军全球500强梯队战略”。这就是要从国家发展的战略高度，根据企业的不同优势和特点，组成不同的企业梯队，并促进企业在发挥各自优势的基础上，加强相互间纵向和横向联系，实现优势互补，达到功能上的整合，在市场竞争中实现优胜劣汰，使得大企业、大集团不仅更大，而且更为重要的是更强，直至进入世界500强行列。

此外，《跨国公司新论》还对全球跨国公司的产生和发展进行了历史考察，阐述了跨国公司发展的不同阶段及各阶段的不同特征；还分别从有形资源和无形资源的角度，对人力资源进行了分类和分析，提出了中国跨国公司人才配置战略和机制；对中国跨国公司跨国投资经营的创新体制进行了深入探讨，等等。作者在这些方面均提出了许多独到见解，将会给读者以新的启示。

《跨国公司新论》一书是吴文武同志在其博士论文的基础上进一步修改加工而成的。在北京大学学习期间，他夜以继日，苦读三年，呕心沥血，最后终于完成了这一专著，被专家誉为“近年来少见的优秀博士论文”。

全书结构严谨，逻辑性强，所用资料系统、全面、新颖、翔实，见解有创新，分析有深度，结论有说服力；在方法上，将定性分析与定量分析相结合，既有理论分析，又有实证分析。表明作者既有深厚的理论功底和科研能力，又在科学的攀登上脚踏实地，具有刻苦求索的良好作风和勇于创新的开拓精神。我相信《跨国公司新论》的出版，定会引起理论界、企业界对跨国公司问题的广泛兴趣，并推动经济学及其他相关社会科学研究工作的进一步发展。

“一国两制”的国际意义*

——纪念香港基本法颁布10周年

“一国两制”构想是作为解决中国的国家统一问题而提出来的，但作为一种具有高度创造性的政治理论，它所涉及的问题如主权问题、和平问题、国家结构问题、制度创新问题，以及实现国家统一问题，都是国际性的。而且，它在实践中所提供的成功范例，如体现“一国两制”的香港基本法、澳门基本法，以及香港、澳门的顺利回归，都具有深远的历史意义和重大的国际意义。这正如邓小平同志在评价香港基本法时所说的：“说它具有历史意义，不只对过去、现在，而且包括将来；说国际意义，不只对第三世界，而且对全人类都具有长远意义。”①

一、“一国两制”构想是伟大的历史性创举

“一国两制”的构想虽然不是发端于香港问题，但却首先实践于香港。香港基本法正式颁布已整整10年。从1997年7月1日起，基本法已正式在香港特别行政区实施。

基本法是“一国两制”的成功体现，是“一国两制”在实际执行中的法律保障。因此，要坚定不移地推进“一国两制”，彻底实现国家的统一，就必须保证基本法的正确实施，维护基本法的权威。

香港问题和澳门问题成功解决的事实证明，“一国两制”的构想是科学的、正确的，用于解决国家统一问题是切实可行的。香港、澳门的回归，为实现祖国和平统一起到了示范作用，台湾问题的解决将是中国走向完全统一的最后重任。

台湾问题的解决是关系到整个中华民族统一和振兴的大事，是关系到

---

* 本文系在2000年4月于北京召开的“纪念香港基本法颁布10周年”学术讨论会上的发言。

① 《邓小平文选》第3卷，人民出版社1993年版，第352页。

整个地区和平与稳定的大事。如果台湾问题最终按"一国两制"的构想得以解决,这将又是一个历史性创举,无论在国家结构形式上,还是在国家管理方式上,以及在解决矛盾和争端上,都是对中国、乃至世界文明作出的伟大贡献。

"一国两制"的中国意义,就在于这一构想是对中国传统的国家形式的结构性突破,以及对中国统一大业的实质性开拓。

"一国两制"的构想和实践所具有的创造性意义是多方面的,它既顺应了要求实现中华民族统一的强烈渴望,又超越了传统的实现国家统一的形式和途径。

"一国两制",一方面规定了代表中国的是中华人民共和国,宪法赋予了中华人民共和国最权威的合法性;同时,又在一国之内保持两种社会制度的并存,和平共处,共同发展。这是一种创举,它超越了传统的国家结构形式,正是这种理论创新,使"一国两制"对中国统一大业作出了实质性开拓,使几代中国人梦寐以求的国家统一理想变为现实。

二、"一国两制"构想具有深远的国际意义

"一国两制"既是根据中国的历史和现状,以及满足大多数人的意愿而提出的创造性国策,也是根据当今世界现实,适应国际形势变化的新格局而提出的战略性构想。

"一国两制"是个新事物,是中国的新发明,它允许两种对立的社会制度同时存在于一个国家内,让它们和平共处,共同发展,这在理论上和实践上都是史无前例的,它的提出是需要有卓越的政治胆略和极大的理论勇气的。从世界历史来看,还没有哪一个政府制定过这样开明的政策,今天世界上也没有哪一个资本主义国家敢于让对立的社会主义制度存在于它们的国家之内,是中国首先提出了这个构想,只有社会主义中国才有这样的胆略,而这个胆略的基础就是社会主义制度的先进性以及社会主义国家的坚实基础。

邓小平同志作为一位杰出的战略家,他以政治家的风度,用宏观战略的眼光分析事物,观察世界,着眼于长远,着眼于大局,他思维敏锐,高瞻远瞩,举重若轻,处事果断,处处表现出非凡的战略眼光,战略勇气,战略胆识和战略艺术。随着国际形势的变化,邓小平同志敏锐地提出当代世界主题的新的论断,并以大胆的构想对世界和平与发展作出了积极的贡献。

社会主义与资本主义两种制度并存是客观现实。既然社会主义还不能

“战胜”资本主义或“取代”资本主义，而资本主义无论用公开制裁或和平演变的方式也无法颠覆、搞垮社会主义。世界的现实表明：两种制度将长期存在，双方不仅有矛盾、斗争，而且还相互依存、互补互利，因此，和平共处不可避免。

著名政治家、英国前首相丘吉尔却认为，资本主义和社会主义之间有一道不可逾越的屏障，他把此视为“铁幕”(Iron Curtain)，他以宣传社会主义的恐怖神话为前提，视社会主义为“魔鬼”、“邪恶的力量”[①]，挑起东西方的一次次冲突。丘吉尔是“铁幕”理论的炮制者和鼓吹者，他呼吁“铁幕”的资本主义一侧联合起来，共同对抗社会主义，用遏制、制裁等手段来防止共产主义蔓延，这就是西方竭力推行的冷战政策，企图以损害社会主义和第三世界为代价来谋求自身发展。[②] 历史证明，这是一种头脑僵化，目光短浅，缺乏政治想像力的思维方式。首先，“铁幕”理论是以谋求与“铁幕”另一侧的对立为前提的，这必然带来“铁幕”两边的猜忌、仇视和对抗的加剧，导致“铁幕”两边的军备竞赛日益升级和人力、物力、财力的极大浪费；其次，“铁幕”的资本主义一侧即使有所发展，也是片面的、不可能持久的，依靠掠夺、损害其他国家利益而求得发展，最终也带来了影响自身发展的障碍，这就是困扰当今世界经济发展的最大障碍之一的南北矛盾。

和“铁幕”理论的思维方式不同，“一国两制”构想破除了“铁幕”的神话和迷信，打开了人们的眼界，两种社会制度不是彼此封闭地发展，两者之间不存在一条不可逾越的屏障。

人类社会是一个自然的历史过程。资本主义和社会主义是这个自然历史过程中的两个不同阶段。这两种制度在当前世界共存，它们的产生、发展是由社会经济水平决定的，它们最终的发展趋势也将由社会经济程度所决定。两种社会制度的共存是客观存在的，既不能借助于某种力量将其消除，也不应人为地用“铁幕”将两者分隔，只能让两种制度在运行中并存发展，在交往中相互竞赛，在竞赛中显露其优劣和长短，让人民作出最终的裁判和选择。

丘吉尔在其行将退出历史舞台的时候曾写道：“我殷切地希望，新的一代能够纠正以前的一些错误，从而根据人类的需要和光荣，控制正在展开的

---

① 丘吉尔：《不需要的战争》，漓江出版社 1991 年版，第 199 页。
② 丘吉尔：《欧洲联合起来》，商务印书馆 1977 年版。

可怕的未来景象。”[1] 但是,需要纠正以前的一些什么错误呢? 如何去控制那可怕的前景呢? 丘吉尔缺乏政治想像力和政治胆略,没有提出任何具体的办法。

“铁幕”理论确实给战后带来了可怕的景象:冷战的加剧,矛盾和冲突的不断,军备竞赛的升级,使得整个世界处于战争和毁灭的阴影之下。

各国实行何种社会制度,这是各国人民自己的选择,别国无权干预。各国既然生活在同一个星球上,就应和平共处,共同发展。特别应该指出的是,今天的经济全球化和科学技术的发展使得跨越不同地域之间的时间大大缩短了,各国之间的相互依存日益加深。人类面对的许多挑战往往超越国界,出现了许多属于全人类面临的共同性问题,例如,经济关系,贸易往来,金融合作,科技发展,生态平衡,环境保护,减灾救灾,预防犯罪,禁绝毒品,反对恐怖活动,防止核扩散等。这些问题不具有社会制度的属性,在这些问题上各国之间存在着共同利益,需要而且能够通过合作为全人类造福。

总结国际关系的实践,最具有生命力的就是和平共处五项原则——互相尊重主权和领土完整、互不侵犯、互不干涉内政、平等互利、和平共处。这就是说,在和平与发展成为当代世界主题的新时期,要在世界上实现稳定的持久和平和普遍的经济发展,就必须彻底摒弃“铁幕”理论、冷战思维,纠正按社会制度、意识形态搞“集团扩张”、“势力范围”的陈旧观念,而坚持以和平共处五项原则作为处理国与国之间关系的惟一准则。

“一国两制”和香港基本法的世界意义,就在于这一创造性思维和伟大创举为在世界范围内解决历史遗留问题或现存国际争端提供了一个成功的、最具借鉴性的范例,是对20世纪世界文明作出的最大贡献。

香港问题的和平解决,使英国体面地摆脱了那种早已不光彩的殖民统治形象,使英国在世界上赢得了良好的政治声誉;同时,英国在中国香港地区的利益也得到了照顾,英国的投资得到了保护,英籍公务员也得到了继续留用的机会;更重要的是,中英两国间的历史阴影被清除了,中英关系能够得以进一步发展,这必将极大地扩展两国交流往来的广度和深度,尤其给双方的经济合作提供了更多的机会,这无疑对中英双方的经济发展都是有利的。

香港的顺利回归,保持香港的自由港地位和国际金融、贸易中心,这对东亚地区国家,以及对美、欧、非各国的经济交流都是有利的,世界各国际组

---

① 丘吉尔:《不需要的战争》,漓江出版社1991年版,第2页。

织在香港地区的经济、文化活动可以继续进行,各国通过香港这个特殊的窗口和桥梁,可以继续向中国投资,扩大与中国的经贸交流和文化联系。

台湾问题是中美关系中的一个主要障碍,甚至可能发展成为两国关系中爆发性的热点问题。如果采用"一国两制"的办法,不仅和平地解决了中国的统一,美国的利益也不会受损,中美之间这个焦点也消失了,这对太平洋地区和全世界的和平稳定都是一件大好的事情。

前任联合国秘书长佩雷斯·德奎利亚尔说:"在紧张和对抗不幸地笼罩着世界许多地区的时候,对香港未来地位的谈判取得成功,将毫无疑问地被认为是在当前国际关系中有效地、静悄悄外交的一项极为突出的范例。"①

英国前首相玛格丽特·撒切尔夫人说:"'一国两制'的构想,即在一个国家中保留两种不同的政治、社会和经济制度,是没有先例的,它为香港的特殊历史环境提供了富有想像力的答案。这一构想树立了一个榜样,说明看来无法解决的问题如何才能解决以及应该如何解决。"② 她还说:"果断的胜利是能够取得成功的,对抗则必将导致灾难;亲善和友谊能够克服误解;历史遗留下来的无法解决的问题能够通过对未来富有想像力的做法得到解决;国际生活中的分歧能通过保持有关社会的自治和特性得到解决。"③

当时担任英国外交大臣的杰弗里·豪也说:"这种和平解决国内与国际争端的方法,为全世界树立了合作的榜样。"

参加《中英联合声明》草签的英方代表团团长、英国驻华大使里查德·伊文思说:"《联合声明》体现了'一个国家、两种制度'这个富有想像力的构想,并且证明了和平谈判是解决历史遗留下来的问题的最好办法。"④

"一国两制"所具有的国际意义,将随着历史的发展越加显示出它的魅力和威力。世界将会在"一国两制"的影响下,实现政治和谐、社会稳定、经济发展;中国将会在"一国两制"的框架下,实现国家统一、民族团结、人民富裕。

我们期待着中国实现完全统一的日子早日到来!

我们期待着中华民族繁荣昌盛的时代早日来临!

---

① 《红旗》,1984年第20期,第23页。
② 《人民日报》,1984年12月24日。
③ 《人民日报》,1984年12月20日。
④ 《人民日报》,1984年9月27日。

中国入世与海峡两岸经贸关系*

一、经济全球化是当今世界经济发展的重要特点

近一二十年来,由于经济全球化的迅速发展而成为世界经济发展中的重要特点和明显趋势。它一方面促进了贸易往来的扩大,资本流动的加快,从而推动了经济国际化,乃至文化交流、民族融合的进程,同时也对整个世界经济全局与结构造成了冲击,在带动世界经济更快发展的同时,也带来了激烈的竞争和更大的风险。正是由于它对整个世界经济和各国经济的影响越来越大,以致人们不得不正视它、关注它。

其实,经济全球化绝不是近一二十年才出现的。所谓经济全球化,简单地说,即指世界各国经济相互联系、相互依存、相互渗透和相互融合的逐步发展、逐步深化的动态过程,在这个过程中,阻碍商品、信息等生产要素跨国自由流动的各种壁垒不断减少,生产要素在全球的最优配置不断增强,世界经济逐渐形成一个整体。可见,经济全球化是一个长久的历史过程,它是生产力发展的必然结果,其根本动力是科学技术的进步。20 世纪 80 年代以来,卫星通讯技术、微电子技术的进步和广泛运用,国际互联网的开通,为全球化生产要素的流动提供了强大的技术支持,促进了国际分工的扩大和深化,使得相互联系、相互依赖的各国经济逐渐融为一体,向着经济全球化的方向迅速发展。

经济全球化主要表现为生产全球化、贸易全球化和资本全球化。可以说,企业的跨国化和经济信息化是带动经济全球化的两个火车头。跨国公司利用先进科学技术在世界各地开展的生产经营活动,必然带来资本、技术及服务在各国之间的转移,从而推动贸易、生产、服务及资本的全球化;而信息技术革命正在改变人们的时空观,推动工业经济向知识经济转变;信息网络化把世界经济用网络联结成一个整体;经济信息化使生产要素的流动更

* 本文系参加台湾淡江大学于 2000 年 12 月举办的“经济国际化——两岸经济合作”学术研讨会上的发言,原载于《领导之友》,2001 年第 1 期。

加快捷,效率更高,成本更低,使跨国公司能够实施全球范围的最佳资源配置和生产要素的合理组合,真正意义上的经济全球化是在经济信息化和网络化后出现的。

但是,经济全球化并非一首各国利益均沾、共同繁荣富裕的田园牧歌,而是一把双刃剑,它既可能带来巨大的国际分工利益,又蕴含着风险,在加速世界经济发展的同时,也扩大了贫富国家之间的差距。经济全球化使各国经济的相互依赖程度加深,任何一个国家内部的经济失衡,都会演变成为外部失衡,进而很快影响到与其具有紧密贸易和投资关系的国家,最后极有可能将所有国家和地区不同程度地引入经济动荡和危机境地。20 世纪 80 年代拉美国家发生的债务危机和 1997 年东亚金融危机都给发展中国家带来了灾难性后果。

面对经济全球化的利弊,各国都在适时调整经济结构和政策,进行制度创新和科技创新,趋利避害,抓住全球化带来的机遇,加快经济的健康稳定发展。与此同时,也要改革不合理的国际经济旧秩序,建立国际经济新秩序,使之有利于国际经济的稳定增长和发展中国家的发展,实现各国经济的共同发展,这应是新世纪世界各国的共同责任。

二、加入世界贸易组织是中国改革开放的一个国际目标

1978 年以前,中国大陆一直实行传统的计划经济,1978 年以来,逐渐向市场经济过渡。

改革开放二十多年来,市场取向改革使中国大陆经济与全球经济的融合不断深入。自 1993 年以来,中国是引进外国直接投资最多的发展中国家,现在实际利用的外国直接投资额已经达到 3 000 多亿美元,中国大陆的对外贸易与 GDP 的比已经超过 30%,中国经济已经是全球经济不可分割的一部分。

加入世界贸易组织(WTO),实际上是中国大陆改革开放的一个国际目标,这种要求是中国改革开放的一个很重要的推动力。中国大陆从传统的高度集中的计划经济跨入 WTO 这样一个反映经济全球化的国际经济组织,经历了 14 年时间。1999 年 11 月 15 日,中美就中国加入 WTO 达成了协议,2000 年 5 月 19 日,中欧也就中国加入 WTO 达成了协议,这就使中国加入 WTO 的进程大大加快。

加入 WTO 是中国与世界经济融合不断深化的结果,也必将进一步推

动经济全球化的进程，为加入该组织，中国经济进行了持续深入的改革，也作出了范围广泛的承诺。入世后，中国经济会更紧密地与世界经济相融合，整个经济的发展也要接受多边贸易规则的约束，目前面临的主要问题是：

1. 传统计划经济体制的影响较深，市场化过程太短，企业对国际市场缺乏了解，改革开放的工作还有很长的路要走。

2. 条块分割、部门利益、尤其是地方利益很突出，“诸侯经济”的问题还很严重，对内开放的工作还很艰巨。

3. 加入 WTO 与国际接轨，在体制、政策、法规、甚至思想观念上还有很多工作要做。

加入 WTO，实质上是开放市场，自由竞争。在中国对外国产品和企业开放国内市场的同时，也会为中国产品和企业带来进入世界市场的商业机会。但是，能够进入世界市场的产品，只能是具有比较优势的产品，能够角逐世界市场竞争的企业，也只能是具有国际竞争优势的企业。因此，大陆企业还需要加强结构调整和深化内部改革，以提高企业和产品的竞争力。

对中国来讲，加入 WTO 后，将会吸引更多的外国投资，引进更多的技术和设备，扩大中国对外贸易，增加就业机会，加快市场化改革进程。因此，中国入世将会对中国 21 世纪的经济走势、乃至整个发展战略产生巨大影响，其经济意义不亚于 1978 年推行的经济改革和对外开放政策。

三、加入 WTO 是解决两岸经贸问题的契机

1979 年以来，两岸经贸关系发展很快。据统计，1978 年，两岸经香港转口的贸易仅为 4 679 万美元，其中台湾从大陆的进口为 4 674 万美元，占 99.9%，大陆从台湾的进口不到 5 万美元，仅占 0.1%左右。1999 年，两岸贸易额已达 234.8 亿美元。其中台湾从大陆的进口为 39.5 亿美元，大陆从台湾的进口为 195.3 亿美元，台湾方面贸易顺差达 155.8 亿美元。自 1993 年以来，台湾对大陆的贸易顺差几乎每年都在 100 亿美元左右，累计顺差已达 1 000 亿美元，大陆成了台湾最大的贸易顺差源。2000 年上半年，两岸贸易额为 153 亿美元，全年贸易额达到 323.8 亿美元，占台湾同期对外贸易总额的 11.2%。贸易顺差上升到 199.4 亿美元，同比增长 28.7%，台湾对大陆贸易顺差达 92.26 亿美元，同比增长 19%。2000 年台湾对全球贸易顺差是 83 亿美元，而对大陆的贸易顺差是 200 亿美元，这就是说，若没有对大陆的贸易顺差，台湾早已是贸易逆差地区。

据台湾经济部门的统计，2000年上半年，经其核准的赴大陆投资案共341件，同比增长67.8%，投资金额达11亿美元，同比增长129.56%。据台湾有关部门公布的最新统计数字显示，2000年1—10月，台湾对大陆投资总额已达20.1亿美元，同比大幅增长98%。现在台商在大陆的投资项目已达40 000多项，合同金额达400亿美元。

台商在大陆的投资除了加工贸易、旅游服务、房地产业务外，还进入机械制造、电子、仪器以及农业等部门；投资类型也呈现多样化，除了劳动密集型、资本密集型外还有技术密集、知识密集型产业；投资领域也从东南沿海地区逐步向中西部扩展；经营形态有台商独资，也有合资、合作经营。在贸易和投资迅速发展、相互促进的同时，两岸在技术、文化、劳务等方面的合作也在展开，两岸经贸合作已呈现出多层次、全方位发展的态势。

必须指出，两岸经贸关系仍未正常化，仍存在许多问题，如贸易不平衡，不能实现直接贸易，在进出口和投资方面仍存在许多限制。最大的问题是受政治干扰太大。显然，困扰两岸经贸关系的问题不解决，两岸经贸关系不能进入正常状态，不仅进一步迅速发展很困难，眼下的良好发展势头也难以保持下去。由于众所周知的原因，要从政治上解决问题，需要一个时间过程，而人们又不能等政治问题完全解决后再来发展经贸关系，那么，在政治问题没有取得突破的情况下，如何保障两岸经贸关系顺利、健康发展呢？笔者认为，两岸同时加入WTO，将对双方之间建立正常的经贸关系产生积极的作用。

由于种种原因，现在两岸都不是WTO成员，这给两岸都带来一些不利影响。由于两岸都不是WTO正式成员，都不能参与世界贸易规则的制定，因而各自的利益很难得到体现和保护。由于不是WTO正式成员，就无法享受WTO所规定的贸易原则，如国民待遇原则、非歧视原则、关税减让原则、争议仲裁解决原则等。因此，早在1986年7月，中国大陆就正式提出恢复关税和贸易总协定(GATT)的成员国席位；台湾方面也在1990年1月正式提出以"台澎金马独立关税领域"成为GATT的一员。WTO成立后，大陆与台湾都表示要加入该组织。加入WTO可能为解决两岸经贸问题带来新的契机，两岸之间可以、而且完全应该按WTO所确立的基本原则来约束两岸经贸关系，协商解决双方在经贸方面存在的问题，使两岸经贸关系得以健康的发展。

四、加入 WTO 后的两岸经贸关系展望

加入 WTO 后的两岸经贸关系将会怎样变化，这是令人瞩目的一个问题。

现在看来，两岸将会几乎在同一时刻加入 WTO，这一特殊的时间安排使海峡两岸双方基本上都不能参加关于对方能否加入 WTO 的谈判，都不能对对方加入 WTO 提出任何不切实际的要求。

但是，加入 WTO 后，根据 WTO 的规则，在一定条件和程序下，两个 WTO 的成员可以相互采用"互不适用条款"，从而相互不履行 WTO 成员的义务。

假如海峡两岸一方在加入 WTO 时，援引 WTO 协定第 3 条即采用"互不适用条款"，经 2/3 成员国同意，就可以不对对方履行 WTO 成员的义务；如果一方认为对对方履行其成员义务将会影响其"安全"，采用 WTO 第 71 条的例外规定，也可能不对对方履行 WTO 成员的义务。如果上述情况发生，两岸经贸关系将会在现有基础上大大倒退。

两岸之间虽然存在采用"互不适用条款"的恶化经贸关系的可能性，但现实性不大。首先，大陆不会在入世时提出对台湾采用"互不适用条款"，台湾方面过去曾经有人主张采用"互不适用条款"，但目前也倾向于不采用这一条款，因为一来是担心如果采用这一条款，可能无法获得 2/3 的成员国同意，二来是担心会由此丧失在大陆的经济利益，三来是如果由于宣称将采用这一条款而影响其加入 WTO，将使台湾丧失更重大的经济和政治利益。

两岸都加入 WTO，而且相互不采用"互不适用条款"，从而在两岸间建立起了 WTO 架构下的经贸关系。根据 WTO 的规则，包括非歧视原则、最惠国待遇、国民待遇、关税减让等原则，双方必须在非歧视的条件下开展经贸活动，不得任意对对方的商品采取进口数量限制，或必须经过第三地方方可进入，或采用壁垒限制等。如果实施某种限制，亦必须符合 GATT 或 WTO 的规定。如果出现了 WTO 架构下的两岸经贸关系，无疑将会使两岸经贸关系得到进一步的发展。两岸经贸关系的新局面，将有助于两岸政治关系的改善，最终将促使两岸统一早日实现。

WTO 架构下的两岸经贸关系虽然是理想的、正常的两岸经贸关系，但实现起来可能不会是一帆风顺的。由于 GATT 及 WTO 条款的复杂性及两岸沟通管道的不顺畅，加上某些政治因素的干扰，有可能使两岸经贸关系在

WTO架构下产生新的波折，出现“有保留的WTO架构下的两岸经贸关系”，所谓“有保留的WTO架构下的两岸经贸关系”，就是两岸既不采用“互不适用条款”，又不完全按照WTO原则来开展两岸经贸活动，两岸经贸关系虽在WTO架构下进行，但范围、要求并不完全按WTO原则办事。这将是人们所不愿意看到的，对双方都没有好处，双方都应极力避免。

五、应对入世和经济全球化，两岸应加强合作和走向经济一体化

经济全球化实质上是全球范围内的市场化过程，随着经济全球化进程的推进，国际竞争日趋激烈。由于各国在发展水平、市场化程度和国际竞争力方面存在着巨大差异，经济自由化进程不可能同步推进，共同受益。因此，一些地区相邻、发展水平相近的国家或地区，为了保护自身利益，发展共同利益，相互提供贸易和投资便利，进行经济整合，促进经济一体化，形成了一些区域性或次区域性经济组织。欧洲统一大市场的形成和不断扩大，既加强了内部的经济实力，又使贸易保护主义进一步加强。北美自由贸易区的出现和正在建立的泛美自由贸易区，不仅是为了回击“欧洲堡垒”，也是为了对抗日益崛起的亚洲国家。在亚洲内部，一些发展中国家和地区为了解决狭小的市场空间，促进发展，也在实施经济区域化发展战略，积极扩大区域经济组织，努力拓展经济空间。

现在的问题是，在集团林立、竞争激烈、贸易保护主义日趋猖獗的世界上，海峡两岸，乃至海峡两岸暨香港、澳门特别行政区的中国人出路何在？如何为中国人在这个世界上争得应有的一席之地？以中国大陆、台湾、香港、澳门各自的经济实力而言，是无法和欧美的任何一个经济集团相抗衡的，海峡两岸暨香港、澳门特别行政区需要一种更宏观的视野和更前瞻的考量，如果联合起来，形成合力，实现经济和科学技术的全面合作，则潜力惊人，前景喜人，其优势和效益将无可限量。因此，应对经济全球化，最大限度地发挥海峡两岸暨香港、澳门特别行政区的规模效益、分工效益，实现资源优化配置，提高国际竞争力和经济实力，以最有力的态势与区域外竞争，进行经济整合，实现经济一体化乃是历史的必然。

现在海峡两岸暨香港、澳门特别行政区经济联系迅速发展，相互渗透、相互依赖日益加深，四方经济互为利益格局的建立，是推动各方经济合作与

发展和走向经济一体化的动力。

事实表明，在急剧变化的世界经济格局中，中国大陆、台湾、香港和澳门欲使自己的经济稳定增长，顺利发展，不受制于他人，逐步推进经济一体化，形成完整的中华经济圈乃是必由之路。

现在两岸正处于入世和建立起 WTO 架构下正常的经贸关系的大好时机，切莫错过这一有利的历史良机，为两岸人民的福祉，为中华民族的振兴，携手合作。这是一个有着辉煌历史的民族的希望所在。

经济全球化与海峡两岸经贸发展及四地经济整合前景*

一、世界经济全球化的趋势

经济全球化已成为当今世界经济发展的重要特点和明显趋势。

所谓经济全球化即指世界各国经济相互联系、相互依存、相互渗透和相互融合的逐步发展、逐步深化的动态过程，在这个过程中，阻碍商品、信息等生产要素跨国自由流动的各种壁垒不断减少，生产要素在全球的最优配置不断增强，世界经济逐渐形成一个整体，从而促进了贸易往来的扩大，资本流动的加快，以及世界经济的更快发展。可见，经济全球化是一个长久的历史过程，它是生产力发展的必然结果，其根本动力是科学技术的进步。20世纪80年代以来，卫星通讯技术、微电子技术的进步和广泛运用，国际互联网的开通，为全球化生产要素的流动提供了强大的技术支持，促进了国际分工的扩大和深化，使得相互联系、相互依赖的各国经济逐渐融为一体，向着经济全球化的方向迅速发展。

经济全球化主要表现为生产全球化、贸易全球化和资本全球化。企业的跨国化和经济信息化是带动经济全球化的两个火车头。跨国公司利用先进科学技术在世界各地开展的生产经营活动，必然带来资本、技术及服务在各国之间的转移，从而推动贸易、生产、服务及资本的全球化；而信息技术革命推动工业经济向知识经济转变；信息网络化把世界经济用网络联结成一个整体；经济信息化使生产要素的流动更加快捷，效率更高，成本更低，使跨国公司实施全球范围的最佳资源配置和生产要素的合理组合；真正意义上的经济全球化是在经济信息化和网络化后出现的。

但是，经济全球化并非一首各国利益均沾、共同繁荣富裕的田园牧歌，而是一把双刃剑，它既可能带来巨大的国际分工利益，又蕴含着风险，在加

---

* 本文原载于《经济界》，2001年第4期。

速世界经济发展的同时，也扩大了贫富国家之间的差距。面对经济全球化的利弊，各国都在适时调整经济结构和政策，进行制度创新和科技创新，趋利避害，抓住全球化带来的机遇，加快经济的健康稳定发展。与此同时，也要改革不合理的国际经济旧秩序，建立国际经济新秩序，使之有利于国际经济的稳定增长和发展中国家的发展，实现各国经济的共同发展，这应是21世纪世界各国的共同责任。

二、海峡两岸经贸关系正常化的选择

在过去的20年里，海峡两岸经贸关系发展很快。1979年两岸贸易额不足1亿美元，1999年已达234.8亿美元。2000年贸易额更突破了300亿美元，达到323.8亿美元，占台湾地区同期对外贸易总额的11.2%。贸易顺差上升到199.4亿美元，创历史新高。90年代以来，台湾对大陆贸易顺差逐年增加，累计顺差已突破1500亿美元，大陆已是台湾最大的贸易顺差地。2000年台湾对全球贸易顺差是83亿美元，而对大陆的贸易顺差是200亿美元，这就是说，若没有对大陆的贸易顺差，台湾早已是贸易逆差地区。

2000年，台商投资大陆的金额与件数都明显增加。全年投资金额达26.7亿美元，比上一年增长108.11%，件数增长72.13%。现在大陆的台资已超过50000家，台资合同金额已超过500亿美元。由于台湾当局的限制、阻挠，台资往往是迂回进入大陆，所以台商投资大陆的金额与件数的实际数字要远远超过官方公布的数字。"台湾中央银行"估计，台湾流向大陆的资金，累计金额达700亿美元，有人估计实际高达1000亿美元，但台湾当局掌握流向的金额竟然只有100亿美元左右。

两岸在贸易和投资迅速发展的同时，技术合作、金融合作等等也在迅速发展，两岸经贸关系已密不可分。

然而，迄今两岸经贸关系仍未正常化。"戒急用忍"这把枷锁严重影响了两岸关系的顺利发展，阻碍了两岸经贸关系的正常化，也影响了台湾经济的成长。

台湾当局禁止两岸直接三通，这不仅影响了台湾产品的竞争力，丧失了在世界市场的优势，在经济上也蒙受了巨大损失。为了抑制台湾资本流向大陆，台湾当局采取了"重南轻西"政策，即鼓励"南向"，限制"西进"。但是，资本总是"恋着"利润，商品和市场不能分离，哪里有市场，哪里有利可图，资本就流向哪里，就在哪里建厂立业，这是经济规律。大陆的综合国力，市场潜力构成了强大的诱人商机，它像磁铁一样吸引越来越多的资金、技术、人才前来大陆寻求发展，这不是任何行政措施和人为力量所能阻挡得了的。尽管台湾当局采取了种种限制措施，但岛内资本仍纷纷流向大陆。继传统产业相继外移后，现在台湾高科技产业也“忍”不住了，冲破阻力，奔赴大陆，又兴起了一股大陆投资热。

据 2001 年初《数位周刊》公布的调查结果显示，台湾高科技企业中已有 30.4%在大陆投资，有 59.3%的从业者今年将评估或直接赴大陆投资，有 88%认为台湾当局应立即松绑或尽快修正“戒急用忍”政策。《数位周刊》报道说，市场规模大，经营成本低，人才众多，以及同文同宗的文化或语言优势，是吸引台湾高科技企业登“陆”的主要原因。

企业外移，人才势必亦将随企业出走。在大陆的台商企业现共有台籍员工 50 余万人。据 2001 年 1 月的《商业周刊》对台湾 1 600 家绩优企业进行的调查显示，今年仅有 22.4%的企业有意在台招聘人员，却有 41.7%的企业准备在大陆招兵买马，总计大陆台商对中高级台籍科技管理人才的需求高达 4 516 人。

素有台湾“经营之神”美誉的台塑企业董事长王永庆最近上书台湾当局，要求尽快三通，全面开放企业赴大陆投资，否则台湾三年内就会完蛋。

最近一段时期，台湾股市重挫，大幅下跌，市场萎缩，百业不景，企业加速外移，失业率攀升，台湾经济面临困境。迫于来自各方面的压力，台湾当局表示，将以“根留台湾”取代“戒急用忍”，用“小三通”来应付各界强烈要求的直接“大三通”。显然，这并不能使台湾经济从根本上摆脱困境。

“小三通”，只限金门、马祖与福建之间，人、货不能中转，因而“似通非通”；大陆货物不能中转，台湾希望借“小三通”增加对大陆出口，这是单向通，而非双向通。三通不是口号，而是商机，作为政治手段而推出的“小三通”，实际经济意义不大。

经济全球化，给企业提供了更大的发展空间，企业应该走出去寻求更多的商机。不能把对外投资与“产业空洞化”划等号，正如同“两岸三通”与“国家安全”之间没有必然联系一样。事实证明，许许多多的企业海外发展，非但没有削弱母体，反而强化、壮大了母体。如果所谓“根留台湾”是把所有企业都绑在台湾，不许向外发展，那结果只能是“根烂台湾”。

2001 年，海峡两岸有望同时加入 WTO，届时三通问题将可迎刃而解，不通也得通。一旦两岸贸易按 WTO 规则进行，大陆商品进入台湾市场将无法限制，台湾长期以来单方面出超的局面将无法维持，双方贸易将趋于平衡，贸易顺差将大幅减少。20 世纪 80 年代末、90 年代初，台资占大陆外资的比重约为两成左右，现在大陆是吸引外资的世界第二大国，在亚洲的外资，有 60％都到了大陆，台资占大陆外资的比重已不足一成，随着大陆即将加入世界贸易组织，外资现在加快了进入中国大陆市场的步伐。

众所周知，台湾地区一向都是依靠出口来推动其经济成长。台湾经济若要真正发挥既有优势，保持经济持续稳定增长和物价相对稳定，除了扩大岛内的消费与投资需求外，重要之点就是迅速实现两岸经贸关系正常化，开放两岸之间的直接贸易，取消对台商到大陆投资的种种限制。这样既能带动台湾经济的需求和贸易扩张，也促进了两岸的共同繁荣与发展。

三、海峡两岸暨香港、澳门特别行政区经济整合的必然

经济全球化实质上是全球范围内的市场化过程，随着经济全球化进程的推进，国际竞争日趋激烈。由于各国在发展水平、市场化程度和国际竞争力方面存在着巨大差异，经济自由化进程不可能同步推进，共同受益。因此，一些地区相邻、发展水平相近的国家或地区，为了保护自身利益，发展共同利益，相互提供贸易和投资便利，进行经济整合，促进经济一体化，形成一些区域性或次区域性经济组织。欧洲统一大市场的形成和不断扩大，既加强了内部的经济实力，又使贸易保护主义进一步加强。北美自由贸易区的出现和正在建立的泛美自由贸易区，不仅是为了回击“欧洲堡垒”，也是为了对抗日益崛起的亚洲国家。在亚洲内部，一些发展中国家和地区为了解决狭小的市场空间，促进发展，也在实施经济区域化发展战略，积极扩大区域经济组织，努力拓展经济空间。

在集团林立，竞争激烈，贸易保护主义日趋猖獗的世界上，海峡两岸，乃至海峡两岸暨香港、澳门特别行政区的中国人出路何在？如何为中国人在这个世界上争得应有的一席之地？以中国大陆、台湾、香港、澳门各自的经济实力而言，是无法和欧美的任何一个经济集团相抗衡的，海峡两岸暨香港、澳门特别行政区需要一种更宏观的视野和更前瞻的考量，如果联合起来，形成合力，实现经济和科学技术的全面合作，则潜力惊人，前景喜人，其优势和效益将无可限量。因此，应对经济全球化，最大限度地发挥海峡两岸暨香港、澳门特别行政区的规模效益、分工效益，实现资源优化配置，提高国际竞争力和经济实力，以最有力的态势与区域外竞争，进行经济整合，实现经济一体化乃是历史的必然。

整合(Integration)一词源于拉丁文，其意是指"将各部分结为一个整体"。经济整合是指有关国家和地区，为了推动生产力发展和经济增长，使经济实力迅速增强，消除阻碍经济有效运行的人为障碍，对生产要素实行有意识的协调与最佳配置，向着优化为一体的目标发展。经济整合不但是当代世界经济发展的普遍现象，而且已成为国际经济关系中的一个重要方面。

自从中国大陆1978年开始实行改革开放政策以来，海峡两岸与港、澳地区之间的经济联系与合作不断扩大，经济互补性不断增强，逐渐形成一个相对稳定的自然的经济整合区域，由于这个地区经济的快速发展，世界银行1993年公布的"发展中国家与全球经济展望"报告中，第一次把中国大陆、香港、澳门、台湾四地作为一个整体来分析，即中华经济区(CEA)，该报告预测，CEA在未来10年的经济规模将会壮大到足以和美、德、日分庭抗礼，从而成为全球经济增长的"第四极"。

海峡两岸暨香港、澳门特别行政区原本就是一个血肉相连的整体，由于历史的原因而长期处于分离状态。由于四地在制度、结构、经济规模、发展水平等方面存在着差异，在中国大陆实行改革开放前，推行地区经济整合是不可能的。

中国大陆的改革开放和经济迅速发展，不但使大陆、香港、澳门三地之间的经济联系日益密切，而且也使两岸经贸合作快速推进。为了解决海峡两岸暨香港、澳门特别行政区长期的分离状态，实现中华民族的团结、统一、繁荣、富强，"一个国家，两种制度"的构想应运而生。

香港、澳门已分别于1997年、1999年回归祖国，成立了特别行政区政府，实行港人治港、澳人治澳，拥有高度自治权。这就为地区的经济整合提供了有利条件。

一国两制下的经济整合，不同于传统整合理论下的经济整合。

传统的整合理论是指国家与国家之间的经济整合，它在不同程度上涉及国家主权的让度，而一国两制下的经济整合，由于是在一个国家范围内地区与地区之间的经济整合，因此，在整合时并不存在主权的让度，而只会出现主权的回归和祖国的统一。

一国两制下的经济整合，由于是在一个国家内不同地区之间的经济整合，为了克服各地区存在的制度差异、发展阶段或水平差距，整合将是分阶段和渐进式的，即基于互补性和相对优势，由低层次的合作交流逐渐发展到各经济主体间的建制安排，由双边合作到多边合作，最后到规范化发展的最高阶段。

一国两制下的经济整合，虽然是不同地区、不同制度下的经济整合，由于它是在一个国家范围内，有着传统文化的共同性及地理位置的连接性，以及血浓于水的民族情结，不仅减低了整合过程所需的交易成本，而且还可以增强整合的凝聚力，加速整合的进程。

一国两制是中国在特殊历史条件下解决历史遗留问题的创造性之举，它是正在进行统一而尚未完成统一大业的同一国家、同一民族内部的经济整合，与国与国之间的经济整合不同；但是它又是在两种不同社会制度的地区之间进行的经济整合，因此，又和一般的同一国家内部、同一制度的不同地区的经济整合不同。

事实上，世界银行所称之CEA的形成，虽是自发的，但其出现并非是偶然的，它适应了世界经济全球化和区域经济一体化的国际经济环境，其存在有时代和经济的必然性。

海峡两岸暨香港、澳门特别行政区经济各有优势和劣势。香港、台湾、澳门虽然经济发展速度快，人均收入高，但地域小，人口少，内部市场狭小，自然资源短缺，对外依赖性强；加之，工资上涨，地价昂贵，低成本优势消逝，竞争力下降。而大陆资源丰富，市场广阔且潜力巨大，劳动力充裕，工资低廉，地价便宜，拥有人数众多的科技人员队伍和门类齐全、规模庞大的工业生产体系，自然成了港、澳、台的经济腹地，港、澳、台纷纷将其生产基地转移至大陆；港、澳、台经过几十年的发展，拥有技术、资金、经营管理和国际贸易的优势，而这正是中国大陆发展经济所必需的。

由于经济整合能够有效促使资源比较优势得到合理配置，因而能促进四地经济得到迅速发展，使四地经济相互依赖、相互渗透的程度日益加深。在1978—1997年的20年间，大陆GDP增长3.2倍，年平均增长率为9.4%；香港GDP增长1.9倍，年平均增长率为6.9%；台湾GDP增长2.3倍，年平均增长率为7.7%；澳门GDP增长1.4倍，年平均增长率为7.1%；均大大高于同期工业国家年平均增长速度。在1997年爆发的造成东亚震荡的金融危机中，海峡两岸暨香港、澳门特别行政区均受到不同程度的冲击，但均能较快摆脱困境、走向复苏，这与四地经贸的密切合作不无关系。

现在海峡两岸暨香港、澳门特别行政区的经济总量已超过1.5万亿美元，仅次于美、日、德，居世界第四位；对外贸易总额达1万亿美元，约占全球8.3%，仅次于美、德，居世界第三位；外汇储备总额超过3 600亿美元，为全球第一。这是近二十年来海峡两岸暨香港、澳门特别行政区优势互补、经济合作的结果，也是今后四地经济整合、走向经济一体化的优势所在。

面对科学技术的迅猛发展和经济全球化趋势的日益增强，区内竞争性的日趋激烈和区外排他性的日益增强，海峡两岸暨香港、澳门特别行政区的经济整合不能理解为仅仅是为了四地各自的互通有无，而应看作是增强整体经济实力，提升国际竞争力和走向世界市场的必由之路。四地需要通过，也只能通过资源的最佳配置，对生产要素进行合理的协调与组合，最大限度地发挥规模效益和分工效益，保持经济的稳定增长和确立在世界市场上的优势地位。

香港曾以璀璨耀眼的“东方之珠”闻名于世。香港经济在回归年恰遇金融风暴的冲击，1998 年是 5.3% 的负增长，1999 年缓慢复苏，全年增长 3.1%，2000 年经济增长率高达 10%，但应看到它主要是依靠外部因素，而非来自自身条件的改善，而且这种增长还是局部的，而非全面的，不少行业仍处于困境，失业情况还未得到有效改善，现在香港正在进行第三次经济转型。为了保持并进一步发展作为国际化商业大都会的地位，香港需要通过资源、市场、人才、科技的合理配置，在自身的经济结构调整和与大陆、台湾及澳门地区的紧密合作中，赢得经济的新飞跃，重现昔日的辉煌。

台湾在过去三四十年中，曾以高速度的经济发展令世人对它刮目相看。然而，此一时，彼一时。20 世纪 90 年代以来，台湾传统产业便纷纷出走，亚洲金融风暴后，台湾传统产业更是一蹶不振。过去，以电子资讯等高科技产业支撑的台湾经济的发展，掩盖了传统产业的衰退；今天，当支撑台湾经济的高科技走下坡路时，整个台湾经济也就支撑不下去了。在过去的一年内，不但中小企业停业数目猛增，就连排名前 200 家的大企业，也有四分之一出现亏损。过去当传统产业出现困难而要求外移、寻求出路时，台湾当局采取禁止三通的办法，试图切断它的出路。时至今日，台湾当局仍不肯取消直接三通的禁令，但台商赴大陆投资无论在金额还是件数上都在大幅上升。不但中小企业的大部分已到大陆投资建厂，就连大企业、高科技产业也“争先恐后”，纷至沓来。台湾经济的出路在大陆，海峡两岸暨香港、澳门特别行政区的深化合作和经济整合是台湾企业的希望所在。

大陆已成为全球公认的最大市场，中国经济的迅速发展，不但使大陆成为亚洲经济成长的火车头，更已成为全球厂商的必争之地。全球 500 强已有七成进入大陆市场。中国大陆即将加入世贸组织和中国西部大开发战略的实施，无论对内资和外资都意味着更大的发展空间和更多的商机，同时，也是海峡两岸暨香港、澳门特别行政区加速经济整合的历史良机。海峡两岸暨香港、澳门特别行政区应抓住这一大好时机，为四地人民的福祉携手合作。大陆的资源、市场、人才、劳动力优势同台湾的科技和制造业优势相结合,借鉴港澳的金融贸易机制和国际经销网络,就会有越来越多的"Made in China"、享有自己知识产权的品牌行销全球各地,而不仅仅是让中国成为可口可乐、摩托罗拉等的销售市场。

中国大陆、香港、澳门和台湾自古以来同属华夏之邦,同为中华民族,有共同的历史文化和习俗。然而,近百年来,由于帝国主义的侵略和掠夺,神州大地历经沧桑。如今,香港、澳门已先后回归祖国,海峡两岸的经贸合作也发展迅速。尽管海峡两岸暨香港、澳门特别行政区近期内要形成某种有形的经济区或共同体之类的经济实体还存在不少障碍,但是彼此之间通过合作与交流,从无形走向有形,最终融为一体,实属历史的必然。

海峡两岸暨香港、澳门特别行政区经济整合成功之日,就是中华民族伟大复兴之时。

台湾经济的出路*

一、台湾经济急剧恶化

一年来，中国台湾地区经济急剧恶化，主要表现有三：一是因为它不是一般的经济停滞，而是发生倒退，多项经济指标均出现创记录的下降；二是因为它不是个别经济现象，而是包括从贸易、生产、投资、消费到股市、汇市，几乎所有重要的经济指标均亮起了红灯；三是它来得快，仅仅在一年多的时间内，台湾经济就从亚洲四小龙的龙头变成了龙尾，在亚洲各经济体中它表现最差。

在2000年时，中国台湾地区经济成长率曾经达到5.98%（第一季度曾经达到7.9%），已低于中国香港地区的14.5%，新加坡的9.9%，韩国的8.8%。2001年第一季度台湾经济急降为1.06%，创26年来最低；第二季度更下降为 -2.35%，预估全年将为负增长，那将是台湾近五十年来的首次负增长。

台湾地区经历过多次国际性的经济危机，如20世纪70年代初的第一次能源危机，1974年台湾经济成长率降为1.16%；80年代初的第二次能源危机，1982年台湾经济成长率降为3.25%；90年代后期的亚洲金融危机，1998年台湾经济成长率为4.57%。面对这些危机，台湾都能保持不败。而在21世纪之初，台湾却出现了50年来首次的经济负增长，这不能不令人深思。

台湾地区经济急剧恶化的情况，从台湾股市的表现可见一斑。2000年2月14日，台股指数创下10393点新高后，一路下挫。5月20日陈水扁就职时，台股指数为8 820点；一年后，即2001年5月21日，台股指数仅剩4 958点；此后股市持续下跌，现已跌破4 000点，好不惨矣！

台湾所有的重要经济指标均大幅下降，惟有失业率持续攀升，由2000

---

* 本文系2001年9月接受《深圳特区报》记者采访的谈话稿。

年5月的2.8%，现已升至5%以上，失业人数首次突破100万人。2000年台湾地区注册在案的工厂倒闭数为5 017家，平均每天关闭13.75家，比1999年增加25%。2001年全年关厂数超过2000年已成定局。

英国的《经济学家》、美国的《商业周刊》均认为台湾经济已非“百业萧条”可以形容，“何时见底尚难预测”，台湾“不可避免地遭遇有史以来经济上最寒冷的时期”。

企业出走，资金外流，失业增加，财富缩水，移民潮涌，如此的台湾经济，怎不使台湾百姓叫苦连天，怨声载道，民怨沸腾。难道这就是民进党执政的业绩吗？难道这就是陈水扁口口声声“爱台湾”的结果吗？

台湾工业的“大哥大”，台塑主席王永庆在2001年的一次会议上发表的演说中严厉批判了台湾的现行政策，认为“台湾当今社会发展比四十多年前腐败的国民党政府更混乱……”

国际权威机构普遍不看好台湾经济。世界银行、雷曼兄弟公司（证券）等机构一再调低台湾经济成长率，权威的国际评级机构如标准普尔公司则向台湾经济发出了“警告”。

二、失去信心导致经济恶化

从2000年下半年开始，台湾地区经济全面走低。

台湾经济衰退和国际经济不景气不无关系。

美国经济一年来增长缓慢，美联储9次降息（截至2001年10月）未见成效；布什政府的减税措施亦未带来生机；国际恐怖主义对美国的袭击，使美国的疲弱经济雪上加霜；有关资料一再显示，美国经济下滑仍将持续。

日本经济10年的衰退未见转机，小泉内阁停止使用公共财政挽救经济，被迫采用日元贬值的手段重整经济，这将对亚洲国家和地区的经济产生冲击，亦将使台湾经济更难摆脱困境。

欧盟经济持续不景气，除了受到美国经济的影响外，欧洲经济内部也是脆弱的。

美、日、欧三大经济体同步陷入困境，严重影响了世界经济，中国台湾地区经济亦不例外。台湾严重依赖美、日市场，台湾出口的40%是面向美国与日本，美、日需求减少，自然使台湾地区的出口下降。

但是，不能将台湾经济恶化归咎于国际经济不景气，事实上，亚洲其他经济体，包括中国大陆、中国香港地区、新加坡、韩国、马来西亚等都好过中国台湾地区。

台湾经济恶化自有台湾内在的原因。

台湾地区产业升级缓慢，国际竞争力下降；财政收入减少，财政赤字恶化；金融体系不适，银行呆账增加等等，这些结构性的内在问题不解决，即使国际景气恢复，台湾经济同步复苏亦很困难。

支撑台湾经济增长的三大主轴是消费、投资与出口，消费对GDP的贡献约为六成，投资为一成五，出口为二成五。国际经济不景气影响出口，人们无法左右，但是消费与投资本可有所作为，台湾经济约七成五来自民间活力，过去的发展就是靠不断增加的民间消费与投资促成的。无奈今日股市下挫，台币贬值，财富大幅缩水，使台湾地区每个家庭的平均财产缩水100万新台币。消费的增减与财产存量、收入所得的变化有直接关系。再加上失业率的节节攀升，越来越多的人找不到工作，失去了收入机会，这样民间消费疲弱就不足为怪了。2001年上半年，消费对经济增长的贡献仅为1.5%，预估全年也只有1.7%。

台湾地区的经济命脉在于民间投资，民间投资一要考虑利润，二要考虑风险。成本最小化和利润最大化，是厂商追求的目标，欲实现这一目标，厂商不能不关心投资环境。良好的基础设施与健全的法律规章固然是重要的，但是厂商们关注的是非经济因素，政局不稳，政策多变，两岸关系紧张，对政府的可信赖度降低，对台湾未来的不确定感增加等等，这些都严重影响人们的投资。民间投资的意向最能反映厂商对台湾政治和经济前景的信心。2001年上半年，民间投资较上一年同期减少10.9%，预估全年则是14.6%的负增长。

消费疲弱，投资减少，自然不会有经济的增长。

台湾经济恶化既不能责怪国际经济不景气，亦非所谓的“新手上路不熟悉”。一个由少数国会席次组成的少数政府，既无执政经验，又无足够的行政人才，一年来，政治经济乱象丛生，政局持续动荡。民进党长期在野造反，执政后造反本性未改，反“核四”，反唐飞，内争外斗，不务正业，他们真正关注的是争权、斗势、拉选票，无意改善经济和真正关心老百姓的福祉。现在政党选战又起，为年底的立委和县市长选举投入了大量人力、物力、财力，各路人马正在厮杀，自然不会有人去真正关心经济。年底选战结束后，民进党和陈水扁政府又将为谋求连任作政治上的准备，可以想像，在今后一段时间，台湾地区经济好转将是困难的。

两岸关系是影响人们信心的重要因素。陈水扁政府不承认一个中国的原则,陈水扁等人甚至不承认自己是中国人,导致两岸关系紧张,这是影响两岸关系的最大障碍。陈水扁的旧“五不”加新“五不”,一共说了十个“不”,但就没有说他究竟要做什么!一个行动胜过一打纲领,做一件实事胜过说十个“不”。政治影响信心,信心影响经济,对政治经济前景失去信心是导致企业外移,资金外流和台湾经济急剧恶化的根本原因。即使有“戒急用忍”政策的约束,台湾的钱财和人才还是源源不断地涌向中国大陆,这除了大陆有利投资的客观环境外,台湾本岛的政经动荡和不确定感加速了台商的出走。

2001 年 5 月,台湾《天下》杂志公布的一项对台湾地区 1 000 家大企业领导人的问卷调查,对台湾政治经济前景乐观的比率,由 2000 年的七成五和八成三分别猛降为一成六和一成一。

向来对涉及台湾内部事务和两岸关系持低调态度的外商团体,眼看着中国大陆经济的快速发展和台湾经济的持续恶化,现在再也沉不住气了,明显对“三通”的议论提高了分贝。台湾地区两大外商团体——欧洲商务协会和台北市美国商会,现在纷纷发表意见,“促请台湾建立与大陆海空直接往来”,期望尽快实现“大三通”,他们认为,台湾与大陆海空交通及货运必须经由第三地的做法,是“既不合逻辑,也不符合经济效益”。

三、中国经济一枝独秀

在世界各国经济的一片衰退声中,惟有中国大陆经济一枝独秀,2000 年经济增长率为 7.9%,2001 年上半年经济增长率仍在 8%以上,预估全年经济增长率 7.5%不成问题。强劲的内需和广大的市场,使中国经济能保持持续、稳定、快速发展。中国市场不仅大,而且发展的层次多,随着地域、人文条件的不同而呈现多元化的特点。东部沿海与中西部地区有明显的落差,大城市、中小城市与广大农村亦有很大差异。这种市场特点不但给中国经济、同时也给世界经济提供了一个多元的、多层次的、而且需求日益增大的市场,它不仅使中国面对不景气的世界经济和各种危机有较强的减压机制,而且亦给了周边国家和地区一定的缓解作用。

中国是仅次于美国的第二大外资流入国,在发展中国家中,中国是引进外资最多的国家。

中国加入 WTO 已成定局,指日可待,这将使各国对中国大陆的投资进一步增加,2001 年上半年协议外资增加五成左右,为历年之冠。

申办2008年奥运会取得成功,中国大陆在这七八年里出现的奥运经济热,将给快速发展的中国经济锦上添花。

现在全球都已看到,当今最具投资吸引力的地区就是中国大陆。

正是对中国大陆的经济前景充满信心,才使台湾资金源源不断流入内地,抢滩登陆。台商在大陆投资的合同金额已超过500亿美元,台商企业已超过5万多家。

为了抑制台资流入大陆,台湾当局采取"重南轻西"的政策,即鼓励向东南亚国家投资,或提供帮助,或给予优惠,而对向中国大陆的投资,则百般阻拦,进行种种限制。但"南向"不敌"西进",投资环境不佳,使台资损失惨重。20世纪90年代以来,在马来西亚槟城投资的台商超过300家,如今只剩下16家,其中绝大多数转投中国大陆。2000年,台商对东盟各国的投资减少77%,其中对印尼减少97%。

新一轮台商投资大陆热潮已经到来,在2000年还发誓热爱台湾,不会在大陆投资的厂商,如今已惟恐落后,加快了步伐。现在,前来大陆的台商已是以大企业、大集团、上市公司为主,从传统产业到高科技产业,有些是上下游产业全部迁来大陆,如以台塑、远东纺织及裕隆汽车等大企业集团为代表的传统产业,以宏基、华硕、神达、大众、宏仁等企业集团为主的资讯产业,还有在大陆设立资金及技术密集型的圆晶厂和电脑生产线。2000年,台商投资电子业的比重已达56.2%,较10年前增长38个百分点,已居首位。现在已有越来越多的台资厂商将信息产品的生产转移到中国大陆,例如,标有"台湾制造"的扫描仪已占据了全球93%的市场,其中80%的元件是在中国大陆生产的。

据台证期会根据证交所的统计资料,到2000年底,台湾上市公司在大陆投资厂家数已达252家,占上市公司的47.46%,其中既有大型传统产业,也有高科技产业,各行各业,应有尽有。

前来大陆投资设厂,避免了"根烂台湾",摆脱了传统产业在台无法生存发展的困境,其中许多厂商是靠大陆来支撑的,如台湾樱花企业几乎就是依靠大陆昆山厂的生产经营才得以存在并壮大的。

面对经济全球化和中国大陆经济的崛起,台湾当局必须顺势而为。台湾厂商大量涌入中国大陆,除了利润和风险的考量,也着眼于全球布局和区域布局。中国大陆是全球经济的一部分,是全球市场重要的一环,全球500强已有八成进入中国市场,中国大陆市场已成为全球厂商必争之地。限制台商来大陆投资,不仅剥夺了它的生财之道和求生之路,也使企业在全球市场失去了生存发展空间。

台湾当局认为，台资流向大陆，是造成台湾单方面的经济失血，以及台湾股市下跌、失业率上升与经济下滑的"罪魁祸首"，此话差矣！在过去的10年内，台湾对大陆的贸易顺差累计已达1 400亿美元，如果真的像台湾当局所说，资金流向大陆与台湾股市、失业率及台湾经济景气有关，那么台湾岂不应该立即废除"戒急用忍"，全面促使两岸经贸关系正常化吗？公正地说，现在台湾流向大陆的资金和技术，大陆其实可以轻而易举地从其他国家取得，相反，台湾要想取得像大陆这样拥有巨大潜力的广阔市场和成本低廉的生产基地却不是那么容易。台湾大量企业涌入大陆，现在连高新技术大型企业都争先恐后，不就反映了这样一个事实吗？

至于说到资金回流，其形式应是多样的，"台湾接单，大陆出口，台湾押汇"是资金回流的一种形式，在大陆投资的厂商向台湾厂商购买原材料，这也是资金回流的一种形式，并非回流仅限于赢利的部分。所谓"钱进大陆，债留台湾"的说法是有意歪曲事实。台湾当局将台湾经济恶化的原因归咎于台资流向大陆，这是倒果为因的说法。政局动荡，政策混乱，投资环境不佳，缺乏投资信心，这是导致台资外流的重要原因。

四、两岸经济正在融合

近二十年来，两岸经贸合作快速发展。

截至2000年底，两岸间接贸易额约为2 200亿美元。2000年，两岸间接贸易额达30亿美元(20年前不到1亿美元)，出口额占台湾地区出口额的18%，加上香港部分，约占23%。1990年，两岸间接贸易，台湾顺差为36亿美元，占当年台湾外贸顺差总额125亿美元的三成；2000年，两岸间接贸易，台湾顺差为199亿美元，是当年台湾外贸顺差总额83亿美元的2.25倍；20世纪90年代以来，在两岸贸易中，台湾累计贸易顺差已达1 400亿美元，中国大陆已是台湾最大的贸易顺差地，没有和大陆贸易的连年顺差，台湾早已出现巨额逆差。

2000年，台商对大陆投资26亿美元(10年前仅为1.5亿美元)，占台湾当年全部对外投资的1/3。

台湾经济对中国大陆市场的依赖度在提高，台湾地区在经济上日趋与大陆经济融为一体。

台湾需要面对的是，随着中国大陆经济的快速发展，两岸经济实力对比正在改变,两岸差距正在缩小,优势正在转换。

1990年,中国大陆的GDP只有4 100亿美元,仅比台湾地区多2 500亿美元;2000年大陆GDP已达10 000亿美元,台湾为3 000亿美元,大陆多出台湾7 000亿美元。大陆人均GDP虽较台湾落后很多,但是2000年大陆人均GDP已达到850美元,许多城市如天津等已超过2 000美元,有些城市如上海等已超过4 000美元。

20世纪90年代初,中国大陆外贸总额还没有台湾一个地区多,1990年台湾外贸总额为1 390亿美元,大陆为1 357亿美元;到2000年,大陆外贸总额为4 743亿美元,台湾约为2 750亿美元,大陆已超过台湾2 000亿美元。

10年前中国大陆外汇紧张,而台湾地区外汇储备居世界第三位;到2000年,中国大陆外汇已超过1 600亿美元,超过了台湾约600亿美元,中国大陆外汇储备位居世界第二位,台湾则位于香港之后,居世界第四位。

此外,中国大陆和台湾地区的经济技术差距也在缩小,稍早前,台湾当局还曾认为两岸资讯产业有10年差距,最近的估计则认为已缩短为5年,有人甚至指出可能只有3年,甚至更短。

两岸经济实力已发生了此消彼长的重大变化,台湾经济优势正在变小,大陆经济已经崛起,这已是一个不可争辩的事实。

不错,台湾曾经创造过经济奇迹,确实为台湾带来了繁荣与财富,相对于大陆,台湾人均1.3万美元的高收入曾使台湾某些人流露出鄙视大陆的心态,朝野官民,傲慢自大,以为台湾经济发达富有,大陆经济落后贫穷,进而竟成为拒绝与大陆统一的理由之一。

大陆现在还不富裕,这是事实,但究其原因,人们不难发现,中国的贫穷落后绝非自今日始,有帝国主义列强的侵略掠夺,有清政府的腐败无能,有国民党执政时期的反动统治,有共产党领导时期的政策失误,原因是多方面的。客观而论,解决大陆十多亿人口的温饱问题,确非易事,它要比解决台湾地区两千多万人的吃饭穿衣问题艰巨得多。那么,是不是因为大陆暂时还不富裕,两岸经济今天还有差距,就拒绝国家统一呢?须知,金钱不是惟一的,有比金钱更重要的,那就是不要忘了自己的老祖宗,如何使四分五裂的骨肉同胞得以团聚,使我们的祖国繁荣富强,使伟大的中华民族恢复她往日的荣耀,这才是每一个中华民族子孙的最高利益和崇高责任。

五、台湾经济的出路在大陆

台湾是一个面积只有3.6万平方公里的小型海岛型经济，市场狭小、资源匮乏、对外依赖性强，是台湾经济的特点。而市场广阔、资源丰富、潜力无限和政治稳定的大陆，正是台湾经济的出路所在。

面对台湾经济的日趋恶化，2001年下半年，台湾当局召开了经济发展咨询委员会，从开幕到闭幕，历时百天，与会人士百余人，达成“共识”三百余项，是陈水扁政府为挽救经济召开的众多经济会议后的又一次会议。

其实，台湾当局不是不知道台湾经济问题的症结所在。如果只是做个姿态，为了捞取政治资本，并无诚意去真正解决问题，那么开再多的会议，提再多的建议也是无济于事的。

人尽皆知，当前台湾经济的主要症结在于两岸关系，而两岸关系的关键在于“一中原则”。只要承认一个中国的原则，从而加强两岸的交流与合作，就有利于台湾经济的发展，有利于两岸中国人的福祉。而在历时百天的经济发展咨询委员会中，却未能就“一个中国”达成“共识”。很明显，如果不解决两岸的紧张关系和一个中国原则，甚至坚持不承认自己是中国人，那么两岸合作显然要受到限制，台湾经济的解困也将是无望的。

台湾的未来在经济，没有经济就没有台湾的未来。台湾经济的未来在大陆，没有与大陆经济的合作与整合，也就没有台湾经济的未来。拒绝“一中原则”，阻断两岸交往，无异于断送台湾的未来。

没人能阻挡中国的崛起！

没人能阻挡两岸的统一！

没人能阻挡中华民族的伟大复兴！

新世纪的东亚:合作与发展*

合作与发展是实现亚洲繁荣与稳定的时代要求,面对世界经济全球化和区域经济一体化的新形势,亚洲国家应抓住机遇,相互协调,优势互补,促进发展。推进自由贸易区,特别是亚洲次区域的自由贸易区,已成为东亚各国的共识和实际行动。

一、东盟自由贸易区开始实施

2002年1月1日对东南亚国家联盟(简称东盟)来说,是个具有里程碑意义的日子。东盟自由贸易区在经过近10年的准备后,终于在其10个成员国中的6个资深成员国——马来西亚、泰国、菲律宾、印度尼西亚、新加坡和文莱——中开始实施。其他4个在1995—1999年期间先后加入的新成员国——越南、缅甸、老挝和柬埔寨——则可望于2006年开始实施。东盟自由贸易区是东亚建立的第一个自由贸易区。

东盟的前身是1961年成立的东南亚联盟,成员只有3个国家,即马来亚、泰国和菲律宾。1967年东南亚联盟改组为东南亚国家联盟,增加了印度尼西亚和从马来亚独立出来的新加坡两个新成员,1984年又接纳了文莱。东盟是东亚的第一个合作组织。6个资深成员国的总人口共有3.3亿。各成员国均拥有丰富的自然资源,许多产品的产量、出口量和储藏量都居世界领先地位。然而,在20世纪90年代前,东盟各国经济合作不尽如人意,人口优势、资源优势未能转化为经济优势。面对国际环境的严峻挑战和国内经济发展的迫切需要,1992年2月召开的东盟第四次政府首脑会议作出了两项重要决定:一是建立东盟自由贸易区,二是扩大东盟组织。按照建立自由贸易区的协议,最初的规定是从1993年起的15年内,分阶段降低关税,取消非关税壁垒,即到2008年将进口关税降到5%以内。由于经济全球

* 本文原载于《经济科学》,2002年第4期。

化和区域经济的迅速发展，1995年12月东盟决定把自由贸易区建成的最后期限提前到2003年。1997年爆发的亚洲金融危机使东盟国家面临更大的外来压力，于是东盟大部分成员国认为，迅速建立自由贸易区有利于促进区内贸易和引进外资，于是1998年12月东盟又决定加快步伐，将自由贸易区实施的日期提前到2002年初。

扩大东盟组织的计划顺利推进。1995年接纳了越南，1997年吸收了缅甸和老挝，柬埔寨在1999年也成为东盟成员国。至此，东南亚10个国家都成了东盟的成员国。

东盟自由贸易区建立后，根据协议规定，区内贸易总体上实现5%—0的关税水平，在区内，商品、资金、人员可以自由流动。自由贸易区的建立无疑将扩大东盟各成员国之间的贸易和投资，提高各成员国的经济增长率，通过加强内部合作来增强整个自由贸易区应付世界经济变化的竞争力。

东盟各国经济情况差异很大，而6个资深成员国的经济发展水平亦不均衡。东盟各成员国之间的贸易约占东盟国家外贸总额的20%，而6个资深成员国之间的贸易则占了东盟内部贸易总额的90%以上。东盟自由贸易区内机制灵活，成员国可拟订暂时不参加减税的产品目录，以便使本国的幼稚工业有充足的过渡期。据统计，目前区内贸易共涉及商品44 062种，分为四大类：减税商品、暂时不减税商品、敏感商品以及不减税商品。能享受免税的产品必须达到40%的本地化程度。

东盟各国领导人承诺，自由贸易区的目标是实现区域内贸易的零关税政策，具体落实时间表是2010年6个资深成员全部进口实现零关税，东盟的4个新成员越南、老挝、柬埔寨、缅甸则可以有更长的过渡期，即2015年开始执行零关税政策。降低和最终取消关税，只是东盟自由贸易区目标的一部分，除此之外，非关税壁垒也要逐步取消，海关手续要简化，产品标准要统一，运输、通讯要提高效率，降低成本；除了货物贸易领域，以后还要逐步进入服务贸易领域——商业服务、建筑、金融、旅游等。自由贸易区协定的实施，能带来贸易自由化的效应，促使经济结构的调整，亦可使人才和劳动力的跨国流动增加，吸引更多的外国资金的流入，从而达到推动经济增长的目标。

二、中国——东盟自由贸易区的倡议

经济全球化的发展使得区域经济合作越来越重要，欧洲和北美区域合作方式证明，加强区域合作有助于区内各国经济的共同发展。

在中国的倡议下，2001 年 11 月，中国与东盟国家就在未来 10 年内建立自由贸易区一事进行了商谈，并达成了共识。关于建立自由贸易区的谈判已于 2002 年 5 月 14 日在北京正式开始，这是中国与东盟合作历程中历史性的一步，是中国与东盟之间经济联系不断加强的结果。中国和东盟现在的总人口约为 17 亿，国内生产总值约达 20 000 亿美元，10 个东盟国家加上中国的贸易额超过了 12 000 亿美元。中国——东盟自由贸易区的建立，将为亚洲合作提供新的动力。

中国关于建立中国——东盟自由贸易区的倡议是积极务实的，是切实可行的，是着眼全局的，是有重要意义的。

1．新世纪伊始，世界三大经济板块遭受自 1974 年以来的同步下滑。美国的经济衰退和“9·11”事件及其后续影响，使得全球经济衰退进一步加深，这对刚刚摆脱亚洲金融危机、还未完全消除其阴影的东亚各国来讲，无疑是雪上加霜。为了保证东亚地区稳定，恢复地区内经济活力，东亚各国应立足于地区经济合作，减少对地区外出口的依赖，消除经济资源在区内各国间自由流动的障碍，进行区域市场整合，逐步实现经济一体化，此乃东亚国家的必然选择。

美国、欧盟、日本向来是东盟国家传统的出口市场，经济衰退使东盟国家的出口严重受阻。例如，对美国的贸易约占新加坡 GDP 的 25%，约占马来西亚的 18%，约占菲律宾的 10%，美国经济衰退导致对美出口急剧减少，必然殃及这些国家，使这些国家的经济随之陷入衰退。加强地区经济合作，可以增加地区内贸易。东亚的地区内贸易只占东亚贸易总量的不到一半，与欧洲的区内贸易约占 70%相比，显然有很大的合作空间。

事实上，中国与东盟国家的贸易正在迅速增长。根据新加坡政府所作的一项研究，20 世纪 80 年代，东盟在东亚地区的贸易额仅占其全部贸易额的 1/3，到了 90 年代，这个比例达到了 1/2。研究表明，贸易额的增长，并不是因为东盟增加了同日本的贸易，而是同中国的贸易增长了。据统计，过去 10 年，中国与东盟各国的贸易额增长了 4 倍。2001 年双边贸易额达到了 416 亿美元，比 2000 年增长了 5.3%，目前东盟是中国的第五大贸易伙伴，中国是东盟的第六大贸易伙伴。

2．中国经济的快速发展和逐步融入世界及地区经济，为发展地区经济合作创造了条件。中国现在已是世界第七大经济体，若按购买力平价计算，则位居世界第三。中国近几年来的经济增长率为全球最高，在全球普遍不景气的 2001 年，中国仍然取得了 7.3%的高速增长。中国的市场规模及其潜力亦属全球之最,2001年中国进出口贸易总额已达5 100亿美元,超过了加拿大、意大利,成为仅次于美国、日本、德国、英国和法国的全球第六大贸易国。中国外汇储备,截至2002年3月,已超过2 200亿美元,仅次于日本,继续位居世界第二。

过去20年,中国基础设施建设迅速发展,高速公路已达1.43万公里,重要城市,路路相连;移动电话已达1.4亿户,跃居世界第一;电力生产及消费已经居于世界第二位;其他如航空、能源、运输等产业都有飞跃的发展;一座座现代化高楼鳞次栉比的城市相继出现。

中国经济持续发展,人均GDP显著上升。2001年,上海、广州等城市的人均GDP都已突破了4 500美元,长江三角洲及珠江三角洲许多地区的人均GDP都在3 500美元以上。由于经济的发展,居民收入的提高,消费水平也迅速提高,对住房、汽车、电脑等高档消费与日俱增。中国庞大市场的潜力正在日益显露出来。

中国现已加入WTO,随着经贸体制的改革和市场化程度的提高,必将促使中国的经济能量进一步释放以及中国市场的进一步开放和扩大。

中国的"十五"计划,以发展为主题,以结构调整为指导方针,以改革开放和科技进步为动力,以改善人民生活为基本点,进一步推动了经济增长和社会进步。根据"十五"计划,中国经济预计平均增长7%,到2005年,国民生产总值将达到15 000亿美元,进出口贸易额将达到6 800亿美元,2001—2005年,中国预计将进口14 000亿美元的设备、技术和产品。中国经济的持续发展将为亚洲和世界各国或地区提供巨大的市场和更多的合作机遇。

中国经济的迅速发展,引起了国际社会的广泛关注。绝大多数是抱着友好、公正的态度探讨中国经济所取得的巨大成就、存在的问题和发展前景。但是,也有极个别的人,或是由于无知,或是出于某种政治需要,竟然散布什么中国经济"即将崩溃"的言论。美国戈登·尚(Gordon G. Chang)于2001年撰写的《中国即将崩溃》(*Coming Collapse of China*)就是一例。

"崩溃论"者不相信、或者不愿意相信中国经济在过去一些年是高速增长的事实,他们甚至怀疑中国经济可能已陷入负增长。人们会问,一个负增长的经济,为何对外贸易会有快速的发展呢?众所周知,1978年中国的进出口贸易额只有206.4亿美元,在世界对外贸易中排名第32位;1997年中国的进出口贸易额上升到3 250.6亿美元,排名跃居第10位;2001年中国的进出口贸易达到了5 100亿美元,已位居世界第6位;中国的对外贸易与贸易伙伴国的数据都是透明的、一致的,应该是可信的,这难道是一个正在

“崩溃”的经济的经济表现吗？在整个 20 世纪 80 年代，中国的外汇储备从未超过 100 亿美元，进入 90 年代后，外汇储备大幅增加，到 2002 年 3 月，外汇储备已达 2 200 亿美元，这难道不是经济快速增长、对外贸易持续发展和外国直接投资不断增加的结果吗？

一个负增长的经济，居民收入也不可能有大幅度的、持续的增加，众所周知，1978 年，全国城乡居民储蓄总额只有 210 亿元人民币，人均 21.88 元；1995 年，居民储蓄总额增加到 29 600 亿元人民币，人均 2 800 元，增长了 100 多倍；2001 年底，居民储蓄总额已猛增到接近 80 000 亿元人民币，人均已近 7 000 元。没有强劲的经济增长，哪里会有居民收入的迅速增加！经济史上还没有这样一个国家，其经济行将崩溃，而人民生活水平却迅速提高！

随着经济增长，中国的财政实力也不断增强。近四年来，中国财政收入平均每年增收 200 亿美元，年平均增长 17.3%，2001 年的财政收入达到 2 000 亿美元。显然，没有经济增长，财政收入的增长是不可能的。

人们对中国的赤字和失业等问题的关心是可以理解的，但对它过分忧虑是不必要的。中国 2002 年的赤字达到了 3 000 亿元人民币，比 2001 年又增加了约 20%。赤字占 GDP 的比重由 1997 年的 1.5% 提高到 2001 年的 2.7%，但按国际公认的标准，还属安全线以内，只要赤字是用于改革和发展以及解决由于改革和发展所带来的社会问题，人们就不必过分担心。随着改革的深化，无效或低效的经济活动将被有效和高效的经济活动所取代，持续的改革和发展将会带动经济高增长，创造出来的就业机会将会比失去的多，重组所创造的财富可以用来支付重组所付出的成本，财政收入将会比支出增长得更快，从而呈现一个良性循环的局面。

中国从来都认为，尽管经济发展快，总体实力大大增强，但还是属于低收入的发展中国家，国内生产总值现在只有 10 000 亿美元，人均国内生产总值只有 800 美元左右，仅相当于日本和美国的 1/40；尽管不少产品的产量已居世界前列，在某些高新技术领域已经达到或接近国际先进水平，但是总的科学水平和工业技术水平还比较落后；尽管中国经济经过二十多年的改革开放，不仅在总量上，而且在结构上，都已达到了一个新的水平，但仍存在不少问题，有的问题还很严重。但中国始终认为，所有上述问题只有通过改革和发展才能解决，而且通过深化改革和加快发展也一定能够解决。“中国崩溃论”完全是危言耸听，别有用心。

中国经济的成就和前景已被具有长远战略投资意识的众多世界大公司所看好。现在全球公司 500 强中的 400 强已经进入中国，这些公司在全球经济衰退之际,继续对中国进行大规模投资,它们对中国经济的信心高于对其他国家的信心。如德国大众汽车公司宣布2002年投入中国的资金,由原有的16亿美元增加到22亿美元,延长了在中国的投资年限,签字仪式已于2002年4月12日在德国大众汽车城举行。IBM也已宣布将以上海浦东为中心,建立占地22平方公里的集成电路园区,总投资将达100亿美元。德国西门子、芬兰诺基亚、美国英特尔等公司都纷纷提出增资计划。许多大公司都把海外营运总部迁到中国,如美国摩托罗拉就将其亚太营运总部迁往天津,美国沃尔玛公司也将其海外总部迁至深圳,德国大众公司亚太总裁雷思能也决定将其总裁办公室迁到北京。加强研究开发投资是此次外商投资热潮的新特点,许多世界级的大公司如微软、摩托罗拉、AT&T、杜邦等已在中国建立了140多家研发中心和科学实验室,拟充分利用中国众多的优秀科技人才。"中国崩溃论"在事实面前崩溃了。

3. 中国提出的中国——东盟自由贸易区倡议,使全世界都看到了中国是一个不仅自己要发展,而且还关注地区其他国家发展的经济快速发展的国家,不仅不会对周边国家构成威胁,而且是一个愿意在相互合作中竭力为地区经济稳定和发展贡献力量的负责任的国家。

多年来,"中国威胁论"一直甚嚣尘上。由于中国经济的迅速发展,中国内需市场商机无限,因此流向中国的外资日益增多,中国现在是仅次于美国的流入外资最多的国家,是吸引外资最多的发展中国家。但是不能认为外资流入中国,就对周边国家构成了"威胁"。流入亚洲的60%左右的外国直接投资来到中国,这个事实本身并没有错,因为贸易、投资自由化追求的就是成本的最小化和收益的最大化,中国如果能够保证投资者的收益,资本自然会流向中国。使得中国香港地区、中国台湾地区、日本、东盟国家乃至欧美各国的制造业纷纷迁到中国大陆的,除了廉价劳动力的成本优势外,就是拥有13亿人口、商机无限的广阔市场。

根据国际货币基金组织的一项调查显示,1999年日本每月平均工资为中国的50倍,韩国为中国的8.12倍,台湾地区为大陆的10.96倍,香港为内地的14.4倍。由于中国普及教育及引进国外技术,中国劳工素质不断提高,产品质量已接近或达到亚洲四小龙的水平。价廉质优的产品就是竞争力,有竞争力的产品就能占有市场。这就是为什么中国的出口占东亚出口的份额从1997年的24.3%增长到2001年的32.5%的原因,这就是为什么有越来越多的国家(或地区)的企业将其生产转移到中国的原因,这也就是声称中国经济发展给周边国家带来所谓的"威胁"的原因——自身竞争力下降了。据瑞士国际管理发展研究所 2002 年 5 月公布的报告，在国际上具有较强国际竞争力的 49 个国家中，中国排名由第 33 位上升至第 31 位。日本因经济持续不景气，名次已跌至第 30 位；中国香港地区从第 6 位降至第 9 位；中国台湾地区从第 18 位降至第 24 位。

中国的廉价劳动力和外资流向中国，并不意味着周边国家的失业率必然上升和出现"产业空洞化"。北美自由贸易区内的墨西哥的劳动力价格比美国、加拿大都低，即使有一些工厂迁往墨西哥，也并没有导致美国和加拿大工人大量流向墨西哥和形成"产业空洞化"。事实上，自 1994 年《北美自由贸易协定》实施以来，美国和加拿大的失业率都大幅下降，经济迅速增长，至少在 2001 年出现经济衰退和"9·11"恐怖袭击以前是这样。

中国和东盟各国都有各自的优势，如资源、市场、人力、信息、工艺技术、质量管理、市场营销和教育水平等等，如果能扬长避短，发挥各自优势，加强各国合作，实现优势互补，使资源优势转化为经济优势，使技术优势转化为产品优势，从而提高各国在全球范围内的竞争力，出现双赢的经济增长应该是毋庸置疑的。竞争不可避免，但也不必一定是你死我活的，而可以是既竞争又合作，以合作求互利，以竞争促发展。

中国经济正在快速发展，中国与东盟各国的贸易也在迅速增长，认为东盟将成为中国原料基地的说法是没有根据的。事实上，中国对东盟的贸易在 2000 年就出现了 10 亿美元的逆差。

在经济全球化和相互依存的环境里，一个国家的经济繁荣有利于其他国家经济的发展。如果把自己国家的政策失误或改革行动迟缓所带来的经济问题归咎于其他国家发展造成的"威胁"，那显然是不明智的。如果中国产品带来的竞争，能够促使一些国家降低成本，加快结构调整和技术创新，从而促进它的经济发展和竞争力的提高，对这些国家来说，应该是件好事。公正地说，中国经济的快速发展，不仅不会对周边国家造成威胁，恰恰相反，它只会给周边国家带来大量贸易、投资和承建基础设施的机会。

2001 年，中国对日本的进出口贸易总额达到 877.5 亿美元，比 2000 年增长了 5.5%，日本已经连续 9 年成为中国最大的贸易伙伴。日本对中国市场的依赖度已从 1998 年的 5.2% 上升到 2001 年的 7.7%。2001 年，韩国对中国的出口贸易额首次超过了对日本的出口额，而韩国与中国建立外交关系只有 10 年的时间，2001 年尽管对美国的出口额猛跌，但是由于对中国的贸易额增加，使韩国保持了超出人们预料的强劲的经济增长。韩国对中国市场的依赖度已从 1998 年的 9% 上升到 2001 年的 12%。中国和马来西亚的贸易也在迅速发展,马来西亚对中国市场的依赖度从1998年的2.7%上升到2001年的4.1%。

随着中国经济的发展,中国市场的容量已经显著增大。中国已不再是一个潜在的市场,而是一个现实的市场。中国这个商机无限的广阔市场,显然有利于地区经济和世界经济的发展。

中国经济的发展离不开亚洲,亚洲的经济繁荣也离不开中国。只要亚洲各国加强合作,亚洲的繁荣与发展一定会实现。

4. 中国——东盟自由贸易区的建立,为建立一个范围更大的东亚自由贸易区,并最终实现东亚经济一体化创造了条件。

随着经济全球化的发展,建立封闭式、排他性集团已不再是一种可取的选择了。中国与东盟建立自由贸易区,并不排斥中国与其他国家合作。中国仍将加强与日本、韩国等国的合作。美国仍将是中国重要的贸易伙伴。中国仍将在APEC内发挥积极的、建设性的作用。"上海合作组织"正在顺利运转,中国和印度这两个大国之间还有广阔的合作空间,两国之间的合作正在不断加强。中国与欧盟的经贸关系仍将继续发展,并将不断扩大。

三、亚洲地区的多样化特点和亚洲地区多层次、相互交叉的合作结构

中国——东盟自由贸易区的倡议和建立,为建立一个范围更大的东亚自由贸易区,最终实现整个亚洲的合作创造了条件。

亚洲国家组成一个自己的、正式的多边合作机制十分重要。亚洲在这方面远远落后于欧洲和美洲。亚洲的多样化特点显然是导致其步伐缓慢的原因之一。政治制度不同,经济实力相差悬殊,发展阶段差别很大,经济结构多样化,再加上宗教、语言、文化、历史等原因,使得亚洲地区不可能像欧洲、北美那样迅速实现区域合作的目标,在一个相当长的时期内,不可能建立像欧洲联盟和北美自由贸易区那样的组织。在现阶段,本地区最为可行的选择是由双边合作到多边合作,由小区域合作过渡到次区域合作,待条件成熟后,再达到整个亚洲地区经济合作的更高境界。而双边的或多边的、小区域或次区域的合作模式,由于是由若干地缘相近、条件类似、经济利害关系较直接的国家或地区开展的多领域和多层次的较灵活的合作,它集中了各自优势,取长补短,因而易于开展。

必须指出，美国不愿看到亚洲建立一个自己的、没有美国参加的多边合作机制。人们都记得在20世纪80年代，当马来西亚总理马哈蒂尔倡议建立一个只限于东亚国家参加的“东亚经济论坛”(EAEC)时，就遭到了美国的强烈反对，当时的国务卿詹姆斯·贝克对日本和韩国施压，迫使他们拒绝马哈蒂尔的计划。这是完全没有道理的。美国可以建立北美的、乃至包括中南美在内的全美洲的自由贸易区，亚洲国家为什么就不能建立自己的多边合作机制呢？

在1997—1998年亚洲金融危机期间，亚洲国家认识到了建立亚洲地区经济合作组织的必要性和迫切性，但是当日本提出建立亚洲银行和亚洲货币基金组织的倡议后，又一次遭到了美国的坚决反对，结果胎死腹中。其实，日本提出的亚洲货币基金设想，并不是为了同国际货币基金组织(IMF)在金融领域争霸，也无意削弱美国在亚洲的影响，而是为了稳定亚洲地区的货币，加强亚洲国家金融合作，对国际货币基金组织的资金援助机制起一种辅助作用而已。

现在，亚洲地区的贸易和投资的相互依赖程度日益提高，一个国家货币的波动和经济恶化，很快会扩展到亚洲其他国家。鉴于1997年的金融危机给亚洲各国带来的巨大冲击，中国、日本、韩国和东盟各国一直在推动缔结双边货币合作协议的谈判，目的在于构筑稳定货币的合作机制，在对外资金周转情况恶化时相互融通外汇，以避免受到货币投机活动的打击。为此，中国、日本、韩国和东盟国家曾于2000年5月在泰国的清迈举行会谈，并达成共识，将原来东盟之间的货币互换扩大到所有成员国，同时东盟各成员国与中国、日本、韩国以及中国、日本、韩国之间建立双边货币互换安排，各有关国家承诺向货币受到投机活动打击的国家提供外汇支持。清迈会议以来，签订货币合作协议的国家日益增多。

2002年3月29日，中国和日本已签订了此项货币合作协议。即在中国外汇周转出现困难时，或者在出现紧急事态如人民币因被抛售而出现暴跌时，日本银行将拿日元兑换人民币，从而向中国人民银行提供干预市场所需要的日元资金。相反，如果日本出现上述情况，中国人民银行则拿人民币兑换日元，从而向日本银行提供人民币。这个协议是朝向区域金融领域合作，保持亚洲金融稳定，从而加强东亚国家应付金融危机能力方面迈出的重要一步。此前，中国已同泰国签订了协议。中国也与韩国于2002年5月签署协定。日本已分别同韩国、泰国、菲律宾、马来西亚缔结了货币合作协议。韩国与泰国的协定即将签署，与马来西亚、菲律宾的协商工作正在进行。外汇储备居世界第一位的日本,同外汇储备居世界第二位的中国,合作构筑外汇融通的安全保障体系,意义重大。这为亚洲合作提供了新的活力。

今日的货币合作协议就是作为亚洲货币基金(AMF)设想的另一个方案,即建立金融紧急援助安排,防范金融危机发生所采取的措施之一而提出来的。

“东盟+3”(东盟国家和中国、日本、韩国)论坛,为东亚地区合作奠定了基础。在中国提出与东盟就建立自由贸易区一事达成共识后,日本首相小泉纯一郎随即前往东南亚,向东盟国家领导人提出建立日本——东盟自由贸易区问题。此前,在2002年1月,日本已与新加坡签署了自由贸易协定。日本还准备与韩国等国家签订自由贸易协定。一个包括日本、韩国、中国和东盟在内的东亚自由贸易区(10+3)正在孕育之中。

日本经济研究中心汇编的研究报告《进展中的自由贸易协定和日本的选择》认为,由日本、中国、韩国和东盟国家组成的东亚自由贸易区,可使日本的国内生产总值增长率上升1.02%,东盟国家的国内生产总值增长率可达到两位数,韩国也可以上升到9%以上,中国也会有较大的提高,这将大大激活亚洲经济。报告认为,不参加东亚自由贸易区的中国台湾地区,其经济增长率将下降2.56%。报告指出,如果周边国家和地区缔结自由贸易协定而日本不参加的话,那么日本的经济增长率将下降0.05%。

东亚地区经济合作的步伐正在加快,一个包括中国、日本、韩国和东盟在内的、人口达20亿、国内生产总值为80 000亿美元的东亚自由贸易区若能建成,不仅将成为带动整个亚洲经济增长的火车头,而且将与欧盟(人口5亿,国内生产总值210 000亿美元)、美洲自由贸易区(人口8.5亿,国内生产总值190 000亿美元)并列,成为影响世界经济的一支重要力量。

参考文献

1. 傅骊元:《东亚经济与中国》,北京大学出版社1997年版。
2. 傅骊元:《亚太2000:合作与发展》,北京大学出版社1993年版。
3. 太平洋经济合作会议(PECC):《太平洋经济合作通讯》,2001年第1期、2002年第1期。
4. 《财经》,2002年第5、7、8期。
5. 《新财富》,2002年第1—4月号。
6. 《中国统计年鉴》,中国统计出版社。

[illegible]

[illegible]

[illegible]

[illegible]

参考文献

[illegible]